历史文献与传统文化

【第十七辑】

刘正刚 主编

暨南大學出版社
JINAN UNIVERSITY PRESS

中国·广州

图书在版编目（CIP）数据

历史文献与传统文化．第十七辑 / 刘正刚主编．—广州：暨南大学出版社，2012．12
ISBN 978－7－5668－0403－7

Ⅰ．①历…　Ⅱ．①刘…　Ⅲ．①历史文献—中国—国际学术会议—文集②文化史—广东省—国际学术会议—文集　Ⅳ．①G256．1－53②K296．5－53

中国版本图书馆 CIP 数据核字（2012）第 260453 号

出版发行：暨南大学出版社

地　址：中国广州暨南大学
电　话：总编室（8620）85221601
　　　　营销部（8620）85225284　85228291　85228292（邮购）
传　真：（8620）85221583（办公室）　85223774（营销部）
邮　编：510630
网　址：http：//www．jnupress．com　http：//press．jnu．edu．cn

排　版：广州市铧建商务服务有限公司
印　刷：广州市怡升印刷有限公司

开　本：787mm×1092mm　1/16
印　张：15．5
字　数：403 千
版　次：2012 年 12 月第 1 版
印　次：2012 年 12 月第 1 次

定　价：35．00 元

目　　录

室町时期日本接受《史记》的特点

——以幻云《史记》注为中心*

张玉春

室町时代，以五山禅僧为代表的汉学研究达到了前所未有的高峰，《史记》研究也出现了新的局面。此时期研究《史记》最为著名的是释桃源瑞仙（1430—1489），所著的《史记桃源抄》开创了日本《史记》接受史的新时期。其后释幻云注《史记》，将《史记》研究引向深入，为后世学者的研究奠定了基础。桃源瑞仙与幻云的成果成为室町时代《史记》研究的标志。然而长期以来，日本及中国学术界集中关注桃源瑞仙及对《史记桃源抄》的研究，幻云的《史记》研究成果没有得到充分的重视。

幻云，名月舟寿桂（1460—1533），近江（今滋贺县）人，号幻云、中孚道人。永正七年（1510）作为建仁寺第二百四十六世入山，其汉学功底深厚，著有《增注唐贤绝句三体诗法抄》（《三体诗幻云抄》）、《山谷幻云抄》等①。幻云的《史记》研究成果主要以眉批旁注的形式保存在南化本《史记》之中。

南化本《史记》，即南宋黄善夫刊本，传入日本后，辗转入藏于释南化玄兴，故名之曰南化本。② 此书后经幻云改装，在该书的边栏外，用毛笔书写了大量的批注，并和他的学生将藤原英房（南北朝时期）、释南化玄兴、释桃源瑞仙、释灵元（室町中期）的《史记》注及博士家《史记》说抄录其上。此书从南化玄兴经由直江兼续（山城守）传至藩主上杉家，直至近年还在米泽，后由文化厅收购，现藏于国立历史民俗博物馆。

在南化本中，幻云对《史记》的研究以“幻曰”、“幻谓”、“幻讲”、“幻按”等注语形式出现，记载了其研究心得，也反映了室町时代《史记》研究的风貌。③ 幻云注涉及的内容比较丰富，从字、词、句的训释到名物典故的诠解及史实事件的考证，几乎涵盖了史注所要求的方方面面内容。限于篇幅，本文仅考察幻云注的文字训诂方面的内容，即句读、词义、文意三个方面。

一、明句读

古人著书不点标点，阅读之人随文勾勒，将文词停顿的地方叫做句或读。连称句读时，

---

* 此文为日本住友财团の2011 年度“アジア诸国における日本関连研究助成”项目：“日本接受传播《史记》研究”成果。

① 幻云的生平，参见朝仓尚氏：《月舟寿桂小论—— 一华轩の学风》，载《抄物の世界と禅林的文学——中华若木诗抄・汤山联句抄の基础的研究》，大阪：清文堂出版社 1996 年版。

② 关于黄善夫本传入日本的时间，参见张玉春：《南宋黄善夫刊〈史记〉三家注本版本系统研究》，载《北京大学古文献研究中心集刊》2001 年第 2 辑。

③ 室町时代以前传入日本的宋元版汉籍有种特色，即在书的边栏之外，布满当时僧人的亲笔批注，可以考察僧人解读汉籍时的原貌。

句是语意完整的一小段，读是句中语意未完，语气可停的更小的段落，或又称为“断句”。正确的句读或断句，除了可以明了句子和文章原意，也可显现一个人基本的学识涵养。顾亭林曰：“句读之不通，而欲从事于九丘之书，真可谓千载笑端矣。是句读乃为学之第一要务。句知方能惑解。”① 最早对《史记》实施勾勒断句的应是明凌稚隆的《史记评林》及清吴见思的《史记论文》。《史记》传入日本的时代虽未能完全证实，但不晚于唐代，② 其始皆为白文本。③ 至室町时代，对《史记》实施勾勒，是注释《史记》的重要内容，当然也是幻云《史记》注的主要内容。幻云对《史记》实施句读，主要体现了如下特点。

1. 参阅旧注，会同诸说

幻云之前，《史记》注家多达十数家，除《集解》、《索隐》、《正义》三家注外，颜师古等人的《汉书》注、胡三省的《通鉴》注也旁及引用《史记》的文字。古书旧注大多是可信的，参阅旧注，解决句读的疑难之点。如：

> 《白起王翦列传》：四十四年，白起攻南阳太行道，绝之。
> 《史记正义》曰：案南阳属韩，秦攻之，则韩太行羊肠道绝矣。

幻谓：“旧点‘攻南阳太行’，以‘道绝’二字为连读。盖南阳之太行也。”《通鉴》云：“秦武安君伐韩，取南阳；攻太行道，绝之。”胡三省云：“韩之南阳，即河内野王之地。”班《志》：“太行山在野王西北。”《通鉴纲目》云：“秦白起伐韩，取南阳，攻绝太行道”，盖“太行道”为句。然则“攻南阳太行道”之点可也。幻谓：“如《正义》则‘攻南阳，太行道绝之’点可乎？‘攻南阳’三字为句，‘太行道绝之’五字为句也。”

幻云据《正义》及胡三省《通鉴》注，以旧点为非，认为“攻南阳”三字为句，“太行道绝之”五字为句。

此句断句的句子成分，攻的宾语是“南阳”，还是“南阳太行道”？首先，我们应该明确“太行道”是否为专指地名，如果是，其地位、作用如何，从其他文献可以得到根据：

《汉书·冯奉世传》：“冯奉世字子明，上党潞人也，徙杜陵。其先冯亭为上党守，秦攻上党，绝太行道。”

宋·王应麟《通鉴地理通释》卷五：“太行道，《地理志》：‘泽州之南，羊肠之道也。白起攻南阳太行道，绝之。’”

清·陈厚耀《春秋战国异辞卷首下·春秋战国通表上》：“秦攻韩取南阳，绝太行道。”

以上诸文所载，“太行道”为专指地名，地理位置尤为重要。“南阳太行道”为“攻”之宾语。据此，三字为句、五字为句均不确，应点为：“白起攻南阳太行道，绝之。”

幻云不仅参考汉籍旧注，斟酌断句，还收罗日人旧注，择善而从。如：

> 《樗里子甘茂列传》：王之爱习公也，不如公孙奭。其智能公也，不如甘茂。

① 顾炎武著，黄汝成集释：《日知录集释》卷二四，长沙：岳麓书社1994年版。

② 《日本书记》载圣德太子“宪法十七条”有引用《史记·田单列传》的文字，证《史记》此时已传入日本。《宪法十七条》于公元604年发布，在中国为隋末唐初。

③ 见张玉春：《日本藏〈史记〉唐写本研究》，载《中国典籍与文化》2000年第1期。

陆曰："言以爱习见贵也。"

师说："陆氏绝句于'爱习'之下也。"

良氏说曰："上文依陆氏之意，以爱习为绝句也。下文以'公也'为绝句。上文下文不相对也。言王之爱习者，公乃不如公孙奭也。其为智能于公者，则不如于甘茂也。"

菅氏、江氏二家说曰："此文上下相对而读之，陆氏以爱习为绝句，明知其意以智能为绝句也。"

幻谓："今以菅、江二家为先。良氏之说虽非，而意可存之也。王之爱习——公也不如公孙奭；其智能公也——不如甘茂，良家说乃此点也。王之爱习——公也不如公孙奭；其智能——公也不如甘茂，菅、江二家乃此点也。"

此句句读比较复杂，在幻云之前，陆氏、师说、良氏、菅氏、江氏均已施句点，幻云归纳之后提出己见："王之爱习，公也不如公孙奭；其智能，公也不如甘茂。"

此点未必为非，然未必全对。爱习，为动词，亲近熟悉之义，无异议，关键在于对"也"字的处理，或为句中语气词，或为语尾助词。

司马迁写《史记》，厥协六经异传，整齐百家杂语，战国人物事件记述多引先秦史料。此可以为确定《史记》具体文句断句的参考。

《战国策·魏策二》："夫魏王之爱习魏信也甚矣，其智能而任用之也厚矣，其畏恶严尊秦也明矣。"

《战国策·韩策一》："今王之爱习公也，不如公孙郝；其知能公也，不如甘茂。今二人者皆不得亲于事矣。"

此二文，文句语气不同。《魏策二》"也"字为句中语气词，其后为补语；《韩策一》"也"字为语尾助词，其前为完整句式，应点断。

《史记》文应是来自此二文，并经司马迁"整齐"之，其结构同于《韩策》。

2. 区分隐性词，斟酌句读

古代词汇，一词往往有多种义项，如本义、常用义、引申义、假借义、僻义，如不详细考求词义，按照常用义随意作解，就会犯望文生训的错误。上文所举例证，均涉专有名词而引起句读歧异。但在具体的语言环境中，比较容易发现问题，往往引起读者的注意。而有些词语，因其专有性质比较隐晦，也就是词的僻义往往与常用义混淆，故误断的可能性较大。对此，幻云也作了有益的探索。如：

> 《孟尝君列传》：夜为狗，以入秦宫藏中。
> 《正义》曰：藏，在浪反。

幻谓："《正义》帖，'宫藏'二字其下有'在浪反'三字，然则'宫藏'二字连读可乎？"

幻云据"宫藏"二字下有《正义》注文，因而怀疑"宫藏"二字可否连读，若连读则断句为"以入秦宫藏中"，如不连读，则断句为"以入秦宫，藏中"，此"藏中"义则为隐藏于秦宫之中。然隐藏之藏音昨郎反，与《正义》注"在浪反"音异。此"宫藏"亦为专有名词，谓帝王宫中仓库。《周礼注疏·司书》："及会，以逆职岁与官府财用之出，而叙其财以待邦之移用。"郑玄注："亦钩考今藏中余见为之簿。移用谓转运给他。"陆德明《音义》："藏，才浪反。"释曰："此言叙财，亦谓比次职内藏中余见为簿书，以待邦之移用，更给他官。”皆可证“藏中”是专有名词，为王宫府库。战国以后，“藏中”之称亦沿用，如：

《三国志吴书》：习之苑中，连日续夜大小呼嗟，败坏藏中矛□五千余枚，以作戏具。

此谓矛戟存藏中。再如：

《后汉书·董卓传》：人情崩恐，不保朝夕，及何后葬，开文陵，卓悉取藏中珍物。

珍宝亦存藏中。

此句又见《平原君列传》，幻云亦有相同注语，皆因幻云未晓“藏中”为专有名词，故不敢肯定可否连读。再如：

《商君列传》：宗室非有军功论，不得为属籍。

师（桃源瑞仙）说：菅氏曰：“言宗室非有军功者不得为属籍也，以‘论’字属下句也。故刘云：‘征伐有军功多论为上等也。’如是文者，刘之意以‘论’字属下明也。”

幻按：“此说非也。刘本载‘军功论’三字也，明知刘意此三字可连读也。凡言论者，是有军功而定其多少之称也。多功者，论而为上等之亲也；而功少者，论为次等也。更不得论定也。论字本关于无功之者也，犹宗室非军功者不得为属籍也。更加‘论’字，有军功者得论定也，故军之论也。良、江两家又若此说，今又从用之。”

《正义》曰：“论不得为属籍。属籍，谓属公族宗正。籍，书也。宗室无军功者，皆须论言之，不得入公族籍书也。”幻谓：“《正义》‘论’字连属‘不得’字，则师说不可采。”

此“论”字，若依通行句式，属下读无不顺，为动词，有议论、评论、评定等义。如《赵世家》：“论至德者不和于俗，成大功者不谋于众”、《六国年表》：“论秦之德义不如鲁卫之暴戾者”等。然此句之“论”不能以上例律之，属下读不当。

幻云不采师（桃源瑞仙）说，而从良家、菅家说：“有军功者得论定也，故军之论也。”但又释《正义》注文：“‘论’字连属‘不得’字。”今见《史记》诸本无《正义》注文，只有《索隐》注曰：“谓宗室若无军功，则不得入属籍。谓除其籍，则虽无功不及爵秩也。”但置“论”而不释。《通鉴》卷二：“宗室非有军功论”，胡三省注：“论，议也，有战功之可论也。”“不得为属籍”，胡注：“属籍，宗属之籍也。”孔颖达曰：“‘汉之同宗有属籍，则周家系之以姓’是也。”是亦以“论”绝句，不与“不得”连读。

此句“论”字非为动词，而是与“军功”合成为专有名词——“军功论”。如《晋书·向雄传》：“今州郡督将并已受封，羌胡健儿或王或侯，不蒙论叙也。”《明史·王宪传》：“旧制，军功论叙，有生擒、斩首、当先、殿后、奇功、头功诸等，其后滥冒日多。”是军功论叙为古之定制，亦省称为“军功论”，即本《传》此句上文所谓“有军功者各以率受上爵”之“率”，训“法”也。“宗室非有军功论”，即“宗室非有军功论叙”。

3. **确定词性，依文意句读**

汉语词性对能否正确句读古籍的作用自不待言。上例既是因“专有名词”而产生句读分歧，也与词性相关，即以“论”的常用词性——动词，范围此“论”的词义，进而致误。与此相似的词语也引起幻云的关注，如：

《李将军列传》：令长史封书与广之莫府。

师古曰：“之，往也。莫府，卫青行军府。”刘攽曰：“莫府，乃广之前将军莫府也。凡将兵，皆有莫府。张敖监平乐兵，置莫府是矣。大将军既不许广，难面不从，故但封书与广之莫府，使奉行耳。及后‘急责广之莫府’亦是。”刘奉世曰：“此莫府，广军之莫府，曹吏文书所在也。广见大将军未肯去，青径封书与广莫府，令如书也。与之莫府者，犹言与其莫府也。”

幻谓：“如刘注，则‘之’字不可训往。与广之莫府之点乎？”

此句产生歧义在于对“之”字的理解，如师古注“之”训往，为动词，则应点为“令长史封书，与广之莫府”；若刘注，“之”训“其”，则应点为：“令长史封书与广之莫府。”二者，“与”一为介词，训“和”；一为动词，训“予，付与”。此“与”为介词或为动词，直接关系其后“之”字的词义，也关系到于何处断句。幻云倾向刘注，认为不应点断。虚词往往是古书断句的障碍。此文“之”或为动词，或为助词。观上下文意：“而是时公孙敖新失侯，为中将军从大将军，大将军亦欲使敖与俱当单于，故徙前将军广。广时知之，固自辞于大将军。大将军不听，令长史封书与广之莫府，曰：‘急诣部，如书。’”

《正义》曰：“令广如其文牒，急引兵徙东道也。广不谢大将军而起行，意甚愠怒而就部，引兵与右将军食其合军出东道。”

此“之”不能理解为动词。广在莫府收到文牒，“急诣部，如书”。广“意甚愠怒而就部”，而非“之（往）莫府”。幻云以师古训动词“往”为非，而以刘奉世训代词“其”为是。虽然训“其”较训“往”义胜，但亦不很贴切。此“之”应为助词，同于今语“的”。如此，句读难点随之冰释。

以上为区分助词与动词的词性。

再看副词与名词：

《信陵君列传》：平原君之游，徒豪举耳，不求士也。

《通鉴》：“今平原君所与游徒豪举耳”。

幻谓：“由《通鉴》推之，‘游徒’二字作连读，恐非乎？‘徒’字属下。”

幻云据《通鉴》，认为“徒游”连读恐非，是知其所见有“徒游”连读者。然胡三省《通鉴》注仅引《索隐》注文：“谓豪者举之”，所释在“豪举”而未释“徒游”，恐幻云另有所据。《索隐》未释“徒游”，《正义》亦仅引刘伯庄云：“豪者，举之不论德行。”诸家注均未释“徒”之义，故此句读易引起歧义。观上下文意，徒当为副词，训“乃”。《经传释词》卷六：“徒，犹乃也。《庄子·天地篇》曰：‘吾闻夫子，事求可，功求成，用力少，见功多者，圣人之道。今徒不然。’”言今乃不然也。徒或作乃，《文选无名氏〈长歌行〉》：“老大徒伤悲”，旧校：“徒，善作乃字。”此文“徒豪举耳”即“乃豪举耳”。徒在动词前，往往训“但”，义为只是、仅仅，如《史记·孟尝君列传》：“今君失位，宾客皆去，不足以怨士而徒绝宾客之路，愿君遇客如故”、《庄子·在宥》：“汝徒处无为”，成玄英疏：“徒，但也。”《汉书·季布栾布田叔传》：“徒以彭王居梁地”，颜师古注：“徒，但也。”此“徒”训“乃”、训“但”均可通，由上下文意观之，以训“乃”更贴切，则“徒”字属下句便无异议。

再如：

《春申君列传》：王破楚以肥韩、魏于中国而劲齐。

幻谓：“‘肥韩、魏于中国’之点可也。韩、魏在中国矣。齐在东，非中国也。《范睢传》：‘今夫韩、魏，中国之处而天下之枢也。’”

幻云认为，此句应于“肥韩、魏于中国”后点断，理由是“齐在东，非中国也”。此为误解，“而”为转折连词，“肥韩、魏于中国”与“劲齐”均为“破楚”的结果，故不应点断。此句引自《战国策·秦策四》：“此皆平原四达膏腴之地也，而王使之独攻。王破楚于以肥韩、魏于中国而劲齐。韩、魏之强足以校于秦矣。”

4. 详审文例，援例句读

不同的文体文例各有一定的句式，弄清原文文体文例，有助于正确句读，否则文理不顺。古书行文，在形式上往往追求文辞对称之美，在不以文害辞的前提下，文句对称关系，是句读的重要根据。幻云具备深厚的文学修养，曾撰写《汤山联句抄》，深谙文辞对称之学。其丰厚的学养，在《史记》文本句读中也得到体现，如：

《苏秦列传》：秦必取，齐必伐矣。

幻谓：“以下‘取秦’对‘伐齐’，则秦必取，齐必伐之点可乎?”

幻云以“秦必取”与“齐必伐”互为对称，分析句读，方法科学。

虽然文辞对称是古书断句可遵循的方法，但也不绝对一律，在具体语言环境下还应以内容为主，也就是上面所说的不能“以文害辞”，也就是不能因形式而割裂内容。事涉史实典故，须谨慎对待，尤其是修正旧说，更要言之有据。如：

《乐毅列传》：及民志不入，狱囚自出。然后二子退隐。

《正义》曰：“言民志不为罪咎，而不入狱，是囚自出，若箕子、商容是也。”幻谓：“如《正义》则狱字为句。”

幻云认为，如按照《正义》注文，则断句为“及民志不入狱，囚自出。”或有疑，未明言可否。然《史记》诸本均无《正义》注，或为《正义》佚文。而《索隐》注曰：“民志不入，谓国乱而仕离心向外，故云‘不入’。又狱囚自出，是政乱而士师不为守法也。”“狱”字属下读，幻云却未引据。

此文“民志不入”与“狱囚自出”互为对称，民志，指民愿、民望。民志之概念，产生在殷末周初，于文献有载：《周易·履卦》：“象曰：上天下泽，履，君子以辨上下、定民志。”《子夏易传》：“上天下泽得其履也。君子辨贤不肖而上下定之，则民无觊幸之望也”；《周礼·夏官训方氏》：“正岁，则布而训四方，而观新物”，注：“四时于新物出则观之，以知民志所好恶。”此文是以殷纣时期社会混乱为背景。如王子比干谏，纣之臣祖伊、微子数谏，比干以死争乃强谏等，纣王拒谏，是为“民志不入”。因此无论从形式的对称，还是对史实内容的考察，无疑“狱囚”连文，属下读。

5. 辨析典章制度，因规句读

中国古代典章制度比较繁杂，包括礼仪、制度风俗等。熟知典章制度，可保证断句准确。如：

《商君列传》：耕织致粟帛多者复其身。

幻按：《汉书·高帝纪》：“蜀汉民给军事劳苦，复勿租税二岁。”师古曰：“复者，除其赋役也。”又《通鉴》胡三省注：“汉法，除其赋、税、役，皆谓之复。”

幻云引《汉书》师注，《通鉴》胡注，解“复其身”之意。此为秦汉赋税制度，如《汉书·高帝纪》：“非七大夫以下皆复其身及户勿事”，应劭注：“不输户赋也。”非据此制度，则“复其身”难能确解。幻云以此法解文意，运用颇为熟练。如：

《春申君列传》：君置臣郎中，楚王卒，李园必先入，臣为君杀李园。

《通鉴》卷六：“君置臣郎中”，胡注：“班书《百官表》：‘郎掌门户，出充车骑，有议郎、中郎、侍郎、郎中。’韩信曰：‘吾事项王，官不过郎中，位不过执戟。’盖战国时置此官。”

幻谓：“‘君置臣郎中’，如此读之亦可乎？胡三省注，所谓“郎掌门户”云云，君可置臣于郎中，李园入门则杀之，便也。”

此句句读应无歧义，幻云引胡三省注，意在明“郎中”为职官名，属古代职官制度。郎中是诸郎官之低级，如《刺客列传》：“群臣侍殿上者不得持尺寸之兵，诸郎中执兵皆陈殿下”，《索隐》“诸郎中，若今宿卫之官”。“郎中”为专有名词，则“中”便不能理解为“之中”、“其中”之中。此句成分有省略，应为“于郎中”，省略介词“于”。《战国策·楚策四》作：“君先仕臣为郎中。君王崩，李园先入，……”较《史记》文意清晰。幻云在断句之时，亦觉词句不顺，于是增字解句，谓“君可置臣于郎中”。此亦为理解原文，进而准确句读之有效方法。可以说，幻云对此方法之运用比较熟练。

职官制度，不同时期有所差别，不同民族亦称谓不同。若一以律之，就会产生句读错误。幻云在注《史记》中也遇到此类问题。如：

《匈奴列传》：诸左方王将居东方。

幻谓：“讲曰：‘汉天子南面，以东为左，以西为右。奴天子北面，以东为右，以西为左。今此文曰左方王居东方，未审。’据此文，则匈奴大臣为南面欤？王将，盖王与将乎？旧点恐非。但如文可解，不可强会。”

幻云注重在句读，“王将”连读，不应点断，本无歧义。幻云质疑，乃因忽视了匈奴之职官称谓。《匈奴传》：“自淳维以至头曼千有余岁，时大时小，别散分离，尚矣，其世传不可得而次云。然至冒顿而匈奴最强大，尽服从北夷，而南与中国为敌国，其世传国官号乃可得而记云。置左右贤王，左右谷蠡王，左右大将，左右大都尉，左右大当户，左右骨都侯。……诸大臣皆世官。"据此，此左方王将、右方王将为"左右贤王，左右谷蠡王，左右大将，左右大都尉，左右大当户，左右骨都侯"略称，故"王将"连读不误。

二、释字（词）义

1．释多音字

汉字是意音文字，存在一字有多音的现象，其原因是多方面的，或是词义不同，或是词性不同，或是语体不同等。尤其是古代典籍，不同读音，词义不同，是文献训释的重要内容，也是必须掌握的方法。幻云在注《史记》时，充分注意到了这一点：

《吕后本纪》：为吕氏右袒，为刘氏左袒。

此"为"的读音很早就引起日本五山学僧的注意，南化本《史记》载师说语：

为吕氏者右袒，为刘氏者左袒，此点大周与惟肖共听某僧录佛习时发此语。大周谓惟肖曰："为"字谬读耳，当作平声读也。后惟肖以语竜冈，竜冈又语郏楮翁，翁又语余。余按《通鉴·惠帝纪》有此语，不分平仄。按《韵府》去声寘韵引此语，注"为"字。然则"为"字作去声可读乎？

幻云在此基础上作了进一步考证：

按：《十八史略·惠帝纪》引此语，云"为"去声。然则作平声读不可乎？幻按："《通鉴》十三：'高皇后纪，八年'载此语，胡三省、师古不分平仄。"幻谓："师古、三省注无切字，似为平声。或曰妙智之读曰：'为'字虽有两论，恐去声乎？《文帝纪》：'士皆袒左为刘氏，畔诸吕，卒以灭之。'此语作去声。"

"为"字有两读，一为平声，一为去声，《广韵》："薳支切，平声，支韵，歌部。作也"。如《国语·鲁语下》："季武子为三军"，韦昭注："为，作也。"又《吕氏春秋·贵生》："与其所以为"，高诱注："为，作也"。又训："治也、化也，成也、用也等"；《广韵》："于伪切，去声，寘韵，歌部。助也。"如：《战国策·魏策二》："臣请问文之为魏"，姚宏注："为，助也。"又《战国策·东周策》："公若欲为太子"，鲍彪注："为，助也。"又《论语·述而》："夫子为卫君乎？"何晏《集解》引郑玄曰："为，犹助也。"幻云认为"此语作去声"，训"助"，无疑是正确的。可以说幻云注意到因字声调的差异，词义也不相同，这种细微的观察，反映了室町时代五山学僧的严谨学风。

"为"字的词义比较复杂，确定其词义，必须依据具体语言环境，幻云注意到不同语言环境下"为"字的不同词义。如：

《鲁仲连邹阳列传》：因平原君谓赵王曰："秦所为急围赵者。"

幻谓："所为犹如所以，下文同之。《赵策》吴师道曰：'所为之为，去声。'"

"所为"训为"所以"，在古代典籍中习见，如《公羊春秋·隐公三年传》："先君之所为不以臣国而纳国于君者"，注："所为，犹云所以。"由此可见，幻云具有深厚的文字辨析功底。

2．释通假字

通假字是中国古文献的用字现象之一，"通假"就是"通用、借代"，即用读音相同或者相近的字代替本字，词义不同。通假字大量存在于古书之中，是造成中国古书难读的原因之一。《史记》中存在很多通假字，若不认真区分，以通假字之义当作本义，就会曲解文意。幻云在注《史记》过程中，注意区分通假字与本字。如：

《樗里子甘茂列传》：今王倍数险，行千里攻之，难。

幻谓："倍作背读可乎，负数处险于背后以行也。今王倍，增之义也。背之点，恐非乎？""倍数险"，幻按："《十九史略·战国秦部》，'数'字下有注云：'一日行两日路。'《十八史》无注。"又按："《通鉴》作'王倍数险，行千里'，胡注：'倍，与背同，音蒲妹反。'"幻谓："胡注'倍'与'背'同，则与《史略》注异。"

倍与背互为通假，古籍常见，根据文义，区分不甚困难。然此文之"倍"是本字还是"背"的通假字，意义截然不同，见解也存分歧。幻云引《十九史略》注："一日行两日路"，是倍为本字；然胡三省《通鉴》注："倍，与背同"，则以"倍"为通假字。幻云列出两说，未下断语，为后人读此句提供参考。

背本义为"脊背"，引申义有避开，背地之义，如《庄子·盗跖》："好面誉人者，亦好背而毁之"，即用此义。背之引申义又为"反也"，如《楚辞·离骚》："背绳墨以追曲兮"，蒋骥注："背，倍同。"《说文》："倍，反也。"亦引申为背负之义。此文应是"背"之引申义，背负之义。于古籍中多作"倍"。倍有"增益"、"二"等义。《十九史略》引此文，其训"倍"即用此义。虽然"倍"与"背"在诸多义项上可通，然"倍"无"背负"义，《史略》注未之通假，以为训"二"，误。

再如：

《商君列传》：安能邑邑待数十百年以成帝王乎。

幻谓："《韵会·缉韵》：唈字注：唈，呜唈，短气也，通作'邑'。"《汉书·成帝纪赞》："言之可为于邑"，又《史记》："安能邑邑待数十百年。"

邑邑，同悒悒，苦闷不乐的样子。《广韵·缉韵》："唈，呜唈，短气也，"《荀子·礼论》："悍诡唈僾"，王先谦引郝懿行曰："气不舒愤郁之貌。"通作"邑"，《文选·应璩〈与满公琰书〉》："良增邑邑"，李善注："邑邑，不乐也。"唈，悒的或体（异体）字，《尔雅·释言》郝懿行疏。

幻云引《韵会》、《汉书》、《史记》证"邑"与"唈"通，比较准确地训释了"邑邑"词义的来源。

3. 释同义词

古书中字同音异，词义亦异。而同字同音，亦有义项之别。辨别同字所反映的不同义项，也是训释古籍不可忽视的内容。正确区分义项，不仅事关正确理解文意，而且或与断句相关。幻云注《史记》，亦遇到此类现象，如：

《孝武本纪》：大为人长美，言多方略，而敢为大言。

颜师古《汉书》注："师古曰：'善为甘美之言也。'"

幻谓："如师古注，'长于美言也'。"

幻云引颜师古《汉书·郊祀志》注，并从其说，训长为"擅长"义。长有"久"、"经常"、"专长、擅长"等义，还有"长大"、"高大"等义。《史记》此句应指栾大形体、外貌而言，非谓言语也。师古句读有误，以"大为人长美言"，以"言"属此句，故注曰"善为甘美之言也"，以"长"训"善于"。然同音同义之长，亦有高也、大也之义，《庄子·列御寇》："美髯长大"，成玄英疏："长，高也"，正与"大为人长美"义同。《史记·陈丞相世家》："平为人长美色"，文意与此义同，亦以"长"为高义。师古训"长"为"长于、善于"，进而导致误断此句，以"言"字属上读。

4. 多义项选择

如上所述，汉字所写之词具有多义项，出现在文献中字义训释会产生歧义。同时，因汉语词汇受不同发展阶段及不同地域的制约，相同的词义可以用不同的汉字表示。但这只局限于具体的语言环境与不同汉字所含有的某一义项。两个汉字各自的多义项中，其中某一义项相同，即可用不同汉字表示，即汉语有多音字，没有多音词。这是注释古籍必须注意的。此点，在幻云注释中也有所体现。如：

《绛侯周勃世家》：军霸上……军棘门……军细柳。

幻云谓："军霸上、军棘门、军细柳之军，《汉书》、《通鉴》作'次'。"

《汉书》、《通鉴》均有采《史记》成段或成篇的文字构成的篇章，但个别文字有改动，然不影响文意，其中主要原因之一是所置换的文字具有相同义项，此例之"军"与"次"便是如此。

军，本义为军队，《说文》"四千人为军"，引申为驻扎义，《吕氏春秋·劝勋篇》："以军于秦周"，高诱注："军，屯也。"《战国策·秦策一》："军于邯郸之郊"，高诱注："军，屯也。"

次，《说文》训为"不前不精也"，义颇含混，文献中用为"次第"、"等次"等义，亦多用为军队驻扎义，如《公羊传·庄公三年》："公次于郎"，何休注："次者，兵舍止之名。"《左传·僖公四年》："师退，次于召陵。"亦同此义。

军与次，在"军队驻扎"义上，义项交叉，故可置换。

幻云虽然未深究"军"何以作"次"，但其明了在此处二者义同，是毋庸置疑的。

5. 别古今义

汉字写词，其词义具有显性与隐性的差别，虽然形成的因素是多方面的，但某词义的使用频率是主要因素。如显性词义，即由其基本义项决定，也取决于其流行范围的广狭与应用时限的短长。幻云在注释《史记》时，也曾遇到此类词语。如：

《李将军列传》：胡虏易与耳。

幻谓："蕉讲云：'易与，之点不可，易，与，之点可也。'与，如也，故读作如何。"

蕉讲将"易与"点断，涉及此句文意，属注释之范围。[1] 然若依其点断，文义不通。

---

① 蕉讲指桃源瑞仙讲义。桃源瑞仙号蕉了翁。

幻云谓“读作‘如何’”，并非全无依据，在古籍中，“与”与“何”连文，作“与何”，训为“如何”，如《左传·闵公元年》：“犹有令名，与其及也”，王肃注：“虽去犹有令名，何与其坐而及祸也。”“何与”犹“何如也”。王引之《经传释词》也训“与”为虚词，有以、为、如等义，如云：“与，如也。《大戴礼·四代篇》曰：‘事必与食，食必与位，无相越踰。’与，如也。”

与，本义训“授予、赐予”，然此处非用本义。授受为双方行为，故引申为“当”、“敌”等义，即相对、相敌义。杨树达不同意王引之将上引《大戴礼》之“与”训为“如”，认为“当训为‘当’”：“《大戴礼》‘与’字当训为‘当’。”《传》曰：“‘一与一’，不必训为如也。”又按：“‘与’训‘敌’，见《汉书·朝鲜传》。”（见《经传释词》卷一，岳麓书社1982年版第3页）“与”训“敌”，“易与”即容易战胜、容易对付之义。在先秦文献中，已见此义：《左传·襄公四年》：“一与一，谁能惧我？”亦见于《史记》他传中：《项羽本纪》：“历阳侯范增曰：‘汉易与耳’”；《淮阴侯列传》：“龙且曰：‘吾平生知韩信为人，易与耳。’”后世文献亦有沿用，如《汉书·朝鲜传》：“独左将军并将，战益急，恐不能与，王又不肯降”，如淳曰：“不能与左将军相持也。”《三国志·魏志》：“此所谓一与一，勇者得前耳。”虽然如此，“与”之“当、敌”之义在其诸义项中，属隐性词义，不常用，易被显性义项取代，故幻云释其为“如何”。

6. 以日籍释词义

古汉语中有些词汇，难与日语词汇完全对应，给日本读者理解《史记》带来困难。幻云释词，有时以日本文献所载词语训释《史记》语词，降低了理解难度。如：

> 《春申君列传》：妾赖天有子男。

幻谓：“赖之点，初不晓之。顷读《日本书纪》，其《神代》第一之末一书中曰：‘百姓至今咸蒙恩，恩赖’云云，吉田二位曾俱曰：恩赖之和训，盖称代辞也。义如字面，为恩幸倚赖也。”

赖之本意为赢，《说文》：“赖，赢也。”如《国语·晋语三》：“已赖其地”，韦昭注：“赖，赢也。”引申为“蒙”，蒙受、承蒙之义，如《国语·鲁语上》：“其周公太公及百辟神只实永飨而赖之”，韦昭注：“赖，蒙也。”幻云引日本读者所熟知的《日本书纪》，释“蒙恩”为“恩赖”，亦训“赖”为“蒙”。赖有“依赖”、“依恃”之义，《国语·楚语上》：“赖子之善善之也”，韦昭注：“赖，恃也。”与“蒙受”义近，然此处释为“蒙受上天恩赐”更为贴切。

7. 多闻阙疑

因上述词义的复杂性，幻云在训释词义的过程中，对不甚清楚之词，往往不申己意，列出相关义项，供读者思考。如：

> 《李将军列传》：击右贤王有功中率，封为乐安侯。

幻谓：“中率，未晓其义。《韵会·质韵》：‘率，朔律切，一曰领也，从也，自也。’《广韵》：‘将也，用也，行也。’《增韵》：‘募也，遵也，循也，率先也。古作率，通作帅。’《论语》：‘子帅以正’，同字母下‘帅’注：毛氏曰：‘凡称兵者为将帅’，则去声；

言领兵帅师，则入声。'"

"率"本义为捕鸟网，词义扩大为率领、将帅义。此处之"中率"，幻云谓："其义未晓"，并引韵书所载诸义，而难取舍。

此"中率"为专有名词，《索隐》曰："小颜云：'率谓军功封赏之科，着在法令，故云中率。'"当为确解。然《汉书补注》引钱大昭曰："中率，中首虏率也。"并证曰："上文云'诸将多中首虏率，以功为侯者'。"《史记集解》引如淳曰："中犹充也。充本法得首若干封侯"，与《索隐》所释同。是"率"为"军功封赏之科"，"中率"为符合斩敌的标准、规定。"中率"为"中首虏率"之略称，其"首"为斩首，"虏"为虏获。此"率"乃用假借义。幻云虽列出"率"诸多义项，但没有遽下断语，启发后人思考。再如：

> 《乐毅列传》：夫齐，霸国之余业而最胜之遗事也。

幻谓："《韵会·泰韵》：'最，军功上曰最，下曰殿。'《战国策》曰：'夫齐霸国之余教，而骤胜之遗事也。''无注'胜'，盖'胜负'之'胜'乎？'"

幻云虽引《韵会》，而旧注于此"最"字无注，未能肯定《韵会》所训之义是否适应此文，故提出"盖胜负之'胜'乎？"后人释此"最"为军功的专有名词。沈钦韩《汉书疏证》云："殿、最字，当作冣。冣，古聚字。《说文》：'冣，积也。'引申有多、上义。《段注》：'凡云殿最者，皆当从冖字。'"韦昭云："第上为冣，极下为殿。"孙检云："上功曰冣，下功曰殿。《汉书·周勃传》'攻槐里、好畤，最。'……张晏曰：'冣，功第一也。'如淳曰：'于将帅之中功为冣也。'"今《汉书》、《史记》注文，此诸冣字，皆讹为最，当从段说订正。

此文"最胜之遗事"之"最"，显然与《段注》所举《史记》、《汉书》之"最"当为"冣"不类，故幻云未从。又引《战国策·燕策》文，而"最"作"骤"，但未置可否。

此"最"字之义，遂模糊不清。王念孙《读史记杂志》谓："最字当为'冣'字之误也。冣与骤同。（冣，古聚字，《周官·兽医》注'趋聚之节'，《释文》：聚本亦作'骤'，骤、聚、冣三字，古声并相近，故骤亦通作冣。）骤胜者，数胜也。齐当破燕、灭宋、取楚之淮北，故曰骤胜之遗事也。《燕策》正作'骤胜'。"幻云虽引《韵会》训"最"为"军功上"义，但并未认可，却引《战国策》"最胜"作"骤胜"，即便未置可否，也体现出幻云对此有所思考。幻云后三百年，王念孙据《战国策》此文，提出"最"训"骤"，解决了千古疑难，也更加证明了幻云训释字义的洞察能力。

三、解文意

串解文意是传统训诂学的主要内容之一，也是注释古籍的目的。前面所言明句读、释字（词）义，均是为理解文意扫除障碍。解文意，即指讲解一句之意，也包括串疏多句之意。幻云在这方面也用力颇勤。在方法上，或点明含义、或推究原因、或评析、或串讲。

1. 点明含义

点明含义，指不解释句子的字面意义，只是指明句子内容的实质，即所谓的"言外之意"。如：

《孝景本纪》：中二年二月，……立皇子越为广川王，子寄为胶东王。封四侯。

《正义》曰："四侯未详。"

幻谓："四侯，谓孝王子明、彭离、定、不识也。孝王长子买为梁王，故除之。"

幻云因《正义》未详，故点明四侯所指。今《史记》诸本无《正义》注，此所引当为《正义》佚文。然《集解》注此文曰："文颖曰：'楚相张尚，太傅赵夷吾，赵相建德，内史王悍。此四人各谏其王，无使反，不听，皆杀之，故封其子。'"《索隐》亦同此说：韦昭云："张尚子当居，赵夷吾子周，建德子横，王悍子弃也。"与幻云说异。考《汉书·景帝纪》："中元二年，四月，轿立皇子越为广川王，寄为胶东王。九月，封故楚、赵傅、相、内史前死事者四人子皆为列侯。"又《汉书·文三王传》："梁孝王子五人为王。太子买为梁共王，次子明为济川王，彭离为济东王，定为山阳王，不识为济阴王，皆以孝景中六年同日立。"据此，孝王五子被封为王，而非封为侯。幻云误释。

《穰侯列传》：四登相位，再列封疆。

幻谓："四登相位，一秦果免楼缓而魏冉相秦也；二其明年，烛免复相冉也；三魏冉复相秦，六岁而免也；四免二岁而复相秦也，封穰益封陶。"

再如：

《平原君虞卿列传》：今臣为足下解负亲之攻。

幻谓："'负亲之攻'，师说：'如背之负物亲在身，言忽切也。背秦攻伐，如负亲在身，言其困苦也。'"

幻云引师说，解"负亲之攻"，虽未合文意，有曲解之嫌，但亦属点明文意之方法。《史记》此句引自《战国策·赵策》："今臣为足下解负亲之攻"，其意如鲍彪所注："赵尝亲秦而复负之，故秦攻之。今为讲，所以解也。"《赵策》此文前，亦用此意："秦王受负海内之国，合负亲之交以据中国"，鲍彪注："天下尝横而亲秦矣，已而负之，今复合之。"

有些词的词义看似容易明了，然其中含有字面所没有体现的深层次含义。点明这种深层含义，对深入理解原文至关重要。幻云对此也有涉及。如：

《鲁仲连邹阳列传》：夫精变天地而信不喻两主，岂不哀哉！

幻谓："'夫精变天地'，东坡所撰《潮州韩文公庙碑》云：'故公之精诚，能开衡山之云，而不能回宪宗之惑；能驯鳄鱼之暴，而不能弭皇甫镈、李逢吉之谤；能信于南海之民庙食百世，而不能使其身一日安于朝廷之上'，坡数语扩邹一语而已。"

幻云引苏轼《潮州韩文公庙碑》，以苏轼对韩愈的际遇的概括，解"夫精变天地而信不喻两主"之意，可以加深对文意的理解。

古代词汇具有一定的稳定性，故一词之词义可以引用同书或同时期的文献来点明。如：

《张仪列传》：已而楚相亡璧，门下意张仪。

幻谓："《梁孝王世家》：'天子意梁王'，《索隐》：'谓意疑梁刺之。'《通鉴》卷一六：'于是天子意梁'，胡注：'意梁者，以意测度，知其为梁所为也。'"

此"意"为怀疑义，前人无注。幻云引《梁孝王世家》、《通鉴》之"意"与此文同，以《索隐》注、胡三省注为据，点明"意"为"怀疑"之义。

2. **推究原因**

指不直解句子，而是解出现在正文中情况的原因。

《春申君列传》：楚于是去陈徙寿春。

幻谓："春申用英计，去陈以避秦兵。楚王为有功，春申封于吴。盖考烈初踈春申，而复用春申行相事。"

幻云推究春申君因用朱英之计，徙楚都于寿春，改变被楚王疏远而复得相位的原因。

《商君列传》：耕织致粟帛多者复其身。

幻按："《汉书·高帝纪》：'蜀汉民给军事劳苦，复勿租税二岁。'师古曰：'复者，除其赋役也。'又《通鉴》胡三省注：'汉法，除其赋、税、役，皆谓之复。'"

幻云引《汉书》师注，《通鉴》胡注，解"复其身"之意。此为秦汉赋税制度，如《汉书·高帝纪》："非七大夫以下皆复其身及户勿事"，应劭注："不输户赋也。"非据此制度，则"复其身"难能确解。幻云以此法解文意，运用颇为熟练。如：

《申不害韩非列传》（诸本作《老子韩非列传》）：喜刑名法术之学。

幻按："刑名，《汉书·元帝纪》：'宣帝所用多文法吏，以刑名□下。'晋灼曰：'刑，刑家；名，名家也。'太史公曰：'法家严而少□，名家俭而善失真。'师古曰：'晋说非也。'刘向《别录》云：'申子学好刑名。刑名者，以名责实，尊君卑臣，崇上抑下。宣帝好观其《君臣篇》。□，谓弹治之耳。'"

幻云引晋灼与师古两家之说，见解不一。若以今人治学标准律之，幻云不置可否之词，往往轻之为无所定见。然古人注书，多用此法，意在集思广益，非为标新立异也。有所比较，立论方能客观公允。刑名之学的实质主张是"循名责实，慎赏明罚。"其具体体现者如《韩非子·主道》篇所云："其群臣陈其言，君以其言授其事，以事责其功。功当其事，事当其言则赏；功不当其事，事不当其言则诛。"以此观之，师古注胜于晋灼注。

3. **评论分析**

评论分析是对句子的思想内容或写作方法予以评论分析，能使读者对文意理解得更深更准。如：

《樗里子甘茂列传》：今二人者皆不得亲于秦事，而公独与王主断于国者何？彼有以失之也。

《索隐》：彼，公孙奭及甘茂也。有以失之，谓不见委任，情有所失。

《正义》："言秦王虽爱习公孙奭、甘茂，秦事不亲委者，为党韩、魏也。抄云：'彼指奭、茂。奭'一义彼指秦王，言专用向寿一人则秦王可失政；又一义彼指秦王，言秦王不知向寿党于楚者，即秦王有以失之也。"幻谓："如《索隐》义言，独用向寿则奭、茂失志也。如《正义》义言，向寿衷党于楚，表事于秦者，向寿之失也。盖不忠于秦之谓也。家本注不知寿党于楚之点也。"幻谓："不知寿党于楚以事秦王者之点亦可乎。不知向寿衷党于楚表事于秦者，秦王之失也。"

此句人物关系比较复杂，涉及秦王、公孙奭、甘茂、向寿。症结在于"彼有以失之"之"彼"代指何人。《索隐》谓指公孙奭、甘茂，《正义》虽未明确，然与《索隐》意同。《桃源抄》则另出新意，谓指秦王有失，然又谓其失有两种因素。幻云析《索隐》意谓"奭、茂失志"，析《正义》意谓"向寿之失"，结论是"向寿衷党与楚表事于秦，秦王之失败也"。在桃源意的基础上更为确指。其评议分析方法细腻，启发读者思考。

再如：

《魏其武安侯列传》：夫以服请，宜往。

《集解》：徐广曰："一云'以服请，不宜往'。"

《汉书》："夫以服请，不宜。"师古曰："不当忘也。"注："一云以服请，不宜往。"幻谓："是何义哉！夫不可往，则下曰'自往'，其语相违。又灌夫不辞服，力请之，田蚡不宜他适。又据《汉书》，则'不宜'为句，'往'一字为句。往者，言吏可自往也。"

幻云注意到《史记》、《史记集解》注"徐广曰"、《汉书·窦田灌韩传》及师古注互异，一曰"宜往"、一曰"不宜往"、一曰"不宜"，由而感叹："是何义哉!"分析诸说矛盾之点，认为徐广注之"不宜往"应断为"不宜，往。"至于《史记》之"宜往"，是应该前往；《汉书》之"不宜"，是不应该，是响应前文魏其曰"丞相岂忘之哉"，故师古注："不当忘也。"幻云条分缕析，令诸说均文通字顺。

为了达到对《史记》原文的正确理解，幻云评析《史记》文意的同时，亦解《史记》三家注的文义。如：

《伍子胥列传》：拔其钟离、居巢而归。

《索隐》曰：《尚书序》"巢伯来朝"，盖因居之于淮南楚地也。

幻谓："《序》述巢伯来朝之事，义乎!《尚书·旅獒》篇云：'巢伯来朝'，孔《传》：'殷之诸侯，伯爵也。南方远国，武王克商，慕义来朝。'"

幻云据《索隐》述《尚书序》文，点明巢伯来朝之事的性质："义乎!"并引《尚书·孔传》作证："慕义来朝。"此解说虽与《史记》所述之义无直接关系，但解明巢伯之事，也可为理解居巢为南方远国之"淮南楚地"提供帮助。

4. **综合串讲**

所谓串讲，是对一段文字进行综合梳理，使之前后贯通，此方法要求深入理解原文，以关键词语为轴心，提纲挈领，形成浑然一体之态。幻云注体现了串讲的特点。如：

《范雎蔡泽列传》：太史公曰："韩子称……"

幻谓："以下十六字总论也。'范睢……'范、蔡以辩取卿相，善舞善贾者乎？然'游说'以下两义：一云范、蔡无所遇者，初少钱短袖之故也。'及二人……'，'及'字如旧点则似接上文，其义难通。及，于取卿相之义乎？然则改其点而已。'强弱'二字谓范、蔡初踵也。二云'然游说……'，凡谓世之游说无所一遇者，盖无所遇者之点乎？'及二人……'，'及'字言世之游说无所遇者。及与范、蔡二人也。'强弱'二字，'强'言范、蔡弱，言白首不遇者也。"

幻云以"善舞善贾"为基点，以"强弱"为条件，串讲辩士"遇不遇"的缘由，反映了其对此段的理解。明代凌稚龙《史记评林》引赵恒注，可为幻云注作一注解，其云："太史公赞意有三节：言二子入秦取卿相，垂功于天下乃因强秦之势，亦如长袖之善舞，多钱之善贾也；然士亦有偶合，命为之也不然贤于二子者多矣，而不得尽意者又何限也？然二子之功亦激而成，其初之困厄亦甚矣，士之处困可不自力乎？三个'然'字为转折语，当看。"

串讲可以围绕中心词展开，如上例，也可以从分析层次入手，指出所解之文或是层次递进，或是并列排比。幻云于后者也运用得当。如：

《匈奴列传》：匈奴之俗，人食畜肉，饮其汁，衣其皮……

幻谓："'匈奴之俗'以下，论说匈奴风俗：'父子兄弟死以下，答所以妻后母、妻兄弟妻；礼仪之敝，答所以无冠带之饰、阙庭之礼；室屋之极，答所以父子同穹庐而卧；力耕桑以下说中国风俗。'"

幻云此注，意在区分文句层次，分析其中的连带关系，使阅读者易于理解。解语趋简去繁，概括性强。同《传》下文亦体现了幻云领会、说解《史记》原文的能力：

上例，幻云引师说解文意，未为中的。然证以他说，方法得当，仍不失有确解者。如：

使万民耕织射猎衣食，父子无离，臣主相安，俱无暴逆。

父子无离，幻谓："或云汉与匈奴不和则万民父子离散，臣主是殆。今既和亲，则万民父子无离，臣主相安矣。"幻又谓："下文曰'朕与单于为之父母'，盖汉天子与单于为民父母。由是观之，万民为子也。此义为当。"

幻云不仅引秦汉之前文献解《史记》文意，如上所引《尚书》，亦参考汉代以后的文献说解《史记》文意。既以经史记载为依据，还以唐宋诗词为佐证。如：

《魏其武安侯列传》：武安之贵在日月之际。

幻按："'在日月之际'，《山谷诗》卷二：'日月进亨衢，经纬寒耿耿。'任渊注：'日月以言二圣。'盖二圣谓哲宗、宣仁也。山谷元佑诗中云日月者多矣：'道山邻日月，清樾深牖户'、'文明近日月，我亦不如君'、'中原日月九夷知，不用禽胡衅鼓旗'、'毡裘瞻日月'。吾邦诸家以日月比哲宗、宣仁，本于任渊。由是观之，太史公所语'日月之际'指景帝王皇后乎？"

幻云汉学功底深厚，尤其在唐宋诗词方面造诣颇深，著有《山谷幻云抄》二十卷（京都建仁寺两足院藏）。幻云注"日月之际"引黄庭坚诗句之"日月"及任渊注，以日月代指宋“哲宗、仁宗”，由此认为此文之“日月”或指景帝王皇后。以后人之诗注前代史文，有一定参考价值。历代注释家也不乏用此方法者。其谓“日月之际”指“景帝王皇后乎?”亦得司马迁之意。

余论

本文仅从句读、字（词）义、文意三个方面择例阐释了《史记》幻云注的特点，其他方面未作论述。梳理南化本《史记》，共辑幻云注语267条，其分布、类别如下表：

位置 类别	本纪	表	书	世家	列传	合计
明句读	10			16	21	47
释字义	13		2	19	29	63
解文意	11		5	18	33	67
校讹误	4			4	8	16
审字音				3	2	5
考史实	6			9	12	27
引文献	11		3	7	21	42
合计	55		10	76	126	267

从上表的统计数字可以看出幻云注的某些特点：

第一，在注释类别上，以解文意为长，释字义与明句读并重，引文献又次之。表明室町时代对《史记》的接受，主要目的在于准确句读，疏通字义、文意。只有扫除这些阅读理解障碍，才能具备阐发《史记》所蕴含的史学、文学及哲学思想等内容的基础，使从多方面、多角度研究史记成为可能。

第二，注释重点在《列传》、《世家》及《本纪》，对《书》、《表》则略之。反映室町时代对《史记》之《书》、《表》的研究尚未充分展开。

第三，观幻云注语，引用文献尚不够充分。尤其是对字词的训释，基本没有引用《说文》、《尔雅》、《广韵》、《广雅》等重要文献，却多引元代黄公绍的《古今韵会》，影响了更准确地训释字词。在史部文献的引用方面，也有这种倾向，即引用《十八史略》的内容远多于引用《尚书》、《左传》、《战国策》内容。使用间接史料训释《史记》文意，容易产生偏差。

幻云的《史记》注，用汉字形式完成，用汉语书写其心得，其汉学功底之深厚令人十分钦佩。这种形式为后人注《史记》开了先河，产生了多部类似的著作，如中井履轩的《史记雕题》，泷川资言的《史记会注考证》及水泽利忠的《史记会注考证校补》等。

当然，受时代及数据等条件的限制，幻云《史记》注不可能尽善尽美，尚有许多值得商榷之处，但这并不能影响后人对此成果的高度肯定与评价。

陶懋炳著《五代史略》引文正误（下）

张其凡　曾育荣

南方的相对稳定和社会经济的发展

1. 页115注①，《旧书》卷一八二，《高骈传》，引文“好为文，喜言理道”。

按《旧书》卷182《高骈传》，第4703页，原文作“好为文，多与儒者游，喜言理道”。

2. 页116注①，《通鉴》卷二五二，引文“老幼孕弱悉驱去杀之……”。

按《通鉴》卷252，唐僖宗干符二年六月，第8179页，原文作“老幼孕病，悉驱去杀之……”。

3. 页116注③，《旧书》卷一八二，《高骈传》，引文“于府第别建院……”。

按《旧书》卷182《高骈传》，第4711页，原文作“于府第别建道院……”。

4. 页116注④，《通鉴》卷一五四，引文“……所破者数百家……”。

按，此载实出自《通鉴》卷254，唐僖宗中和二年四月，第8267页，原文作“……所破灭者数百家……”。

5. 页117注②，《通鉴》卷二五七，引文“米斗直（值）钱五千缗……”。

按《通鉴》卷257，唐僖宗光启三年十月，第8363页，原文作“米斗直钱五十缗……”。

6. 页118注②，《通鉴》卷二五七，引文“……说和州孙瑞、上元张雄……”。

按《通鉴》卷257，唐僖宗文德元年八月，第8381页，原文作“……说和州孙端、上元张雄……”。

7. 页119注①，《通鉴》卷二五八，引文“儒扫地以来……”。

按，此载实出自《通鉴》卷259，唐昭宗景福元年正月，第8425页，原文作“儒扫地远来……”。

8. 页119注②，《通鉴》卷二五八，引文“……使复生产……”。

按，此载实出自《通鉴》卷259，唐昭宗景福元年正月，第8425页，原文作“……使复生业……”。

9. 页119注③，《通鉴》卷二五八，引文“……东西十里，扫地尽矣”。

按《通鉴》卷259，唐昭宗景福元年七月，第8431页，原文作“……东西千里扫地尽矣……”。

10. 页121注④，《吴越备史》卷一，引文“……一概诛戮”。

按（宋）钱俨：《吴越备史》（下文简称《备史》）卷1《武肃王》，见傅璇琮、徐海荣、徐吉军主编：《五代史书汇编》（十），杭州出版社点校本2004年版，第6186页，原文作“……但一概诛戮”。

11．页121注⑤，《备史》卷一，引文“……愚民俗吏致黾鱼符印者以万数……”。

按《备史》卷1《武肃王》，第6186页，原文作“……愚民俗吏致龟鱼符印者以百数……”。

12．页123注⑤，《旧史》卷一三四，《杨行密传》，引文“……驱之则战……”。

按《旧史》卷134《杨行密传》，第1781页，原文作“……驱之即战……”。

13．页127注①，《五代史补》，引文“行密尝命以大索为贯……”。

按（宋）陶岳：《五代史补》（下文简称《史补》）卷1《杨行密钱塘侵掠》，见傅璇琮、徐海荣、徐吉军主编：《五代史书汇编》（五），杭州出版社点校本2004年版，第2477页，原文作“行密尝命以大索为钱贯……”。

14．页128注①，《通鉴》卷二七〇，引文“……若兵连不解，方为诸公之忧……”。

按《通鉴》卷270，后梁均王贞明五年七月，第8847页，原文作“……若连兵不解，方为诸君之忧……”。

15．页129注②，《钓矶立谈》（下文简称《立谈》），引文“……类以威骛相高……”。

按（宋）史温：《钓矶立谈》，见傅璇琮、徐海荣、徐吉军主编：《五代史书汇编》（九），杭州出版社点校本2004年版，第5003页，原文作“……类以威骜相高……”。

16．页129注③，《立谈》，引文“……蒜山之津不一昔（夕）而可以定事；舍此利而求入宣城山中……”。

按《立谈》，第5003页，原文作“……蒜山之津，曾不一昔而可以定事。更舍此利，而求入宣城山中……”。

17．页130注②，《五国故事》上，引文“……无乃玷煊赫之名……”。

按（宋）佚名：《五国故事》（下文简称《故事》）卷上《伪唐李氏》，见傅璇琮、徐海荣、徐吉军主编：《五代史书汇编》（六），杭州出版社点校本2004年版，第3182页，原文作“……无乃玷烜赫之名……”。

18．页130注③，《立谈》，引文“……去浮靡……”。

按《立谈》，第5005页，原文作“……屏去浮靡……”。

19．页130注④，《通鉴》卷二七一，引文“以吴王命悉蠲天祐十三年以前逋税……”，“盛暑未尝张盖……”。

按，前后两则材料源出不同书，宜分别作注。前引出自《通鉴》卷270，后梁均王贞明四年七月，第8831页，原文作“以吴王之命，悉蠲天祐十三年以前逋税……”。后引出自《新史》卷62《南唐世家》，第766页。

20．页130注⑤，《新史》卷六一，《南唐世家》，引文“于是士民归心……”。

按，此载实出自《通鉴》卷270，后梁均王贞明四年七月，第8831页，原文作“于是士民翕然归心……”。

21．页131注③，《旧史》卷一三四，《李昇传》，引文“东暨衢、婺……”。

按，此载实出自《旧史》卷134《李景传》，第1787页。

22．页131注⑥，《立谈》，引文“……盖车相望于道焉”。

按《立谈》，第5007页，原文作“……盖车马相望于道焉”。

23．页132注①，《立谈》，引文“……钱氏父子动以奉事中国为词……孟子谓燕人取齐……孰若舆税之入……乃以蔽障者也……得以施于境内……积日而试……以为天下倡……倘得遂北平僭伪，宁乂旧邦……”。

按《立谈》，第5011页，原文作“钱氏父子，动以奉事中国为辞……孟子谓齐人取燕……孰若悉舆税之入……乃外以为蔽障者也……得以施之于统内……积日而不试……为天下倡……倘得遂北平僭窃，宁乂旧都……”。

24．页133注①，《通鉴》卷二七〇，引文“……宦官不得干预政事，皆他国不能也”。

按，此载实出自《通鉴》卷282，后晋高祖天福四年正月，第9198页，原文作“……宦者不得预事，皆他国所不及也”。

25．页133注③，《立谈》，引文“内外寝兵……渐有中朝之风”。

按《立谈》，第5007页，原文作“中外寝兵……渐有中朝之风采”。

26．页136注②，《旧史》卷一三三，《钱镠传》，引文“……海中夷落亦遣使封册焉”。

按《旧史》卷133《钱镠传》，第1768页，原文作“……海中夷落亦皆遣使行封册焉”。

27．页136注④，《旧史》卷一三三，《钱镠传》，引文“……岁时游于里内……”。

按《旧史》卷133《钱镠传》，第1767页，原文作“……岁时游于里中……”。

28．页137注①，《备史》卷一，引文“……皆复以锦幄……”。

按《备史》卷1《武肃王》，第6193页，原文作“……皆覆以锦幄……”。

29．页137注②，《备史》卷一，引文“……尔今为十三州主，与人争利……”。

按《备史》卷1《武肃王》，第6184页，原文作“……尔今为十三州主，三面受敌，与人争利……”。

30．页137注③，《备史》卷一，引文“……有所论则书之”。

按《备史》卷1《武肃王》，第6217页，原文作“……有所记则书之”。

31．页137注④，《备史》卷一，引文“常弹丸于墙楼之外，使其不寐，以应其事”。

按《备史》卷1《武肃王》，第6218页，原文作“常弹丸于墙楼之外，以警宿直者，使其不寐以应其事”。

32．页137注⑤，《备史》卷一，引文“……召吏厚赏之”。

按《备史》卷1《武肃王》，第6218页，原文作“……召吏厚赐之”。

33．页138注②，《通鉴》卷二八二，引文“除民田荒绝者租税”。

按，此载实出自《通鉴》卷277，后唐明宗长兴三年三月，第9066页。

34．页139注②，《琐言》卷六，引文“此人非常流……”。

按《琐言》卷6《韦氏女配刘谦事》，第123页，原文作“此人非常流也……”。

35．页140注⑤，《旧史》卷一三五，《刘隐传》，引文“用法清肃，威望颇振”。

按，此载实出自《旧史》卷135《刘陟传》，第1807页。

36．页140注⑥，《新史》卷六五，《南汉世家》，引文“……中朝人士以岭外最远……或当时任宦遭乱不得还者……”。

按《新史》卷65《南汉世家》，第810页，原文作“……中朝士人以岭外最远……或当时仕宦遭乱不得还者……”。

37．页141注①，《新史》卷六五，《南汉世家·刘隐传》，引文“吉凶礼法……略用次序……”。

按，此载实出自《新史》卷65《南汉世家》，第810页，原文作“为陈吉凶礼法……略有次序……”。

38．页141注②，《新史》卷六五，《南汉世家·刘隐传》，引文“……为尽力焉”。

按《新史》卷65《南汉世家》，第811页，原文作“……为尽心焉”。

39．页141注⑥，《旧史》卷一三五，《刘龑传》，引文“耻南海之号”。

按，此载实出自《旧史》卷135《刘陟传》，第1808页，原文作“耻称南海之号”。

40．页142注①，《旧史》卷一三五，《刘龑传》，引文“称大汉国王致书上大唐皇帝”，“……大陈贡物……”。

按，此载实出自《旧史》卷135《刘陟传》，第1808页，原文作“称大汉国主致书上大唐皇帝”，“……大陈物贡……”。

41．页142注②，《旧史》卷一三五，《刘龑传》，引文“自是与中国遂绝”。

按，此载实出自《旧史》卷135《刘陟传》，第1808页。

42．页142注③，《故事》下，引文“洛州刺史”，“自言家本咸秦……”。

按，前后两则材料源出不同书，应分别作注。前引出自《故事》卷下《伪汉彭城氏》，第3193页。后引出自《新史》卷65《南汉世家》，第812页。

43．页143注③，《通鉴》卷二五九，引文“耆老乃奉牛酒……”。

按，此载实出自《旧史》卷134《王审知传》，第1791页。

44．页144注①，《新史》卷六八，《闽世家》，引文“民自请输米饷军……”。

按，此载实出自《通鉴》卷259，唐昭宗景福元年二月，第8427页。

45．页144注⑥，《故事》下，引文“……乃取酒库酢袋而补之”。

按《故事》卷下《伪闽王氏》，第3194页，原文作“……乃取酒库醡袋而补之”。

46．页145注①，《旧史》卷一三四，《王审知传》，引文“建学四门……”。

按，此载实出自《新史》卷68《闽世家》，第846页。

47．页145注②，《新史》卷六八，《闽世家》，引文“……轻徭薄赋……”。

按，此载实出自《旧史》卷134《王审知传》，第1792页，原文作“……轻徭薄敛……”。

48．页150注②，《通鉴》卷二五八，“……截筒径寸半……”。

按《通鉴》卷258，唐昭宗大顺二年四月，第8414页，原文作“……截筒，径寸半……”。

49．页150注③，《通鉴》卷二五九，引文“……夺其资财……”。

按《通鉴》卷259，唐昭宗景福元年七月，第8431页，原文作“……夺其赀财……”。

50．页152注②，《太平广记》卷一九〇，引文“……汝等不得辄犯……”。

按（宋）李昉：《太平广记》（下文简称《广记》）卷190《将帅二·张勍》，中华书局断句本1961年版，第1424页，原文作“……女辈不得辄犯……”。

51．页153注①，《通鉴》卷二五九，引文“……民皆窜山谷……都将择其善者……”，“又有甚于此者：今诸寨旦出六七百人入山淘虏……出弩手……负薪填壕为道……”，“……百姓未入山时多沤麻者……”。

按《通鉴》卷259，唐昭宗景福元年七月，第8431～8433页，原文作“……民皆窜匿山谷……都将先择其善者……”，“又有甚于是者：今诸寨每旦出六七百人，入山淘虏……出弓弩手……负薪土填壕为道……”，“……百姓未入山时多沤藏者……”。

52．页153注②，《旧史》卷一三六，《王建传》，引文“……宜援而固之……”。

按《旧史》卷136《王建传》，第1819页，原文作“……适宜援而固之……”。

53．页154注①，《通鉴》卷二五八，引文“……好施乐士，谦恭俭素”。

按《通鉴》卷258，唐昭宗大顺二年十月，第8420页，原文作“……好施乐士，用人各尽其才，谦恭俭素”。

54. 页154注②，《史补》，引文“……今我恩顾比当时，才百分之一尔……”。

按《史补》卷1《王建礼待翰林学士》，第2480页，原文作“……今我恩顾，比当时才有百分之一尔……”。

55. 页155注⑨，《广记》卷一九〇，引文“邛崃之南……”。

按《广记》卷190《将帅二·王建》，第1425页，原文作“邛峡之南……”。

56. 页157注④，《故事》，引文“……以我伤害而死……”。

按《故事》卷上《前蜀王氏》，第3186页，原文作“……以至我伤害而死……”。

57. 页158注②，《故事》，引文“……一如常居栋宇之制……倒执烛炬千余条……及抵宫……”，“……往往于街市，（王）衍为步障所蔽而亦不知”。

按《故事》卷上《前蜀王氏》，第3186页，原文作“……一如居常栋宇之制……倒执烛蜡千余条……及抵宫中……”，“……往往至于街市，（王）衍为步障所蔽，而亦不知”。

58. 页158注③，《旧史》卷一三六，《王衍传》，引文“其母徐后同游青神山，驻上清宫，宫人皆衣道服……”。

按《旧史》卷136《王衍传》，第1819页，原文作“其母、徐妃同游青城山，驻于上清宫。时宫人皆衣道服……”。

59. 页159注①，《旧史》卷一三六，《王衍传》，引文“……臣以东军出襄、邓……否则退还峡口……”。

按《旧史》卷136《王衍传》，第1820页，原文作“……臣以东师出襄、邓……否则退保峡口……”。

60. 页159注④，《广记》卷二四一（《王氏闻见录》），引文“……从教户口资馋口……”，“……生灵餐进竞如何……”。

按《广记》卷241《谄佞三·王承休》，第1862～1863页，原文作“……从将户口资馋口……”，“……生灵餐尽意如何……”。

61. 页164注③，《旧史》卷一七，《雷满传》，引文“入其郛，驱掠而去”。

按《旧史》卷17《雷满传附雷彦恭传》，第237页，原文作“入其郛，焚荡驱掠而去”。

62. 页167注①，《旧史》卷一七，《雷满传附雷彦恭传》，引文“风烬圩落，舟楫上下于南郡、武昌之间……”。

按《旧史》卷17《雷满传附雷彦恭传》，第237页，原文作“烬墟落，榜舟楫，上下于南郡、武昌之间……”。

63. 页168注①，《资治通鉴》卷二六六，引文“杨王地广兵强……”等。

按，此载实出自《通鉴》卷265，唐昭宗天祐元年十二月，第8638页。

64. 页169注③，转引《太平寰宇记补阙》七，引文“巴子兄弟五人，立为五溪之长”。

按，此载实出自（宋）乐史：《太平寰宇记》（下文简称《寰宇记》）卷119《江南西道十七》，台北文海出版社影印本1971年版，第138页，原文作“巴子兄弟立为五溪之长”。

65. 页170注①，《十国》卷八七，《楚·武穆王世家》，引文“辰州蛮宋邺、溆州蛮潘金盛寇武冈”。

按，此载实出自（清）吴任臣：《十国春秋》（下文简称《十国》）卷67《楚二·武穆王世家》，中华书局点校本1984年版，第938页，原文作“辰州蛮宋邺寇湘乡、溆州蛮潘金盛寇武冈”。

66. 页170注②，《十国》卷八七，《楚·武穆王世家》，引文“辰州蛮宋邺……”等。

按，此载实出自《十国》卷67《楚二·武穆王世家》，第938页。

67. 页170注④，《九国志》卷一一，《楚·彭玕传》，引文“聚徒众得数千人……”。

按（宋）路振：《九国志》卷11《楚·彭玕传》，见傅璇琮、徐海荣、徐吉军主编：《五代史书汇编》（六），杭州出版社点校本2004年版，第3355页，原文作“保聚徒众，得数千人……”。

68. 页170注⑤，《九国志》卷一一，《楚·彭玕传》，引文“军纪严肃……”。

按《九国志》卷11《楚·彭玕传》，第3355页，原文作“军政严肃……”。

69. 页171注⑧，《十国》卷六八，《楚·文昭王世家》，引文“引锦州蛮万余人寇辰、澧二州……”。

按《十国》卷68《楚二·文昭王世家》，第953页，原文作“引锦、溪州蛮万余人寇辰、澧二州……”。

70. 页173注①，本主文据湖南博物馆拓本，参见《十国》《楚·李宏皋传》，引文“……吾伐叛德柔……乃依前奏授彭士愁溪州刺史……大振贫乏……勿恃悬崖绝壑……”。“……当都愿将本管都团百姓军人……其五部主首……本部申上科惩……”。

按《十国》卷74《楚八·李宏皋传》，第1017~1018页，原文作“……吾伐叛怀柔……乃依前奏授彭士然溪州刺史……大振贫民……勿恃悬崖绝壁……”。“……当都愿将本管诸团百姓军人……其五姓主首……本都申上科惩……”。

71. 页174注①，《十国》卷六八，《楚·文昭王世家》，引文“……皆先后来附”。

按《十国》卷68《楚二·文昭王世家》，第954页，原文作“……皆前后来附”。

72. 页175注③，《旧史》卷一三三，《高季兴传》，引文“乃招辑流散……”。

按《旧史》卷133《高季兴传》，第1751页，原文作“招葺流散……”。

73. 页176注③，《史补》，引文“……兵虽小而势实大……但恨未见得其便耳……”。

按《史补》卷4《梁震裨赞》，第2517页，原文作“……兵虽小而势甚大……但恨未得其便耳……”。

74. 页181注③，《十国》卷四，《前蜀》六，《张琳传》，著文“前蜀邛州节度使张琳在眉州修通济堰，溉田一万五千顷”。

按，此载实出自《十国》卷40《前蜀六·张琳传》，第597页。

75. 页181注⑧，《备史》卷一，《武肃王》，引文“亲巡依锦城……”。

按《备史》卷1《武肃王》，第6194页，原文作“亲巡衣锦城……”。

76. 页182注①，《备史》卷尾，《杂考》，前引“……怒濑急湍……潮乃还钱塘”。次引“东趋西陵……作九重……塘岸益固”。末引“……故首出上云……”。

按，此注引文宜作三注。前引出自（清）翟均廉：《海塘录》卷26《杂志》引《吴越备史》，景印文渊阁四库全书本（第583册），第795~796页，原文作“……怒潮急湍……潮乃退”。次引出自《海塘录》卷26《杂志》引《钱塘县志》，第796页。原文作“东趋南陵……作六重……岸益固”。后引出自（明）徐一夔：《史丰稿》卷7《杂述·辨钱塘铁箭》，景印文渊阁四库全书本（第1229册），第238页，原文“……故幢首出土云……”。

77. 页182注②，《十国》卷七八，《吴越·武肃王世家》，引文“置都水营使以主水利，以主水事，号曰撩浅军……一路自急水港上淀山湖入海……”，“浚拓湖及新泾塘由小官浦入海……”。

按《十国》卷78《吴越二·武肃王世家下》，第1090、1101页，原文作“置都水营使以主水事，募卒为都，号曰‘撩浅军’……一路自急水港下淀山湖入海……”，“浚柘湖及新泾塘，由小官浦入海……”。

78. 页183注①，《范文正公奏议集》上，《答手诏条陈十事》，引文“……为民美利……苏州有营田军四部……大半堕废……”。

按（宋）范仲淹：《范文正公政府奏议》卷上《治体·答手诏条陈十事》，见《范文正公集》，四部丛刊初编本（第136册），商务印书馆影印本1926年版，页10－1～2，原文作“……为农美利……苏州有营田军四都……大半隳废……”。

79. 页184注①，《吴唐拾遗录·劝农桑》，引文“吴顺义中……”。

按，此载实出自《容斋续笔》卷18《宋齐丘》引《吴唐拾遗录·劝农桑》，见《容斋随笔》，第418页。

80. 页185注①，《备史》卷二，《文穆王》，引文“仍赦境内租税之半”。

按《备史》卷2《文穆王》，第6226页，原文作“仍赦境内今年租税之半”。

81. 页185注③，同上书（《备史》）卷四，《大元帅吴越国王》，引文“……由是境内无弃田……”。

按《备史》卷4《大元帅吴越国王》，第6246页，原文作“……由是境内并无弃田……”。

82. 页185注④，注引“《十国》卷一一六，《备考·吴越世家辩案》引《丹铅录》”所载，引文“……吴越王钱宏佐……欧阳永叔《五代史记》乃云……则以次唱筲之……欧阳修记钱氏重敛……乃诬其祖以重敛民怨之事。然则挟私怨于褒贬之间……”。

按《春秋》卷116《备考·吴越世家辩案》引《丹铅录》，第1777～1778页，原文作“……吴越王钱弘佐……欧阳永叔《五代史》乃云……则以次唱而笞之……欧阳修记钱氏重敛之虐……乃诬其祖以重敛民怒之事。若然，则挟私怨于褒贬之间……”。

83. 页186注③，同上书（《十国》）卷九四，《闽五·王审邽传》，引文“……兴定庐舍”。

按《十国》卷94《闽五·王审邽传》，第1363页，原文作“……兴完庐舍”。

84. 页186注⑥，《通鉴》卷二七四，引文“湖南民不事蚕桑……”。

按《通鉴》卷274，后唐庄宗同光三年十二月，第8953页，原文作“湖南民不事桑蚕……”。

85. 页186注⑧，《十国》卷七五，《楚·杂传》，引文“在马氏时……”。

按，此载实出自《十国》卷75《楚九·卒长传》，第1035页，原文作“当马氏时……”。

86. 页187注①，《十国》卷三六，《前蜀·高祖本纪》，引文“……诸州县镇不敢归还者……今年正月初九日以前，应在府及州县镇军人及百姓……官中征没屋舍庄田，除已有指挥及有人经营收买外……并宜还却……”。

按，此载实出自（宋）句延庆：《锦里耆旧传》（下文简称《耆旧传》）卷5，见傅璇琮、徐海荣、徐吉军主编：《五代史书汇编》（十），杭州出版社点校本2004年版，第6029

页，原文作“……诸州县镇不敢放归还者……今年正月九日以前，应在府及州县镇军人百姓……官中收没屋舍庄田，除已有指挥及有人经官收买外……并宜给还却……”。

87．页187注③，《九国志》卷六，《前蜀·晋晖传》，引文“招徕逋窜，划陈蠹弊……”。

按《九国志》卷6《前蜀·晋晖传》，第3294页，原文作“招来逋窜，划除蠹弊……”。

88．页188注②，《九国志》卷七，《后蜀·石处温传》，引文“……常积谷数千万石，前后累献军粮二千余万石”。

按《九国志》卷7《后蜀·石处温传》，第3319页，原文作“……常积谷数万千石，前后累献军粮二十余万石”。

89．页189注③，《十国》卷七八，《吴越·武肃王世家》，引文“吴绫、越绫……”、“锦绮五百连”、“吴越异纹绫八千匹……”。

按，引文源自同书不同卷，宜分作三注。前引出自《十国》卷78《吴越二·武肃王世家下》，第1097页。次引出自《十国》卷79《吴越三·文穆王世家》，第1122页，原文作“锦绮五百”。末引出自《十国》卷79《吴越三·文穆王世家》，第1124页。

90．页189注⑥，《五代诗话》卷四，《张立》，引文“随驾宫人皆衣画云霞道服”。

按，此载实出自《旧史》卷136《王衍传》，第1819页。

91．页190注①，《十国》卷六七，《楚·文昭王世家》，引文“土绢、土绫、吉贝布共三千匹”，“……锦绮缛面十条，锦绮皆十合（盒）”。

按《十国》卷67《楚二·文昭王世家》，第952、957页，原文作“土绢、土絁、吉贝布共三千匹”，“……锦绮缛面十床，锦绮背十合”。

92．页190注②，《通鉴》卷二八三，引文“……秋冬用木棉”。

按《通鉴》卷283，后晋高祖天福七年十月，第9241页，原文作“……秋冬用木绵”。

93．页190注⑤，《十国》卷一〇一，《荆南·文献王世家》，引文“御衣服段罗绫绢一百匹”。

按《十国春秋》卷101《荆南二·文献王世家》，第1442页，原文作“御衣段罗绫绢一百五十匹”。

94．页191注①，《学林新编》，引文“茶之佳品造在社前……”。

按，此载实出自（宋）王观国：《学林》卷8《茶诗》，中华书局点校本1988年版，第275页，原文作“茶之佳品，摘造在社前”。

95．页191注②，《三山老人语录》，引“五代诗人郑遨《咏茶》云”，引文“……夜血和烟捣……”。

按，此载实出自（宋）阮阅：《诗话总龟·后集》卷30《咏茶门》，景印文渊阁四库全书本（第1478册），第802页，当作“五代诗人郑遨《茶诗》云”，原文作“……夜臼和烟捣……”。

96．页191注③，《学林新编》，引文“……白瓿封题寄火前”。

按，此载实出自《学林》卷8《茶诗》，第275页，原文作“……白硾封题寄火前”。

97．页191注④，《十国》卷一六，《南唐·元宗本纪》，著文“吴几次致茶于后唐”。

按，此载实出自《十国》卷3《吴三·睿帝本纪》，第60页。

98．页191注⑤，《谈苑》，引文“……始罢阳羡茶”。

按，此载实出自《十国》卷16《南唐二·元宗本纪》，第210页，原文作“……始罢贡阳羡茶”。

99. 页191注⑥，《南唐拾遗录》，引文“取茶之乳作片，或号京铤的乳及骨子等名”。

按，此载实出自《诗话总龟·后集》卷30《咏茶门》，第800页，原文作“取其乳作片，或号曰京铤的乳及骨子等”。

100. 页191注⑦，《东溪试茶录》，引文“南唐时进建阳茶油花子大小形制各别，宫嫔缕金于面，皆淡妆以花饼施额上，时号北苑妆”。

按，此载实出自（宋）陶谷：《清异录》卷下《北苑妆》，见朱易安、傅璇琮等主编：《全宋笔记》（第一编），大象出版社点校本2003年版，第76页，原文作“江南晚季，建阳进茶油花子，大小形制各别，极可爱。宫嫔缕金于面，皆以淡妆，以此花饼施于额上，时号‘北苑妆’”。

101. 页192注①，《十国》卷七九、八〇，《吴越·文穆王世家·忠献王世家》，著文“南唐境内官焙茶三十八处，官私制茶共一千三百三十六处”。

按，此注实出自（宋）宋子安：《东溪试茶录》，景印文渊阁四库全书本（第844册），第655页。

102. 页192注②，同上书（《十国》）卷三五，《前蜀·高祖本纪》，著文“吴越向中原王朝的贡品中有‘茶二万七千斤’、‘大茶、脑源茶二万四千斤’、‘茶二万五千斤’、‘脑源茶三万四千斤’”。

按，此载分见《十国》卷78、79、80《吴越二·武肃王世家下》、《吴越三·文穆王世家》、《吴越四·忠献王世家·忠逊王世家》，第1101、1124、1135、1139页。

103. 页192注③，《十国》卷五三，《后蜀·毋守素传》，引文“贡茶布等十万”，“籍其成都茶园以献……”。

按，引文源自同书不同卷，宜分作二注。前引出自《十国》卷35《前蜀一·高祖本纪》，第496页。后出自《十国》卷53《后蜀六·毋守素传》，第783页，原文作“籍其成都庄产茶园以献……”。

104. 页193注①，《九国志》卷一，《吴·秦斐传》，引文“斐在治七年……”。

按，此载实为《九国志》卷1《吴·秦裴传》，第3227页，原文作“裴在治七年……”。

105. 页193注④，《史补》，引文“凡用数十万斤”。

按《史补》卷3《马希范奢侈》，第2500页，原文作“凡用数十万斤石”。

106. 页194注②，同上书（《十国》）卷九二，《闽·景宗本纪》，引文“银二千两”。

按《十国》卷92《闽三·景宗本纪》，第1341页，原文作“铤银二千两”。

107. 页194注③，见《江南野史》，著文“……官给盐一升，谓之‘盐米’”。

按（宋）龙衮：《江南野史》（下文简称《野史》）卷3《后主》，见傅璇琮、徐海荣、徐吉军主编：《五代史书汇编》（九），杭州出版社点校本2004年版，第5172页，原文作“……官给盐二斤，谓之‘盐米’”。

108. 页194注⑤，《通鉴》卷二九四，引文“……愿将海陵盐南属以赡军”。

按《通鉴》卷294，后周世宗显德五年五月，第9584页，原文作“……愿得海陵盐南属以赡军”。

109. 页197注③，《十国》卷一一六，《备考》，引文“洁白坚滑类高丽纸……”。

按，此载实出自《十国春秋拾遗备考·吴越》，见《十国》，第1786页。

110．页199注④，《史补》，引文“……可谓三千里外一条水，十二时中两度潮……两浙贡献自海路至青州……”。

按《史补》卷5《契盈属对》，第2534页，原文当作“……盈对曰：‘可谓三千里外一条水，十二时中两度潮’……两浙贡赋自海路而至青州……”。

111．页200注①，《十国》卷一一二，《地理表》下，引文“……其门……”。

按《十国》卷112《地理表下》，第1619页，原文作“……其门七……”。

112．页200注②，《旧史》卷一三四，《王审知传》，引文“……汎海至登莱抵岸……”。

按《旧史》卷134《王审知传》，第1792页，原文作“……泛海至登莱抵岸……”。

113．页200注③，《新史》卷六八，《闽世家》，引文“招徕海中蛮夷商贾……”。

按《新史》卷68《闽世家》，第846页，原文作“招来海中蛮夷商贾……”。

114．页201注①，《旧史》卷一三五，《刘龑传》，引文“……穷奢侈娱，僭一方……”。

按《旧史》卷135《刘龑传》，第1808页，原文作“……穷奢极侈，娱僭一方……”。

115．页201注③，《通鉴》卷二七四，引文“……故能以境内之物易天下百货……”。

按《通鉴》卷274，后唐庄宗同光三年十二月，第8953页，原文作“……故能以境内所余之物易天下百货……”。

116．页201注⑥，《通鉴》卷二八八，引文“……乃上表谢罪……”。

按《通鉴》卷288，后汉高祖干祐元年六月，第9394页，原文作“……乃遣使上表谢罪……”。

117．页202注③，《野人闲话》，引文“……华轩采舫，共赏百花潭上，至诸王功臣已下，皆各置林亭，异果、名花，充溢其”。

按（宋）耿焕：《野人闲话》（下文简称《闲话》），《颁令箴》，见傅璇琮、徐海荣、徐吉军主编：《五代史书汇编》（十），杭州出版社点校本2004年版，第5991页，原文作“……贵门公子，乘彩舫游百花潭，穷奢极丽。诸王、功臣已下，皆置林亭，异果名花，小类神仙之境”。

118．页202注④，《蜀梼杌》，引文“城头尽种芙蓉……”。

按（宋）张唐英著，王文才、王炎校笺：《蜀梼杌校笺》卷4《后蜀后主》，巴蜀书社1999年版，第381页，原文作“城上尽种芙蓉……”。

119．页202注⑥，《十国》卷五三，《后蜀·李昊传》，引文“秉利权资货……”。

按，此载实为《十国》卷52《后蜀五·李昊传》，第774页。

120．页202注⑦，《故事》上，引文“倦立且饥……”。

按，此载实出自《琐言》卷1《日本国王子棋》，第21~22页。

121．页203注①，《鉴诫录》，引文“二十万军高拱手”。

按（后蜀）何光远：《鉴诫录》卷5《徐后事》，见傅璇琮、徐海荣、徐吉军主编：《五代史书汇编》（十），杭州出版社点校本2004年版，第5903页，原文“二十万军齐拱手”。

122．页204注①，《通考》卷四，《田赋考》四，引文“……别输三升……”。

按（元）马端临：《通考》卷4《田赋考四·历代田赋之制》，考53，原文作“……别输三斗……”。

123. 页204注②，《通考》卷四，《田赋考》四，引文“……入仓库则有蔆米”。

按《通考》卷4《田赋考四·历代田赋之制》，考53，原文作“……入仓库则有蔆钱”。

124. 页204注④，《新史》卷六九，《南汉世家》，引文“遣巨舰指挥使暨彦赟以兵入海……”。

按，此载实出自《新史》卷65《南汉世家》，第816页。

契丹的崛起和中原人民的抗辽斗争

1. 页206注①，《辽史》卷一，《太祖纪》，引文“奇首生都庵山……”。

按，此载实出自（元）脱脱等：《辽史》卷2《太祖纪下》，中华书局点校本1974年版，第24页，原文作“奇首生生都菴山……”。

2. 页207注③，《旧书》卷一一〇，《李光弼传》，引文“父楷洛，开元初为羽林将军同正……”。

按《旧书》卷110《李光弼传》，第3303页，原文作“父楷洛，开元初，左羽林将军同正……”

3. 页208注⑤，《辽史》卷二，《太祖纪》二，引文“……挟其政柄……已有广土之志……”。

按《辽史》卷2《太祖纪下》，第24页，原文作“……执其政柄……已有广土众民之志……”。

4. 页208注⑥，《旧史》卷一三五，《契丹传》，引文“燕之军民多为寇掠……”。

按，此载实出自《旧史》卷137《契丹传》，第1828页，原文作“燕之军民多为寇所掠……”。

5. 页208注⑧，《新史》卷七二，《四夷附录·契丹》，引文“中国之王无代者”。

按《新史》卷72《四夷附录二》，第886页，原文作“中国之王无代立者”。

6. 页209注①，《通鉴》卷二六六，引文“……别为一部”。

按《通鉴》卷266，后梁太祖开平元年五月，第8678页，原文作“……别自为一部”。

7. 页209注③，《辽史》卷一，《太祖纪》，引文“获生口九万五千”，“俘获生口万四千二百”。

按，两则材料出自同书不同卷，宜分别作注。前引出自《辽史》卷1《太祖纪上》，第2页。后引出自《辽史》卷2《太祖纪下》，第15页。

8. 页210注②，《辽史》卷三七，《地理志》一，引文“……户二千五百”。

按《辽史》卷37《地理志一》，第439页，原文作“……户三千五百”。

9. 页210注④，《辽史》卷三七，《地理志》一，引文“……与汉民杂处，居户四千”。

按《辽史》卷37《地理志一》，第439页，原文作“……与汉民杂居。户四千”。

10. 页210注⑦，《辽史》卷三八，《地理志》二，引文“地产铁，拨户三百采炼，随征转输”。

按《辽史》卷38《地理志二》，第469页，原文作“产铁，拨户三百采炼，随征赋输”。

11. 页210注⑨，《辽史》卷三九，《地理志》三，原文作“……多伎巧”。

按《辽史》卷39《地理志三》，第487页，原文作“……多技巧”。

12. 页211注①，《辽史》卷五九，《食货志》上，引文“各部大臣以上征伐……为其头下军州……”。

按《辽史》卷59《食货志上》，第926页，原文作“各部大臣从上征伐……为头下军州……”。

13. 页212注①，《辽史》卷四五，《百官志》上，引文“……兼制中国宦官分南北……”。

按，此载实出自《辽史》卷45《百官志一》，第685页，原文作“……兼制中国，官分南、北……”。

14. 页212注②，《辽史》卷四五，《百官志》上，引文“其实所治皆北面之事”。

按，此载实出自《辽史》卷45《百官志一》，第686页。

15. 页212注③，《辽史》卷四五，《百官志》上，引文“……夷离堇视刑部……于越坐而论议”。

按，此载实出自《辽史》卷45《百官志一》，第686页，原文作“……夷离毕视刑部……于越坐而论议以象公师”。

16. 页212注④，《辽史》卷四七，《百官志》下，引文“皇族四帐世预其选”等。

按，此载实出自《辽史》卷45《百官志一》，第690页。

17. 页212注⑤，《辽史》卷四七，《百官志》下，引文“乃用唐制……”。

按，此载实出自《辽史》卷47《百官志三》，第772页。

18. 页213，《辽史》卷三五《兵卫志》上云：“……常留骑兵，为部帐根本”。

按，此载实出自《辽史》卷35《兵卫志中》，第409页，原文作“……常留余兵为部族根本”。

19. 页213注①，《辽史》卷三二，《营卫志》中，引文“……谓之按钵”。

按《辽史》卷32《营卫志中》，第373页，原文作“……谓之‘捺钵’”。

20. 页214注①，《辽史》卷五九，《食货志》上，引文“……分北大浓兀二部……”。

按《辽史》卷59《食货志上》，第924页，原文作“……分北大浓兀为二部……”。

21. 页214注②，《辽史》卷五九，《食货志》上，引文“……益以海勒水之善地”。

按《辽史》卷59《食货志上》，第924页，原文作“……益以海勒水之善地为农田”。

22. 页215注①，《辽史》卷六〇，《食货志》下，引文“群牧蕃息……”。

按《辽史》卷60《食货志下》，第931页，原文作“群牧蓄息……”。

23. 页215注③，《辽史》卷六〇，《食货志》下，引文“……有绫锦诸工作、宦者、翰林、伎术、教坊、解骶、秀才、僧、尼、道士皆中国人”。

按，此载实出自《新史》卷73《四夷附录二》，第906页，原文作“……有绫锦诸工作、宦者、翰林、伎术、教坊、解骶、秀才、僧、尼、道士等，皆中国人”。

24. 页215注④，《辽史》卷六〇，《食货志》下，引文“……禺中交易市北，漏下交易市南……”。

按《辽史》卷60《食货志下》，第929页，原文作“……禺中交易市北，午漏下交易市南……”。

25. 页216注②，《通鉴》卷二六九，引文“田租皆军食……”。

按《通鉴》卷269，后梁均王贞明三年二月，第8813页，原文作“田租皆贡军食……”。

26. 页216注④，同上书（《通鉴》）卷二七一，引文“卢龙巡属诸州为之残弊”。

按，此载实出自《通鉴》卷270，后梁均王贞明三年八月，第8819页。

27. 页217注①，《通鉴》卷二七五，引文“若与我大河以北……”。

按《通鉴》卷275，后唐明宗天成元年七月，第8989页，原文作“若与我大河之北……”。

28. 页217注②，《通鉴》卷二七六，引文“……奋挝捭剑……”，“契丹北走者殆无孑遗”。

按《通鉴》卷276，后唐明宗天成三年五月、八月，第9019、9022页，原文作“……奋挝挥剑……”，“北走者殆无孑遗”。

29. 页219注③，《通鉴》卷二八〇，引文“……乞移兵柄……”。

按《通鉴》卷280，后晋高祖天福元年四月，第9141页，原文作“……乞解兵柄……”。

30. 页220注④，《通鉴》卷二八〇，引文“约为父子之国……”。

按，此载实出自《旧史》卷137《契丹传》，第1833页。

31. 页221注①，《旧史》卷七〇，《张敬达传》，引文“……用毛索挂铃……始则削木节粪以饲其马……”。

按《旧史》卷70《张敬达传》，第934页，原文作“……用毛索铃……始则削木筛粪，以饲其马……”。

32. 页222注①，《通鉴》卷二八〇，“奉表称臣，谓契丹主为父皇帝……”。

按，此载实出自《通鉴》卷281，后晋高祖天福三年七月，第9188~9189页。

33. 页222注②，《旧史》卷九一，《张从宾传》，引文“取内库金帛以给部伍”。

按，此载实出自《旧史》卷97《张从宾传》，第1289页。

34. 页225注①，《旧史》卷九八，《安重荣传》，引文“臣昨据熟吐浑节度使白承福、赫连公德等各领部族二万余帐……南北将沙陀安定九府等各领部族老小，并牛羊车帐甲马七八路募化归奔，俱至五台及当地府界，已来安泊……凌害至深……须令点检壮强……忿恨不已……又朔州节度副使赵崇与本城将校杀伪节度使刘山……”。

按《旧史》卷98《安重荣传》，第1302~1303页，原文作“臣昨据熟吐浑节度使白承福、赫连公德等，各领部族三万余帐……南北将沙陀、安庆、九府等，各领部族老小，并牛羊、车帐、甲马，七八路慕化归奔，俱至五台及当府地界已来安泊……凌害至甚……须令点检强壮……忿惋不已……续又朔州节度副使赵崇与本城将校杀伪节度使刘山……”。

35. 页226注①，《旧史》卷八一，《晋少帝纪》，引文“（六月）辛未，遣内外臣寮二十八，分往诸道州府率借粟麦……”。

按《旧史》卷81《晋少帝纪一》，第1078页，原文作“（六月）辛未，遣内外臣寮二十八人分往诸道州府率借粟麦……”。

36. 页227注①，《通鉴》卷二八三，引文“……令判官李治称贷于民……”。

按《通鉴》卷283，后晋齐王天福八年十二月，第9258页，原文作“……又令判官李沼称贷于民……”。

37. 页228注③④⑤，《旧史》卷七七，《杨光远传》，引文“由此怨望……”等。

按，三注均实出自《旧史》卷97《杨光远传》，分见第1291、1292、1292页。

38. 页229注②，《旧史》卷九五，《吴峦传》，引文“契丹主躬率步奚及激海夷等四面进攻”，“……敌之梯冲……”，“是日，敌复合围……”。

按《旧史》卷95《吴峦传》，第1268页，原文作“契丹主躬率步奚及渤海夷等四面进攻”，“……贼之梯冲……”，“是日，贼复合围……”。

39. 页229注③，《通鉴》卷二八三，引文“时用兵方略、号令皆延广……”。

按《通鉴》卷283，后晋齐王开运元年正月，第9263页，原文作“时用兵方略号令皆出延广……”。

40. 页230注③，《通鉴》卷二八四，引文“于是，诸军汹惧无部伍……”。

按《通鉴》卷284，后晋齐王开运元年十二月，第9280页，原文作“于是诸军恟惧，无复部伍……”。

41. 页230注④，《旧史》卷九五，《沈赟传》，引文“……忍以毡幕之众……”。

按《旧史》卷95《沈赟传》，第1267页，原文作“……忍以旃幕之众……”。

42. 页231注④，《旧史》卷八三，《晋少帝纪》，引文“……若候风止……即呼众军齐力击贼……风声尤猛……”。

按《旧史》卷83《晋少帝纪三》，第1103～1104页，原文作“……若俟风止……即呼诸军齐力击贼……风势尤猛……”。

43. 页232注④，《旧史》卷八三，《晋少帝纪》，引文“……取敌戈矛……”。

按，此载实出自《旧史》卷82《晋少帝纪二》，第1087页，原文作“……取贼戈矛……”。

44. 页232注⑤，《旧史》卷八三，《晋少帝纪》，引文“援送所掠人口、宝货等由长芦入蕃”等。

按，此载实出自《旧史》卷82《晋少帝纪二》，第1087页。

45. 页233注①，《旧史》卷九〇，《马全节传》，引文“……官府复扰之，则不堪命矣……”。

按《旧史》卷90《马全节传》，第1181页，原文作“……官司复扰之，则不堪其命矣……”。

46. 页233注③，同上书（《通鉴》）卷二八三，引文“……收兵北去”。

按，此载实出自《通鉴》卷284，后晋齐王开运元年三月，第9268页，原文“……收军北去”。

47. 页233注④，《旧史》卷一三七，《契丹传》，引文“……其国君臣稍厌兵革”。

按《旧史》卷137《契丹传》，第1834页，原文作“……蕃国君臣稍厌兵革”。

48. 页234注③，《旧史》卷八三，《晋少帝纪》，引文“每遇四方进献器皿……”。

按，此载实出自《旧史》卷84《晋少帝纪四》，第1112页。

49. 页235注③，《通鉴》卷二八四，引文“中国疲惫……”。

按《通鉴》卷284，后晋齐王开运二年二月，第9284页，原文作“中国疲弊……”。

50. 页235注④，《通鉴》卷二八四，引文“勒兵不出”，“及契丹退……”。

按，此载实出自《旧史》卷88《景延广传》，第1144页。

51. 页236注④，《册府》卷一八〇，《帝王·滥赏》，引文“微有功名目，皆次第给缗帛”。

按《册府》卷180《帝王部·滥赏》注引“史官曰”，第2166页，原文作“微有功名目，皆次第优给缗帛”。

52. 页238注②，《旧史》卷九五，《王清传》，引文“株守于此，营孤食尽”。

按《旧史》卷95《王清传》，第1262页，原文作“守株于此，营孤食尽”。

53. 页239注②，《旧史》卷九八，《张彦泽传》，引文“所居财货山积”。

按《旧史》卷98《张彦泽传》，第1307页，引文“又所居第，财货山积”。

54. 页240注③，《通鉴》卷二八六，引文“拟延寿为中京留守、大丞相、录尚书事、都督中外军事，枢密使，燕王如故”，“录尚书事，都督中外军事”。

按，此载实出自《旧史》卷98《赵延寿传》，第1312～1313页，原文作“拟延寿为中京留守、大丞相、录尚书事、都督中外诸军事，枢密使，燕王如故”，“录尚书事，都督中外诸军事”。

55. 页240注⑤，《旧史》卷九八，《赵延寿传》，引文“……每岁差伊分番于河外沿边防戍，上策也”。

按《旧史》卷98《赵延寿传》，第1312页，原文作“……每岁差伊分番，于河外沿边防戍，斯上策也”。

56. 页241注③，《通鉴》卷二八六，引文“……其实无所颁，皆蓄之内库……”。

按《通鉴》卷286，后汉高祖天福十二年正月，第9335页，原文作“……其实无所颁给，皆蓄之内库……”。

57. 页241注④，《通鉴》卷二八六，引文“……山林之盗，由是而繁……又多以其子弟及亲信左右为节度使，不通政务，华人之狡狯者多依托其麾下……”。

按《通鉴》286，后汉高祖天福十二年二月，第9342页，原文作“……山林之盗，自是而繁……又多以其子弟及亲信左右为节度使、刺史，不通政务，华人之狡狯者多往依其麾下……”。

58. 页242注①，《旧史》卷九九，《汉高祖纪》，引文“……时契丹以族人朗鄂为澶州节度使。朗鄂性贪虐……琼为水运什长，乃构夏津贼帅张乙……”。

按《旧史》卷99《汉高祖纪上》，第1325～1326页，原文作“……时契丹以族人朗五为澶州节度使。契丹性贪虐……琼为水运什长，乃拘夏津贼帅张乙……”。

59. 页242注②，《旧史》卷九九，《汉高祖纪》，引文“……夺器数万计……城中遗民得七百人而已……王纪宏镇相州……”。

按《旧史》卷99《汉高祖纪上》，第1327页，原文作“……夺器甲数万计……城中遗民，得男女七百人而已……王纪弘镇相州……”。

60. 页242注④，《旧史》卷九九，《汉高祖纪》，引文“丹州都指挥使高彦珣杀契丹所命刺史”。

按《旧史》卷99《汉高祖纪上》，第1326页，原文作“丹州都指挥使高彦珣杀伪命刺史”。

61. 页243注②，《隆平集·武行德传》，引文“……行德谓众曰：‘我与若等能为边地鬼耶?’众素伏其威名，皆曰：‘惟命!’遂攻孟州，逐走其节度使崔延勋，悉以州库分诸校而权领州事。”

按（宋）曾巩：《隆平集》卷16《武行德传》，台湾文海出版社影印本1967年版，第638页，原文作“行德谓众曰：‘我与若等能为异域鬼邪?’辞气慷慨，涕泗横集。众素服其威名，皆曰：‘惟命!’遂攻孟州城，走其伪节度使崔延勋，悉府库分诸校，而权领州事。”

62. 页243注③，《旧史》卷一三七，《契丹传》，引文“我有三失：令上国兵士打草谷，一失也……”。

按《旧史》卷137《契丹传》，第1836页，原文作“我有三失：杀上国兵士，打草谷，一失也……”。

63. 页246注②，《旧史》卷九九，《汉高祖纪》，引文“分兵守境，以备寇患”，“应有贡物值契丹将刘九一自土门西入屯于南川，城内忧惧……”等。

按，两则材料源自不同书，宜分作二注。前引出自《旧史》卷99《汉高祖纪上》，第1324页。后引实出自《通鉴》卷286，后汉高祖天福十二年正月，第9336页，原文作“应有贡物，值契丹将刘九一军自土门西入屯于南川，城中忧惧……”。

64. 页246注③，《通鉴》卷二八六，引文“赐诏褒美……”。

按，此载实出自《旧史》卷99《汉高祖纪上》，第1324页。

65. 页246注④，《通鉴》卷二八六，引文“……未有它变……且观其所利，止在货财……”。

按《通鉴》卷286，后汉高祖天福十二年正月，第9336页，原文作“……未有他变……且观其所利止于货财……”。

66. 页247注①，《通鉴》卷二八六，引文“愤惋久之”等。

按，此载实出自《旧史》卷99《汉高祖纪上》，第1325页。

67. 页247注②，《阙文》，引文“……吾既为契丹所立……何不且留吾儿……”。

按《阙文》，《汉史·王淑妃许王从益》，第2457页，原文作“……吾儿为契丹所立……何不且留我儿……”。

68. 页247注③，《旧史》卷一〇〇，《汉高祖纪》，引文“……东、西京一百内放今年夏税，一百里外及京城今年屋税并放一半……诸贬降官未量移、已量移者，与叙录……流人并放还……”。

按《旧史》卷100《汉高祖纪下》，第1332~1333页，原文作“……东、西京一百里外放今年夏税；一百里内及京城，今年屋税并放一半……诸贬降官，未量移者与量移，已量移者与叙录……徒流人并放还……”。

69. 页248注③，《旧史》卷一〇九，《杜重威传》，引文“邺城士庶殍殆者十之六七焉”。

按《旧史》卷109《杜重威传》，第1436页，原文作“邺城士庶，殍殆者十之六七”。

70. 页249注①，《册府》卷九五，《帝王·赦宥》，引文“……寰区为戎马之所……百万之重聚……”。

按《册府》卷95《帝王部·赦宥十四》，第1133页，原文作“……寰区为虏马之乡……百万之生聚……”。

71. 页249注②，《旧史》卷一〇八，《苏逢吉传》，引文“时有郓州捕贼使臣张柔尽杀平阴县十七村民……”，“好鲜衣美食，中书供膳……”。

按《旧史》卷108《苏逢吉传》，第1424页。原文作“时有郓州捕贼使臣张令柔尽杀平阴县十七村民……”，“好鲜衣美食，中书公膳……”。

72. 页250注①，《旧史》卷一〇七，《史弘肇传》，引文“其他断舌、决口、斮筋、折足者，仅无虚日”。

按《旧史》卷107《史弘肇传》，第1404页，原文作“其他断舌、决口、斮筋、折足者，仅无虚日”。

73. 页250注②，《旧史》卷一〇七，《史弘肇传》，引文"其府属公利……贪戾凶暴……以输宏肇……"。

按《旧史》卷107《史弘肇传》，第1405页，原文作"其属府公利……贪戾凶横……以输弘肇……"。

74. 页250注③，同上书（《旧史》）卷二，《王章传》，引文"专于权利……"等。

按，此载实出自《旧史》卷107《王章传》，第1410页。

75. 页251注①，《旧史》卷一〇七，《刘铢传》，引文"……至数百步方止，肌体无完者……"。

按《旧史》卷107《刘铢传》，第1414~1415页，原文作"……至数百步外方止，肤体无完者……"。

76. 页251注②，《册府》卷五四七，《诤谏·直谏》，引文"……省余之外……"，"又放丝三万两配织绢五十匹……"。

按《册府》卷547《诤谏部·直谏十四》，原文作"……省条之外……"，"放丝三万两配织绢五千匹……"。

77. 页251注③，同上书卷（《册府》卷五四七，《诤谏·直谏》），引文"每秋苗一亩，率钱三十，夏苗一亩，率钱二千……"。

按，此载实出自《旧史》卷107《刘铢传》，第1415页，原文作"每秋苗一亩率钱三千，夏苗一亩钱二千……"。

78. 页254注①，《旧史》卷一一〇，《周太祖纪》，引文"常接宾客……幅巾短衣……昌锋刃……亲为抚循……"。

按《旧史》卷110《周太祖纪一》，第1450~1451页，原文作"居常接宾客……幅巾短后……冒锋刃……亲为循抚……"。

79. 页255注④，同上书卷（《旧史》卷一〇七），《王章传》，引文"……命有司高估其价……"。

按《旧史》卷107《王章传》，第1410页，原文作"……命所司高估其价……"。

80. 页256注①，《通鉴》卷二八九，引文"……今反以外制内，可乎"。

按《通鉴》卷289，后汉隐帝干祐三年四月，第9422页，原文作"……今反以外制内，其可乎"。

81. 页256注③，《通鉴》卷二八九，引文"审图之，勿使他人有言"。

按《通鉴》卷289，后汉隐帝干祐三年十一月，第9431页，原文作"审图之，勿令人有言"。

82. 页256注④，《通鉴》卷二八九，引文"健儿为国戍边……"。

按，此载实出自《旧史》卷107《史弘肇传》，第1405页。

83. 页260注①，《旧史》卷一三五，《刘崇传》，引文"……朝廷命行，多不禀行……"。

按《旧史》卷135《刘崇传》，第1811页，原文作"……朝廷命令，多不禀行……"。

84. 页260注③，同上书卷（《通鉴》卷二九〇），引文"……自余薄有资给，故其国内少廉吏"。

按《通鉴》卷290，后周太祖广顺元年正月，第9454页，原文作"……自余薄有资给而已，故其国中少廉吏"。

85．页261注①，《旧史》卷七○，《东汉世家》，引文“……五台当契丹境上……”。

按，此载实出自《新史》卷70《东汉世家》，第868页，原文作“……五台当契丹界上……”。

统一趋势的发展和后周的改革

1．页263注②，《故事》下，引文“诈病以死讣于（延）禀”。

按《故事》卷下《伪闽王氏》，第3195页，原文作“诈疾以死，讣于禀”。

2．页263注③，《通鉴》卷二七七，引文“其初数年，颇亦善守”。

按，此载实出自《故事》卷下《伪闽王氏》，第3195页。

3．页264注①，《故事》下，引文“度民万人为僧，由是闽中多僧”。

按，此载实出自《通鉴》卷276，后唐明宗天成三年十二月，第9026页，原文作“度民二万为僧，由是闽中多僧”。

4．页264注②，《故事》下，引文“……致富人以罪而籍没其赀以任用……”。

按，此载实出自《新史》卷68《闽世家》，第848页，原文作“……致富人以罪，而籍没其赀以佐用……”。

5．页265注⑤，《通鉴》卷二八一，引文“……借而献之”。

按《通鉴》卷281，后晋高祖天福二年六月，第9176页，原文作“……籍而献之”。

6．页265注⑦，《故事》下，引文“因召市井屠沽辈别立拱宸军名……饮食之器悉皆中金所给，奉赐复数倍于威武”。

按《故事》卷下《伪闽王氏》，第3196页，原文作“因召市井屠沽辈，别立宸卫军名……饮食之器悉皆中金，所给俸赐复数倍于威武”。

7．页266注①，《故事》下，引文“锻银叶为酒杯，以饮群下，银叶既柔弱……惟饮乃可舍”。

按《故事》卷下《伪闽王氏》，原文作“锻银叶为酒杯，以赐饮群下，银叶即柔弱……惟饮尽乃可舍”。

8．页266注③，《故事》下，引文“福建之间，暴骨如莽”。

按，此载实出自《通鉴》卷282，后晋高祖天福六年七月，第9226页。

9．页266注④，《通鉴》卷二八二，引文“日进贷诸省务钱以足之”，“请令致仕者自非荫补……以资望高下及州县户口多寡定值……”。

按《通鉴》卷282，后晋高祖天福六年六月，第9225页，原文作“贷诸省务钱以足之”，“令欲仕者，自非荫补……以资望高下及州县户口多寡定其值……”。

10．页268注③，《十国》卷九一，《闽·惠宗纪》，引文“……科取之法率低唐两税而重焉”。

按《十国》卷91《闽二·惠宗纪》，第1323页，原文作“……科取之法，大率效唐两税而加重焉”。

11．页268注④，《十国》卷九二，《闽·康宗纪》，引文“诸州计口算钱……”。

按，此载实出自《十国》卷91《闽二·康宗纪》，第1331页，原文作“诸州各计口算钱……”。

12．页268注⑤，《通鉴》卷二八一，引文“诏民有隐年者杖……果蔬鸡豚皆重征之”。

按《通鉴》卷281，后晋高祖天福二年六月，第9176页，原文作“诏民有隐年者杖背……果菜鸡豚，皆重征之”。

13. 页268注⑥，同上书（《通鉴》）卷二八二，引文“民避重赋者多为僧……”。

按《通鉴》卷282，后晋高祖天福五年七月，第9216页，原文作“民避重赋多为僧……”。

14. 页268注⑧，《通鉴》卷二八三，引文“……赋敛繁重……将攻长汀，曾不忧金陵、钱塘相袭……括高赀户，多者补官……诸津征果菜鱼米……”。

按《通鉴》卷283，后晋齐王天福八年五月，第9250~9251页，原文作“……赋敛烦重……将攻临汀，曾不忧金陵、钱塘乘虚相袭……括高赀户，财多者补官……延平诸津，征果菜鱼米……”。

15. 页269注②，《通鉴》卷二八三，引文“死者二万余人……”。

按，此载实出自《通鉴》卷286，后汉高祖天福十二年三月，第9350页。

16. 页270注②，《史补》，引文“……今有子如此，高郁安得取此耶”。

按《史补》卷3《马希范杀高郁》，第2501页，原文作“……今有子如此，高郁安得取之耶”。

17. 页270注③，《史补》，引文“主上争战得天下，能有机数……若梁朝王彦章罢兵权……”。

按《史补》卷3《马希范杀高郁》，第2501页，原文作“主上战争得天下，能用机数……若梁朝王彦章罢兵权也……”。

18. 页272注①，《通鉴》卷二八三，引文“……秋冬用木棉”。

按《通鉴》卷283，后晋高祖天福七年十月，第9241页，原文作“……秋冬用木绵”。

19. 页272注②，《十国》卷六八，《楚·文昭王世家》，引文“又建会春园、嘉宴堂、金华殿，所费巨万”。

按《十国》卷68《楚二·文昭王世家》，第956页，原文作“又建会春园、嘉宴堂、金华殿，其费巨万”。

20. 页272注④，《通鉴》卷二八三，引文“但今田在，何忧无谷”。

按《通鉴》卷283，后晋齐王天福八年十二月，第9259页，原文作“但令田在，何忧无谷”。

21. 页272注⑤，《通鉴》卷二八三，引文“……惟贫者受刑”，“又置函使人投匿名书相讦……”。

按《通鉴》卷283，后晋齐王天福八年十二月，第9259页，原文作“……惟贫弱受刑”，“又置函，使人投匿名书相告讦……”。

22. 页274注②，《通鉴》卷二八九，引文“……又作大象于高楼，手指水面……”。

按《通鉴》卷289，后汉隐帝干祐三年十二月，第9445页，原文作“……又作大像于高楼，手指水西……”。

23. 页274注③，《通鉴》卷二八九，引文“……请令（许）可琼阵（岳麓）山前，臣以步兵三千自巴溪渡江，趋岳麓后，夜击之”。

按，此载实出自《新史》卷66《楚世家》，第828页，原文作“……请令可琼等阵山前，臣以步兵三千自巴溪渡江趋岳麓，候夜击之”。

24. 页274注④，《通鉴》卷二八九，引文“……所积宝货，悉入蛮落……”。

按《通鉴》卷289，后汉隐帝干祐三年十二月，第9445页，原文作“……所积宝货，皆入蛮落……”。

25. 页274注⑥，《十国》卷六九，《楚恭孝王世家》，引文“府库既尽于乱兵……”。

按，此载实出自《通鉴》卷290，后周太祖广顺元年三月，第9458页。

26. 页276注③，《九国志》卷十一，《王逵传》，引文“本无钤略，不能驭下”，“分厅案事，军政紊乱”。

按《九国志》卷11《楚·王逵传》，第3361页，原文作“本无钤略，不能驭群下”，“分厅案事，军政淆乱”。

27. 页277注⑤，《新史》卷六六，《楚世家》，引文“公用法太严而失人心，所以不敢留者……”。

按《新史》卷66《楚世家》，第831页，原文作“公用法太严而失人心，所以不欲留者……”。

28. 页277注⑦，《通鉴》卷二九三，引文“侍中境内弥无太保……”。

按《通鉴》卷293，后周世宗显德三年七月，第9557页，原文作“侍中境内，弥天太保……”。

29. 页279注①，《十国》卷五八，《南汉·高祖纪》，引文“……亦不失为风流天子”。

按《十国》卷58《南汉一·高祖纪》，第850页，原文作“……亦不失作风流天子”。

30. 页279注③，《十国》卷六六，《南汉·陈延寿传》，引文“先是，高祖（刘龑）宠任中官……因称土人为‘门外人’，卒以此亡国”。

按《十国》卷66《南汉九·陈延寿传》，第923页，原文作“先是，高祖虽宠任中官……因谓土人为门外人，卒以此亡国”。

31. 页280注①，《通鉴》卷二七九，引文“昏暴益甚，为长夜之饮”。

按，此载实出自《故事》卷下《伪汉彭城氏》，第3193页。

32. 页280注②，《通鉴》卷二七九，引文“作乐酣饮，夜与倡妇微行……”等。

按，此载实出自《通鉴》卷283，后晋齐王天福八年三月，第9249页。

33. 页280注③，《新史》卷六五，《南汉世家》，引文“诸弟相次皆见杀”。

按《新史》卷65《南汉世家》，第815页，原文作“诸弟相次见杀”。

34. 页281注②，《十国》卷六六，《南汉·张遇贤传》，引文“张遇贤是第十罗汉，当为汝主”。

按《十国》卷66《南汉九·张遇贤传》，第925页，原文作“张遇贤是第十六罗汉，当为汝主”。

35. 页281注③，《九国志》卷九，《刘洪杲传》，引文“改元永乐，置百官”。

按，此载实出自《通鉴》卷283，后晋高祖天福七年七月，第9239页。

36. 页282注①，《新史》卷六五，《南汉世家》，引文“胡子自言玉皇降胡子身……”。

按《新史》卷65《南汉世家》，第817页，原文作“（樊胡子）自言玉皇降胡子身……”。

37. 页282注②，《新史》卷六五，《南汉世家》，引文“澄枢皆上天使来辅太子，有罪不可问”。

按《新史》卷65《南汉世家》，第817页，原文作“澄枢等皆上天使来辅太子，有罪不可问”。

38. 页282注④，《新史》卷六五，《南汉世家》，引文“尽焚府库宫殿”。

按《新史》卷65《南汉世家》，第819页，原文作“尽焚其府库、宫殿”。

39. 页283注④，同上书（《十国》）卷六三，《南汉·梁嵩·李纾传》，引文“锡赉皆不受，请蠲本州一岁丁赋”。

按，此载宜作《十国》卷63《南汉六·梁嵩传》，第897页，原文作“锡赉皆却不受，请蠲本州一岁丁赋”。

40. 页283注④，同上书（《十国》）卷六三，《南汉·梁嵩·李纾传》，引文“睦邻封，续旧姻……”。

按，此载宜作《十国》卷63《南汉六·李纾传》，第898页。

41. 页284注②，《立谈》，引文“……朕借杨、徐遗业……锥未处囊中故也……”。

按《立谈》，第5010页，原文作“……朕借杨、徐遗业……锥未得处囊中故也……”。

42. 页285注①，《立谈》，引文“……湖湘既定而复灭……”。

按《立谈》，第5012页，原文作“……湖湘既定而复变……”。

43. 页285注②，《通鉴》卷二八六，引文“陛下欲复祖业……”。

按《通鉴》卷286，后汉高祖天福十二年正月，第9338页，原文作“陛下恢复祖业……”。

44. 页286注①，《通鉴》卷二八七，引文“乃眷中原，本朝旧地”。

按《通鉴》卷287，后汉高祖天福十二年六月，第9368页，原文作“乃眷中原，本朝故地”。

45. 页286注③，《通鉴》卷二八七，引文“时唐士卒厌兵，莫有斗志……”。

按，此载实出自《通鉴》卷288，后汉高祖干祐元年十一月，第9404页。

46. 页286注④，《旧史》卷一一二，《周太祖纪》，引文“助兹凶恶，非良算也”。

按《旧史》卷112《周太祖纪三》，第1480页，原文作“助兹凶慝，非良算也”。

47. 页287注②，《十国》卷五二，《南唐·李家明传》，引文“雨虽来，必不敢入城”等。

按，此载实出自《十国》卷32《南唐八·李家明传》，第460页。

48. 页287注③，《玉壶清话》卷十，《南唐遗事》，引文“……彦真托浚濠为名……彦真选上腴，贱价以市之……岁积百亿”。

按（宋）僧文莹:《玉壶清话》卷10《南唐遗事》，中华书局点校本1984年版，第101页，原文作“……彦贞托浚濠为名……彦贞选上腴贱价以市之……岁积巨亿”。

49. 页288注③，《十国》卷三十，《南唐·刘承勋传》，引文“蓄妓数百人，每置一妓……”。

按《十国》卷30《南唐十六·刘承勋传》，原文作“蓄伎数十百人，每置一伎……”。

50. 页288注④，《十国》卷二七，《南唐·孙晟传》，引文“……家益豪富，不设几案，使众妓各执一器，环立而侍，号‘肉合盘’……”。

按《十国》卷27《南唐十三·孙晟传》，第382页，原文作“……家益豪富，每食不设几案，使众伎各执一器，环立而侍，号‘肉台盘’……”。

51. 页289注①，《立谈》，引文“……今拔以取之，以傅斥鹦……”。

按《立谈》，第5008页，原文作“……今拔取之以傅斥鹦……”。

52. 页290注③，同上书卷（《九国志》卷七），《张业传》，引文“……犯者十倍征之，民不堪命”。

按《九国志》卷7《后蜀·张业传》，第3304页，原文作“……犯者十倍征之，吏民不堪其命”。

53. 页290注⑥，《故事》上，引文“昶好打毬走马……”。

按，此载实出自《新史》卷64《后蜀世家》，第803页，原文作“昶好打毬走马……”。

54. 页290注⑦，《新史》卷六四，《后蜀世家》，引文“而民间惧其搜选……”。

按，此载实出自《故事》卷上《后蜀孟氏》，第3188页。

55. 页291注③，《容斋续笔》卷一，《戒石铭》，引文“……下民易虐，上无难欺……勉尔为戒，体朕深意”。

按《容斋续笔》卷1《戒石铭》，见《容斋随笔》，第220页，原文作“……下民易虐，上天难欺……勉尔为戒，体朕深思”。

56. 页292注②，《新史》卷六四，《后蜀世家》，引文“……至于溺器，皆以七宝为之”。

按《新史》卷64《后蜀世家》，第806页，原文作“……至于溺器，皆以七宝装之”。

57. 页292注③，《故事》上，引文“……环结珠香囊，垂于四角……”。

按《故事》卷上《后蜀孟氏》，第3188页，原文作“……环结珠香囊至于四角……”。

58. 页292注④，《闲话》，引文“……每春三月、夏四月多有游花浣及锦浦者……华轩采舫，共赏百花潭上；至诸王功臣已下，皆各置林亭、异果、名花，充溢其中”。

按《闲话》，《颁令箴》，第5991页，原文作“……每春三月、夏四月，人游花浣者、游锦浦者……贵门公子，乘彩舫游百花潭，穷奢极丽。诸王功臣已下，皆置林亭，异果名花，小类神仙之境”。

59. 页292注⑥，同上书（《十国》）卷五三，《后蜀·范禹偁传》，引文“贿厚者登高科而评其直（值）”。

按《十国》卷53《后蜀六·范禹偁传》，第782页，原文作“贿厚者登高科，面评其直”。

60. 页293注①，《旧史》卷七九，《晋高祖纪》，引文“群盗张达、任康劫清水德铁之城以应之”。

按《旧史》卷79《晋高祖纪五》，第1037页，原文作“群盗张达、任康等劫清水德铁之城以应之”。

61. 页293注②，《九国志》卷七，《张虔钊传》，引文“……雄武军节度使何重进出陇右……”。

按《九国志》卷7《后蜀·张虔钊传》，第3308页，原文作“……雄武军节度使何重建出陇右……”。

62. 页294注⑤，《旧史》卷一一三，《周太祖纪》，引文“辽幽州榷盐制置使兼防州刺史、知卢台军事张藏英以本军兵士及职员户人、孳蓄七千头归化”。

按《旧史》卷113《周太祖纪四》，第1497页，原文作“契丹幽州榷盐制置使兼防州刺史、知卢台军事张藏英，以本军兵士及职员户人孳蓄七千头口归化”。

63. 页296注⑤，《旧史》卷一〇九，《李守贞传》，引文“光远有孔目官宋颜者……”。

按《旧史》卷109《李守贞传》，第1438页，原文作“光远有孔目官吏宋颜者……”。

64. 页297注①,《廿二史札记》卷二二,《五代幕僚之祸》,引文“……然藩镇皆武夫,持权任气……”。

按(清)赵翼著,王树民校证:《廿二史札记校证》卷22《五代幕僚之祸》,中华书局1984年版,第476页,原文作“……然藩镇皆武夫,恃权任气……”

65. 页297注⑤,《旧史》卷一〇一,《汉隐帝纪》,引文“……故当时从事鲜宾客之礼,重足一迹而事之……”。

按《旧史》卷101《汉隐帝纪上》,第1349页,原文作“……故当时从事鲜宾客之礼,重足累迹而事之……”。

66. 页298注①,马令:《南唐书》卷十三,《韩熙载传》,引文“(中原)用吾为相,取江淮如探囊中物耳”。

按(宋)马令:《南唐书》卷13《儒者传上》,见傅璇琮、徐海荣、徐吉军主编:《五代史书汇编》(九),杭州出版社点校本2004年版,第5351页,原文作“中国用吾为相,取江淮如探囊中物尔”。

67. 页298注②,《旧史》卷一一〇,《周太祖纪》,引文“或云本常氏子……”。

按《旧史》卷110《周太祖纪一》,第1447页,原文作“或云本常氏之子……”。

68. 页299注①,《阙文》,引文“守贞在晋,累典禁军,因谓军情附己……广施惠爱……”。

按《阙文》《周太祖冯道》,第2458页,原文作“守贞在晋累典禁兵,自为军情附己……广施恩爱……”。

69. 页299注⑥,《旧史》卷一一一,《周太祖纪》,引文“仍诏有司……”。

按《旧史》卷111《周太祖纪二》,第1468页,原文作“仍诏所司……”。

70. 页300注①,《旧史》卷一一二,《周太祖纪》,引文“诸道州府系属户部营田及租税课利节级,一切停废。应有客户元(原)佃系庄田,桑土舍宇,便赐逐户,永为永业,仍仰县司给于凭由……所有见牛犊并赐本户,永不收系”。

按《旧史》卷112《周太祖纪三》,第1488页,原文作“诸道州府系属户部营田及租税课利等……其职员节级,一切停废。应有客户元佃系省庄田、桑土、舍宇,便赐逐户,充为永业,仍仰县司给与凭由……所有见牛犊并赐本户,官中永不收系”。

71. 页300注⑤,《通鉴》卷二九一,引文“……户部别置官司总额……”。

按《通鉴》卷291,后周太祖广顺三年正月,第9488页,原文作“……户部别置官司总领……”。

72. 页301注①,《会要》卷二五,《逃户》,引文“……五年内归业者,三分交还一分……如五周年外归田者……只仰交各与归业人佃莳……其庄田已被别户请射,无处归化……并庄园,三分内交还二分……十五周年内来者,三分交还一分……一,应有坐家破逃走人户……不限年岁,不在识认之列……其本户归业之时,不许计年限……”。

按《会要》卷25《逃户》,第406~407页,原文作“……五周年内归业者,三分交还一分……如五周年外归业者……只仰交割与归业人佃莳……其庄田已被别户请射,无处归托……并庄园三分中交还二分……十五周年内来者,三分中交还一分……一,应有坐家破逃人户……不限年岁,不在论认之限……其本户归业之时,不计年限……”。

73. 页302注①,《元氏长庆集》卷三八,《同州奏均田》,引文“至于富豪之家……”。

按(唐)元稹:《元稹集》卷38《同州奏均田》,中华书局点校本1982年版,第435

页，原文作“富豪兼并……”。

74．页302注②，《会要》卷二五，《租税》，引文“庶公王亲览，触目惊心，利国便民，无乱条例……”。

按《会要》卷25《租税》，第402页，原文作“庶公王观览，触目警心，利国便民，无乱条制……”。

75．页302注④，《册府》卷四八八，《赋税》；卷四九五，《田制》，引文“总计检到户二百三十九万九千八百一十三……”。

按《册府》卷488《邦计部·赋税二》，第5844页；同书卷495《邦计部·田制》，第5934页，原文作“总计检到户二百三十万九千八百一十二……”

76．页302注⑥，《通考》卷四，《田赋考》四，原文作“先是，历代以圣人之后，不预租庸……”。

按《通考》卷4《田赋考四·历代田赋之制》引“止斋陈氏说”，考54，原文作“先是，历代以圣人之后，不预庸调……”。

77．页303注①，《册府》卷四八八，《赋税》，引文“今后夏税以六月一日起征，秋税至十月一日起征……”。

按《册府》卷488《邦计部·赋税二》，第5843页，原文作“今后夏税以六月一日起征，秋税以十月一日起征……”。

78．页303注②，《会要》卷二五，《租税·杂录》，引文“应有商贾兴贩牛畜，不计黄、水牛……”。

按，此载实出自《会要》卷25《杂录》，第404页，原文作“应有商贾兴贩牛畜，不计黄牛、水牛……”。

79．页303注③，《册府》卷五四七，《谏诤·直谏》，引文“……臣谓，聚僧不如聚兵……”。

按《册府》卷547《谏诤部·直谏十四》，第6575页，“……臣以为，聚僧不如聚兵……”。

80．页304注②，《册府》卷一七，《帝王·务农》，引文“令民每口种韭一畦，以助其食”。

按，此载实出自《册府》卷70《帝王部·务农》，第794页。

81．页305注①，《通鉴》卷二九四，引文“刻木为农夫蚕妇，置之殿庭”。

按《通鉴》卷294，后周世宗显德五年十月，第9588页，原文作“刻木为耕夫、蚕妇，置之殿庭”。

82．页305注②，《通鉴》卷二九四，引文“诏诸州境乡村……”。

按《通鉴》卷294，后周世宗显德五年十月，第9587～9588页，原文作“诏诸州并乡村……”。

83．页305注⑦，《会要》卷二六，《盐》，引文“……今后青盐一石依旧抽税八百……”。

按《会要》卷26《盐》，第419页，原文作“……今后青盐每一石依旧抽税八百……”。

84．页306注②，《旧史》卷一四六，《食货志》，引文“曹、宋已西十余州皆食颗盐”。

按《旧史》卷146《食货志》，第1953页，原文作“曹、宋已西十余州，皆尽食颗盐”。

85. 页306注③，《通鉴》卷二九一，著文“后周太祖改为五斤以上处死”。

按，此载实出自《通鉴》卷290，后周太祖广顺二年七月，第9481页。

86. 页306注④，《通鉴》卷二九一，引文“……汉法，犯牛皮一寸处死”。

按《通鉴》卷291，后周太祖广顺二年十一月，第9486页，原文作“……汉法，犯私牛皮一寸抵死”。

87. 页306注⑥，《册府》卷一六〇，《帝王·革弊》，引文“……凡蜀人所立诸色科条，悉罢之”。

按，此载实出自《通鉴》卷292，后周世宗显德二年十一月，第9533页，原文作“……凡蜀人所立诸色科徭，悉罢之”。

88. 页306注⑦，《通鉴》卷二九四，引文“以克复之始，悉命除放，甚允来苏之望”。

按，此载实出自《册府》卷160《帝王部·革弊二》，第1938页，原文作“以克复之始，悉命除放，民情悦，甚允（来）苏之望”。

89. 页307注⑥，《会要》卷二七，《疏凿利人》，引文“于雍、耀之间疏泾水以溉稻田”。

按《会要》卷27《疏凿利人》，第433页，原文作“于雍、耀二州界疏泾水以溉田”。

90. 页308注①，《旧史》卷一一八，《后周世宗纪》，引文“诏疏下汴水一派……”。

按，此载实出自《会要》卷27《漕运》，第431页。

91. 页309注①，《会要》卷二六，《城郭》，引文“……加之坊市之中……僦货之资……供办实多。而又屋宇交通……”。

按《会要》卷26《城郭》，第417页，原文作“……加以坊市之中……僦赁之资……供办实难。而又屋宇交连……”。

92. 页309注④，《会要》卷二四，《街巷》，引文“……倍减寒燠之苦……”。

按，此载实出自《会要》卷26《街巷》，第414页，原文作“……倍减燠寒之苦……”。

93. 页310注②，《玉壶清话》卷三，引文“……知景所造，赐酒犒其工……景后邀百货于楼……”。

按《玉壶清话》卷3，第27页，原文作“……知景所造，颇喜，赐酒犒其工……景后邀巨货于楼……”。

94. 页311注①，《册府》卷四九八，《邦计·漕运》，引文“……近闻彼民颇有劳弊……”。

按《册府》卷498《邦计部·漕运》，第5973页，原文作“……近闻彼民颇甚劳弊……”。

95. 页311注②，《册府》卷一六〇，《帝王·革弊》，引文“……每日课造军器……仍更于本部内配土产物……”。

按《册府》卷160《帝王部·革弊二》，第1937页，原文作“……每日课定造军器……仍更于本部内广配土产物……”。

96. 页311注③，《旧史》卷一一一，《周太祖纪》，引文“……兼占留属省物过当，乃令罢之……”。

按，此载实出自《旧史》卷112《周太祖纪三》，第1485页，原文作“……兼占留属省物用过当，乃令罢之……”。

97. 页311注④，《容斋随笔》卷十，《絁绸绢尺度》，引文“旧制织造絁、细、绢、布、绫、罗、锦、绮、纱、縠等幅阔二尺，起来年须及二尺五分……每匹须及十二两……”。

按，此载实出自《容斋三笔》卷10《絁绸绢尺度》，见《容斋随笔》，第541页，原文作“旧制：织造絁细、绢布、绫罗、锦绮、纱縠等，幅阔二尺起，来年后并须及二尺五分……每匹须及一十二两……”。

98. 页312注③，《会要》卷二七，《泉货》，引文“……其私下所纳到铜，据斤两付价钱”。

按《会要》卷27《泉货》，第437页，原文作“……其私下所纳到铜，据斤两付给价钱”。

99. 页312注④，《通鉴》卷二九二，引文“……彼铜象岂所谓佛邪……亦非可惜也”。

按《通鉴》卷292，后周世宗显德二年九月，第9530页，原文作“……彼铜像岂所谓佛邪……亦非所惜也”。

100. 页313注①，《通鉴》卷二九四，引文“……其后，罢诸司公廨钱……”。

按《通鉴》卷294，后周世宗显德五年十二月胡三省注，第9589页，原文作“……其后罢诸司公廨本钱……”。

101. 页313注②，《册府》卷一六〇，《帝王·革弊》，引文“属州帐内有羊、猪、纸、炭等户并羊毛、红花、紫草及进奉官料……今欲并放为散户”。

按《册府》卷160《帝王部·革弊二》，第1937页，原文作“属州帐内有羊、猪、纸、炭等户，并羊毛、红花、紫草及进奉官月料……今并欲放免为散户”。

102. 页313注③，《会要》卷二七，《诸色料钱》下，引文“右诸州府……”。

按，此载实出自《会要》卷28《诸色料钱下》，第447页。

103. 页314注①，《旧史》卷一一二，《周太祖纪》，引文“文宣王百代帝王之师，得无敬乎”。

按《旧史》卷112《周太祖纪三》，第1482页，原文作“文宣王百代帝王师也，得无敬乎”。

104. 页314注②，《旧史》卷一一二，《周太祖纪》，引文“诏降兖州为防御州，仍为望州”，“诏端明殿学士颜衎权知兖州事”。

按《旧史》卷112《周太祖纪三》，第1481、1482页，原文作“诏兖州降为防御州，仍为望州”，“诏端明殿学士颜衎权知兖州军州事”。

105. 页314注③，《旧史》卷一一三，《周太祖纪》，引文“……顷因唐末藩镇殊风，及历岁时……”。

按《旧史》卷113《周太祖纪四》，第1497页，原文作“……顷因唐末藩镇殊风，久历岁时……”。

106. 页315注⑥，《旧史》卷一二四，《王殷传》，引文“……凡河北征镇有戎兵处……”。

按《旧史》卷124《王殷传》，第1626页，原文作“……凡河北征镇有戍兵处……”。

107. 页316注④，《旧史》卷一一二，《周太祖纪》，著文“考城县巡检供奉官马彦勍匿赦书，杀狱囚，处斩”。

按，此载实出自《旧史》卷111《周太祖纪二》，第1473页。

108．页316注⑤，《旧史》卷一一一，《周太祖纪》，著文“供奉官武怀赞盗马价入己，处斩”。

按，此载实出自《旧史》卷113《周太祖纪四》，第1498页。

109．页316注⑨，《旧史》卷一一三，《周太祖纪》，引文“在宋州日放得丝四万一千四百两请征入官”。

按《旧史》卷113《周太祖纪四》，第1496页，原文作“在宋州日出放得丝四万一千四百两，请征入官”。

110．页316注⑩，《旧史》卷一一二，《周太祖纪》，著文“中书舍人刘涛遣男刘琐代草制词，父子俱贬外任卑职”。

按，此载实出自《旧史》卷111《周太祖纪二》，第1475页，“刘琐”原作“刘项”。

111．页317注②，同上书（《旧史》）卷一一九，《周世宗纪》，著文“楚州防御使张顺隐落榷税钱五十万、官丝绵二千两赐死。楚州兵马都监武怀恩擅杀降军四人，处斩”。

按，此载实出自《旧史》卷118《周世宗纪五》，第1576页。

112．页317注③，《旧史》卷一一七，《周世宗纪》，著文“贬后遇赦重任的濠州刺史齐藏英犯法，处斩”。

按《旧史》卷117《周世宗纪四》，第1560页，“齐藏英”原作“齐藏珍”。

113．页317注⑥，同上书（《旧史》）卷一一五，《周世宗纪》，著文“太仆卿剧可久举人不当，罢官”。

按，此载实出自《旧史》卷116《周世宗纪三》，第1549页。

114．页317注⑦，同上书（《旧史》）卷一一五，《周世宗纪》，著文“御史中丞杨昭俭、知杂侍御史赵砺、侍御使张紅审狱失实，并罢官”。

按，此载实出自《旧史》卷116《周世宗纪三》，第1548页。

115．页317注⑧，同上书（《旧史》）卷一一六，《周世宗纪》，引文“为人清苦，临事有守”等。

按，此载实出自《旧史》卷115《周世宗纪二》，第1531页。

116．页317注⑩，同上书（《旧史》）卷一一八，《周世宗纪》，引文“获行贼见在寿州……”。

按《旧史》卷118《周世宗纪五》，第1572页，原文作“获正贼，见在寿州……”。

117．页318注①，《通鉴》卷二九二，引文“以功臣、国戚为方镇者多不闲吏事……”。

按，此载实出自《通鉴》卷290，后周太祖广顺元年正月，第9451页。

118．页318注③，《旧史》卷一一五，《周世宗纪》，引文“……防御、团练、刺史州各置推事一员”。

按《旧史》卷115《周世宗纪二》，第1531页，原文作“……防御团练刺史州，各置推官一员”。

119．页318注④，《旧史》卷一二三，《高行周传》，引文“由是不敢复然，敬达遂为光远所害”。

按《旧史》卷123《高行周传》，第1613页，原文作“由是不复敢然，敬达遂为光远所害”。

120．页319注⑤，《旧史》卷一一三，《周太祖纪》，“……只以瓦代之。……陵内切不得伤他人命……”。

按《旧史》卷113《周太祖纪四》，第1503页，原文作“……只以砖代之。……切不得伤他人命……”。

121. 页320注①，《旧史》卷一一五，《周世宗纪》，引文“……则何以见器量之浅深、知任用之当否……”。

按《旧史》卷115《周世宗纪二》，第1526页，原文作“……则何以见器略之浅深、知任用之当否……”。

122. 页320注②，《旧史》卷一一五，《周世宗纪》，引文“……并量事状轻轻，连坐举主”。

按《旧史》卷115《周世宗纪二》，第1525页，原文作“……并量事状重轻，连坐举主”。

123. 页321注②，《册府》，卷五〇八，《邦计·俸禄》，引文“文武百僚所请俸给，非唯后于诸军……此后并宜支实钱”。

按《册府》卷508《邦计部·俸禄四》，第6100页，原文作“文武百僚所请俸给，支遣之时，非唯后于诸军……此后并宜支与实钱”。

124. 页322注①，《通鉴》卷二九三，引文“为政之本，莫大于择人……则以趋竞为能事……乞令即日宰相于南官三品、两省给（事）舍（人）以上……如有不称……试之以事……”。

按《通鉴》卷293，后周世宗显德四年九月，第9571～9572页，原文作“为政之本，莫大择人……则以趋竞为心……乞令即日宰相于南宫三品、两省给舍以上……若有不称……试之于事……”。

125. 页322注⑤，《读通鉴论》卷三〇，《五代》，著文“明末清初的王夫之斥他是卖主求荣之徒”。

按，此载实出自（清）王夫之：《读通鉴论》卷28《五代上》，中华书局点校本1975年版，第1022页。

126. 页323注②，《新史》卷五四，《杂传·冯道传》，引文“无德无才，痴顽老子”。

按《新史》卷54《冯道传》，第614页，原文作“无才无德痴顽老子”。

127. 页323注③，《旧史》卷一二六，《冯道传》，引文“天下百姓如何得救”，“此时百姓，佛再出世救不得，惟皇帝救得”。

按《旧史》卷126《冯道传》，第1660页，原文作“天下百姓，如何可救”，“此时百姓，佛再出救不得，唯皇帝救得”。

128. 页324注②，《通鉴》卷二九一，引文“……万民之众……”。

按《通鉴》卷291，后周太祖广顺二年十月，第9517页，原文作“……万机之众……”。

129. 页325注①，《通鉴》卷二九〇，引文“……又罪非反逆，往往族诛”。

按《通鉴》卷290，后周太祖广顺元年正月，第9451页，原文作“……又罪非反逆，往往族诛、籍没”。

130. 页325注③，《旧史》卷一一〇，《周太祖纪》，引文“今后应犯窃盗赃及和奸者……”。

按《旧史》卷110《周太祖纪一》，第1460页，原文作“今后应犯窃盗贼赃及和奸者……”。

131．页325注④，《旧史》卷一一○，《周太祖纪》，引文“诏京兆、凤翔府……”。

按，此载实出自《旧史》卷111《周太祖纪二》，第1473页。

132．页326注①，《旧史》卷一四七，《刑法志》，引文“……有理须申者……俾甚平允……”。

按《旧史》卷147《刑法志》，第1973页，原文作“……有理须伸者……俾皆平允……”。

133．页326注②，《会要》卷一○，《刑法杂录》，引文“候断遣犯录元案闻奏……”。

按《会要》卷10《刑法杂录》，第163页，原文作“候断遣讫录元案闻奏……”。

134．页326注③，《会要》卷一○，《刑法杂录》，引文“……节级减稍罪人口食”，“如有疾病者……”。

按《会要》卷10《刑法杂录》，第164页，原文作“……节级减消罪人口食”，“如有病疾者……”。

135．页326注⑤，《旧史》卷一四七，《刑法志》，引文“……明与奏闻，量与甄奖”。

按《旧史》卷147《刑法志》，第1973页，原文作“……明具闻奏，量与甄奖”。

136．页327注①，《通鉴》卷二九一，引文“……所讼必须己事，毋得挟私客诉”。

按《通鉴》卷291，后周太祖广顺二年十月，第9485页，原文作“……所诉必须己事，毋得挟私客诉”。

137．页327注②③，《会要》卷九○，《定格令》，引文“法书行用多时……”；“律令之有难解者……”。

按，两载均实出自《会要》卷9《定格令》，分见第148、149页。

138．页328注①，《通鉴》卷二九三，引文“……使贼人徒侣自相纠告，纠告不虚则以贼产之半赏其告者；或一人能告十人……然被告者不可令至极刑……特与赦放……见今年郑州封内……顷尉氏强民潜往密县行劫……镇将诣村验纵……”。

按，此载实出自《册府》卷476《台省部·奏议七》，第5689页，原文作“……使贼人徒侣自相纠告，纠告不虚则以所告贼产之半赏其告者；或一人能告十贼……然所被告者不可令至极刑……特与疏放……见今郑州封内……顷岁尉氏强民潜往密县行劫……镇将诣村验踪……”。

139．页328注②，《会要》卷八，《经籍》，引文“九经书、五经文字、九经字样各二部，一百三十册”。

按《会要》卷8《经籍》，第129页，原文作“进印板《九经》书、《五经文字》、《九经字样》各二部，共一百三十册”。

140．页330注①，《旧史》卷一一四，《周世宗纪》，引文“澶之里衖湫溢，公署毁圮”。

按《旧史》卷114《周世宗纪一》，第1510页，原文作“澶之里衖湫隘，公署毁圮”。

141．页330注③，《通鉴》卷二九○，引文“……日中不起，国人谓之‘睡王’”。

按《通鉴》卷290，后周太祖广顺元年九月，第9463页，原文作“……日中方起，国人谓之‘睡王’”。

142．页331注①，《辽史》卷六，《穆宗纪》，引文“政事令娄国、林牙敌烈、侍中神都、郎君海里等谋乱就戮”。

按《辽史》卷6《穆宗纪上》，第70页，原文作“政事令娄国、林牙敌烈、侍中神都、郎君海里等谋乱就执”。

143．页331注⑥，《旧史》卷一一四，《周世宗纪》，引文“未便学太宗”。

按《旧史》卷114《周世宗纪一》，第1511页，原文作“未可便学太宗”。

144．页332注②，《旧史》卷一三五，《刘崇传》，引文“僵尸弃甲，填满山谷”等。

按，此载实出自《旧史》卷114《周世宗纪一》，第1513页。

145．页333注①，《旧史》卷一三五，《刘崇传》，引文“廷诲馈盘食、解衣裘而与之”，“……即仓皇而去”。

按《旧史》卷135《刘崇传》，第1812页，原文作“廷诲馈盘餐、解衣裘而与之”，“……即苍黄而去”。

146．页334注④，《会要》卷一二，《京城诸军》，引文“……今春高平与刘崇及蕃军相遇……况百户农夫未能赡一军士……”。

按《会要》卷12《京城诸军》，第206页，原文作“……今春朕在高平与刘崇及蕃军相遇……况百户农夫未能赡一甲士……”。

147．页335注①，《会要》卷一二，《京城诸军》，引文“……进武艺超绝及有身首者……”。

按《会要》卷12《京城诸军》，第206页，原文作“……选武艺超绝及有身首者……”。

148．页335注③，《旧史》卷一一四，《周世宗纪》，引文“召诸道募山林亡命之徒有勇力者……”。

按《旧史》卷114《周纪宗纪一》，第1511页，原文作“诏诸道募山林亡命之徒有勇力者……”。

149．页336注②，《通鉴》卷二九二，引文“……原去者给资装而遣之”。

按《通鉴》卷292，后周世宗显德二年十一月，第9533页，原文作“……愿去者给资装而遣之”。

150．页337注①，《旧史》卷一二八，《王朴传》，引文“……则所向无敌矣”，“……然其力已丧，不足以为边患，可为后图，候其便，则一削平之”。

按《旧史》卷128《王朴传》，第1679～1680页，原文作“……则所向无前矣”，“……但亦不足以为边患，可为后图，候其便则一削以平之”。

151．页340注①，《通鉴》卷二九二，引文“无才略，不知兵”，“专为贪暴，积财巨万……”。

按《通鉴》卷292，后周世宗显德三年正月，第9535页，原文作“无才略，不习兵”，“专为贪暴，积财巨亿……”。

152．页340注③④，《通鉴》卷二九二，引文“初，唐人以茶盐强民而征其粟帛……”，“专事俘掠……”。

按，两载均实出自《通鉴》卷293，后周世宗显德三年七月，第9558页。

153．页340注⑤，《通鉴》卷二九二，引文“……或负糗粮以送之”。

按，此载实出自《通鉴》卷293，后周世宗显德三年七月，第9558页，原文作“……或负糗糒以送之”。

154．页342注①，《旧史》卷一一七，《周世宗纪》，引文“……自用兵以来被虏却骨肉……”。

按《旧史》卷117《周世宗纪四》，第1557页，原文作“……自用兵以来，被掳却骨肉者……”。

155. 页343注②，《通鉴》卷二九三，引文“吾得身免，幸矣……”。

按《通鉴》卷293，后周世宗显德四年十二月，第9576页，原文作“吾身得免，幸矣……”。

五代的周边各族与中外经济文化交流

1. 页352注③，《辽史》卷三九，《地理志》三，引文“岁贡布十五万端、马千匹”。

按，此载实出自《辽史》卷72《宗室传·义宗倍》，第1210页。

2. 页352注④，《辽史》卷七二，《义宗纪》，著文“大批渤海民户被强徙于冀州、东州、宁州等地”。

按，此载实出自《辽史》卷38《地理志二》，第473～475页，宜作“大批渤海民户被强徙于东州、尚州、宁州、归州等地”。

3. 页352注⑤，《北风扬沙录》，转引陈述《契丹社会经济史稿》，第66页，著文“后唐朝，黑水部经常遣使至汴洛通商进贡……”。

按，此载实出自《新史》卷74《四夷附录三》，第920页。

4. 页352注⑥，《契丹国志》卷二二，引文“阿保机虑女真为患……”。

按，此载实出自《北风扬沙录》，转引自陈述：《契丹社会经济史稿》，生活·读书·新知三联书店1963年版，第66页。

5. 页353注①，《新史》卷七三，《四夷附录·契丹》，引文“……不出租税……兵回，各逐便归于本处……所产人参、白附子、天南星、茯苓、松子、猪苓、白布等物，并系契丹枢密院所管”。

按，此载实出自（清）厉鹗：《辽史拾遗》卷18《属国表》，景印文渊阁四库全书本（第289册），第1029页，原文作“……无出租赋……回，各逐使归于本处……所产人参、白附子、南星、茯苓、松子、猪苓、白皮等物，并系契丹枢密院所辖”。

6. 页353注③，《辽史》卷三三，《营卫志》，引文“……天赞八年有东扒里斯胡损者……以奚部给役户……命勃鲁思主之……”。

按《旧史》卷33《营卫志下》，第387页，原文作“……天赞二年有东扒里厮胡损者……以奚府给役户……命勃鲁恩主之……”。

7. 页353注⑥，《辽史》卷三三，《营卫志》，引文“……为挞马狘沙里……”。

按《旧史》卷33《营卫志下》，第387页，原文作“……为达马狘沙里……”。

8. 页359注①，《宋史》卷四九二，《吐蕃传》，引文“……小者百十一家……”。

按（元）脱脱等：《宋史》卷492《吐蕃传》，中华书局点校本1985年版，第14151页，原文作“……小者百十家……”。

9. 页359注②，《会要》卷二八，《吐蕃》，引文“番僧四人……”。

按，此载实出自《会要》卷30《吐蕃》，第468页。

10. 页359注③，《旧史》卷一三八，《吐蕃传》，引文“问其牙帐所居，曰：‘西去泾州三千里。’明宗赐其虎皮……”。

按，此载实出自《旧史》卷138《吐蕃传》，第1841页，原文作“问其牙帐所居，曰：‘西去泾州二千里。’明宗赐以虎皮……”。

11. 页361注②，《会要》卷三〇，《高丽》，著文“九五九年（显德六年）又送来《别集孝经》一卷、《越王新义孝经》八卷……”。

按《会要》卷30《高丽》，第472页，当作“显德六年（959）又送来《别序孝经》1卷、《越王孝经新义》8卷……”。

12. 页362注⑦，《旧史》卷一一五，《刘龚传》，引文“广聚南海珠矶”。

按，此载实出自《旧史》卷135《刘龚传》，第1808页。

13. 页362注⑧，《新史》卷六八，《闽世家》，引文“招徕海中蛮夷商贾”。

按《新史》卷68《闽世家》，第846页，原文作“招来海中蛮夷商贾”。

14. 页362注⑫，《十国》卷一六，《南唐·元宗纪》，引文“凡中国外名香以至和合燕饮、佩带粉囊共九十二种，皆江南所无也”。

按《十国》卷16《南唐二·元宗纪》，第214页，原文作“凡中国、外域，名香以至，和合煎饮，佩带粉囊，共九十二种，皆江南所无也”。

15. 页362注⑬，《十国》卷一六，《南唐·元宗纪》，著文“又从南海输入龙涎香”。

按《十国》卷16《南唐二·元宗纪》，第219页，宜作“又从南海输入龙脑浆”。

五代十国的科学文化

1. 页365注①，《梦溪笔谈》卷一八，《技艺》，引文“凡屋有三分……则法堂也……前竿垂尽臂为‘峻道’；前竿平时，后竿平肩为‘平道’；前竿垂手，后竿平肩，此之谓‘慢道’，谓之‘下分’”。

按（宋）沈括著，胡道静校注：《梦溪笔谈校证》卷18《技艺》，古典文学出版社1957年版，第570页，原文作“凡屋有三分法……则厅堂法也……前竿垂尽臂、后竿展尽臂为‘峻道’；前竿平肘、后竿平肩为‘慢道’；前竿垂手、后竿平肩为‘平道’，此之谓‘下分’”。

2. 页365注②，《梦溪笔谈》卷一八，《技艺》，引文“钱氏据两浙……钱帅患其塔动。匠师云，未及布瓦……乃以瓦布之……”。

按《梦溪笔谈校证》卷18《技艺》，第613页，原文作“钱氏据两浙时……钱帅登之，患其塔动。匠师云，未布瓦……方以瓦布之……”。

3. 页366注①，《会要》卷八，《经籍》，引文“……各从所业本经句度，抄写注出，仔细看读。然后雇召能雕字匠人，各部随秩刻印板……”，“……并须所印敕本，不得更使亲本交错”，“见在雕印板九经内，有《周礼》、《仪礼》、《公羊》、《谷梁》未有印本，今欲集学官校勘四经文字镂印”。

按《会要》卷8《经籍》，第128～129页，原文作“……各以所业本经句度抄写注出，子细看读。然后顾召能雕字匠人，各部随帙刻印板……”，“……并须依所印敕本，不得更使杂本交错”，“见在雕印板《九经》内，有《周礼》、《仪礼》、《公羊》、《谷梁》四经未有印本，今欲集学官校勘四经文字镂板”。

4. 页368注①，《旧史》卷一〇，《梁末帝纪》，引文“皆须直书，不用词藻”。

按《旧史》卷10《梁末帝纪下》，第146页，原文作“皆须直书，不用文藻”。

5. 页368注②,《会要》卷一八,《史馆·杂录》,著文“凡内外臣僚奏行公事……”。

按,此载实出自《旧史》卷10《梁末帝纪下》,第146页。

6. 页368注③,《旧史》卷二〇,《唐明宗纪》,著文“史馆建议……”。

按,此载实出自《会要》卷18《史馆杂录》,第303页。

7. 页368注④,《会要》卷一八,《前代史》,著文“又闻成都有唐朝实录……”。

按,此载实出自《旧史》卷37《唐明宗纪三》,第510页。

8. 页368注⑤,《史补》,著文“修撰诸臣中,贾纬倡议撰唐史……”。

按,此载实出自《册府》卷557《国史部·采撰三》,第6693页。

9. 页368注⑥,《册府》卷五五七,《国史·采撰》,著文“张昭远也征集唐昭宗史料……”。

按,此载实出自《阙文》,《梁史·梁太祖》,第2449页。

10. 页368注⑦,《旧史》卷四三,《赵熙传》,著文“赵熙删削订正,颇有成效”。

按,此载实出自《旧史》卷93《赵熙传》,第1235页。

11. 页371注②,陈垣:《中国佛教史籍概论》,第十一页,著文“……载于《南汉金石录》”。

按陈垣:《中国佛教史籍概论》,中华书局1962年版,第41页,原文作“……载于《南汉金石志》”。

12. 页372注①,《宋高僧传》卷七,《五代棣州开元寺恒超传》,引文“虚著褐老衣,浮杯道不成,誓传经传死,不染利名生”,“如其复尔,则吾在卢龙塞外矣”。

按(宋)赞宁:《宋高僧传》卷7《汉棣州开元寺恒超传》,中华书局点校本1987年版,第153页,原文作“虚著褐衣老,浮杯道不成。誓传经论死,不染利名生”,“而其复尔,则吾在卢龙塞外矣”。

13. 页372注②,《宋高僧传》卷七,《五代棣州开元寺恒超传》,引文“具陈出家之人,岂得留心虚名薄利”。

按《宋高僧传》卷7《汉棣州开元寺恒超传》,第153页,原文作“具陈出家之人岂得虚名薄利而留心乎”。

14. 页375注④,《旧史》卷六〇,《李袭吉传》,引文“毒手尊拳,交相于幕衣……”。

按《旧史》卷60《李袭吉传》,第802页,原文作“毒手尊拳,交相于暮夜……”。

15. 页376注①,《十国》卷五七,《前蜀·僧可朋传》,引文“农舍田头鼓……”。

按,此载实出自《十国》卷57《后蜀十·僧可朋传》,第830页。

16. 页377注①,《蜀梼杌》,引文“锦衣鲜华手擎鹘,闲行气貌多轻息……”。

按《蜀梼杌校笺》卷1《前蜀先主》,第114页。“锦衣鲜华手擎鹘,闲行气貌多轻忽……”。

17. 页377注②,《五代诗话》卷八,引文“举世只知伤逝水……”。

按(清)王士祯编,郑方坤删补《五代诗话》卷8《僧贯休》,人民文学出版社点校本1989年版,第314页,原文作“举世只知嗟逝水……”。

18. 页377注④,《六一居士诗话》,引文“唐之晚年……”。

按,此载宜作(宋)欧阳修:《欧阳修全集》卷128《诗话》,中华书局点校本2001年版,第1952页。

19. 页377注⑥,《诗史》,引文“井梧纷堕砌……”。

按，此载宜作《五代诗话》卷3《徐楷》，第170页。

20. 页378注③，《史补》，引文“凡用兵皆以所撰词授之，使扬声而唱……则众齐作，故人忘其死”。

按《史补》卷2《庄宗能训练兵士》，第2487页，原文作“凡用军，前后队伍皆以所撰词授之，使揭声而唱……则众歌齐作，故凡所斗战，人忘其死”。

21. 页379注①，《南唐二主词》，引文“……还与韶光共憔悴……”。

按曾昭岷等编：《全唐五代词》正编卷3《李璟》，中华书局1999年版，第726页，原文作“……还与容光憔悴……”。

22. 页380注①，《南唐二主词》，引文“……无限江山……”。

按《全唐五代词》正编卷3《李煜》，第765页，原文作“……无限关山……”。

23. 页381注④，《梦溪笔谈》卷一七，《书画》，引文“……神气出，别有生动之意”。

按《梦溪笔谈校证》卷17《书画》，第555页，原文作“……神气迥出，别有生动之意”。

成吉思汗的遗产与忽必烈的变革

综论蒙元王朝政制二元性对当时社会和其后历史的影响[*]

屈文军

成吉思汗的孙子忽必烈建立元朝后，“立经陈纪”，成一代之制。他所奠定的“规模宏远”、其后子孙必须恪遵的“成宪”，今天的学界已经一致公认是蒙古法和汉法的二元混合，也就是说是在保留成吉思汗政治遗产的基础上，有选择地采纳了一些汉式制度。无论是旧史家所说的元世祖“附会汉法”还是近代以来学者所说的“忽必烈行汉法”均不等于少数学者曾经认为的“元朝政治制度汉化”、蒙古统治者“被被征服者的文明所征服”。但是，就元世祖所定的这个二元体制而言，还有很多疑问学界并没有作出令人特别满意的回答。比如，元世祖为何不用成吉思汗的遗产——蒙古法作为整个帝国的国家体制？他又为何不改弦易张，用汉制彻底取代乃祖的政制遗产而使之成为国家的政治根本？对这两个问题，以往的学者往往用这样的意思回答：蒙古法不适合汉地，汉法不适合蒙古社会。但为什么不适合？学界尚未给出让人信服的结论。元王朝的政制二元性不同于辽朝的二元性，这一点也已为学者公认，大家都认为，在元朝政治制度中，蒙古法和汉法是融合在一起的。但究竟哪些是蒙古法因素，哪些是汉法因素，哪些属于二者结合后产生的新因素，似乎又还没有被缕清。有些人单凭某些制度拥有一个汉式名称就认为它们完全属于汉制，比如中书省、枢密院、翰林国史院等，这种论断其实大有问题。再有，蒙元王朝二元性的政制对当时的社会有哪些影

---

* 作者屈文军，暨南大学古籍研究所副教授。本文是暨南大学古籍研究所2012年度凝聚计划“蒙元王朝政治二元性研究”成果。在2012年7月中国蒙古史学会主办的“纪念成吉思汗诞辰850周年学术研讨会”上，笔者以本文作了大会主题发言，得到与会部分学者的点评，作者在此向这些学者表示诚挚的谢意。又，本文作为一章收入笔者目前正在撰写的专著《一本书读懂元朝》中，该专著将由中华书局出版。按照中华书局拟定的书稿体例，文章中不用注释（收入本书时，笔者略加了几个必要的注释），尽量少用引文。本文以阐述史实和宏观论述为主，用了少量的史料引文，这些引文多为元史学者所熟悉，它们大多出自常见的元史史料，如《元史》、《元朝秘史》、《史集》、《元典章》、《庚申外史》、《董文忠神道碑》等。文章参考的前人论著主要有：①［德］傅海波、［英］崔瑞德著，史卫民等译：《剑桥中国辽西夏金元史》，北京：中国社会科学出版社1997年版；②陈高华、史卫民：《中国政治制度通史·元代》，北京：人民出版社1996年版；③张帆：《元代宰相制度研究》，北京：北京大学出版社1997年版；④周良霄：《皇帝与皇权》，上海：上海古籍出版社1999年版；⑤周良霄、顾菊英：《元代史》，上海：上海人民出版社1993年版；⑥萧启庆：《元代几个汉军世家的仕宦与婚姻》，载萧启庆：《蒙元史新研》，台北：台湾允晨文化公司1994年版；⑦姚大力：《论蒙元王朝的皇权》，载《学术集林》卷15，上海：上海远东出版社1999年版；⑧白钢：《关于忽必烈“附会汉法”的历史考察》，《中国史研究》1981年第4期；⑨姚景安：《忽必烈与儒臣和儒学》，《中国史研究》1990年第1期；⑩赵文坦：《忽必烈早期与汉族士人关系考察》，《山东大学学报》1997年第4期；⑪法夸尔（David M. Farquhar）：《元代政府的机构与职能》（*Structure and Function in the Yuan Imperial Government*），收入兰德彰（John D. Langlois）编：《蒙古统治下的中国》（*China under Mongol Rule*），普林斯顿大学出版社1981年版；⑫柯立夫（Francis W. Cleaves）：《1362年的汉——蒙文忻都公碑》（*The Sino－Mongolian Inscription of* 1362 *in Memory of Prince Hindu*），《哈佛亚洲研究杂志》（*HJAS*）1975年V12；⑬余英时：《“君尊臣卑”下的君权与相权》，载《中国思想传统的现代诠释》，南京：江苏人民出版社1989年版。本文中部分观点在笔者以前的一些论著中也有提及，这些论著包括：①《元代中书省的本质》，《西北民族研究》2003年第3期；②《元代怯薛新论》，《南京大学学报》2003年第2期；③《论元代君臣关系的主奴化》，《江海学刊》2004年第1期；④《辽西夏金元史十五讲》，上海：上海古籍出版社2008年版。

响？哪些在后来的明清时期给否定了，哪些还在继续？就中国历史长期演变的趋势而言，元朝二重性政制中，哪些因素产生了深远影响？这些问题似乎都还没有得到充分的研究和论述。本文拟就这些宏观问题作一些初步的探索。全文分四个部分：①二元体制的确定；②国家符号体系二重性的意义；③中央职官制度中的二重性；④二重性政治制度的影响。全文得出结论：就中国政治制度的演变而言，宋元变革是一个大的转折点，君主开明专制从此演变为君主绝对专制，但这种大转折、大演变与蒙古人对汉地的征服其实没有必然联系。

一、政治制度两重性的确定

蒙元王朝控驭的地盘包含了中国几个不同的文化区域，有汉文化的汉地，有游牧文明的蒙古草原区域，有藏文化的青藏高原藏区等；王朝的民众分属不同的文化族群，除了汉族人、蒙古人、藏族人外，还有不少信仰伊斯兰教的人，此外，东北地区、中西南地区也还有种类繁多的非汉族族群。在临民层次上，蒙元统治者针对不同的文化区域和不同的文化族群，一般采取各随其俗的统治方式，只是对蒙古人以外的族群，在运行原先统治制度的同时会加入一些监临、牵制因素，以保障蒙古统治者的利益。比如，在汉地，对汉族人，蒙元统治者采用了汉文明传统的中央集权、军民分治方式，实行赋役制度；各个路、府、州、县实际掌行政的长官还是由汉族人担任，但是蒙古统治者另设一个一般由蒙古人担任的达鲁花赤进行监临，再设一个一般由色目人担任的行政长官副手以对汉族行政长官进行一些牵制。蒙古人的分封制度、诸色户计制度对汉地老百姓而言是蒙古人带来的新东西，但从制度上讲，它们对老百姓的影响有限。比如分封制度，汉地有些老百姓属于某个蒙古诸王贵族的投下户，但他们和不属于投下领主的国家编户齐民的负担按道理是一样的；当然事实上，投下领主对投下户的肆意盘剥无法避免，投下户的实际负担要比国家编户的重一些。诸色户计对汉地百姓生活也有影响，有些家庭需要世代从事某种职业，这与唐宋以来中国民间社会流动性渐强的趋势相违背，不过，民户以外的户计，从总数上来讲，所占的比例很小。所以，对汉地民众而言，与之前中原王朝相比，非汉民族的统治，"异"因素并不突出。在其他文化区域，情况也类似，蒙古人的征服基本没有改变当地社会原先演变的趋势。

这些不同的文化区域、不同类型的文化族群，对国家政治事务而言，最重要的是汉地、汉民族族群和蒙古草原、蒙古民族族群，另外，作为蒙古人治国主要帮手的色目人在政治事务上的影响也比较大。除了藏族人以外，色目人没有自己可以归属的较大的文化地域，当时的穆斯林文化区还只是在形成过程中，所以色目人的影响主要来自于个人而不是来自于地域。蒙元王朝的色目人中，有相当多的人来自东部伊斯兰世界，当时波斯语是这些东部伊斯兰世界的通用语言，蒙元王朝因而将蒙古语文、汉语文、波斯语文都作为了官方的语言文字。不过，就临民层次之上的国家政治制度设计而言，蒙、汉两种文明的传统政制是蒙古统治者主要依赖的资源，由色目人带过来的制度方面的因素并不多，奥都剌合蛮、阿合马、桑哥等人的被视作与汉法对立的回回法，就其本质而言，其实就是增加官府对民众的剥削度，是一种与民争利的横征苛敛之术而已，不具有制度层面上的意义。具有制度层面意义的，还是草原社会和汉地社会的传统政治设计。这两种文明的传统设计，用今人的眼光来看，没有本质区别，都是一种专制体制。不过，同样的专制体制，具体操作方式有区别，专制的程度也略有差异。

蒙古草原制度在成吉思汗建国时基本定型。地方上，游牧民分属于一个个的千户，千户长负责监管牧民的日常经济生活；牧民每年需向政府或所隶属诸王交纳一些牲畜，根据自家牧养动物的种类按一定比例上交；有作战任务时，男丁需要从军，从军日子里的个人生活所需也要从家里带上，政府或诸王不提供。国家层面上，将游牧千户的一部分分属于诸王，剩下的大部分归国家，由大汗管辖，属黄金家族共同“家产”。归诸王和归国家的牧民，其负担理论上也是一样的，都要根据比例上交牲畜，作战时都要自带衣装粮马从军。中央政府内，大汗底下设一些断事官管国家行政，断事官配一些必阇赤做助手；大汗另委任一些军事长官专门负责作战时的指挥任务。大汗身边设置一支庞大的禁卫军，蒙古语称之为怯薛，按制度其人员总数是一万人。禁卫军中的负责者、与皇帝接近者兼担国家的各种事务，断事官、必阇赤中都有人来自怯薛。千户长、军事长官、怯薛都是可以世袭的，断事官、必阇赤类似于临时差遣，不一定世袭，不过一般也会长期担任。诸王在自己的封地内也会设断事官、必阇赤，甚至也有自己的禁卫部队。在帝国中央政府内，诸王也派驻自己的代表，以保障自己能获得共同“家产”，即国家编户牧民那块产生的收益。

蒙古帝国的地盘扩大到其他文化区域，这些区域没有像草原那样分封，就要统统由大汗来统治管理。临民层次上，大汗安排代理人处理这些地区事务，这些代理人多数还是该地原来的人，比如汉地的世侯。大汗另外安排达鲁花赤监临这些代理人，代理人的主要职责就是给蒙古人交纳贡税，帮助蒙古人提供兵源、军饷，有时也需要领兵帮助蒙古人去攻城略地。地盘大了，漠北政府管理起来不方便，蒙古大汗派一些断事官、必阇赤常驻某个地方，专门负责一定范围内的被征服区的行政事务。第四任大汗蒙哥在位时，索性将被征服区划成三大块。一块是中原汉地；一块是畏兀儿和附近地区；再一块是中亚阿姆河以西地区。每一大块地域上各设置一个断事官——必阇赤派出机构（汉文中习惯称“行尚书省”，实际上大蒙古国中央并没有尚书省，行尚书省是一个不恰当的称呼），负责该大块地域的行政事务。这些派驻地方的断事官——必阇赤行署（行尚书省）都直接对大汗负责，不受留在汗廷的断事官——必阇赤机构管辖，汗廷的断事官——必阇赤主要负责草原地区事务和汗廷日常政务，汗廷和在外三行署间以及行署彼此间的关系倒是由汗廷断事官——必阇赤机构负责协调。草原地区人口少、居住分散、经济结构单一；被征服农耕区有大量的代理人，蒙古政府这种比较简单的由怯薛、汗廷断事官和在外断事官行署组成的国家政治结构运行起来没有大碍。

忽必烈即位后，阿姆河以西地区不属他所有，畏兀儿和附近之地也不易守住，他的帝国最主要的区域是蒙古草原和汉地。忽必烈迎合汉人喜好，正式将负责行政事务的断事官机构改名为汉式名称中书省，地方上的断事官行署相应改称行中书省。大蒙古国时期，作为汗廷断事官副手的必阇赤的机构习惯被汉人称作中书省，耶律楚材就被人称作中书令，但大蒙古国时期汗廷的中书省不是主掌行政事务的机构，不能和元朝时期的中书省相提并论。和元朝中书省职能相似的大蒙古国官署是汗廷的断事官机构，它在地方的行署习惯被人称作行尚书省，按道理汗廷的中央断事官机构应当被称作尚书省；不过奇怪的是，当时并没有人这样称它，该机构里的断事官倒是有被称作丞相的，如著名的失吉·忽秃忽就被人称作“胡丞相”。忽必烈没有沿用汉人的习惯，正式将地方行政机构改叫行尚书省，而是叫做了行中书省；中央的行政机构也相应叫做了中书省，忽必烈此举主要是要向大家表明，他的治国方针要和蒙哥不一样。就职掌而言，忽必烈的中书省、行中书省和大蒙古国时期的汗廷断事官机构以及地方断事官行署其实一样，都主掌行政。

随着国家地盘的不断扩大，随着征服战争结束后和平时期社会事务的迅速增多，以及地方上代理人制度的取消、军民分治的实行，从中央到地方，所需行政人员的数目也急剧增长，职务分工越来越明确和细化。地方上，以前人数很少的一个断事官行署就可以治理庞大范围内的行政事务，现在变得不可能了，行省的数量也就相应增多。在中央，有不少事务从行政系统中分离了出来；还有些事务是根据现实需要而另外设置的，它们或隶属中书省或独立于外。众多的或属中书省或不属中书省事务，以前的中原王朝如果也有的，忽必烈和他的汉人谋臣如刘秉忠、许衡等，就按照以前中原王朝的成例，设置一些相应官署和官员来负责处理，如翰林国史院负责文翰和编史任务，御史台负责监察事务；属于蒙古人王朝特有的，就另外命名，如佛教事务，专设一个机构管，后来命名宣政院，该机构还附带直管吐蕃之地。大蒙古国时期，国家军政比较简单，草原牧民按传统兵民合一，有打仗任务了，自己带粮马衣装过来从军；汉地签军、军饷事务则由代理人操办。到了元朝，没有代理人了，军政要由蒙古人政府和地方行署直接办理。本来国家军政也是由行政官员操办的，李璮之乱后，忽必烈对汉人掌控的很多中书省不大放心，就模仿宋朝，专设了一个枢密院来分管国家的军政。中书省中汉人势力式微后，这个机构和枢密院之间的界限就不大分明了，而地方上，行省则一直兼带掌管本省军政。整个国家的政治结构布局大概在忽必烈即位后的十年内成型。

这样的政治结构，是忽必烈在原先蒙古旧制的基础上，引进了一些汉式制度而成的。表面上看，和以前的中原王朝挺相像，有宰相机构中书省负责行政，有枢密院管军政，有御史台管监察，有翰林院管文翰等。当然，也有众多的机构是以前中原王朝没有的，不过那些机构给人的感觉是它们在国家政治活动中作用不大，比如宣徽院，负责怯薛组织日常事务的管理；再比如，管理各个皇帝斡耳朵的机构，对国家政务也不起多大影响。事务多，机构多，所需官员多，不可能都从怯薛中来。大量的官员就来自别的途径，如由吏而来、因荫序承袭而来等。这些职务除了少量可以世袭外，大多数行流动迁转法，这也与大蒙古国时期的情况很不相同，是吸收了汉文明政治传统的结果。

但是这样的政治体制和中原王朝其实还是有很大的不同。就中央和地方的关系而言，中原王朝讲究中央集权，地方上所有的权力最后都集中到中央；元朝本质上也是中央集权，但是它的各个行省又分走了很多权力，也就是说，地方上的权力主要集中到行省这一层次，行省和中央的中书省则是并列的。顺帝时期的脱脱任中书省右丞相期间，中书省较多地干预了行省事务①，而元朝其他时间，中书省和行省各管各地盘的事。中原王朝遇到这样看起来有点地方割据味道的情况时极可能发生分裂，而元朝不会，这是元朝的特殊性：元朝各行省的主要官员来自怯薛，他们对元朝皇帝自称“奴婢”，对皇帝绝对忠诚。就宰相机构而言，元朝的宰相主要负责政令的施行，决策不是他管的事。国家的决策一般由皇帝和身边的怯薛商量，宰相可能刚好也以怯薛身份值班，参与了决策，但从制度上讲，中书省宰相不负责决策，他负责怎样把皇帝的命令传达下去，怎样去执行这个命令。对于皇帝的命令，宰相不赞成的可以向皇帝奏改，但不能像唐宋宰相那样不签字而让它不通过。军政上，元朝军官一般世袭，这与中原王朝大不相同。官员来源上，唐宋王朝一般通过科举选拔官员，元朝高官出自怯薛，高官职务不世袭，但怯薛的职务则世袭；高级职务以外的官员，也有相当大的比例出自荫序承袭。也就是说，元朝官员的来源相当狭窄。中下级官员中的多数来自于吏，这也与中原王朝的原则相背离，唐宋王朝重儒士，对于吏，则很轻视。

那么，忽必烈的王朝有没有可能改弦易张，直接借鉴唐宋王朝的政治结构，用汉式政制

① 这一重要观点为《剑桥中国辽西夏金元史》的作者发现，参见该书中元末期史一章的论述；但目前尚未引起国内元史学者的充分重视。

来彻底取代原先的蒙古旧制呢？比如说，用了汉式制度，宰相拥有了决策权，不允许怯薛干政；将中书省变作行省的顶头上司，行省有什么举措要经过中书省批准；草原上，诸王的兀鲁思分封也取消，所有牧民都是国家的编户牧民；国家所有职务均不能世袭，取消诸王和各种贵族的特权；政治职务对全社会开放，官员来源主要靠科举，不想让汉人有多少影响力的，可以制定专门针对蒙古人的科举；等等。甚至学习宋朝，行政和军政分开。这样的情形有没有可能呢？应该说，不会。

其一，蒙古人的王朝和以前的北魏王朝不一样，蒙古统治者不会主动将自己融入到汉族族群，它始终将自己视为征服者，汉民族则视为被征服者，在他们的意识中，被征服者要为征服者服务。所以维持征服者族群蒙古人的利益，是这个王朝的立国根本。要做到这一点，就必须保持民族隔阂，要把蒙古人和汉人区别开来，同时对人数众多的汉人世界要保持警惕。这样，汉人在国家政治结构中就不可能拥有多少政治资源，不可能拥有多大的发言权。忽必烈潜邸时期和在位初期周围簇拥了很多汉人文士，但他对这些人究竟信任到什么程度其实是大有疑问的。即使没有李璮之乱，忽必烈也不会让这些汉人儒士继续在国家政务中居于中心地位。国家政务机构中，汉人不起主导作用，“用夏变夷”就很难了。

其二，没有汉人起主导作用，蒙古人自己能不能主动学习汉文明来变革旧制呢？这就更加不容易了。在征服者当中，像忽必烈那样了解且比较熟悉汉文明的人毕竟是少数，大多数的蒙古人是不愿费心去了解的。用被征服者族群文明取代自己的传统，征服者从情理上难以接受，这是人之常情：任何一个征服者都希望被征服者接受、服膺征服者的文明而不是刚好相反，尤其是当征服者族群的文明并不是所谓的“落后文明”时。

其三，在蒙古人看来，汉文明并不尽善尽美。比如说，完全的中央集权，他们认为不如地方分权好，对传统中国来说，是高度的中央集权好还是适度的地方分权好，委实是个难以判断的问题；贵族分封，蒙古统治者也认为不赖，事实上，元朝瓦解后蒙古人能继续在草原地区对明朝形成威胁，还真的倚赖了他们的分封制度；怯薛人士对大汗的奴婢意识，他们认为可取，如果没有这样的意识，中央集权程度不高的元王朝要一直不发生地方分裂和割据也是难以想象的事；职务世袭，蒙古统治者认为不是一无是处，汉地社会自唐代以来，各种人士阶层都出现不同程度的流动性，理论上没有哪一户人家会世世代代从事某项事业，蒙古统治者则认为某些集团或阶层还是需要让一些人去世守，这样才能保证这些集团或阶层随时都有足够的人员；汉式科举制度使平民有可能跻身社会上层，官员的迁转法使得任何一个职务都不会长期被某人占据，任何一个官员理论上也都有可能担任不同品级的职官，在蒙古统治者看来，这样的人事管理制度未必尽如人意，尤其是汉式的科举，还产生了很多喜欢空谈而处理实际事务能力较差的官员；等等。军政和行政较大程度地分开，对蒙古统治者来说，也是不大熟悉的。所以，对蒙古政权来说，最好的选择就是以自己的政治传统为基础，适当地引进一些汉式制度以使自己的统治更为有效。能够被引进的汉式制度，应该是他们能理解的，比如说，用中书省命名断事官机构，都负责行政，只是名字不同而已；应该是他们认为可取以至于必需的，比如枢密院、御史台机构，他们认为设置这些机构有利于他们的统治；应该是他们认为不会过分损害蒙古人利益的，仁宗推行科举，制度上就设计成了对蒙古人整体利益不产生多大损害。官员迁转法也被引进，但高级官员多来自怯薛，中下级官员中也有很大比例来自荫序承袭，其他则多出自吏，科举出身者人员很少，又很难当上大的官；这样的官员迁转法自然不会太损害蒙古人的整体利益。至于其他的一些制度引进，如汉式的太庙祭祀等，有与没有都无损蒙古人的利益，而有这样的制度还能让蒙古人的统治合法性在汉人中得到更多支持，他们引进时也就没有多大阻力了。

所以，忽必烈时期确立的国家政治制度是在大蒙古国时期的政制基础上引进了一些汉式成分而形成的，到1270年左右，基本定型，以后的变化就很少了，而且这些变化没有改动忽必烈时期的基本框架，正如史料中所说，“世祖立经陈纪，所以为一代之制者，规模宏远矣”。在临民层次上，不同的民族族群主要采用各自原先的统治方式。国家层面上，总体显示蒙古法和汉法的平衡。不过元朝的国家政治制度面貌和以前的辽朝也不相同。辽代国家层面上汉法和契丹法明显地二元并立，汉法对汉民，契丹法对契丹人，这个王朝的政治制度很容易看出是二元的；而元朝，蒙古法和汉法很多地方都融合在一起，很难分清两种制度孰轻孰重。比如，中书省，表面上看和以前的宰相机构很相似，负责国家的行政事务，但宰相没有稳定的决策权，影响力强的宰相都来源于怯薛，这些影响力强的宰相在皇帝面前以奴婢自称，等等，这些其实都是草原旧制的元素。另外，元朝也还有一些因时势的需要而产生的新东西，这些新东西、新举措就很难说是蒙古法还是汉法了，只能说是这个王朝的新产物。如在南方少数民族地区的土司制度，就是这个王朝的新产物，不能说是蒙古法产生的，也不能说是汉法形成的。

二、国家符号上的两套体系

总的而言，临民层次以上层面，元朝没有实行辽朝那样明显的二元对立双轨制，但又处处体现了蒙古法和汉法的二元混合。不过，在体现王朝统治合法性的国家符号体系上，元王朝又一直存在着来自汉制和来自蒙古制的两套明显区别的形式[①]，它们昭告着人们，这个王朝的特色是政治制度具有二重性。

首先，国号二重性。成吉思汗建国，以蒙古国为国号，忽必烈于1271年决定采用“大元”为国号。根据汉人捉刀的《建国号诏》，他们认为应当有一个美名来代表自己的王朝。美名要能使这个王朝在历代中原王朝的统系中占一位置，看来大蒙古国之号有些别扭。美名要能反映王朝“舆图之广，历古所无”的事实，像汉唐那样以初起之地或始封之邑为名，都不足以显示其盛大，用某个族群的名称作为一个民众包括多个族群的王朝的国号，也就“不无少贬”了。于是他们取《易经》“干元”之义，以“大元”为国号，即大之至也的意思。需要指出的是，国号是两字“大元”而不是人们习惯说的一个字“元”；国号带“大”字应该不始于元，辽、金的国号很可能都带“大”字。很多人对忽必烈以“大元”为国号给予很高的评价，认为他舍弃比较“粗鄙”的“大蒙古国”而代之以文雅的“大元”，说明了他推行汉法的决心，这未免有些言过其实。它仅仅反映了蒙古统治者考虑到了自己的政权需要汉人认同而已，以中性的字“元”来取代民族色彩太强的“蒙古”字眼。忽必烈取大元国号并不表示他要将这个王朝汉化，还在于一个被很多人忽视了的事实：自大元国号确定后，尽管汉文文书中不再使用大蒙古国之名，但蒙古文书中它则一直没有被废除，也就是说，两种国号其实是一直并行的。当然，在蒙文文献中经常将两种国号并称，比如在元末的一块蒙古文碑刻中，称自己的国家为“大元大蒙古国”或“称为大元的大蒙古国”。蒙文文献比汉文文献大度，加上“大元”一词，可能是因为蒙古统治者意识到真正的

① 元朝国家符号上的两套体系大部分已为姚大力师揭出，参见姚大力：《论蒙元王朝的皇权》，载《学术集林》卷15，上海：上海远东出版社1999年版，笔者在本文中略作了些补充阐述。

“大蒙古国”是包括诸王兀鲁思和诸汗国在内的政治共同体的集体国号，而自己的王朝只是这个大共同体的一部分，所以在“大蒙古国”前面要加上“大元”这个限定词。

其次，纪年方式两重性。汉式年号的采用自忽必烈即位漠南那年开始，以后汉语的政府文献都采用汉式的皇帝年号加干支纪年，但蒙文文献乃至一些译自蒙文政府文书的汉文文献仍长期用蒙古传统的十二生肖纪年方法。译自蒙文政府文书的汉文文献留存下来的很多，在它们当中我们经常读到“狗儿年”、“羊儿年”这样的字眼。十二生肖本身不一定是汉人创造的，即使是汉人创造的，蒙古人也不一定是直接跟汉人学来的。蒙元王朝蒙古人有一些东西看似是学汉人的，比如避讳——不过不严格——其实是跟畏兀儿人学的，当然畏兀儿人最早可能是直接跟汉人学的。用十二生肖纪年则肯定不是汉人的创造，蒙古人跟谁学的就不须深究了，反正成了他们的传统。

第三，元朝皇帝即位要履行两套仪式，一套是汉式的，一套是蒙古式的。蒙古式的仪式中包括了诸多汉式仪式中不可能有的情节，遗憾的是汉族大臣们不能参加，汉文史料中就很少记载了。

第四，元朝的国家祭祀情况也类似，有汉式的也有蒙古式的。汉文史料中主要记载了蒙古皇帝汉式祭祀礼制的详情，给人的印象是这个王朝在这方面基本采纳了中原王朝的体制；其实不然，蒙古统治者还要进行一套蒙古式的祭祀礼制，祭祀的对象、方式都和汉制大为区别，这些场合汉人一般也不能参加。即使是汉式祭祀，蒙古统治者也根据他们的需要和理解有选择地取舍，比如汉人倍加重视的太庙亲享，在蒙古人看来远不及他们在日常生活中祖先祭祀场合的活动来得重要，忽必烈建立了太庙，但他本人一直没有到太庙中享祭过自己的祖宗。被汉人视为第一重要的郊祀，元朝皇帝也不热心，因为蒙古人有自己传统的撒马奶子的拜天仪式，元朝直到文宗时期才由皇帝进行了这一汉式祭天礼仪。

第五，元朝皇帝去世后，要给汉语和国语（即蒙古语）两种庙号或称号。元朝皇帝死后，太庙中要定个汉式庙号，如世祖、成宗等。同时，还要给他一个蒙古语的称号，如给世祖忽必烈的国语称号是“薛禅”，给成宗铁穆耳的国语称号是“完泽笃”。皇帝死后，给一个蒙古语的称号大概是在仿照汉人给皇帝定庙号、谥号的制度，但这种国语称号算庙号还是谥号呢？蒙文史料中提到某个皇帝时，多用这个蒙古语称号，一般不用皇帝的汉式庙号。汉文史料中指称某个皇帝时，多用其庙号，极少提及他的蒙古语称号。少数的场合将蒙古语称号和汉文庙号并列。硬译自蒙文的汉文文献，很多时候则按照原文，用蒙古语称号指称皇帝。看来，在汉人心目中，蒙古语称号类似于庙号，但是绝大多数皇帝的这两种语言称号间并不存在语词意义上的对译关系，如“薛禅”是贤明的意思，和“世祖”这两个汉字没有什么关联。史料记载，武宗皇帝和仁宗皇帝的国语称号“曲律”和“普颜笃”是根据他们的汉语庙号而翻译过去的，但是，这两个蒙古语称号“曲律”和“普颜笃”，与汉语庙号的涵义仍有较大距离，曲律意思是俊杰、骏马，普颜笃意思是有福的。从语词意义上说，这些皇帝蒙古语的称号和汉式制度中的谥号倒是有相通之处，都是死后对他们的一个总体评价，以赞扬为主，但汉、蒙文字史料又都不怎么提及皇帝的汉文谥号，而且蒙古语称号和汉文谥号间也没有语词意义上的对应关系。看来，蒙古人对汉式传统中的皇帝谥号和庙号的意义分不大清，所以他们定的蒙古语称号我们也不好说是庙号还是谥号，只能说是模仿汉人的习惯，在皇帝死后给他们的一个蒙古语尊称。需要说明的是，这种尊称和铁木真的尊号“成吉思汗”是不一样的，后者是铁木真生前就获得的称号，前者则是仿汉制，在皇帝死后给他的称号。1206年铁木真建大蒙古国，群臣给他上尊号“成吉思汗”，汉文译作“成吉思皇帝”，汉文史料中实际上是没有“成吉思汗”这个说法的。窝阔台在位时，群臣称他“合罕”，以后各大汗皇帝，生前蒙古人实际上都称他为“合罕”。不过在汉文文献中，“合罕”常用来专称窝阔台。前面提到，汉文文献指称蒙元王朝的大汗、皇帝，一般用其汉语庙号，铁木真、窝阔台也称太祖、太宗。而译自蒙古文的汉语硬译文书指称世祖之后的皇帝，用其死后所上蒙古语称号；而前四汗，太祖用“成吉思皇帝”，太宗用“合罕皇帝”，定宗、宪宗则直呼其名，写作“贵由皇帝”、“蒙哥皇帝”。

第六，圣旨诏令有两种文体。前面提及，蒙元王朝的官方语言文字有蒙语文、汉语文和波斯语文三种。汗廷和宫廷内，君臣的讨论都用蒙古语进行，庙议的过程和决定也用蒙古文来撰写。完成以后除了不涉及汉人事务的以外，都需要在基本保留蒙文文本原有词序的情况下对它们机械地逐字硬译成汉语文本，这些被称为“圣旨”的汉文文本今天读起来相当费劲，不过当时的各级政府机关的汉人官吏应该是比较熟悉这种经常让我们感到不知所云的硬译文书的。各重要的政府机关有时也会出台这些奇特文体的文书命令。这些奇特文体的圣旨、文书，原来的蒙古文文笔流畅，但一硬译成汉语，就极不通顺了。它们本来也是可以用典雅的汉语文言来翻译的，但元朝政府似乎有意要和汉族文人作对，不仅不用文人笔下惯用的典雅用词，专门找一些口语词汇，而且还要把蒙古文的语法特征体现出来，这样就使得翻译出来的句子极不符合汉语语法习惯，人们很难读懂。皇帝汉文指示，除了这种硬译文体的圣旨外，元朝翰林国史院的汉人大臣有时也得以直接用汉文代皇帝起草即位、命官、祭祀等文书，它们称为“诏书”，汉文的诏书文笔自然典雅。诏书要翻译成文笔通顺的蒙古文以便两种文本同时发表。由于圣旨（包括蒙古文原文的）是具体执行的命令，它的地位其实要高于诏书。

第七，元朝的都城是两个而不是一个。前四汗时期，帝国政治中心在漠北。窝阔台在鄂尔浑河上游建立了一个都城，名哈剌和林（今蒙古国哈尔和林），并在和林周围立四季行宫。忽必烈继位后，和林城不再为国都，位于漠南草原之地的上都（位于今内蒙古正蓝旗境内）和中原之地的大都（今北京）成为王朝两个新的都城。元朝皇帝一般每年二月或三月从大都北上，八月或九月自上都南还，有些皇帝驻跸大都的时间比较长，如顺帝一年中在大都的时间一般达八个月。皇帝赴上都，除后妃、怯薛外，中央官署的主要随行人员到上都设衙理事，只留若干副职居守大都，重要的军政事务要急驿奏报上都朝廷处理，也就是说，这一阵子帝国的中心在上都而不是在大都。朝廷中枢夏秋季在上都、冬春季在大都，不仅保持着游牧民族行国的习俗，而且在上都期间，除处理政事外，还要举行蒙古习俗的祭天、祭祖、贵族大宴会、向贵族颁赐等事宜，并要进行大猎活动。实际上巡幸上都和居守大都也成了一种国家同时维持蒙古制和汉制的象征形式。

国家符号体系的两重性表明了元王朝的最高统治者对自己的定位是双重的，既是蒙古人的大汗，又是汉人的皇帝，他们同时从蒙古人和汉人中寻求认同；强调元政权汉化的论者不免对前一因素重视不足，而事实上很多情况下，为蒙古人大汗的意识要比为汉人皇帝的意识强，汉人和被征服的汉地应该为蒙古人提供服务成为元王朝统治者根深蒂固的思想。

三、中央职官制度中的二重性

大蒙古国时期，官制简单。汗廷设断事官机构管行政，这个机构内有几位断事官，另有一些必阇赤作为助手管文书事务。忽必烈建立元朝后，机构增多。中央最主要的机构有三个，即中书省、枢密院和御史台，它们分别掌管行政、军事和监察。军事、监察事务从行政系统中分离出来，并和行政鼎立而三，这种模式是继承或模仿金王朝而形成的——一定程度上也参考了两宋的制度——不过，金朝管行政的机构名尚书省，它的御史台作用也没有元朝那样突出。另外，元中央还有一些掌管具体事务的专门机构。如全国佛教事务由宣政院掌管，它还统辖吐蕃地区；道教事务由集贤院负责管理，崇福司则专门管理基督教事务，回回哈的司掌管伊斯兰教。太常礼仪院、翰林国史院、大司农司、都水监（管水利）、太仆寺（管牧业）等也是中央各专门机构，其中翰林国史院分担了一部分原先必阇赤的事务。原先断事官机构所管的行政事务有一些并没有被中书省继承，如对蒙古人的司法事务，后来的中书省刑部就不能独自处理。原由断事官机构处理的有关蒙古人司法的事务，在断事官机构主体被中书省取代后，主要由元朝另设的机构大宗正府来处理。中书省取代断事官机构，其被取代的业务范围还是比较多的，而翰林国史院就不能说是取代原先的必阇赤机构了，因为它从必阇赤那里分过来的权限很少。翰林国史院的官员可以代皇帝撰写诏令，但圣旨仍然由必阇赤来撰写。元朝中央的必阇赤广泛设置，皇帝身边怯薛中有，外廷中书省内有，元朝还另设一个蒙古翰林院，主要任务是将皇帝的蒙古文圣旨硬译成汉文，这个机构中的官员绝大多数都是必阇赤。

中书省的名义长官是中书令，由皇太子担任，不设皇太子时，该职位就空缺。省内实际主要官员有右丞相、左丞相、平章政事、右丞、左丞和参知政事等，他们合称宰相。两种丞相品级一样，两种丞品级也一样，但蒙古人尚右，官员排名时右者要居上。右丞相一般只能由蒙古人担任，色目人可以任左丞相。汉人极少能任丞相。元朝建国初，功勋卓著的汉人将领史天泽担任过一阵子的右丞相，不久就改为左丞相。除了史天泽，还有三位汉人担任过左丞相。一是忽必烈朝的耶律铸，他是契丹人，耶律楚材之子，忽必烈与阿里不哥争位时，他舍弃妻、子来投奔忽必烈，忽必烈赞赏他的忠诚，任他为中书省左丞相；二是顺帝朝的贺惟一，他们家族在元朝地位甚高，祖父、父亲均为上都留守，贺惟一是一个蒙古化了的汉人，他被赐蒙古姓，名字也改成蒙古式，叫太平，在元朝官方资料上，他列为蒙古族官僚；三是元末的扩廓帖木儿，原名王保保，在元末非常时期是国家主要倚赖的军事力量首领，担任过一阵子左丞相，但他在朝中时间极短。平章和平章以下的宰相，倒有不少汉人担任过，如世祖朝的王文统（平章）、赵璧（平章）、姚枢（左丞）、许衡（左丞），仁宗朝的李孟（平章）等。南人中任过宰相的只有两人，一是世祖朝的叶李，任过尚书省左丞，当时尚书省是真正的宰相机构；另一是顺帝朝的危素，任过中书省的参知政事。

四种宰相，后来定额，右左丞相各一员，平章政事四员，右左丞各一员，参知政事二员。不过完全按定额置员的时候很少，元朝各种机构都是如此，很少按所定的员额数配备官员。一般来说，宰相所起作用的大小跟他在宰相群体中的排名一致，右丞相排名居首，发言权也最大。元朝著名的右丞相有世祖朝的安童，成宗朝的完泽、哈剌哈孙，英宗朝的拜住，文宗朝的燕铁木儿，顺帝朝的伯颜、脱脱等。但是，宰相影响力和其排名不一致的例外情况也是常见的，这与元朝的特殊性有关。其一，宰相大多由怯薛兼任，在怯薛中被皇帝器重的人即使在宰相名单中排名靠后，他也可能比名字在他前面的人更有影响力；其二，宰相讨论事务，经常像今天的圆桌会议那样，每人都有表达自己意见的权利，签名时大家联署，不同意见也写上，最后由皇帝拍板，这应该是蒙古旧制——共同议事传统的保留。

中书省辖六部，六部设尚书、侍郎等官，这与中原王朝类似。不过，元朝六部总的而言，比唐宋六部清闲。一来，中书省本身执行了很多事务；二来，有很多事务被一些专门机构分走，如枢密院承担了大多数的军政事务，太常礼仪院负责了很多礼仪事务，蒙古人的刑政也多不归中书省管，这样，礼部、兵部、刑部事务就大为减少。元朝吏部、户部的事情较多；有关城池修浚、工役造作、局院管理等事多属工部掌管，这个部的事情也不少。

和唐宋宰相机构不同，元王朝的中书省只是一个执行机构，它没有决策方面的权限。诚然，唐宋中原王朝政制中，最终决策权也只操于君主之手，但宰相拥有制度化的议政和辅助决策权。如重大决策由皇帝和宰相们在朝会或其他高级别议事会议中决定；宰相等官员有诏令的初拟权和封驳权；皇帝的内降敕旨，也就是皇帝由内宫偷偷摸摸直接发出去的命令批示因为没有宰相副署便不具有合法性，执行机关可以拒绝执行等等。但是在元朝，没有皇帝定期上朝听政的朝会制度，重大决策往往是皇帝在内廷独自或和部分官员——包括身边当值的怯薛——商议后作出的，因此很多情况下宰相并不与闻决策，除非他被特别召去或刚好以怯薛身份轮值。宰相也没有制令权和封驳权，官员的奏章和入疏由怯薛送至御前，奏闻过程和所有内廷决策经过都由怯薛中的必阇赤加以记录，圣旨的撰拟、翻译也由必阇赤为之，这些必阇赤大多不是宰相机构的人员；圣旨成文后直接交给中书省或其他执行机构或由中书省转发到其他机关付诸实施。唐宋官员拒绝执行被称为“斜封墨敕”的皇帝内廷指令的事情在元朝显然不会有了。没有稳定的议政和辅助决策权力的元朝中书省同金朝的尚书省以及大蒙古国时期的大断事官机构类似，都是北族王朝行政组织和程序简化特征的反映。虽然金朝的尚书省和元朝的中书省人们一般都称之为宰相机构，但它们与其说是唐宋宰相制度的自然发展，不如说是北方民族入主中原的产物。元朝曾经三次短暂地设置过尚书省，两次在世祖朝，一次在武宗朝，不过尚书省一旦设立，中书省之权就差不多被夺空，中书省成了虚设，所以元朝的尚书省不过是中书省换了一个名而已，尽管和中书省并列，但它们之间并没有唐朝初年那样的分权关系，即中书省拟诏令，尚书省负责执行。

元朝中书省建置初期是管军事事务的。由于省内汉人官员势力较大，忽必烈对他们不放心，于是仿照宋朝枢密院与宰相对掌军、政的二府制度，另设了主要由蒙古人和色目人组成的枢密院负责军事。枢密院的名义长官是枢密使，和中书令一样，例由皇太子兼领。实际主事官员有知枢密院事（简称知院，定置六员）、同知枢密院事（简称同知，定置四员）、枢密副使（简称副枢，定置二员）、佥书枢密院事（简称佥院，定置一员）等。知院、同知一般由蒙古人、色目人担任。任过知院的汉人有两位，一位是贺惟一的儿子贺均，他和乃父一样，是一个蒙古化的汉人，也有一个蒙古名，也先忽都，父子均以蒙古名行世，汉名反而很少使用；另一位是扩廓帖木儿，元末非常时期短暂担任过知院。担任过同知枢密院事的汉人也只有五位，其中包括一位高丽人，一位是蒙古化的贺惟一，一位是取了蒙古名字的因镇压红巾军有功而受任的刘哈剌不花（他本是南人，但长期居住在北方）。另两位是世祖时期率军远征爪哇的将军史弼和其副手之一汉人高兴（另一位副手是畏兀儿人亦黑迷失），但史弼和高兴出任同知院事不是在世祖朝，而是在实行无为而治的成宗朝。远征爪哇失败，世祖对史弼他们很恼火，成宗时宽宏大量，给了这两位世祖朝硕果仅存的汉人将军以很高的军事职位。元朝任职副枢、佥院的汉人稍多一些，如世祖朝名臣史天泽、赵璧均出任过副枢。枢密院四种主要职务没有一个严格意义上的南人出任过，任职的汉人即使是当了知院、同知的，也不能参与枢密院的核心机密，比如“天下兵马总数目，皇帝知道，院官里为头儿的蒙古官人知道”，汉人则不能“阅其数”，也就是说，连全国兵力有多少，枢密院里的汉人官员也是不能知道的。枢密院讨论重要的军政事务时，汉人官员会被阻挡在门外，不能进去参与。与中书省相比，枢密院地位略低，但它可以自行上奏军务、自行举荐官属，也就是说很多事情不用通过中书省。中书省中汉人势力衰微后——大约在忽必烈即位五六年后，汉人官员就普遍受到排挤，以后汉人官员再也没能像忽必烈即位初期那样风光——省、院间界限实际上不大明确，枢密院的独立性便大为降低，两机构官员经常一起共事或互兼职务；当然枢密院自行处理一些院内事务的权力还是保留的。

监察机构——御史台是蒙古人政府采行汉制而设立的，他们觉得设置这样的机构有助于对国家的治理。御史台也独立于中书省以外，它可以自行奏事、自行举荐官属，它的地位也略比中书省低，不过比唐、宋、金时代都要高。中国古代监察理论一向认为监察官员要秩卑权重，秩卑了，他们才不在乎职位，才敢于刺举，但是监察官员地位低很多时候是难以真正权重的，因而监察效果会打折扣。所以元朝提高监察机构地位，从制度上讲未必见得怎么不好。不过监察权本身属于消极作用，如果对行政处处牵制可能导致行政权无法充分发挥其兴利除弊的积极功能，但这主要取决于监察权的行使状况，与监察机构、监察官员地位的高低似乎关联不大。

元朝御史台官员有御史大夫、御史中丞、侍御史等，定额都是二员。御史大夫“非国姓不以授”，也就是说只能由蒙古人担任，唯一例外的是蒙古化的汉人贺惟一曾出任过这项职务。色目人也偶有任御史大夫的，如顺帝初年，钦察人燕铁木儿弟撒敦任左丞相时，他的侄子、燕铁木儿之子唐其势就任御史大夫。出任御史中丞、侍御史及以下职务包括治书侍御史、殿中侍御史、监察御史等的汉人比较多，总体而言，在作为元朝监察系统的御史台机构中，汉人官员比例大大超过枢密院，也超过中书省，这是由该机构的性质决定的。它负责监察，需要一些真才实学的汉人，出仕完全依赖出身的人很多不适合这种职务。但南人在该机构中任职的依然极少，“世祖以后，省、台之职，南人斥之不用”。与枢密院相比，御史台的独立性终元一朝倒是都比较强，中书省很难插手台内事务。但中书省和御史台的主要官员间可以有很密切的私人关系，如父子、兄弟、叔侄、死党等，当然有时也会是冤家对头，这就大大减弱甚至异化了御史台的功能。另外，元朝不设谏官，按道理什么人都可以上书建言，相对而言，御史台系统的人向皇帝谏议的时候较多，所以，时人有时也直接称监察官员“职当言路”，但毕竟不是正式的谏官，和唐宋制度不同。

由于地盘广大，中央机构在外地设立分支或派出机构是蒙古人的传统。大蒙古国时期，除了漠北汗廷设大断事官群体外，后来在地方上还设立了三个分支机构，它们彼此之间包括和汗廷的大断事官群体间并没有隶属关系，而是一起对大汗负责。忽必烈即位初，设立中书省，中书省也在全国设立了不少派出机构，它们后来慢慢固定成地方机构，就是元朝的十个行省，和中书省分别管辖一定的地区。尽管行省成为了地方机构，但它们和中书省之间并没有隶属关系，而是平级的。因此，将元朝的行省制度看成是中原王朝地方郡县制度的自然发展可能并不恰当。枢密院也曾设过行院，后来因为中央中书省和枢密院之间界限不很明确，地方上行政和军事事务也就都归行省，多数时候不再设枢密院分支机构，但地方有事时，还是会临时设立一些的。监察系统除了中央设的御史台外，地方上也有两个分支机构，三个机构一直共同存在。一个分支治所在今天的南京，名江南行御史台，简称南台；另一个分支治所在今天的西安，名陕西行台，简称西台，相应地中央的御史台也称中台或内台。全国划分成22个监察道，分别隶属于中台和它的两个分支机构。三个御史台彼此之间也是平级的。当然与地方的分支机构比起来，中央的中书省和御史台会拥有很多便利，地方上有事情要由中央的相应机构向皇帝奏报，中书省和御史台也就比地方机构多拥有了一些协调和统一全国事务的权力。元朝的皇帝对御史台很重视，忽必烈说，中书省是他左手，枢密院是他右手，两手有病就让御史台来治。

元朝最重要的中央机构其实是自大蒙古国延续下来的怯薛组织。怯薛成员有1万人，根据接近天子的程度，大体可分为“预怯薛之职而居禁近者”和普通的“宿卫之士”两部分，前者大约有数百人至千余人，是怯薛中的核心，也是皇帝最为信赖的人。全国高级官员，像中书省、枢密院、御史台以及行省主要负责人大多由这些人担任，四怯薛长出官就为一品。怯薛在外廷任职，如担任宰相后，依然保持怯薛中的职务。如果是在地方任职，卸职后要回到怯薛；如果在中央机构任职，那么怯薛和外廷职务同时担任，到了怯薛值班的那三天，他要回怯薛中而不是去外廷。也就是说，元朝的高级官员大多是双重身份的，汉文史料记载这些人的履历时往往不惮其烦地历数他们的外廷职务，对怯薛一职往往一笔带过，实际上，怯薛职掌才是他们真正的身份和地位标志，而宰相之类的官职仅相当于一种差遣，一种临时性的工作。这些人在政治上起多大作用，有时并不取决于他的外廷职务级别有多高，而跟他在怯薛组织中接近天子的程度密切相关。怯薛时常得以与闻机密；因为密近天光，在皇帝决策时可以发表意见，而且容易被皇帝采纳；官员经常通过怯薛把自己的意见转述给皇帝而不是通过中书省等转递奏章；皇帝临时决定某件事要宰相等官员去办，就派怯薛人员前去传令，很多时候还是口头。对这些现象，不少人认为怯薛妨碍了中书省等机构的正常运作，是一种类似历史上宦官篡夺宰相权力的非常行为，其实这是拿中原王朝的政治模式去套不一样的元王朝的政治结构。元朝的宰相机构只是一执行机构，重要人员都由怯薛成员兼任，怯薛组织才是这个王朝的中枢机构，它的人员预政是他们参决政务的合法形式和途径。

应该说，除了像怯薛这样一些特殊的组织或机构外，元朝的官制从表面上看，很大程度上被纳入了汉式的君主官僚制形式之中，大多官署、官职之名与职掌在唐宋职官体系中可以找到相同、相近或可比拟之处。但是我们似乎仍然不能说这个王朝的官制很大程度上汉化了。君主官僚制的特征主要有这样几个方面：官员被君主聘用，享受俸禄；官员的职掌、权限范围、品秩高低一般有明确的规定，机构、官员彼此间形成多重制衡；官员任职流动，讲究回避；国家职位对社会大幅开放等。这些特征元朝有的具备，如官员被君主聘用，享受俸禄；有的不完全具备，如职位等级化方面。元朝很多官员的职掌、权限范围不是很明确，四种宰相，尽管右、左丞相的影响力多数时候比平章他们大一些，但四种宰相之间实际上是没有明确的职务分工的。元朝相当多的机构有多头现象，甚至正职比副职还多，如六部各部尚书有三名，侍郎只有两名，多头之间尽管有品秩之分，但与他们的实际作用发挥关系也不大。和中书省一样，各衙门议事往往也采取圆议制度，多头不管品秩高低都可以发表自己的意见，最后大家共同署名。特别是高级别机构的圆议，官员很多来自怯薛，品秩高低对他们权力大小的影响就更小了。官员品秩不代表他的实际影响力，与此相关，元朝官署还有一个奇特现象，就是很多机构的品级空前绝后地高，有大量一品、二品的机构，如政治上实际影响力很小的翰林国史院一度一品，和中书省品秩接近；掌天文历数的太史院定制二品，而中书省下的六部按传统才三品；掌正宫皇后财赋的中政院竟然一度也达到一品，长期定在二品。另外，元朝大量机构职掌交叉、重叠，如负责礼仪事务的有中书省的礼部（三品）、有太常礼仪院（二品）、有太禧宗禋院（一品）等，它们不是用来相互牵制而是因为官制没有系统，往往遇事就设。因此，元朝一方面官制简单，只重视事务性官署机构的设置，在决策系统上，不愿意像唐宋那样有专门的机构，如中书省、门下省等；另一方面又冗杂混乱，等级化不强，官员、机构间彼此制衡难以实现。事务机构冗多、同样职掌官署并设、高品级机构和官员多、行政多头，这些都是蒙古旧制喜欢条块分割特征的延续。条块分割有两种：一是按地域分割，再一是按事务分割。同一种事务可以由不同的机构去承担，承担不同事务的机构在政治地位上的差距都不要太大，以显示这个地盘是我的，这种事务是我管的，这样的意味。政治事务条块分割实际上也暗中表现了蒙古传统的分封制精神。

中原王朝官员任职流动的特征在元朝没有好好体现。最重要的怯薛职务是世袭的，外廷职务有不少也长期被某些人掌握。如木华黎的后代相当多位居中书省，博尔术的后代则相当多位居御史台。博尔术孙玉昔帖木儿连任中台御史大夫20余年，地方监察官员也有不少长期在一地任职，这些其实对监察作用的发挥都极为不利。回避原则在元朝也没有充分体现，王朝职官只对少数人开放，同一家族成员同时占有省、院、台高级职务的现象比比皆是。元人的入仕途径相当狭窄。要职基本上被怯薛垄断；荫序承袭的官员数目极为可观，所有武官都是世袭的，几个蒙古、汉人贵族世家子弟凭借祖上的功勋和与皇室家族结成的亲密主从关系攫朱夺紫，占据官僚体系中的各个要津，他们占据高官的比例，令东汉魏晋的一些门阀世族的记录大为逊色——需要强调的是，元朝代代仕宦不绝的贵族与辽金王朝对君主进行牵制的皇亲国戚贵族是完全两样的。官僚来源上的极度封闭性，是蒙古旧制的又一集中体现。在整个官僚队伍中数量上占最大比重的是由吏入仕者。元朝重视实际事务的处理，对它们熟稔的胥吏大受欢迎，而不屑为此道的儒家士大夫只好靠边站了。元中期起实行了科举，但由进士入官者——包括蒙古人和汉人——只占官员总数的“百之一”，跻身高位者凤毛麟角。在官员任用上，与所有征服王朝一样，强调民族分别。高级官位多为蒙古人和来自西域等地的色目人占据，汉族人很少能进入这个行列，挤进仕途的汉族人大多只能在中下级的职位上耗却一生。汉族人占全国人口的绝对多数——元朝的总人口大多时期估计有6 000余万，蒙古人、色目人估计不会超过200万——而据一份史料，在中央官中，汉族人的比重还不到三分之二。

四、宋元变革：元朝二重政治制度的影响

1260年，忽必烈开平登基时，在即位诏书中说：“爰当临御之始，宜新弘远之规。祖述变通，正在今日。”他所确立的政治制度，委实可用“祖述变通”形容：一方面，继承原先的蒙古旧制，一方面引进些汉式因素。这种二重性的政治制度对当时的社会有什么影响？对后来的中国历史又有哪些影响？下面我们就来回答这两个问题。说明一下，忽必烈的政治制度中，包含了地方治理上的新举措，对后世影响特别大的有行省制、土官制以及宣政院管理藏区制等，这些内容本文暂不涉及。

先来分析二重制度对元朝当时社会的影响，主要有这样几个方面。

第一，汉族人很难在政治领域起多大作用，主要的官职被蒙古、色目人占据，汉人只能任一些副职或级别较低的官职，而南人则连这些副职、低级别官都很难当上。汉族人不容易当上官，这对汉地社会的影响很大。在传统社会里，个人要起作用往往通过入仕途径，在政治领域内发挥，现在这条路障碍多多。有些人就想方设法去走这条障碍多多的窄道，比如放弃苦读经书而学吏牍之道；元朝想入仕者依附权贵的现象也比以前朝代更为突出，特别是南人络绎不绝地北上跑官成为该王朝的一道“亮丽风景线”。当然，不是名门出身，能当上大官的几率极小，入仕的汉族人总体而言，在国家政治生活中影响不大。也有些汉族读书人索性放弃这条窄道，他们走上了别的路子，比如去从事戏曲、书画、自然科学等。也有少部分

文人甚至离经叛道，他们用别样的生活方式诠释着对这个看起来有点“怪诞”的社会的理解①。汉族文人入仕之道被大范围地堵塞，很不利于蒙元政权合法性在汉人当中的认同。

第二，能够入仕的汉人官员，除了少数出身于与皇室有密切关系的显赫家庭以外，大多以吏而入仕途；喜欢读儒家经典的传统士大夫则在政治上基本没有什么前途，那种“学而优则仕”的社会面貌在元朝没有呈现。唐宋以来，任官重儒轻吏有其不足的一面，比如读书太多的儒士经常会脱离实际，面对棘手的现实问题，有时不知如何下手加以解决，高远的理想状态应对不了现实的复杂状况。但我们也必须承认重儒轻吏有它的合理性。按照儒家文明的政治理想设计，政治除了权力结构和行政方式等政治本能以外，还有教化功能，它承担着养之以仁惠、文之以礼乐的道德使命和文化责任，也就是古人所说的“政所以正不正者”。所以，先贤始终强调政治家们不应滥施严刑酷法，要轻徭薄赋而不能刻核寡恩而终失大道，也因此，历代从中央到地方，被公认的出色官僚，除了时刻注意慎刑减负并在政治管理事务上显得沉着、干练、高效外，还都相当重视文化事业，比如关注各级学校教育、重视祭祀先贤、注重引导社会习俗转变等。当然，就实际政治状况而言，中国古代不经民众许可便掌握政治和经济资源的官僚们——中国的经济一直是权力经济，只要有权力就能掌握经济资源——他们中绝大多数人的实际行为总是与设计中的理想状态形成巨大反讽。这种反讽在元朝表现得更为突出了。蒙古、色目官吏政治素养和业务能力大多比较低，汉人中由吏出身者的道德素质普遍也不如熟读儒家经典的士大夫官僚。总之，儒家思想的实践功能在元朝大大淡化。

第三，分封制度有明显的消极影响。成吉思汗将大蒙古国的若干地盘和上面的千户牧民分给自己的儿子和几个弟弟，让他们建立兀鲁思。诸弟兀鲁思到世祖朝中后期，独立性降低，诸王成为听命于朝廷的列王，但在兀鲁思内部仍然是宗主。拖雷兀鲁思和属于黄金家族共同财产的大兀鲁思合并后，情况也同东道诸王兀鲁思类似。其他诸子兀鲁思后来则变成事实上独立的汗国。听命于朝廷的列王，其兀鲁思上的游牧部众，按道理和大兀鲁思上的游牧部众负担一样，但实际上，总体而言，前者受到额外盘剥的时候要比后者多得多。窝阔台时期，帝国范围扩至中原，蒙古统治者本欲继续进行这样的兀鲁思分封，被著名的契丹族官僚耶律楚材劝止。于是采取了一种折衷办法，新征服地区约有70%的民户，分给各宗室诸王，少数的驸马、功臣也得到一些，被分封的民户（称投下户）和其他属于国家的民户承担一样的赋税，只是这赋税中丝料的一部分，由国家转交给他们的领主（又称投下主），各投下主在国家相应机构中设置自己的代表以维护分封利益，但不能直接向投下户征收；投下户集中的州县监临官（汉语音译作达鲁花赤）可由投下主任命。忽必烈灭亡南宋后，江南20%强的民户分封给诸王，与北方相似，南方投下户由国家转交给投下主一定数额的户钞，从他们上交的税粮中抽取折算。分封程度的减弱和形式的变化意味着帝国家产逐渐集中到了君主名下，也意味着中央集权的程度有所加强——当然，元朝的中央集权程度比起唐宋来还是差很多，各行省总揽地方军政财权——但投下分封仍旧带有浓厚的封建因素。理论上讲，封建制度和郡县制度是同一光谱的两极，各有优势和不足，这里不讨论这种制度的优劣，只是想指出，在元朝，投下主虽然按规定不能直接向投下户征收丝料，但他们经常不把这规定当回

① 典型的代表人物有顾瑛、倪瓒、杨维桢等。有意思的是，这些文人大多活动于元朝后期的浙西地区。这种特殊文化现象的出现，与元朝蒙古人政府对江南地区的实际政治控制情况、浙西地区的地方文化传统和社会习俗、儒家文人的习性和心理素质等诸多因素之间是否有联系，是一个值得思考的问题。

事。他们总是把投下户看成是属于自己的私属民户，于是擅自向他们横征苛敛，许多投下户为此倾家荡产，因此投下户的实际负担要比普通民户沉重得多，这和草原上诸王兀鲁思上的游牧部众负担比大兀鲁思上的牧民负担沉重情况相似。另外，元朝诸王贵族还经常通过掳获、招收、影占以及国家赐予等形式占有不少人户，他们也称为投下人口，但不承担国家的赋税差发，专为领主服役。不论哪种投下人户，他们与领主的人身依附都要高于唐宋王朝。

第四，职业世袭制总体而言不利于社会发展。除了草原牧民兵民合一，世代从事游牧与行军打仗外，其他被征服区域包括汉地上民众的各种职业，如从军、煮盐、工匠、驿站服务以及宗教职业甚至读书等也都要世袭，从事这些世袭职业的人户家庭分别称为军户、盐户、匠户、站户、僧户、道户、儒户等，统称诸色户计。在汉地民众当中，元王朝至少有 30 多种户计。这样的职业世袭制保证了各种职业都有一定的人手参与，但不能不说，对唐代以来汉地社会人员相对自由的流动趋势而言，这种制度是一种倒退。

第五，分封和诸色户计制度以外，征服状态也使得汉地不时受到额外骚扰。为了维护蒙古人的特权和利益，蒙古统治者始终将汉地作为满足他们需要的财富主要来源地区。国家的财政经常很紧张，官僚的俸禄以及对蒙古贵族的赏赐、对蒙古部民的赈济是财政支出的大头，一旦财政紧张，主要就从汉地想办法。元世祖时期有些色目财政大臣，如阿合马、桑哥等，很善于理财，效果很突出。本来解决财政问题是任何一个王朝包括中原王朝都需要的，但元朝理财大臣往往通过加赋、垄断经营等与民争利的手段实现国家财富增长。虽然中原王朝这种现象也常见，但终究会被儒家思想认为不符大道；元王朝这种现象更为突出，而且又主要是通过对汉人的剥削来奉养蒙古人。这种未免有点竭泽而渔的理财法（很多人将它们称之为回回法），对汉地经济无疑是一种破坏和干扰。

当然，与以上五种影响相比，还有一些影响更为深远，它们不仅影响了元朝当时的社会，还影响了后来的中国历史。下面我们就来分析这些更为深远的影响。

与唐宋相比，总的而言，元朝的制度，中央集权程度弱，而君主专制色彩强。元朝政治制度中，蒙古旧制方面的因素，有的对当时影响不算太大，如事务机构冗多、同样职掌官署重复设置多、高品级机构和官员多、行政多头以及中央集权程度弱等；有的影响则比较大，如官僚来源过度封闭、地方上实行各种分封、民众世袭从事某种职业等。元朝官员选拔上重吏轻士不算蒙古旧制，但属于引进汉法过程中的变通产物，它对当时的社会也有一些影响。但这些元朝社会的产物在后来的明朝制度中绝大多数给否定掉了，也就是说，它们对元朝的社会有影响，而对后来的中国历史则影响不大。二重性制度在当时有重大影响并对后来有深远影响的，主要有三个方面。一，君主与官员之间形成主奴关系；二，宰相权力大幅减小；三，皇权空前强大。

先说第一点，元朝君主和官员间形成了主奴关系。元朝高级官员主要来自怯薛中的核心成员，这些核心人员的来源主要有两个方面：一是黄金家族世袭奴婢中的突出者。草原上有些家族因为战败而世世代代为另一家族的奴婢，如木华黎家族，世代为成吉思汗家族之奴。草原地区的奴婢与汉地社会的家奴不完全一样。草原上也有家奴，在主人家里从事劳作。但更多的奴婢，在主人家之外，有自己的家庭、牧场、财产，但身份仍然是主人的奴婢，主人需要时必须无条件为主人提供服务；如果不听主人使唤，就像木华黎父亲告诫的，主人可以将奴婢的“心肝割了，脚筋挑了”。不管是家奴，还是在外有自己独立家庭和财产的奴婢，都是世袭的。世代为奴的人中，有些人与主人关系很好，因才能突出而受主人器重，主人称他们为弟，重要的事情委付他们去做。在蒙元皇帝的怯薛组织中，不少地位很高的人就出身于这些世袭奴婢家族。二是铁木真时期簇拥在他周围的那些那可儿和他们的后代，这些那可儿向铁木真宣誓效忠，他们实际上也变成了大汗的奴婢，而且也要世袭。铁木真建立国家后，出自世袭奴婢家族的也好，出自那可儿家族的也好，他们中的佼佼者多得到历代大汗重用，帝国主要政务就由他们为之，他们对自己的世袭奴婢身份感到相当自豪，因为只有拥有这种世袭奴婢的身份才可能被君主重用。元朝有一些高级官员的蒙汉两种文字的墓碑现在尚存，汉文中称他们出身时，会说他们是“元勋世臣”，这四个字对应的蒙古文作“斡脱古·孛斡勒”，该词的直译意思是“老奴婢”，实际上是指世袭奴婢中的杰出者。也就是说，“奴婢”尤其是“老奴婢”这样的词，对这些人来说，是个荣称。在这些世袭奴婢中，自己是奴、大汗（皇帝）是主的意识相当强烈，而且是从小就知道的。元顺帝的太子爱猷识理达腊小时候和自己的小伙伴——右丞相脱脱（脱脱也是皇帝的怯薛）的儿子一起在皇宫里玩。脱脱儿子背爱猷识理达腊在皇宫里转圈，太子很开心。背了几轮后，太子要求轮换，由他来背脱脱的儿子转圈。脱脱的儿子立刻跪下说：“你是主人，我是奴婢，只可以奴婢背主人，不可以主人背奴婢。”小皇子爱猷识理达腊因未能如愿而很不高兴。主奴意识甚强，确保了官员很少敢于犯上作乱，地方行省权力大，也不用担心会搞割据分裂。

除了这两种人以外，怯薛中还有大量的其他人员，他们或主动投靠过来，或被迫要求入质，如路级以上官员就要求有子弟到怯薛中去。这些人中也有少部分的汉人，元朝虽然经常限制汉人入怯薛，但一些潢贵汉人家族是不受这个限制的，如董俊家族、贺惟一家族就世代有人做怯薛，另外还有不少汉族人假冒蒙古、色目籍，混入怯薛中。不管是哪一族群的人，一旦入了怯薛，就把自己变为了奴婢，并会想方设法把自己变成受重用的“老奴婢”，他们也就乐于从事在传统汉人看来卑贱的奴仆事务。如董俊之子董文忠，官至佥书枢密院事，权重位尊，但他同时又是一名怯薛，经常日夜给侍于忽必烈左右。有一阵，他连续四十几天夜夜“跽”（长跪）守在忽必烈床前，“杂妃嫔候侍从，休寝榻下”。有一天夜里，“上呼之，方惫，熟寐不应，命妃蹴（踢）兴之”，妃不敢前，忽必烈骂道：“董八（文忠）诚爱之专，敬慎之至，事朕逾父，汝以妾母，蹴之何嫌，而为是拘拘?”一个堂堂的三品大员，在内廷完全在操以前王朝宦竖之所行，大臣体貌，可谓扫地无存。

怯薛人员世袭为大汗或皇帝服仆妾之役，他们在国家政治中的突出作用、大汗给予他们的骄人礼遇和宠信以及他们的显赫地位等使得各族官员都受到影响，向皇帝自称奴婢的风气在元朝十分通行，不管他们在不在怯薛内任职。著名的南宋降将范文虎，在宋朝任过殿前副都指挥使，投降元朝后，忽必烈先任他为江浙行省左丞，后为了征讨日本，成立日本行省，范文虎当上了这个行省的右丞。这位在南宋王朝受过赵家皇帝极为礼遇的高官大臣到蒙古人王朝后，虽然没有当过怯薛，在忽必烈面前竟然也自称“奴婢”。总之，元朝特殊的怯薛制度使得君主和臣下的地位差距拉大成了主奴关系，而此前中原王朝时期还只是简单的尊卑关系。在唐宋时期，官员们认为自己与皇帝因职务区分而君尊臣卑，但大家是在共同治理不属于某一家的“天下”。成吉思汗建国初就把天下视为黄金家族的家产，委派诸多奴婢以及受到奴化思想影响的千户、百户长去管理，以后，这种家产制思想慢慢演变成天下属于大汗（或皇帝）的意识，各级官僚普遍认为自己是大汗（皇帝）的奴婢家臣，处理国家政事就是奴婢家臣在替主人看守家产。

再说第二点，元朝宰相的权力大幅缩小。蒙古统治者引进汉法，是带有选择性的，对唐宋宰相制度的采纳就是如此，他们只引进了其中的执行功能部分，而对其中的决策功能系统没有引进，这与他们重执行、轻决策的传统有关。唐宋时期宰相参与决策的方式，如朝会议事、帮助撰拟圣旨诏告文书、附署皇帝命令等都没有纳入蒙元王朝的宰相制度中，元朝的中书省实际上只相当于唐初的尚书省。明朝初期索性将宰相的执行权也取消，由六部直接来进行，这样，宰相也就不再需要，这一制度遂从中国历史上消失。也就是说，明朝取消宰相，元朝已经做了大部分工作。至于明朝后来设的内阁，它和以前的宰相机构完全是两码事。

再说第三点，蒙元王朝的皇权空前强大。成吉思汗建立的大蒙古国，由于怯薛制度和因之而生的君臣主奴意识，大汗的权力已经空前强大了，所有的官员都是听命于大汗的奴仆。元朝时期引进了一些汉式制度，它们不仅没有削弱汗权（皇权），相反蒙古人有选择采纳的汉式制度还导致了唐宋官僚制度中蕴涵的相互妥协、相互制衡——好的政治制度都是各方相互妥协、相互制衡的结果——的原则受到破坏，特别是对君主的制约大多不能或不易实行，从而从制度上更加保障了皇权的独尊。唐宋宰相辅助皇帝决策的制度未被引进，使得元朝君主决策时，已经没有什么人或什么机构可以对皇帝的专断加以制约。元朝尽管有诸多这方面的实例，皇帝下了政令后，宰相向皇帝“覆奏”，说这个政令不好，请皇帝再考虑，皇帝于是收回成命，但这种事后的覆奏和唐宋王朝宰相事前对君主决策施加影响是不同性质的。此外，唐宋皇帝的诏令，即使宰相通过了，其他执行机构如果发现不合适还可以扣留不执行，而元朝则不容易出现这样的事。元朝不设谏官，为天子耳目的御史台官员“职当言路”，但那是统治者做做形式的。中原王朝皇帝对史官将自己的言行秉笔实录也有些心虚，元朝史官的这种职能也已经淡化。中原王朝的社会舆论，特别是士大夫、太学生的清议以及他们怀抱的道统高于政统的理想意识，也会对朝政，包括对皇帝的决策产生一定影响，而元朝汉族文人士气普遍比较低落。中原王朝制度相对来说有章法，皇帝和官员大多还比较按章办事，这也是制衡君主的一种手段，元王朝在这方面也欠缺很多。此外，中原王朝官员们能够牵制皇帝，还有很重要的一条，就是君臣都意识到天下非皇帝一家独享，人臣是国家的官吏而不是一人一姓的仆妾；可惜的是，这种意识没有能够被蒙古人引进，家产制的元王朝的官员们将官爵、职位视为天子的私恩，他们对皇帝发誓效忠于他本人。总之，由于蒙古旧制核心精神的延续，结合有选择采用的汉式制度，元朝的君主专制色彩前所未有地强烈。

元王朝没有采纳的限制君权的唐宋旧制，在以后的明清时期大多继续不采纳，如唐宋对皇帝有所制约的宰相制度，元朝以后，索性将宰相制度连锅端；有的制度虽然有所恢复，如史官制，不过对极权的君主已经没有多大影响。元朝特有的怯薛制度，明朝也取消，但因怯薛制度而产生的君臣主奴关系，明清王朝则继承了下来。

从表面上看，中国古代真正的君主专制是从金、元时期开始的，以前的中原王朝，由于有较多的制约君权的因素，皇帝在决策时尚不能够独断专行。因此，我们可以说，真正的君主专制是征服王朝旧制和中原汉法结合的结果。不过，仔细分析，传统的汉文明在政治制度设计上，也是赋予君主实际上的无限权力的。唐宋时期制约皇帝的一些宰相制度，如宰相机构撰拟诏令、皇帝命令要由宰相副署等，实际上并没有严格意义上的法理规定，而是开明专制君主有意让渡一部分权力给官僚后形成的。其他制度，如史官、谏官的约束等也非常有限。显然，如果遇到一个恣意妄行、无法无天的皇帝，什么宰相、什么史官、什么谏官、什么章法大概都无济于事。因此，蒙元王朝大汗或皇权的空前强大与传统的汉式制度并不截然相背。蒙汉两种制度的本质都是君主专制，只是元朝以前，中原汉制的诸多皇帝能有意识地做到开明专制，而从元朝开始，君主则不愿意开明专制，而改行绝对专制。

与君主专制程度密切相关的是君臣间的地位意识。在汉文明政治制度设计上，这里又有一个反讽。它一方面赋予君主至高无上的绝对权力，臣僚的权力都来自于他；另一方面又主张，各官员包括皇帝都对职位负责，彼此之间只有地位高低不同，按道理都不应该有尊卑之分。但是实际上，在集权、等级化的中原王朝，官员将爵禄视为皇帝的恩赐、忠诚于皇帝或上级甚至将自己贱视为奴仆而不是忠诚于职位——更不要说对下对民众负责了——的事也屡见不鲜。汉文明理想的政治状态下，君臣没有尊卑之分，而现实的政治往往是下级对上级愚忠，上级对下级粗暴，君臣之间不仅有尊卑之分，时而也有主奴之分。不过，由于大多时期皇帝能够主动实行开明专制，在金、元之前的中原王朝，官员奴化的意识是极少的，国家政治体现出君主和官员“共治”的特点，虽然“共治”一词人们经常仅用来概括宋代的政治特征。金朝将杖刑带入国家政治中，君主的淫威已经不顾忌臣僚的人格尊严。元朝不仅继承了这种做法，它的怯薛制度、家产思想更使得官员的奴婢意识得到强化，而他们人格的尊严和自觉也就难得有了，前代那种共治式的政治面貌自然不会呈现。元朝以后的君主，放弃元朝以前的开明专制，继承元朝的绝对君主专制，自然一方面要像元朝那样，继续放弃对君主形成制衡的那些制度性因素，另一方面则要继承这个王朝所形成的君臣间的主奴意识。

对中国古代王朝分期，从不同的角度会得出不同的结论。就政治制度的发展而言，宋和元之间有很大的区别，应该视为两个不同的阶段。当然元朝的这些变化很多在辽、金时期就已经具有，不过后两个政权统治中国的范围有限，随着蒙元政权全国的统一，传统的政治制度在中国古代大地全面变质。但是，另一方面，在元朝以前的共治政治中也持续呈现出一种缓慢然而确凿无疑的君主专制权力增强的趋势，君臣之间的尊卑反差一直在缓慢地扩大。元朝以前，皇帝多愿意过渡一部分权力给以宰相为首的官僚机构，但他们又不断地在与宰相争夺这些权力，唐朝开始的用翰林学士牵制宰相，就是其突出的表现，这也就是被学者习惯称作的“皇权相权之争”，总的趋势是皇权越来越大，相权越来越小。我们没法确定如果没有金元王朝的插入，这种君臣尊卑关系会否自然演变成主奴关系；我们也没法确定，在一贯的开明专制气氛下，君主们会否逐渐使自己的权力最终突破官僚制度的制衡而自然发展成不受任何约束的独裁权力，虽然这种独裁权力从传统文明的角度看本来就是他们所拥有的，但经过长时间开明专制的洗礼，这种独裁权力已经变得不易为大家所认同。我们可以肯定的只是，金元王朝，特别是元王朝家产制的职官体系为包含上述趋势的共治政治的变质提供了关键的契机，这种变质了的政治作为新的传统被以后的明清王朝继承。不过，从逻辑上讲，宋元变革虽是一个大的转折点，君主开明专制从此演变为君主绝对专制，但这种大转折、大演变与蒙古人对汉地的征服其实并没有必然联系。

元朝经营西北与维护边疆安全初探

陈广恩

本文讨论的时间范围，指忽必烈中统建元以后的元朝，即从1260年至1368年，西北的地理范围指今天的陕、甘、宁、青、新西北五省。但在具体论述中，时间范围会涉及大蒙古国时期，地理范围会涉及五省之外如内蒙古、四川、西藏等部分地区。

一

在整个蒙元历史进程中，西北地区一直占据着非常重要的战略地位。在不同历史阶段，其战略地位也是不同的。元代西北地区战略地位的变化，是元朝西北地区稳定与否、边疆安全与否以及元朝中央政府是否能够牢牢掌握对西北地区的实际控制权的晴雨表。

在大蒙古国建立之后到蒙古灭宋以前的这段时间内，西北地区分别被金朝、西夏、西辽，还有南宋和吐蕃等政权所割据。成吉思汗统一蒙古各部，建立大蒙古国之后，即开始向西、南扩展。但无论是向西还是向南进军，西北地区都是必经之地，蒙古不消灭西北地区的割据政权，便很难完成统一全国的任务。在蒙古统一西北的过程中，畏兀儿首先臣服于蒙古。

成吉思汗时代，畏兀儿的亦都护是巴而术阿而忒的斤，他们接受西辽的统治。西辽为了加强对畏兀儿的统治，在畏兀儿境内设立少监一职专门监管畏兀儿事务。少监常驻高昌（元译哈剌火州，又称火州，今新疆吐鲁番），监视畏兀儿首领的活动，并向畏兀儿人征收苛捐杂税。因为少监为所欲为，骄奢跋扈，因此畏兀儿和西辽少监之间的矛盾非常尖锐。成吉思汗西征时，巴而术阿而忒的斤认为摆脱西辽残暴统治的时机来了。1209年，巴而术阿而忒的斤杀死西辽少监。当成吉思汗派遣的使臣到达畏兀儿后，巴而术阿而忒的斤殷勤地款待了使者，立即向蒙古臣服。成吉思汗非常高兴，遂将女儿也立可敦嫁给他，并赐巴而术阿而忒的斤为“第五子”。

降服了畏兀儿之后，成吉思汗即刻发动消灭西辽的战争。当时乃蛮王子屈出律窃取了西辽的统治权。屈出律统治下的西辽，阶级矛盾、民族矛盾、宗教矛盾都十分尖锐，政权极不稳固。成吉思汗利用这个有利的机会攻灭了西辽。

尽管“讹答剌事件”引发了成吉思汗的西征，但西征期间，成吉思汗并没有忘记西北地区。其实早在1205、1207、1209年，成吉思汗就发动了对西北地区最主要的割据政权——西夏的军事进攻。1218年，成吉思汗以西夏未能协助蒙古追击西辽为借口，再度攻西夏。1224年，成吉思汗还在西征途中，又令木华黎之子孛鲁进攻西夏。西征结束后，从1225—1227年，成吉思汗举大兵全力征讨，采取分化夏金联盟的策略，南北夹击的战术，最终迫使西夏国主李睍投降，西夏在蒙古铁骑的六次征讨下灭亡了，而成吉思汗本人也在这次战争中病亡。

攻灭西夏后，蒙古没有了后顾之忧，遂全力从事灭金之战。成吉思汗计划首先攻灭西夏，再经西夏迂回灭金，然后灭宋，统一全国。这个战略任务因为成吉思汗病死而落到大蒙古国的第二任大汗窝阔台身上。成吉思汗死前曾留下遗嘱："金精兵在潼关，南据连山，北限大河，难以遽破。若假道于宋，宋、金世仇，必能许我，则下兵唐、邓，直捣大梁。金急，必征兵潼关。然以数万之众，千里赴援，人马疲弊，虽至弗能战，破之必矣。"① 太宗窝阔台按照这一战略战术，由西北东进，假道宋朝，联宋灭金。显然，占据西北是蒙古东进灭金，进而灭宋的保证。

同时，西北地区对蒙古统一西南的吐蕃、大理亦具有重要的战略意义。窝阔台时期，封次子阔端于凉州（治今甘肃武威）。阔端受封后，通过对吐蕃各教派的深入了解，充分意识到藏传佛教对于蒙古统一吐蕃的重要性。而原西夏领地和吐蕃割据的西北青海一带，在蒙古灭夏之前藏传佛教即已十分流行。可见，西北地区不但是元朝从地理上联系西南藏区的桥梁，而且也是蒙古统治者从宗教文化上联系吐蕃的重要地区。阔端正是充分利用了藏传佛教地区共同的宗教信仰，在辅以军事威慑的同时，通过和谈的方式，最终和西藏势力最强的萨迦派举行了著名的凉州会谈，从而奠定了吐蕃归附元朝的基础。

早在蒙古灭金前，降蒙金将郭宝玉就提出了"西南诸蕃勇悍可用，宜先取之，借以图金"② 的战术主张。1252 年，宪宗蒙哥鉴于南宋长江防线不易突破，于是派遣弟弟忽必烈和老将速不台之子兀良合台绕道吐蕃，出征大理，以"斡腹"之术，迂回到南宋后方，以形成南北夹击之势攻宋。次年，忽必烈从位于西夏故地的蒙古军事基地六盘山率大军南下，过甘肃临洮，抵达忒剌（今四川松潘），分兵三路，穿越吐蕃东部，进围大理，并于年底攻占大理城。大理灭亡之后，中国版图内就只有南宋一个政权和元朝相对抗了。灭宋战争中，忽必烈以"当天下一面"、"据要重以控西北南三陲"③ 的陕西作为西北、西南用兵的大本营，最终南下四川，沿江东进，攻灭南宋。由上所述，可见西北地区在整个蒙元统一全国过程中占据着非常重要的战略地位。

蒙古汗位继承的争斗，尤其是拖雷家族从窝阔台家族手中夺得汗位，导致西部诸王和元朝的矛盾日趋尖锐。而窝阔台家族和拖雷家族两大派系的斗争，更是被日本著名学者安部健夫称为"蒙古汗国之癌症"④，这足显西部叛王对元朝政府造成的巨大压力。从 13 世纪 60 年代开始，直到武宗至大三年（1310），西北诸王之乱对元朝的西部边疆安全和稳定造成了极大的困扰，双方在今天的新疆地区展开了长久的拉锯战。至大三年，海都之子察八儿"尽率部众，归命阙庭"⑤，正式归附元朝，标志着双方的军事斗争总算告一段落。其后楚王牙忽都在元朝庆祝察八儿归附大会上说：

> 太祖皇帝削平四方，惟南土未定，列圣嗣位，未遑统一。世祖皇帝混一四海，顾惟宗室诸王，弗克同堂而燕。今陛下洪福齐天，拔都罕之裔首已附顺，叛王察八儿举族来归，人民境土，悉为一家。地大物众，有可恃者焉，有不可恃者焉。昔我太祖有训，世祖诵之，臣与有闻，治乱国者，宜以法齐之，所以辨上下，定民志。今请有以整饬之，

① （明）宋濂等：《元史》卷一《太祖纪》，北京：中华书局 1976 年点校本，第 25 页。
② （明）宋濂等：《元史》卷一四九《郭宝玉传》，北京：中华书局 1976 年点校本，第 3521 页。
③ （元）许有壬：《至正集》卷四二《陕西行中书省题名记》，元人文集珍本丛刊影印石印本。
④ ［日］安部健夫：《西ウイグル国史の研究》，中村印刷株式会社出版部，昭和三十年（1955），第 41 页。
⑤ （元）姚燧：《牧庵集》卷一《至大三年十月赦》，四部丛刊初编本。

则人将有所劝惩，惟陛下鉴之。[1]

牙忽都的话，“清楚地说明了在蒙古贵族心目中，西北诸王之乱在元朝政治史上的地位是何等重要”[2]。

察八儿归降后，元朝西北戍军潜在的目标只剩下察合台汗国，这是导致双方关系重新变得不稳定的因素之一。因此，窝阔台汗国的灭亡、察八儿的归降，并没有使元朝的西北边疆安全有多大改变，元朝和察合台汗国的对峙依然是剑拔弩张。仁宗延祐元年（1314），双方再次爆发战事。在仁宗的统一号令下，驻守西北的各支元军协同作战，其中原驻于金山（今阿尔泰山）之西的脱火赤丞相和床兀儿等人所部军队，以及镇守河西、哈迷里一线的宽彻等人所部军队，奉命开进察合台汗国[3]。这场战争持续两年，最后元朝取得了胜利，夺取了察合台汗国大汗也先不花在塔剌思和亦思宽的冬营地和夏营地，但元朝取得的胜利是暂时的。到了元末，察合台汗国经过长期的渗透，势力范围扩展到吐鲁番以东、罗布泊一带[4]，而元朝则一步步放弃了对今天新疆大部分地区的控制。

由此可见，整个蒙元时期，元朝的边防压力主要来自西北诸王的叛乱，双方断断续续、大大小小、旷日持久的战争和冲突一直持续到元末。不仅如此，因为历史的原因和元初的分封，加上西北地区在全国战略中的重要地位以及其在联系东西方交通方面的枢纽作用，这里是窝阔台系、察合台系、拖雷系诸王，以及弘吉剌部驸马系贵戚、高昌畏兀儿亦都护和诸如巩昌汪氏、肃州达鲁花赤唐兀举立沙家族、临洮赵氏地方世侯等各种政治势力较量争斗最为激烈的地区。因此，在元代西北地区的“舞台”上，往往可以窥见元朝各种政治势力的角逐乃至刀光剑影的厮杀，这里在某种程度上是元朝历史的一个缩影[5]。显而易见，元朝政府为了完成王朝统一和维护边疆安全与稳定，对西北地区的经营自不待言。

二

具体而言，蒙古统治者主要采取了分封亲王出镇驻守、屯驻重兵防御进攻、笼络世侯为国出力、建省设官加强统治、平叛削藩维持稳定、移民实边充实劳力、开展屯田保障供给、修建驿站便捷交通、尊孔崇儒兴办教育、多种宗教信仰自由等种种措施，苦心经营西北地区。

鉴于西北地区的重要性，历代蒙古大汗往往分封子弟、驸马等前往西北镇守，以加强对西北地区的控制。如窝阔台分封阔端，忽必烈分封忙哥剌、阔阔出、爱牙赤等，均属这种情况。河西地区受封的还有窝阔台系诸王、察合台系诸王，贵戚有弘吉剌部赤窟驸马系、高昌畏兀儿亦都护系等。其中世祖至元间，察合台之孙阿鲁忽诸子在阿姆河以北地区反对海都失

① （明）宋濂等：《元史》卷一一七《牙忽都传》，北京：中华书局1976年点校本，第2909～2910页。

② 刘迎胜：《察合台汗国史研究》，上海：上海古籍出版社2006年版，第83页。

③ 刘迎胜：《察合台汗国史研究》，上海：上海古籍出版社2006年版，第393页。

④ 参见谭其骧主编：《中国历史地图集·元明时期》“察合台汗国”，北京：中国地图出版社1982年版，第38～39图。

⑤ 李治安：《元代陕西行省研究》（刊于《中国历史地理论丛》2010年第4期）指出，元代陕西行省的“舞台”上，往往可以窥见元朝廷各种政治势力的角逐乃至刀光剑影的厮杀。笔者引用李治安教授这一观点，并认为这一观点也适用于元代西北地区。

败后，出伯（亦称术伯）和合班率族人逃入元朝，忽必烈遂将他们安置于河西一带守边。至元末，出伯因防守海都、笃哇的进攻立有战功，被封为威武西宁王，后晋封豳王①。上述封王往往拥有很大的权力，他们为元朝的统一和西北的边疆稳定也作出了应有的贡献，如阔端对元朝统一西藏即作出了卓越贡献；安西王开府关中，“秦蜀夏陇，悉归控御，宸眷西顾，实为藩辅。稽古建官，一新庶政，发号施令，恒以爱养基本为务。蠲赋税之常调以恤群生，省徭役之重困以息众力。平狱宽刑，去瑕荡秽。弛山泽之禁，罢关市之征，无非便利之道”②；而察合台系出伯和合班子孙袭替王位，担负着防御察合台汗国进攻的重任，为元朝的西北边疆安全也起到了重要作用。

元代边疆安全的最大压力来自西北地区。面对西部虎视眈眈的窝阔台、察合台两大汗国，元廷自然要在西北屯驻重兵，以保证边疆的安全。即便是在困扰元朝政府长达50年之久的西北诸王之乱，随着察八儿的归附而宣告结束之后，元朝和西部汗国的军事对峙依然十分严峻。波斯文史料中对此有详细的记载。伊利汗国史臣哈沙尼在《完者都史》中写到：

> 合罕的军队的前锋BHIRKA（?）在边界上，如同并联的手指一样相连地驻扎着。与之相对、相平行的也先不花的军队也有禹儿惕。首先，与占据其禹儿惕阔客·火亦（KUK HUI）的都哇之子也先不花和也不干相峙，属于合罕之军的不花元帅（Buaq Wīnshā）之子脱火赤（Tūghājī）丞相，率十二土绵之军，有其禹儿惕和居地，其驻夏地是野孙沐涟之畔，而其驻冬地则在火孛。紧接着他的是因征服诸国而［成为］伯颜大丞相的那可儿的钦察种的土土哈把阿秃儿之子床兀儿Dang（?）。迷里（Miri）和别帖失（Biktash）在其侧率五土绵军队驻于Qunqurtu Walai Taq。与之相对，彻彻秃（JJKTU）之子失烈（Shira）斡兀立及其那可儿忽秃忽把阿秃儿率本部人马相峙而驻。他们的下面是术伯之诸子喃忽里（LMGHU－LI，疑误，似应为Namghuli）和伯颜塔失（Biyantash）以及Qiyan之子宽阇，率十二土绵之军，驻于从Sīkhū直至感木鲁（Qāmal）和畏兀儿思单之境（Walayat）。与他们相对的是都哇之子也先不花的兄弟叶迷里·火者（Imil Khwaja）率二土绵军队驻扎着，这些都是合罕军队的西部和南部侧翼的前锋和前线。③

河西地区双方军队的对峙情况，哈沙尼描述说元朝军队沿边屯驻，就像手指并立，就像梳子齿一个个地挨着：

> 例如，贵由赤（Kiukji）M（i）tīkqānk之子不剌儿只（Bulārghī）与大量的军队在巴儿思阔（Bars kül）有禹儿惕和营地。忽秃忽与之相峙而驻着。在感木鲁，合班之子率一支大军屯驻着。［为了］对抗他，机敏的Siqan和万户阿合马相峙而居。在吐蕃之地，忙古带（Mughultai）Dudinsar之子章台（Jantai）驻守着，与之相对Jabkjuk八哈石

① 关于豳王家族的研究情况，可以参考［日］杉山正明：《豳王出伯及其世系——元明史料与〈穆伊兹·安萨布〉之比较》，特克希译，刊于内蒙古社会科学院情报研究所编：《蒙古学译文选》（历史专集），1984年，第81～94页；杨富学、张海娟：《元明蒙古豳王家族史研究回顾》，《吐鲁番学研究》2011年第2期。

② 武树善编纂：《陕西金石志》卷二七《儒生颂德碑》，民国二十三年（1934）《陕西通志稿》续编刻本。

③ 转引自刘迎胜：《察合台汗国史研究》，上海：上海古籍出版社2006年版，第362～363页。

率一个千户长屯驻着。①

世侯世官在元初历史上占有较为重要的地位，他们“开创之始，重臣挟功而难制”②，对元朝的中央统治构成了一定威胁，所以在发生李璮叛乱之后，基本上都被元朝政府取缔了。但西北地区的世侯世官制度却与有元一代相始终，这正是元朝中央政府苦心经营西北的用意之所在。元代西北地区世袭肃州达鲁花赤的党项人唐兀氏，世袭巩昌都总帅的汪氏，临洮世官赵氏以及礼店文州的汪古族按竺迩家族等，都是世官世侯制度的体现者。尤其是巩昌汪氏家族，自汪世显至其曾孙，“王者三，伯者二，侯者一，公者十一。终元之世，身为显宦者百八十余人”③。汪氏家族在整个元代受到如此高的礼遇，正是元朝统治者“制约各方，稳定西北”④的统治需要推行的结果，而汪氏家族“请钱币以助军力，宽赋役以恤民生，……屯兵戎，劝农桑，兴文风，理狱讼，里闾安静，边境无虞”⑤，坚定地贯彻元朝统治者的战略意图，在防御西北诸王叛乱，稳定西北政局，发展当地经济文化等方面，都作出了相应贡献。这也正是有元一代世官世侯制度能够在西北地区长期存在的根本原因。元代文人王恽作《寄赠总帅便宜汪侯》一诗，对汪世显家族大加称赞：

> 瑊晟袍铠凤花红，飒爽英姿百战雄。
> 歌雅有怀千里隔，停骖还喜一樽仝。
> 忠传孝继来家法，谷静川空见验功。
> 自古诗书出名将，将军今日汉胶东。
>
> 陇西名将相山东，与别诸侯总不同。
> 陇右风尘天一柱，将坛恩礼汉元戎。
> 秦风尽咏车鄰富，鲁泮重看献馘功。
> 想得朝天承燕衎，教坊金纛彩云中。⑥

该诗歌颂了汪氏家族的赫赫战功及其在西北边地担当保家卫国的重要作用——“陇右风尘天一柱”。诗题中的“总帅便宜汪侯”，笔者认为应该指汪寿昌。汪寿昌是汪世显之曾孙、汪德臣之孙、汪惟正之子。汪惟正卒于至元二十二年（1285）。汪寿昌的生卒年是1273—1347。汪惟正死后，汪寿昌“年未弱冠，赴阙朝觐，特命受承直郎、同知兴元路事，承袭父爵，受昭勇大将军，巩昌、平凉二十四处便宜都总帅兼巩昌府尹，复赐玉带，授昭毅大将军，职事如故”⑦。可见汪寿昌任便宜都总帅是子承父职。至元二十九年，汪氏家族中汪惟

① 转引自刘迎胜：《察合台汗国史研究》，上海：上海古籍出版社2006年版，第363页。

② （元）许衡：《鲁斋遗书》卷七《立国规模》，北京图书馆古籍珍本丛刊影印明万历二十四年怡愉江学诗刻本。

③ 韩世英编：《陇右王汪世显世家》，甘肃省图书馆西北历史文献部藏钞本。民国韩世英对归附元朝的汪世显评价说：“微世显，则巩昌一道千万人，祖宗之鬼馁矣。”言不为过。

④ 胡小鹏：《元代西北历史与民族研究》，兰州：甘肃文化出版社1999年版，第165页。

⑤ 《元龙虎卫上将军、中书右丞、四川行省事便宜都总帅汪惟易圹志》，载吴景山：《元代汪世显家族碑志资料辑录》，《西北民族研究》1999年第1期。

⑥ （元）王恽：《秋涧先生大全文集》卷二一《寄赠总帅便宜汪侯》，元人文集珍本丛刊影印明刊修补本。

⑦ 《元银青荣禄大夫、大司徒汪寿昌墓志》，载吴景山：《元代汪世显家族碑志资料辑录》，《西北民族研究》1999年第1期。

和也担任此职。《元史》载，该年二月，“以汪惟和为巩昌等二十四处便宜都总帅，兼巩昌府尹，仍佩虎符”①。诗的作者王恽的生卒年是1227—1304，诗前小序指出该诗作于壬辰年（即至元二十九年）正月，此时离汪惟和担任便宜都总帅一职还差一月，那么王恽的诗应该不是写给汪惟和的，而是称赞汪寿昌的。

设立行省等各级地方政府机构，是元朝加强在西北地区统治的另一项主要措施。忽必烈登上汗位，就于中统元年（1260）八月，设立秦蜀行中书省，治京兆（今陕西西安），旋改称陕西、四川行省。至元二年闰五月，移省治于兴元（治今陕西汉中）。三年十二月，自兴元移至利州（治今四川广元）。五年七月，还治京兆。八年二月，再移治兴元。九月，罢陕蜀行省，以陕西诸路直隶尚书省，改立四川行省。九年正月，京兆复立行省，旋罢。因同年封皇子忙哥剌为安西王，即以王相府代行省治理陕西诸路。十七年十月，复立陕西、四川等处行中书省，治安西。二十年三月，陕西行省罢。因汴梁以南至江由亲王镇之，以是知罢省后立京兆宣慰司，以安西王镇之。二十二年，复置陕西、四川行省。次年，分为陕西、四川二省，陕西行省所辖惟陕西四路五府。② 中统二年，元朝于西夏故地始设西夏中兴等路行中书省，治中兴府（治今宁夏银川）。至元三年，罢省，立西夏宣慰司，后改西夏惠民局。八年，复立西夏中兴等路行尚书省，旋改行中书省。十年，再罢行省。十八年，改立甘州行中书省，治甘州（治今甘肃张掖）。二十二年，又罢甘州行中书省，改设西夏行中书省。次年，徙省治于甘州，改名甘肃行中书省。三十一年，甘、宁实行分治，分设甘肃、宁夏行中书省。元贞元年，撤销宁夏路行中书省建置，以宁夏府路隶属甘肃行省。元末，宁夏又曾一度复置行省至元亡。其间省制旋建旋撤，体制多变，或撤省置宣慰司，或甘、宁分省而治者，且名称亦多变换。但在分省之前，行省的辖地并没有变化，只是省治在中兴和甘州之间互徙罢了。省制的撤建及省治的互徙，与元朝限制西北诸王特权以及防止察合台后王的军事进攻密切相关③。此外，至元十二年，忽必烈为了对付海都，曾在阿力麻里设行省，管辖伊犁地区的军政事务，但为时不长就被海都的军队颠覆了。

元朝中央政府在中书省、行中书省和路、府之间，增设宣慰司一级地方机构，往往设于离省会较远的地方，“掌军民之务，分道以总郡县，行省有政令则布于下，郡县有请则为达于省”④，是省和路府之间的承转机关。秩从二品，设宣慰使、同知、副使等官。边陲之地，宣慰司兼调度军旅之事，故兼都元帅府，设官同宣慰司，分别兼任都元帅、副都元帅、佥都元帅事。这种地方行政机构在西北地区亦多有设置，其中陕西行省境内有察罕脑儿等处（今内蒙古伊克昭盟境，治察罕脑儿，今乌审旗南）；世祖时畏兀儿地有别失八里等处（治别失八里，今新疆吉木萨尔北）、斡端等处（治今新疆和田）；宣政院所辖有吐蕃等处、吐蕃等路，皆称宣慰使司都元帅府。

元朝在畏兀儿地区还设立都护府，以畏兀儿首领亦都护掌管，领所辖高昌等城及畏兀儿人迁居汉地者词讼等事。设有大都护（从二品）、同知、副都护等官。成宗元贞元年，元朝“立北庭都元帅府，以平章政事合伯为都元帅，江浙行省右丞撒里蛮为副都元帅，皆佩虎符。立曲先塔林都元帅府，以衅都察为都元帅，佩虎符”⑤。北庭即别失八里，曲先是库车

① （明）宋濂等：《元史》卷一七《世祖纪》，北京：中华书局1976年点校本，第360页。
② 参见谭其骧：《元陕西四川行省沿革考》，载《禹贡》半月刊，1935年第3卷第6期。
③ 胡小鹏：《元代西北历史与民族研究》，兰州：甘肃文化出版社1999年版，第221～223页。
④ （明）宋濂等：《元史》卷九一《百官志》，北京：中华书局1976年点校本，第2308页。
⑤ （明）宋濂等：《元史》卷一八《成宗纪》，北京：中华书局1976年点校本，第390页。

的古地名[①]，曲先塔林在今新疆库车附近塔里木河流域一带[②]。可见，北庭元帅府和曲先塔林元帅府无疑是元朝为了抵御西部窝阔台汗国和察合台汗国的军事进攻而设立的。

元朝为了发挥御史台对地方的监察职能，又分设两个行御史台，简称行台。其一即为陕西诸道行御史台，简称西台，治奉元路，监临西北、西南各省，设官、品秩与内台相同，皆下辖察院，定置西台监察御史二十员。为巡行按察各地，元初在御史台之下置提刑按察司四道。以后陆续增设，至元二十八年改名肃政廉访司，简称宪司。成宗时定置二十二道，每道设廉访使二员，正三品，下设副使、佥事官等。每年除二廉访使留司以总制一道外，副使以下分立郡县按治。其中陕西行台所辖称西四道，在西北地区的有：陕西行省境的陕西汉中道（置司凤翔府），甘肃行省境的河西陇北道（置司甘州路）。

关于元朝和西北诸王之间的军事斗争，刘迎胜教授在其所著《察合台汗国史研究》中已有详细的论述。至于元朝和诸如安西王等西北封王之间的斗争，笔者在拙文《元安西王忙哥剌死因之谜》一文[③]中已有论述，兹不赘述。

除了从军事、地方行政建置、交通等方面苦心经营西北之外，元朝政府也注意办学兴教，以加强对西北地区的文化教育建设。早在忽必烈治理漠南汉地时，他就曾任命著名的理学家和教育家许衡为京兆教授，发展当地的教育事业。即位之后，忽必烈更是重视地方教育。中统二年，他下诏设立诸路提举学校官，恢复地方官学设置，并明确规定发展教育也是地方政府的一项职责。至元初，任命姚燧为提举陕西、中兴等路学校[④]。仁宗延祐三年五月，"置甘肃儒学提举司"[⑤]。皇子安西王忙哥剌封王期间，对传统儒家文化也是大加提倡和扶持。安西王府典书、京兆路府学教授孟文昌所撰《陕西学校儒生颂德之碑》载：

> 皇子安西王胙土关中，秦蜀夏陇，悉归控御，宸眷西顾，实为蕃辅，稽古建官，一新庶政，……贤王虑文风不振，特颁教令：凡士之居境内，皆隶儒籍，仍全复其家，敕所在毋扰，敦劝学者以风四方。士当斯时，欢若更生，何其幸欤！……我贤王敬老尚德，本于天性；命相举贤，月给廪秩，奖拔后进；开文学府，遣左右旁求经籍，增饰泮宫，广设黉宇。隆恩以育人材，厚礼以聘俊彦。俾士类出氓编之杂，无茧丝之供，获处乐土，熙熙于于。复圣道于已熄，救斯文于将坠。[⑥]

在安西王的倡导下，京兆府大兴儒学，出现各种尊孔兴学之举。至元十三年十二月，在京兆路府学教授孟文昌的建议下，安西王王相府颁发了一份《府学公据》给京兆路府学收执，这是一份以皇帝圣旨和安西王令旨的形式，向京兆路府学颁发的旨在保护当地儒学的公据。内容如下：

① ［法］伯希和：《库车阿克苏乌什之古名》，冯承钧编译：《西域南海史地考证译丛》第一卷，北京：商务印书馆1962年版，第2页。

② 刘迎胜：《元代曲先塔林考》，《中亚学刊》第1辑，北京：中华书局1983年版。

③ 陈广恩：《元安西王忙哥剌死因之谜》，《民族研究》2008年第3期。

④ （明）宋濂等：《元史》卷一七四《姚燧传》，北京：中华书局1976年点校本，第4058页。

⑤ （明）宋濂等：《元史》卷二五《仁宗纪》，北京：中华书局1976年点校本，第573页。

⑥ （元）孟文昌：《陕西学校儒生颂德之碑》，王昶：《金石萃编未刻稿》上卷，续修四库全书本。

皇帝圣旨里

皇子安西王令旨里

王相府据京兆路府学教授孟文昌呈照得先钦奉圣旨节文道与陕西等路宣抚司并达鲁花赤管民官管匠人打捕诸头目及诸军马使臣人等：

宣圣庙，国家岁时致祭，诸儒月朔释奠，宜恒令洒扫修洁。今后禁约诸官员、使臣、军马，无得于庙宇内安下或聚集，理问词讼，及亵渎饮宴，管工匠官不得于其中营造，违者治罪。管内凡有书院，亦不得令诸人骚扰，使臣安下。钦此。卑职切见府学成德堂书院地土四至：东至庙，西至泮濠，南至城巷，北至王通判宅。可四至内地土及房舍，诚恐日久官司占作廨宇，或邻右人等侵占，乞给付公据事。相府准呈，今给公据付府学收执，仍□□仰诸官府并使臣军匠人等，钦依圣旨事意，无得骚扰、安下，及邻右人等，亦不得将府学房舍四至地基侵占……

右给付京兆路府学收执，准此。[①]

至元初，中书左丞张文谦治理西夏故地时，也很重视发展当地的文化教育事业。当时“中兴羌俗素鄙野，事无统纪，公求蜀士为人仆隶者得五六人，援恩例理而出之，俾通明吏，教以案牍。旬月之间，枢机品式粗若可观，羌人始遣子弟读书，土俗为之一变”[②]。

书院在元代比较繁荣，也是较为重要的地方“教育机关”[③]。元代西北地区的书院主要集中在陕西，大约有 8 所[④]，其中比较著名的是鲁斋书院。鲁斋书院是由汪古人赵世延任陕西行台侍御史时建造的[⑤]。因是为纪念许衡而建造的，所以鲁斋书院颇负盛名，不少文人都为书院题写记文或赋诗，如程文海、张养浩、许有壬等。《鲁斋遗书》还录有《又题鲁斋书院诗》一首：

南北风尘澒洞中，天开人极产英雄。
几年力学尊尼父，万里心传得晦翁。
自信兴王为大道，岂知伐国是元功。
当时归老情何切，为爱西山万玉峰。[⑥]

元代西北教育比较发达的地区在陕西和甘肃行省，也就是今天的陕甘宁地区，而尤以关中地区最为突出。畏兀儿地区因为元朝与西部汗国长期的军事对峙，不可能有大规模的教育推广活动。当然，整个西北地区的教育与中原和江南地区相比，还是有很大的差距。

“元代文化的特色在其多元性与开放性，这是至为明显而应该没有异议的。”[⑦] 这种多元性和开放性在西北地区表现得尤为突出。这里是多种文化、多种语言、多种民族、多种宗教

① （元）孟文昌：《府学公据》，王昶：《金石萃编未刻稿》上卷，续修四库全书本。

② （元）李谦：《中书左丞张公神道碑》，（元）苏天爵编：《元文类》卷五八，四部丛刊初编本。

③ 徐梓：《元代书院研究》，北京：社会科学文献出版社 2000 年版，第 145 页。

④ 王颋：《元代书院考略》，《中国史研究》1984 年第 1 期。

⑤ （元）程文海：《楚国文宪公雪楼程先生文集》卷一《立鲁斋书院谕》，元代珍本文集汇刊影印洪武二十八年刊本。

⑥ 《鲁斋遗书》卷一四《又题鲁斋书院诗》。

⑦ 萧启庆：《蒙元史新研》，台北：台湾允晨文化实业股份有限公司 1994 年版，第 494 ~ 495 页。

并存的地域，同时这里又是联系东西方的交通大动脉——丝绸之路的必经之地。在经历了辽、宋、夏、金、高昌回鹘、喀喇汗王朝、西辽等政权割据时期之后，丝绸之路随着蒙古西征再度畅通起来，操不同语言、有着不同文化背景、有着不同宗教信仰的形形色色的东西方人，往来穿梭于元代的西北地区。元朝政府对西北地区的文化和宗教采取自由宽松的政策，这对维护西北地区的稳定和促进东西方文化的交流无疑是有积极作用的。

三

元朝政府对西北地区的经济建设是保障西北边疆安全的根本。而经济建设的一个重要举措就是大力发展农业生产，以保证西北边地的粮食需要。西北地区地广人稀，要发展农业生产，必须增加当地的劳动力，这在元朝初期表现得尤为明显。为此，元朝政府通过括充户口和迁移军民等方式补充人口。

世祖忽必烈建立元朝后，展开大规模的括户活动。《元史》载：至元七年九月，“括河西户口”[①]；十年十二月，罢西夏世官，括诸色户[②]；十六年六月，“拘括河西、西番阑遗户”[③]；十二月，“括甘州户”[④]；十七年五月，“括沙州户丁”[⑤]；二十九年八月，“括唐兀秃鲁花所部阔象赤及河西逃人入蛮地者”[⑥]。除此之外，朝廷明令禁止诸王、公主、驸马、诸官员等隐匿不属其位下的民户。《元典章》对此记载说：

> 诸王公主驸马并诸官员户计：
>
> 诸附籍、漏籍诸色人户，如有官司明文分拨隶属各位下户数，曾经查对，不纳系官差发，别无经改者，仰依旧开除。
>
> 诸迤北随营诸色户计，于壬子年籍后，前来随处看守庄子，放牧孜头疋，或诸处寄留人等不曾附籍、即目于本使处送纳钱物之人，隶属各道。
>
> 诸位下并诸投下人员招收到附籍、漏籍、放良、还俗等人户，会到合罕皇帝圣旨节该：“民户内续数出来底漏籍民户有呵，只教都属那见住州城田地里有者。其元招收来底人不须管领。”又奉先帝圣旨：“诸王、公主、驸马并诸投下，不得擅行文字，招收户计。”及中统元年诏书内一款节该：“诸路应有漏籍户并老疾、女户，截日并行分付本路管民官收系，其断事官元差头目尽行罢去。”又至元元年诸王共议定圣旨条画内一款：“依着先帝圣旨，诸王、公主、驸马并诸投下不得擅行文字招收户计。”除将各位下已收人户，照依累降圣旨改正，分付各路收系当差，仍常切禁约投下人员，无得似前乱行招收。如有违犯之人，仰管民官捉拿取问是实，申解赴部，呈省究治。如管民官今后不肯用心收拾，及看循面情，纵令诸人招收人户，定是解任断罪。[⑦]

---

① （明）宋濂等：《元史》卷七《世祖纪》，北京：中华书局1976年点校本，第131页。
② （明）宋濂等：《元史》卷八《世祖纪》，北京：中华书局1976年点校本，第152页。
③ （明）宋濂等：《元史》卷一〇《世祖纪》，北京：中华书局1976年点校本，第213页。
④ （明）宋濂等：《元史》卷一一《世祖纪》，北京：中华书局1976年点校本，第217页。
⑤ （明）宋濂等：《元史》卷一一《世祖纪》，北京：中华书局1976年点校本，第224页。
⑥ （明）宋濂等：《元史》卷一七《世祖纪》，北京：中华书局1976年点校本，第365页。
⑦ 陈高华、张帆、刘晓、党宝海点校：《元典章》户部卷之三《户计·籍册·户口条画》，北京：中华书局，天津：天津古籍出版社2011年版，第581～582页。

但即便是通过多种方式括充户口，西北地区发展农业生产的劳动力仍然不能满足实际需要。因此，元朝政府不得不向西北地区大量迁徙军民，补充劳力。窝阔台时期，曾调发平阳、河中、京兆等处居民二千前往凤翔。蒙哥汗施政期间，将漠南汉地军国庶事委托给其弟忽必烈掌管，并让忽必烈在南京（今河南开封）和关中（京兆）二者中选择一处作为封地。谋士姚枢建议忽必烈选择关中。蒙哥认为“是地户寡，河南怀孟地狭民夥，可取自益”①，允许忽必烈从河南一带迁徙民众到关中地区补充户口。忽必烈采纳了蒙哥的建议，从中原一带调遣军民前往西北地区进行驻防、耕作。中统元年，元政府曾“遣灵州种田民还京兆耕作”。至元四年，“陕西行省以开州新得复失，请益兵，敕平阳、延安等处签民兵三千人，山东、河南、怀孟、潼川调兵七千人益之”②。七年，又从河南怀孟迁徙民户一千八百余户往河西居住③。《元史·兵志》载，至元八年，签发己未年随州、鄂州投降人民一千一百七户，往中兴居住。十一年，编为屯田户，凡二千四百丁。二十三年，续签渐丁，得三百人。至元中，“分甘州新附军三百人屯田亦集乃，徙戍甘州新附军千人屯田中兴，千人屯田亦里黑”④。元初也有不少蒙古贵族曾将江南一带的汉人当作人奴迁往西北地区从事耕作。平凉府就曾向陕西行省报告，“有南人二十余辈叛归江南”，后被遣返原地。这些叛归江南的汉人正是被蒙古贵族当作人奴迁往西北地区的⑤。

蒙元时期，也有大量的汉人被迁往新疆地区，如丘处机沿天山北道西行至别失八里时，看到当地从事音乐伎艺的都是“中州人”。太宗时期，中贵苦木思不花奏请朝廷拨户一万，以为采炼金银役夫和种田西域与栽种葡萄等户，窝阔台命令从西京宣德调遣民户充任，耶律楚材说服太宗以河南民户代替宣德民户应役⑥。13世纪50年代，常德奉旨使旭烈兀处时，在别失八里也看到不少汉人。在天池（今新疆赛里木湖）附近的铁木儿忏察关，见到“守关者皆汉民”。⑦ 阿力麻里城中，“回纥与汉民杂居”。其南的赤木儿城中，居民多山西并、汾移民。⑧ 阇鄘（今新疆且末南）地区也有来自河西、甘肃等处的富民千人和屯田军杂居耕植。

加强经济建设的另一个重要举措就是兴修水利、开展屯田。元代西北地区的屯田主要有军屯和民屯两大类。对于元代陕西行省和甘肃行省的屯田，李治安教授有专门研究，并且列有“陕西行省所辖军屯”、“陕西屯田总管府所辖民屯”、“元代甘肃行省所辖军民屯田一览表”等表格⑨。使我们对两个行省的屯田情况一目了然。另外笔者在拙著《元代西北经济开发研究》中，对元代西北地区的水利建设和屯田均有论述。兴修水利从陕西行省、甘肃行省、西北其他地区，以及陕西泾渠渠系的用水管理等方面做了论述，屯田从主要屯田区、元朝政府开展西北屯田的主要措施、元代西北地区屯田的历史教训等几个方面，进行了较为细

---

① （元）姚燧：《牧庵集》卷一五《中书左丞姚文献公神道碑》，四部丛刊初编本。

② （明）宋濂等：《元史》卷六《世祖纪》，北京：中华书局1976年点校本，第113页。

③ （明）宋濂等：《元史》卷七《世祖纪》，北京：中华书局1976年点校本，第132页。

④ （清）钟赓起纂修：《甘州府志》卷一六《杂纂》，载王希隆主编：《中国西北文献丛书续编（西北稀见方志文献卷）》第2册，兰州：甘肃文化出版社1999年版，第540页。

⑤ （明）宋濂等：《元史》卷一六八《何荣祖传》，北京：中华书局1976年点校本，第3955页。

⑥ （元）宋子贞：《中书令耶律公神道碑》，《元文类》卷五七。

⑦ （元）刘郁：《西使记》，《秋涧先生大全文集》卷九四《玉堂嘉话》。

⑧ 参见余太山主编：《西域通史》，郑州：中州古籍出版社1996年版，第348页。

⑨ 李治安：《元代行省制度》，北京：中华书局2011年版，第353~354、491~495页。

致的论述①。

通过上述括户、兴修水利、开展屯田等诸项加强经济建设的措施，元初西北地区户口稀少、生产凋敝的现象得到了较大程度的改变，户口有所上升，粮食产量大幅增加，农业生产得到了相应的发展，这为元朝经营西北奠定了比较坚实的经济基础。史料对此多有记载。

至元元年，元朝设立陕西五路西蜀四川行中书省，任命回回人赛典赤·赡思丁为行省平章政事。赛典赤"莅官三年，增户九千五百六十五、军一万二千二百五十五、钞六千二百二十五锭、屯田粮九万七千二十一石，撙节和买钞三百三十一锭"。朝廷以其功劳，"诏赏银五千两，仍命陕西五路四川行院大小官属并听节制"。② 陕西安西路（即京兆路，亦称奉元路）下辖高陵县的屯田，亦取得很好的效果，"高陵古为剧县，县有白渠之利，引泾水灌溉，田极膏腴，岁收入倍它邑。以故官置屯田，输谷贮县仓，恒以万数"③。至元二十年，陕西行省左丞相帖里帖木儿派遣都事杨钦修治泾渠，"凡溉农田四万五千余顷"④。这个灌溉面积是汉代泾渠灌溉面积的十倍。至元三十一年，陕西行省任命耀州同官县雷平川人雷祯为平凉等处屯田提领。雷祯任期内"劝课有方，官民两足"⑤。大德七年（1303），负责安西地区盐茶税收等事的安西转运司，"于常课外增算五万七千四百锭"，为此，朝廷"人赐衣一袭，以劝其功"。⑥ 税收的增加，显然是当地经济发展的结果。再据《元史·世祖纪》记载，至元二十九年，"宁夏府屯田成功，升其官脱儿赤"⑦。并且当地"户口繁多"⑧，说明当时宁夏地区的户口已经有了显著的增长，经济也有了一定的恢复和发展。

四

元朝经营西北的战略核心是围绕着维护边疆安全及稳定进行的，这是元朝经营西北与其他地区颇为不同的一点。从大蒙古国建立伊始到元朝中后期，情况均是如此。元朝政府经营西北的战略战术的调整，各项措施的付诸实施，归根究底是为这一战略核心服务的。

元初主要依靠分封亲王出镇西北，统摄西部军事，同时安抚笼络地方世侯，以完成王朝统一战略目标。统一之后，元廷主要通过行省、行台及廉访司、行枢密院、宣慰司等派出机构加强中央政府对西北的直接控制。元朝在西北地区的地方建置，主要是陕西行省和甘肃行省，但是这两个行省和其他各行省如河南、岭北、四川、云南等比较，一个明显的不同是军权较弱。这是因为元初分封的诸王，西北地区的各种地方势力的权力依然很大，他们往往手握重兵，因此元朝政府又不得不依赖这些力量以加强与西部汗国的对抗和维护西北的稳定。这就难免形成了一种以行省为主导，同时"又掺入蒙古宗王、行御史台及廉访司、都万户府多种军政力量的复合体制"⑨。这种复合体制在元朝对抗察合台汗国、窝阔台汗国及维护西北地区稳定的过程中，的确起到重要作用，但也导致了不好的结果。以陕西行省为例，到

---

① 陈广恩：《元代西北经济开发研究》，澳门：澳亚周刊出版有限公司2005年版，第52～82页。
② （明）宋濂等：《元史》卷一二五《赛典赤·赡思丁传》，北京：中华书局1976年点校本，第3063～3064页。
③ （元）郭松年：《县令张密去思记》，《高陵县志》卷九，雍正十年刻本。
④ （明）宋濂等：《元史》卷六六《河渠志三·泾渠》，北京：中华书局1976年点校本，第1658～1659页。
⑤ （元）同恕：《榘庵集》卷七《临潼县尉雷君墓志铭》，文渊阁四库全书本。
⑥ （明）宋濂等：《元史》卷二一《成宗纪》，北京：中华书局1976年点校本，第455页。
⑦ （明）宋濂等：《元史》卷一七《世祖纪》，北京：中华书局1976年点校本，第365页。
⑧ （明）宋濂等：《元史》卷一七《世祖纪》，北京：中华书局1976年点校本，第366页。
⑨ 李治安：《元代行省制度》，北京：中华书局2011年版，第381页。

了元代后期，当行省及其所属军队在镇压红巾军起义大大消耗了兵力之后，面对红巾军的大势进攻，行省却无法与之抗衡，甚至不得不向河南的武装求助。《元史》对此记载说：

王思诚字致道，兖州嵫阳人。……

寻出为陕西行台治书侍御史，辞以老病，不允，力疾戒行。

（至正）十七年春，红巾陷商州，夺七盘，进据蓝田县，距奉元一舍，思诚会豫王阿剌忒纳失里及省院官于安西王月鲁帖木儿邸，众汹惧无言，思诚曰："陕西重地，天下之重轻系焉。察罕帖木儿，河南名将，贼素畏之，宜遣使求援，此上策也。"戍将嫉客兵轧己，论久不决，思诚曰："吾兵弱，旦夕失守，咎将安归！"乃移书察罕帖木儿曰："河南为京师之庭户，陕西实内郡之藩篱，两省相望，互为唇齿，陕西危，则河南岂能独安乎?"察罕帖木儿新复陕州，得书大喜，曰："先生真有为国为民之心，吾宁负越境擅发之罪。"遂提轻兵五千，倍道来援，思诚犒军于凤凰山，还定守御九事，夜宿台中，未尝解衣。同官潜送妻子过渭北，思诚止之，分守北门，其属闻事急，欲图苟免，思诚从容谕之曰："吾受国重寄，安定一方，期戮力报效，死之可也。自古皆有死，在迟与速耳。"众乃安。既而援兵破贼，河南总兵官果以察罕帖木儿擅调，遣人问之，思诚亟请于朝，宜命察罕帖木儿专守关陕，仍令便宜行事，诏从之。①

王思诚和陕西宗王等商议，最终求助于河南武装才平定了当地红巾军，但导致了察罕帖木儿乘势进入陕西，开启了陕西行省被军阀势力控制的局面②。

元朝在西北边地开展的屯田，往往也是和元朝经营西北的战略核心紧密相关的。尤其是甘肃行省较大规模的民屯和军屯，对于部分供给驻屯军队军粮，支持元军抵御西北叛王海都、笃哇的进攻和稳定境内的统治，均有较为重要的作用③。比如亦集乃路的屯田，元朝政府在至元中后期，曾从甘州等地调遣新附军人开展军屯，同时又以当地的西僧余户开展民屯，尽可能"疏浚管内河渠"，发展灌溉农业④。据黑城出土的文书显示，亦集乃路开凿的灌溉渠道有合即渠、额迷渠、沙立渠（又作沙剌渠）、吾即渠（又作吴即渠）、玉朴渠、耳卜渠等⑤。元朝在亦集乃路不遗余力地开展屯田，直接目的是为了增加当地的粮食产量，而根本目的则是为西北大军提供军粮。因为亦集乃位于甘肃行省纳怜道和从河西走廊沿黑水北上，过川进入岭北行省的南北交通要道的十字交叉处，是向西北大军提供军粮的后勤保障基地，所以亦集乃的屯田就不仅仅是发展当地农业生产那么简单了。再如别失八里、斡端和过川军等屯田和元朝军队在上述地区的军事攻势和驻屯也是同步的。其临时性，又直接为元军在上述地区时而大举进攻，时而被迫后撤的军事形势所造成。⑥

加强中央政府对西北地区的直接控制，防止西北诸王和地方官员势力坐大或者贪赃枉法，从而影响到西北地区的稳定，这也是为元朝经营西北的战略核心服务的。如安西王忙哥剌和其子阿难答，本来是朝廷分封的西北宗王，是朝廷在西北的臂膀，是镇戍西北的重要力

① （明）宋濂等：《元史》卷一八三《王思诚传》，北京：中华书局1976年点校本，第4210、4214～4215页。
② 李治安：《元代行省制度》，北京：中华书局2011年版，第383页。
③ 李治安：《元代行省制度》，北京：中华书局2011年版，第499页。
④ （明）宋濂等：《元史》卷一四《世祖纪》，北京：中华书局1976年点校本，第300页。
⑤ 李逸友编著：《黑城出土文书》（汉文文书卷），北京：科学出版社1991年版，第99、110页。
⑥ 李治安：《元代行省制度》，北京：中华书局2011年版，第498页。

量，但最终因为势力坐大，走上了对抗大汗甚至是参与发动宫廷政变的道路，忙哥剌、阿难答因此而被大汗处死①。再如察合台后王出伯，至元间投归元朝，受到世祖忽必烈的重用，担当起在西北边地抵御西部汗国的重任，曾与海都在斡端（今新疆和田）、可失哈儿（今新疆喀什）一带交战。后来笃哇占据火州以后，他率领部下退守到哈密力（今新疆哈密）、瓜州（今甘肃瓜州）、沙州（今甘肃敦煌）等地。出伯“在西边十余年，为朝廷倚重”②。他“一生为合罕效劳，并死于为合罕效劳”③。“豳王出伯家族奋起于西域，脱离察合台汗国叛乱势力而东归元朝，临危受命，出镇河西至西域东部地区……其兵锋甚至西指塔里木盆地西南边缘的和田、喀什诸地，北方鞭及蒙古高原，始终站在平定西北叛乱势力的最前线”④。可见出伯捍御西陲，为元朝对抗西部汗国立下了汗马功劳。为此，成宗时封他为威武西宁王，武宗时又封为豳王。但即便如此，朝廷对出伯还是有所防范。武宗初继位，出伯就上言说：“瓜州、沙州屯田逋户渐成丁者，乞拘隶所部。”但中书省臣却认为：“瓜州虽诸王分地，其民役于驿传，出伯言宜勿从。”⑤ 这显然是限制出伯壮大势力的措施。

再如成宗大德七年，甘肃行省以平章政事合散为首，贪赃枉法，导致军需钱粮出现问题。当时“大军屯驻甘州”⑥，军需钱粮一旦产生问题，势必会影响到军心的稳定。对此，成宗铁穆耳采取了措施进行处置。该年三月，“甘肃行省供军钱粮多弊，诏徙廉访司于甘州”⑦。此处的廉访司，当即河西陇北道肃政廉访司，属于陕西四道之一，隶属陕西行御史台。该司置司本来就在甘州路，不知此处“徙廉访司于甘州”何指。但不管怎么说，河西陇北道肃政廉访司显然是介入了对甘肃行省供军钱粮问题的调查。紧接着，朝廷“罢甘肃行省差调民兵及取勘军民站户家属孳畜之数”⑧，这应当是廉访司调查后很快做出的一项处理措施。两个多月以后的闰五月，大概是廉访司掌握了甘肃行省供军钱粮问题的首犯是行省平章政事合散等人，朝廷于是做出了处罚决定：“甘肃行省平章合散等侵盗官钱十六万三千余锭、盐引五千余道，命省台官征之。”⑨ 之后，六月，又“命阿伯、阿忽台等整饬河西军事”⑩。这应当是朝廷对合散等人因贪赃枉法而造成不良影响的局面的修整。

元朝经营西北地区的这种战略核心，笔者以为主要是由以下因素决定的。

第一，王朝没有统一之前，西北地区由西夏、金、西辽、南宋、吐蕃等政权割据，这些割据政权是蒙古统一的对象。

第二，在蒙古灭金、灭宋过程中，西北地区是后方军事基地，尤其是陕西“当天下一面”，“据要重以控西北南三陲”，是元朝西北和西南用兵的大本营。

第三，王朝统一完成后，西北地区直接面对西部两大汗国（后期主要是察合台汗国）的军事进攻，这里是元朝最重要的边防要地，也是有元一代边防压力最大的地方。

---

① 参见陈广恩：《元安西王忙哥剌死因之谜》，《民族研究》2008 年第 3 期；陈广恩：《元安西王阿难答倡导伊斯兰教的真正目的》，《西域研究》2005 年第 2 期。

② 柯劭忞著，余大钧标点：《新元史》卷一〇八《出伯传》，长春：吉林人民出版社 1995 年版，第 2111 页。

③ ［波斯］拉施特主编，余大钧、周建奇译：《史集》第二卷，北京：商务印书馆 1985 年版，第 170～171 页。

④ 杨富学、张海娟：《蒙古豳王家族与元代西北边防》，《中国边疆史地研究》2012 年第 2 期。

⑤ （明）宋濂等：《元史》卷二二《成宗纪》，北京：中华书局 1976 年点校本，第 483 页。

⑥ （明）宋濂等：《元史》卷二一《成宗纪》，北京：中华书局 1976 年点校本，第 452 页。

⑦ （明）宋濂等：《元史》卷二一《成宗纪》，北京：中华书局 1976 年点校本，第 449 页。

⑧ （明）宋濂等：《元史》卷二一《成宗纪》，北京：中华书局 1976 年点校本，第 450 页。

⑨ （明）宋濂等：《元史》卷二一《成宗纪》，北京：中华书局 1976 年点校本，第 452 页。

⑩ （明）宋濂等：《元史》卷二一《成宗纪》，北京：中华书局 1976 年点校本，第 453 页。

第四，西北地区处于丝绸之路的交通要冲，是联系东西方的纽带，也是元朝中央政府通往西藏等西南地区的桥梁，地理位置的重要性不言而喻。

第五，元代西北地区各民族的迁徙对流频繁，民族间的分化与重组互相交叉，多种宗教并存，因此这里是元代民族和宗教情况最为复杂的地区。

第六，元代西北地区政治上的统一与分裂往往变化无常。这里是察合台系、窝阔台系、拖雷系诸王，以及弘吉剌部驸马系贵戚、高昌畏兀儿亦都护和诸如巩昌汪氏、肃州达鲁花赤唐兀举立沙家族、临洮赵氏地方世侯等各种政治势力较量争斗得最为激烈的地区。“元之叛藩与国终始”，元朝政府在经营西北的过程中，除了要面对西部察合台、窝阔台汗国后王的军事进攻之外，同时还要应对来自以各系亲王为代表的各种政治势力的干扰、破坏，甚至是叛乱。与其他地区相比，这种情况在元代西北地区比较频繁，表现得也最为突出。因此，元代西北地区的“舞台”上，往往可以窥见元朝各种政治势力的角逐乃至刀光剑影的厮杀，这里在某种程度上是元朝历史的一个缩影。

五

元朝经营西北的历史经验和教训值得总结的地方很多，应该说也很深刻，拙文尚难以做到将元朝经营西北的经验和教训的方方面面都总结出来。以下所谈所谓经验和教训，只是笔者结合自己的研究心得，提出思考该问题时值得注意的几个方面而已，不见得一定贴切或准确。笔者认为元朝经营西北的经验，以下两点似乎表现得较为突出：

第一，利用各汗国和汗国内部的矛盾来维护和巩固元朝的边防安全。如蒙古统治者在对抗西部两大汗国期间，就利用两大汗国的矛盾，联合察合台汗国消灭了窝阔台汗国，从而减少了一个对抗劲敌。在与察合台汗国对峙的过程中，分封归附元朝的察合台大汗阿鲁忽之子出伯、合班等人，令他们驻守西北边地，成为对抗察合台汗国的前锋部队，并取得了很好的效果。

此外，元朝联合伊利汗国，对抗其他两大汗国，这在很大程度上也减轻了元朝西北边疆的威胁和压力。伊利汗国是旭烈兀西征时期建立的。宪宗时期，为了征服中亚西亚的木剌夷和报达（今伊拉克巴格达）的阿拉伯哈里发帝国，蒙哥派遣其弟旭烈兀西征。旭烈兀西征期间，忽必烈与阿里不哥争夺汗位取胜。中统建元以后，忽必烈封其弟旭烈兀于波斯，旭烈兀遂在自己的封地里建立了伊利汗国，并向忽必烈继承汗位表示拥护。因为忽必烈和旭烈兀同为拖雷之子，是亲兄弟，于是元朝和伊利汗国之间保持着良好的交往关系，所以与其他两大汗国相比，元朝和伊利汗国的关系要密切得多，而伊利汗国的大汗，也只有在得到元朝皇帝的批准以后才算合法。元朝在和察合台、窝阔台汗国对抗期间，伊利汗国也和察合台汗国发生过激烈的军事冲突，这无疑减轻了元朝的西北边防压力。

第二，比较宽松的宗教信仰自由政策为西北地区的民族稳定起到积极作用。元代西北地区是多民族聚居地区，也是西方进入元朝的交通要道，民族的迁徙和对流很频繁。这里不但有大量的蒙古人和汉人，而且还有回回人、畏兀儿人、唐兀（河西）人、吐蕃人等多种色目人。其中回回、畏兀儿、唐兀是色目人中的主要部分，他们在色目人中人数较多、地位较重要、所起作用较突出，因此元朝的官方文书也常常用此三种人来代称整个色目人①。民族

① 罗贤佑：《元代民族史》，成都：四川民族出版社1996年版，第126～127页。

不同，各民族的宗教信仰亦不尽相同，这里不但有传统的汉传佛教、道教，也有藏传佛教、伊斯兰教、景教等宗教流行。尽管蒙古统治者比较推崇藏传佛教，各宗教也存在争宠现象，但元朝西北地区的宗教信仰基本上是自由的。志费尼的《世界征服者史》和《马可波罗行纪》中，都记载到成吉思汗和忽必烈对各种宗教一视同仁的态度。《世界征服者史》记载说：

> 因为不信宗教，不崇奉教义，所以，他没有偏见，不舍一种而取另一种，也不尊此而抑彼；不如说，他尊敬的是各教中有学识的、虔诚的人，认识到这样做是通往真主宫廷的途径。他一面优礼相待穆斯林，一面极为敬重基督教徒和偶像教徒。他的子孙中，好些已各按所好，选择一种宗教：有皈依伊斯兰教的，有归奉基督教的，有崇拜偶像的，也有仍然恪守父辈、祖先的旧法，不信仰任何宗教的；但最后一类现在只是少数。他们虽然选择一种宗教，但大多不露任何宗教狂热，不违背成吉思汗的札撒，也就是说，对各教一视同仁，不分彼此。①

《马可波罗行纪》记载忽必烈对各种宗教，也是均持礼遇的态度：

> 全世界所崇奉之预言人有四，基督教徒谓其天主是耶稣基督，回教徒谓是摩诃末，犹太教徒谓是摩西（Moïse），偶像教徒谓其第一神是释迦牟尼（Cakya－Mouni）。我对于兹四人，皆致敬礼。②

蒙古统治者提倡的宗教信仰自由政策，为西北地区各民族的和睦相处和地区稳定提供了宗教政策上的保障。

至于元朝经营西北的历史教训，有以下两个方面值得注意：

第一，元朝在西北地区推行行省与诸王并存分治的体制，但这种体制与元廷中央集权政治之间是矛盾的。尽管这种体制中行省和出镇诸王之间有互相监督和制约的一面，但对于中央政令和措施的推行，无疑有掣肘的因素，这在一定程度上会影响元朝对西北地区的经营。如安西王和元朝中央政府之间的斗争，出镇诸王和元廷之间对西北地区民户、土地的争夺，察罕帖木儿进入陕西以后，开启了陕西行省被军阀势力控制的局面等等，都是这种情况的反映。关于安西王和元朝政府之间的斗争，《元史》对阿难答和成宗之间的较量有比较精彩的记载。元贞元年二月，“安西王相铁赤等请复立王相府，不许。”③ 次年正月，安西王傅铁赤、脱铁木而等复请立王相府，成宗明确表示反对，并对安西王府加以指责：“去岁阿难答已尝面陈，朕以世祖定制谕之。今复奏请，岂欲以四川、京兆悉为彼有耶？赋税、军站，皆朝廷所司，今姑从汝请，置王相府，惟行王傅事。”④ 但阿难答并没有就此罢休，又遣使向朝廷索要财物。成宗再次训斥了阿难答：

① ［伊朗］志费尼著，何高济译：《世界征服者史》，呼和浩特：内蒙古人民出版社 1980 年版，第 29 页。

② 冯承钧译：《马可波罗行纪》第二卷第七九章（重），上海：上海书店出版社 2000 年版，第 190 页；A. C. Moule & Paul Pelliot, *Marco Polo*, *The Description of the World*, New York: AMS Press, 1976, p. 201.

③ （明）宋濂等：《元史》卷一八《成宗纪》，北京：中华书局 1976 年点校本，第 390 页。

④ （明）宋濂等：《元史》卷一九《成宗纪》，北京：中华书局 1976 年点校本，第 401 页。

世祖以分赉之难，尝有圣训，阿难答亦知之矣。若言贫乏，岂独汝耶？去岁赐钞二十万锭，又给以粮。今与，则诸王以为不均。不与，则汝言人多饥死。其给粮万石，择贫者赈之。[①]

第二，元朝政府采取用巨额赏赐换取西北封王等地方势力的权力和忠诚的办法，对西北诸王、公主、驸马、其他皇亲国戚、百官、寺观、僧道及各种相关人员进行滥赏滥赐，但效果并不显著，反而对元朝政府造成了巨大压力，一定程度地助长了西北地方势力的贪欲和野心。“泛滥赏赐”是“元朝财政上的癌症”[②]，对元代社会造成了严重后果，最终加速了元王朝的灭亡[③]。元朝法典《至正条格》“赏令”篇即专门列有“泛滥赏赐”一目，共收有5条条格，由此也可看出“泛滥赏赐”对元朝政府造成的危害有多大了。试举一例以明之。仁宗延祐五年六月，御史台向仁宗上奏：

御史台奏：“监察每文书里说有：‘近年以来，勾当里行的官人每，他每都要着名分，请着俸钱，因嫁着女孩儿、娶媳妇儿，或买田宅，为私己的勾当其间，互相结托，上位根底题奏，索要钱物的哏多有。为这上头，钱物不敷支用有。真个有功劳合赏的人每根底与赏有，其余因着私己的勾当索要钱物的，上位根底奏了，合住罢。’么道，俺商量来，他每说的是有。今后似这般勾当，教住罢了呵，怎生？”奏呵，奉圣旨：“恁说的是有，教省家便行文书住罢了者。”[④]

对于元代西北地区而言，因为这里的封王多，驻军多，世官世侯多，寺观、僧侣也多，并且这里是宣政院通往大都及东西方往来的交通要道，元朝政府出于稳定西北、维护边疆安全的考虑，对西北地区的赏赐也就很多。元朝的赏赐主要是岁赐和朝会赐赉。岁赐，亦称岁例，是蒙古皇室每年按定制颁发给诸王、贵族以及寺观等的赏赐。朝会赐赉往往是新君即位时颁发的赏赐。岁赐和朝会赐赉自然会包括西北诸王、公主、驸马、官员、世官世侯等在内，但除此之外，元朝对西北地区相关人员的各类赏赐也非常惊人。

下面仅以朝廷赏赐给西北诸王、功臣的金银举例，其数额就非常可观。如中统元年，忽必烈赏赐在西北征战的诸王，合丹赐银五千两，只必帖木儿赐银八百三十三两，阿只吉赐银五千两[⑤]。四年，赐诸王只必帖木儿银二万两[⑥]。至元二年九月，“赏诸王只必帖木儿麾下河西战功银二百五十两”[⑦]；十一月，“赐诸王只必帖木儿银二万五千两”[⑧]。三年，世祖因赛典赤治理陕西“政事修治，赐银五千两”[⑨]。十九年，“赐诸王阿只吉金五千两、银五万

① （明）宋濂等：《元史》卷一九《成宗纪》，北京：中华书局1976年点校本，第403～404页。
② ［日］村上正二：《元朝投下的意义》，《蒙古学报》昭和十五年（1940）第1期。
③ 参见陈广恩：《“泛滥赏赐”与元代社会》，《江苏社会科学》2010年第6期。
④ 韩国学中央研究院编：《至正条格》“条格·赏令·泛滥赏赐”，2007年影印元刊本，第114页。
⑤ （明）宋濂等：《元史》卷四《世祖纪》，北京：中华书局1976年点校本，第68、69页。
⑥ （明）宋濂等：《元史》卷五《世祖纪》，北京：中华书局1976年点校本，第94页。
⑦ （明）宋濂等：《元史》卷六《世祖纪》，北京：中华书局1976年点校本，第108页。
⑧ （明）宋濂等：《元史》卷六《世祖纪》，北京：中华书局1976年点校本，第108页。
⑨ （明）宋濂等：《元史》卷六《世祖纪》，北京：中华书局1976年点校本，第111页。

两”[①]。大德七年，赐安西王阿难答金五十两，银、珠、锦、币等物有差[②]。九年，“给还安西王积年所减岁赐金五百两”[③]。至大元年，因豳王出伯向朝廷进玉，武宗回赐“金千五百两、银二万两”，又赐“宽阇、也先孛可等，金二千三百两、银一万七百两”。[④] 这类例子，不胜枚举。而更具代表性的一个例子是中书省的官员特意指出要节制对甘州的滥赏滥赐。至元三十年，中书省建议朝廷节制赏赐的奏议中，提到赏赐经费浩繁的四个城市，除了两都和西京之外，就是西北的甘州：“今岁给饷上都、大都及甘州、西京，经费浩繁，自今赏赐悉宜姑止”[⑤]，这足以说明甘州在朝廷赏赐份额中所占比重是很高的，而这仅仅是甘州一地，加上西北其他地区，朝廷对西北的赏赐由此可以想见其规模了。

① （明）宋濂等：《元史》卷一二《世祖纪》，北京：中华书局1976年点校本，第246页。
② （明）宋濂等：《元史》卷二一《成宗纪》，北京：中华书局1976年点校本，第451页。
③ （明）宋濂等：《元史》卷二一《成宗纪》，北京：中华书局1976年点校本，第462页。
④ （明）宋濂等：《元史》卷二二《武宗纪》，北京：中华书局1976年点校本，第494页。
⑤ （明）宋濂等：《元史》卷一七《世祖纪》，北京：中华书局1976年点校本，第371页。

张士诚营女卜者李金儿传奇

王　颋

朱明中叶，流播着一则关于元末女卜者李金儿的传奇：至正十四年，被掠入张士诚军中，留侍其母曹氏。不久，因擅长占卦成为幕中重要的“决策者”之一。当高邮被围空前危困和进军长江迤南之际，其成功地“预言”了事情的发展。十六年，缘反抗张士诚逼婚，从容辞世。为知恩图报，托梦于诚王夫人刘氏，从而使其子嗣得脱“灭门之灾”。鉴于相关故事的背景叙述，较之陶宗仪等的文字更为合理，以及与《明太祖实录》等所记诸多符合，不应将兹《金姬小传》视为“杜撰”。且不论真假，杨仪所塑造的李金儿是个不寻常的女子：姿貌雅丽，智慧超群，富贵不淫，贞洁不玷。即使“预知未来”不可相信，而就她回答其“主公”问题的言语来说，俨然是一个洞察形势的“政治家”。

一

这位女卜者的“五世祖”，据说是南宋初年“伪齐”刘豫的“驸马”李嘉谟。《金姬小传》亦《李金儿小传》及附《李嘉谟不拜伪官》：

> 五世祖嘉谟，伪齐刘豫时，以四郡强壮应募，为云从亲卫子弟。豫爱其年少精敏，又自言与李俦侍郎通谱，时俦亦受伪齐官，因纳为婿，将加爵都尉，嘉谟坚辞不拜。然能谦恭下士，排难解纷，以全善类，人多德之。豫败，故得免祸，归田里为富翁。时［刘］麟驻军魏、博，投谒灵岩山谷间，冒雨出云树中，军皆竦立而观。及拜麟马前，辞旨清辨，了无惧色。拭雨而退，色愈明洁，精彩射人，一时军中呼为云中仙子。麟遂留幕下，称帐中小李。月余，豫见，问之，自言与李俦侍郎通谱，俦亦受伪齐官。豫妾钱氏，有女玉英，豫所钟爱，因纳为婿。常与麟并马出入，宠幸无比。豫欲加爵都尉，嘉谟坚辞不拜。由是竟不拜官，然能谦恭下士，排难解纷，以全善类。每独出，则儒衣缓带，从仆不过三四人，恂恂如书生，路人不知其为贵婿也。及豫败，与其妻逃入荆、湘，泛舟为商，竟得免祸。初，玉英恃父母之爱，所得金宝巨万，悉遣亲仆以渐送章丘，藏之地中。后金以李俦改汴京同知副留守，嘉谟始归，遂成富家翁①。

“四郡强壮”，《大金国志》卷三一《齐国刘豫录》：“豫生景州，守济南，节制东平，僭位大名。遂起四郡强壮为云从子弟，应募者六千人。”② 李俦，先后仕于宋、齐和金。李纲《梁溪集》卷一八〇《建炎时政记》：“建炎元年七月十八日，三省枢密院同奉圣旨，差户部侍郎黄潜厚为巡幸提举，一行事务，膳部员外郎陈充干办，顿递行宫，一行官吏、将佐、军

---

① 《香艳丛书》，北京：人民文学出版社1994年版，第353、367、368页。

② 北京：中华书局1986年崔文印校证本，第434页。

兵安治去处，虞部员外郎李俦干办，相视桥道、渡船，并桩办粮草发运使李佑为随军转运使。”[①] 沈与求《龟溪集》卷四《招从伪士大夫诏》：“亦惟尔士大夫蒙祖宗休泽，服在周行，其有失身伪廷，事非其主，顾驱胁使，然有不得已者，朕甚痛之。故若张孝纯、李邺、李俦等内外亲族，不废禄仕，每饬有司，常加存恤。朕之于尔厚矣，尔尚忍忘之耶？其能洗心易虑，束身以归，当复其爵秩，待遇如初。或为奇谋秘画，立功自效，乃朌异赏，不限彝章。”[②] 赵彦卫《云麓漫钞》卷四：“追授朝奉大夫、汴京副留守，赐紫金鱼袋李俦［《张忠文公叔夜挽诗》］二首：声名凛凛动寰区，忠义存心老不渝。奋不顾生惟尽节，虑无遗策悉嘉谟。独提南服三千旅，首冒重围万死涂。时事已更身已逝，惟将阴德付鹓雏。命世文章伯，鸿枢柱石臣。殒身因卫社，嗣德岂无人？丹旐西原路，輀车万里春。一门蒙待遇，徒有泪沾巾。”[③]

女卜者李金儿的祖母，盖南宋宫人金德淑。《李金儿小传》：“宋亡，其（李嘉谟）孙以乡役部发岁运至元都，尝夜对月悲歌，闻邻妇有倚楼而泣者，明日，访之，则宋旧宫人金德淑也。因过语，德淑本杭人，心怀故土，欲以身托南行。遂与通，生一子，名都生，竟留都下。”[④] 徐釚《词苑丛谈》卷六：“章丘李生，至燕都，尝对月独歌曰：万里倦行役，秋来瘦几分？因看河北月，忽忆海东云。夜静，闻邻妇有倚楼而泣者。明日，访之，则宋宫人金德淑也。询李曰：客非昨暮悲歌人乎？李曰：歌非己作，有同舟人自杭来，吟此句，故记之耳。金泣曰：此亡宋昭仪黄惠清所寄汪水云诗，当时，吾辈数人皆有诗赠汪。因举其《望江南》词曰：春睡起，积雪满燕山。万里长城横缟素，六街灯火已阑珊，人立玉楼间。”[⑤] 所称“宋昭仪黄惠清”诗，厉鹗《宋诗纪事》卷八四题作：王清惠《秋夜，寄水月、水云二昆玉》[⑥]。“水云”，即汪元量，《西湖游览志余》卷六《板荡凄凉》：“汪元量，字大有，钱唐人。”“顷之，从三宫北去，留滞燕京。时有王清惠、张琼英，皆故宫人，善诗，相见辄涕泣。元量尝和清惠诗（《秋日，酬王昭仪》）云：愁到依时酒自斟，挑灯看剑泪痕深。黄金台迥少知己，碧玉调高空好音。万叶秋声孤馆梦，一窗寒月故乡心。庭前昨夜梧桐雨，劲气潇潇入短襟。”[⑦]

女卜者李金儿的父母亲系堂兄妹，缘不明世系所在而致错误婚配。逮两人因发现有相同遗传标记而明了真相，更改称呼，而分别居处。《李金儿小传》：

> 金姬，姓李氏，名金儿，济南章丘人李素女也。父死，都生从母为金姓，不复与章丘之族相闻。及长，娶大都女子，复生一女。都生亦早亡，家贫甚。偶章丘有李生至，欲求为妾，谋之媒氏，即以都生女应之。李见生以百金酬聘，眷恋不复思归。居数年，亦生一女，名金儿，即姬也。明敏妙丽，世罕其匹，日诵古今经、史及仙、佛、百家之书。父得张明远之传，精于医卜，悉以其术授之，遂玄妙，言人祸福皆响应，父自谓不能及也。元室政乱民穷，李生将携家还山东，兵阻，从间出，羁离旅寓盱眙县。夏暑，

① 《宋集珍本丛刊》，北京：线装书局影印道光刊本，第781页。

② 《四部丛刊续编》影印明刊本，第11页。

③ 《唐宋史料笔记丛刊》，北京：中华书局1996年傅根清点校本，第58页。

④ 《香艳丛书》，北京：人民文学出版社1994年版，第353页。

⑤ 文渊阁《四库全书》本，第11页。

⑥ 文渊阁《四库全书》本，第8页。

⑦ 《中国方志丛书》，台北：新文丰出版公司影印万历刊本，第265、266页。

金氏尝裸体纳凉，李生见其肘下有黑痣，大如五铢。生曰：吾肘亦有一黑痣，形甚似，岂天以形类作合乎？抑亦同苗裔耶？因各言家世。妾曰：吾先父章丘士人之子，本亦姓李，父早丧，从母姓为金，闻先大父有遗文，可验也。出书示之，备载族属姓李，生名亦在焉。生即素，都生即李生祖孙妇子，妾固生从女弟也。相顾惭恨，不能自存。金儿闻之，剪发自誓，愿为尼，以赎骨肉之耻。自是以兄、妹别处，求归愈切①。

二

张士诚之起事，乃在至正十三年五月。陶宗仪《南村辍耕录》卷二九《纪隆平》：

张士诚弟兄四，淮南泰州白驹场人。泰州地滨海，海上盐场三十有六，隶两淮运盐使司。士诚与弟士义、士德、士信，并驾运盐纲船，兼业私贩。初，王克柔者，亦泰州人，家富好施，多结游侠，将为不轨，高邮知府李齐收捕于狱，李华甫与面张四素感克柔恩，谋聚众劫狱，齐以克柔解发扬州，后招安华甫为泰州判，四为千夫长。[至正]十三年五月，士诚又与华甫同谋起事；未几，士诚党与十有八人共杀华甫，遂并其众，焚掠村落，驱民为盗。陷通、泰、高邮，自号诚王，改元天佑，设官分职，把截要冲，南北梗塞。立淮南行中书省于扬州，以扼其势。既而亦招安之，立义兵元帅府，以官其党。然狙诈百出，卒不就降，杀知府李齐。十五年五月，攻破扬州路，杀淮南行省参政赵琏，士义被获伏诛，既而退还高邮。至九月二十五日，又攻破扬州。适湖广行省右丞阿鲁恢引苗军来，十月初一日，复退。丞相脱脱亲总大军以擒之，众号百万，旌旗辎重，首尾千里，以为高邮刻日可平。然脱脱与弟御史大夫也先帖木儿专权日久，及出师，遂有议其后者，诏脱脱安置淮安路，也先帖木儿安置宁夏路，别选相臣统其兵②。

以上所载，不无谬误。其一，李齐为高邮知府，而参知政事赵琏死于泰州。《元史》卷一九四《赵琏传》：

朝廷乃析河南地立淮南江北行省于扬州，以[赵]琏参知政事。琏方病水肿，即舆疾而行。既至，分省镇淮安，又移镇真州。会张士诚为乱，实起海滨，陷泰州、兴化，行省遣兵讨之，不克，乃命高邮知府李齐往招谕之。士诚因请降，行省授以民职，且乞从征讨以自効，遂移琏镇泰州，琏乃趣士诚治戈船趋濠、泗。士诚疑惮不肯发，又觇知琏无备，遂复反。即驰骑奋击贼，贼以槊撞琏坠地，欲舁登其舟，琏瞋目大骂，遂死之③。

其二，脱脱“亲总大军”南下，乃在至正十四年十一月。《玩斋集》卷九《庆{通}[童]功德之碑》：

① 《香艳丛书》，北京：人民文学出版社1994年版，第353、354页。

② 《元明史料笔记丛刊》，北京：中华书局1980年句逗本，第356、357页。

③ 北京：中华书局1978年标点本，第4402、4403页。

至正十四年冬，太师、中书右丞相｛托克托｝［脱脱］公大举南征，一切军资，取具江浙。谷粟藁薪稾秸之需，弓矢刀剑、戈矛甲胄之用，动以万计，陆运川输，千里相属，使者督趣旁午①。

《元史》卷四三《顺帝纪》：

至正十四年九月辛酉，诏脱脱以太师、中书右丞相总制诸王各爱马、诸省各翼军马，董督总兵、领兵大小官将，出征高邮。十一月丁卯，脱脱领大兵至高邮。辛未，战于高邮城外，大败贼众。②

因此，“又攻破扬州”，也当在“十四年”而非“十五年”。

李金儿之流落张士诚军营为卜者，正在至正十四年的六月。《李金儿小传》：“时至正十四年甲午，张士诚伪称周诚王。六月己酉，兵陷泗州，李生一家，悉被游兵所掠，金儿时年未及笄，分配太妃曹氏帐中为侍儿。曹氏颇贤智，偶问及其乡里，金儿具陈始末，又言自幼祝发为尼，颇知经典、医、卜杂艺。是岁十月朔，士诚因避苗军之锋，自扬州退保高邮。”③《元史》卷四三《顺帝纪》：“至正十四年六月辛卯朔，高邮张士诚寇扬州。己酉，盱眙县陷。庚戌，陷泗州，官军溃。”④“李生”一家所寓盱眙县，时隶泗州。《大明清类天文分野之书》卷二《斗牛吴越分》：“元至元十三年，立招信军安抚司。十四年，升招信路。十五年，改临淮府。二十七年，罢，复为盱眙县，属泗州。本朝因之。”⑤时人张翥，曾将兹写入诗中。《张蜕庵集》卷四《高沙失守，哭知府李齐公平》、《寄成居竹》：“高邮自昔号铜城，一旦东门委贼兵。杀气仓皇迷野色，怨魂呜咽泣江声。广陵琼树春仍在，甓社珠光夜不明。白首故人悲赵李，临风唯有泪纵横。参政赵伯器死｛秦｝［泰］州。”“时张寇已受诏，而阴袭扬州。战骨填沟尘满城，尚书归说使人惊。方期渤海民沾化，岂意平凉贼畔盟？何日皇天知悔祸？中原故老望休兵。伤心扬子洲边月，忍听江流是哭声。”⑥

丞相脱脱率大军兵临城下，危在旦夕；张士诚赖李金儿占卦，以稳定人心。《李金儿小传》：

元右丞相脱脱统兵十万围其城，用部将董抟霄之言，分兵复其侵地天长、六合等城，高邮危急。曹氏命金儿卜之，得无妄之小过，执策进曰：“天下雷行，刚自外来，而为主于内，其占利正而获大亨。”说者谓：“首颠颠、趾延延，刚以正之，畏以齐之，乃可得顺，而合道变体，以柔得中，下怫上悖，趾趍爪坠，故必畏以省，同政奋威，以惩小人，乃可对时育物，以当天命也。”然其繇曰：“伊尹智士，去桀耕野。执顺以终，天佑无咎。”主公今方改元，天佑显著，卜词事同图谶，取威定霸，决于此矣⑦。

① 文渊阁《四库全书》本，第17页上。
② （明）宋濂等：《元史》，北京：中华书局1976年点校本。第916、917页。
③ 《香艳丛书》，北京：人民文学出版社1994年版，第354页。
④ （明）宋濂等：《元史》，北京：中华书局1976年点校本。第915页。
⑤ 《续修四库全书》影印明刊本，上海：上海古籍出版社，第655页上。
⑥ 《四部丛刊续编》影印明刊本，第8页上、7页下。
⑦ 《香艳丛书》，北京：人民文学出版社1994年版，第354、355页。

“部将董抟霄之言”，也有依据。《南村辍耕录》卷二九《纪隆平》：“诏未下时，部将董抟霄每对脱脱言：天兵南下，势如破竹。今老师费财，何面目归报天子？不若先攻其易。脱脱从其言，分兵破天长、六合，贼皆溃散，所杀者悉良民。及攻高邮，堕其外城，城中震恐，自分亡在旦夕。”① 暨，权衡《庚申外史》卷上：“是时高邮［府］危困已甚，脱脱分兵定真州、平六合，及将攻｛徐｝［滁］、濠［州］，远近凛然，国势渐张。”“兵围高邮，［日］事攻击，矢如雨注，城中几不支，日议降附，又恐罪在不赦，围者亦指日收功。”②

三

由于元顺帝下诏削夺脱脱兵权，张士诚部众始侥幸取得胜利。叶子奇《草木子》卷三上《克谨篇》：“丞相脱脱统大师四十万出征，声势赫然。始攻高邮城，未下，庚申君入丞相亚麻之谗，谓天下怨脱脱，贬之，可不烦兵而定。遂诏散其兵而窜之，师遂大溃，而为盗有。天下之事，遂不可复为矣。”③《庚申外史》卷上：“先是，诸大臣子弟领军从行者，哈麻历告其家，阴遣人先来军中，白其长曰：诏书且至，不即散者，当族诛。故散之之遽如此。其散而无所附者，多从红军。”④《李金儿小传》：

> 既而脱脱兵日集，势号百万，遂坠其城。士诚危蹙，计将背城死战，曹氏复命卜之，得需之坎。金儿曰：“虽需于泥，其利用恒，能敬慎，则不败也。”又以玄准之曰：“耎之初一，赤卉方锐，利进以退。”其测曰：“赤卉方锐，退以动也，盖阳能刚能柔，能作能休，见难而缩，家性为耎，虽勿肆，终无怫，慎毋妄动也。”更二夕，时当冬，忽闻雷发城中，金儿夜起，贺曰：“明日，可出师战矣。”遂登楼仰观，良久，天将曙，趋告曹氏曰：“龙文虎氛，悉见我营上，时不可失，请急击之。”曹氏即以告士诚，俄而谍者缘城至，言：元主有诏，削夺脱脱官爵，四更时，亲卫铁甲军闻报，皆丧气散去矣。士诚乘隙开门纵击之，大败元兵，军势复振。由是帐中悉以金儿言验，称为姑姑⑤。

张士诚部迅速壮大的契机，在于翌年兵渡长江之举；这又有李金儿凭借占卦参与决策的“功勋”。《李金儿小传》：

> 明年乙未，江阴大盗朱英、江宗三自相仇杀，英不能胜，过江求援于士诚。疑为元兵说客，按剑临之，辞拒不许。自夏徂秋，往复数四，英乃盛陈江南饶富，玉帛子女，冠于海内，且曰：“妻、子皆在军门，愿以为质。”士诚夜入帐中，言于其妻刘氏，遂闻于其姑，同召金儿问之，对曰：伯王之相，自与凡流不类。昨从太夫人帐后，窥见主公颜色，似得之天成。妾见太阴累犯垒壁，轩辕又见太白，自五月至九月，累经天昼见，入犯太微，光扫天梁，其应在吴。江南之祸，必不能免。曹氏强之卜，乃请扶乩，

① 《元明史料笔记丛刊》，北京：中华书局1980年句逗本，第357页。
② 《四库全书存目丛书》影印明钞本，济南：齐鲁书社，第230页上、下。
③ 《元明史料笔记丛刊》句逗本，北京：中华书局，第44页。
④ 《香艳丛书》，北京：人民文学出版社1994年版，第230页下。
⑤ 《香艳丛书》，北京：人民文学出版社1994年版，第355页。

占之曰："天遣魔兵杀不平，世人能有几人平？待看日月双平照，杀尽不平方太平。"明日，事闻于士诚，时士诚改历明时，大喜，以为日月双照之符，遂定计过江①。

"朱英"，又作"朱定"。《明太祖实录》卷六

初，江阴石牌民朱定者，贩盐无赖，武断乡曲，与石桥富民赵氏有隙，集众相攻击。

定乃降元，受江阴判官，寻复为盗。元遣江浙参政纳麟哈剌讨之。定穷蹙，闻张士诚据高邮，乃遣人导士诚兵由通州渡江，入常熟、陷平江。士诚署定为参政，遣元帅栾瑞为戍石牌②。

关于"入常熟、陷平江"的战事，《李金儿小传》有更为详尽的文字：

至是，闻士诚声言南渡，脱寅恐常熟失守，先遣［杨］椿将兵二千至县，相机调兵。顷之，闻士诚已渡江，乃移兵伏虞山北麓兴福寺中，计士德必从福山塘直入，将伺其半渡要击之。及士德分兵南行，椿夜闻报，率将士越维摩岭径趋湖桥，伏于其家园圃及林木中以伺。十六年正月朔，士德将至墅桥，乃遣其将韩谦、钱辅将兵前行，至湖桥，椿从其家庙中鼓噪而出，伏兵尽集，谦、辅兵出不意，不战而走。椿追至小山头，士德闻变，疾趋之，溃卒望见士德旗帜，反兵奋击，一以当十。椿见势不敌，且战且却，循山而南，复湖桥，整旗肃队，坚壁以待。士德仰战不能胜，三被流矢所中，方自危惧。时伯升兵已入城，官民弃城走，不血刃而下，遂遣朱英将其步卒从虞山顶来迎。英望见两军相持，疾驰下攻之，椿遂败。二月壬子朔，士德兵抵齐门，附城而入，脱寅告急于椿。椿曰："士德兵已入城，吾闻巷战将勇者胜，请以身当大敌。"乃自率枭锐，直赴士德搏斗。自辰至晡，士德身被数创，辅、谦持短兵接战，亦皆重伤，忽屋瓦飞［首］，堕马，士德持枪突前刺椿，洞其胸，椿死，骂不绝口。脱寅方与伯升战于娄门，闻椿死，亦败走，匿丛莜中，乱兵杀之；苏州遂下③。

对照其他记载，所述不差。《南村辍耕录》卷二九《纪隆平》：

于是，先遣士德率高邮贼众击横坍渡镝山。十六年正月朔，攻破常熟州。江南自兵兴以来，官军死锋镝，郡县荐罹饥馑，乡村农夫离父母、弃妻子，投充壮丁，生不习兵，而驱之死地，以故乌合瓦解，卒无成功。江浙行省丞相达识帖木儿有旨，得便宜行事，升漕运万户脱因为参政，统领官军民义，捍御境上。平江达鲁花赤六十病亡，升松江府达鲁花赤哈散沙为平江达鲁花赤，领兵出战。除都水庸田使贡师泰为平江总管，巡守城池。士诚贼众才三四千人，长驱而前，直造北门，弓不发矢，剑不接刃。明旦，缘城而上，遂据有平江路，二月壬子朔也。劫掠奸杀，惨不忍言。脱因匿俞家园，自刎不

① 《香艳丛书》，北京：人民文学出版社 1994 年版，第 355、356 页。
② 台北：中央研究院历史语言研究所校印原刊本，第 61 页。
③ 《香艳丛书》，北京：人民文学出版社 1994 年版，第 357、358 页。

死，游兵杀之。哈散沙在境外，闻城破，自溺死①。

吴宽《匏翁家藏集》卷五三《书大雅堂卷后》："士诚自泰州猝入姑苏，守将盖脱寅，不能御，遁去，其参谋杨椿独挺身前向，誓挫其锋，盗刃其胸，瞋目怒骂而死。明日，其妻觅其尸，既得，遂自经死。于是，杨廉夫（维桢）辈亦传其事，而吴兴张文蔚实为诔辞。"② 所称"扶乩诗"，《南村辍耕录》卷二七作《扶箕诗》，文字稍有不同："天遣魔军杀不平，不平人杀不平人。不平人杀不平者，杀尽不平方太平。此扶箕语，验之今日，果然。"③

四

张士德攻克平江路后不久，其兄士诚即从江北移驾江南，李金儿亦随行。《李金儿小传》：

捷至高邮，士德以苏昌龄为弘文馆学士，遣赍书来迎士诚。以是月二十五日发高邮，至通州，期以三月三日渡江，仍由福山入，服御器用，皆假乘舆。三月朔，奉其母登狼山，观长江之险，心悼之，设斋祈福。曹氏谓士诚曰："舟中有金姑姑，智算神妙，非尘世间物也。试与议之，如何？"士诚曰："我每用其占，皆奇验，军旅事多，未暇见耳。"趣使召之，金儿青衣跣足，垂涕而出，众皆惊愕，曹氏大诟，侍从令易衣，金儿收泪，徐对曰："妾本俘获子女，罪当万死。初见主公，安敢妆饰取便？一时愁眉怨语，体儿不端。"士诚蹴立忘言，注目谛视，唯唯再三，遣去。顷之，易常服出拜。士诚果端然改容，致席召前，谓曰："吾闻古之圣人，不居朝廷，必居卜筮之中。诚如太夫人言，汝真天人也，安得沉埋在此？且勿他言。但今江波浩渺，天险为限，又闻江中沙洲盘绕，舟师皆新集乡民，未能尽悉。汝为我卜之，得蛊之剥。"词曰：羊肠九萦，相推稍前。止须王孙，乃得上天。对山江中，风浪虽险，当自有降人相助，姑伺之。俄顷而福山富人曹氏闻士诚将渡，先已胁于士德之威，恐祸及家门，遂发江船百艘，杀牛酾酒，犒士诚之师④。

据《李金儿小传》称，擅长占卦、也能吟咏的李金儿，具有预知未来的能力：

士诚初以癸巳岁起兵，后用是月十二日癸巳入吴，欲知国祚修短，自起焚香，再拜祝蓍卜之，得中孚之晋，金儿进曰："中孚阴阳变动，六位周匝，反及游魂之卦，亘体见艮，止于信义。辛未土，以壬午水火用事，与干为飞伏。"晋，阴阳反复，进退不居，精粹气纯，是为游魂。己酉金，用丙戌火土事，与艮为飞伏。词曰：日月运行，一寒一暑，荣光赫赫，创业大数。俟天运一周，乃决国祚灵长，当与日月并明矣。士诚喜谓金儿曰："帷幄运筹，多汝之功，伺戎事稍暇，当行册赏。今即渡江矣，闻汝能诗，

① 《香艳丛书》，北京：人民文学出版社 1994 年版，第 357、358 页。
② 《四部丛刊初编》影印正德刊本，第 8 页下。
③ 《元明史料笔记丛刊》，北京：中华书局 1980 年句逗本，第 343 页。
④ 《香艳丛书》，北京：人民文学出版社 1994 年版，第 358、359、360、361 页。

有诗以作士气乎?”命将校收庭中列帜,置金儿前,立缀诗其上,曰:“万队旌旗临北斗,连江笳鼓动雄风。君王自欲观朝日,驱石行看到海东。”父曰:“然则汝告主公:日月运行,一寒一暑,荣光赫赫,似谓国祚灵长者,何居?”金儿曰:“一寒一暑,大运周也。历以十二辰为一纪,自今起丙申(至正十六年),后十二年为丁未(二十七年),别有真人,当其荣光者矣。但我时命已促,他日,当自验之”①。

“一纪”,显然指张士诚政权自“今”后再存在十二年。《明太祖实录》卷二五:“至正二十七年九月辛巳,大将军徐达克姑苏,执张士诚。”②

“我时命已促”,盖指不久后,李金儿缘不能免张士诚逼婚而终世。《李金儿小传》:

及金儿入舟,发容明丽,进止端庄,帷幄侍御,人人自失,不觉心动,绐之曰:我有所求,汝试卜之;意欲金儿自为卜吉也。卦成,得大畜之观,进曰:“卜词不协,不敢以告。”士诚曰:“试举其词。”金儿不肯答,士诚强之,乃以繇进曰:“三蛆逐蝇,陷堕釜中,灌沸淹殪,与女长诀。”士诚曰:“吾闻神龟知吉凶,而首直空楛,卜可尽信哉?”自起取桃花簪其鬟,笑曰:“此为聘。”金儿曰:“吾卜处吉凶,别然否?多中于人。昔[晋]献公贪骊姬之色,卜而兆有口象,其祸竟流五世。主公方受命为王,岂忍以妾为骊姬乎?”士诚不从,尽出所得曹氏珠翠锦绣赐之,命参军王敬夫撰《册金姬词》,且俟他日加妃号,位次刘氏。金儿苦辞不得,忽轻翠已覆体矣,知不能免,乃曰:“妾受老夫人厚恩,不可不先往谢之。”士诚曰:“此固当然。”即命谨厚女士数人,从之至曹氏舟。屏去盛妆,复其常服,进拜具陈。曹氏曰:“汝天赋敏妙,分所当得,不必辞也。”又拜刘,刘语亦如之。又召其父、母所亲,各叙讫,忽就舟中启其故箧,出香焚之,向天列拜,长跪私祝,环视者皆无所闻,莫测其意,须臾闭目,奄然无语。父母惊赴,急趋呼之,已绝息矣③。

女卜者李金儿卒后,一点灵性不灭,据说曾数度脱梦于张士诚妻刘氏,终致其“二子”得以逃脱“灭门之灾”。《李金儿小传》:

未几,拜其父素为隆平府丞,姬母封夫人,与素别县而处,避兄妹之嫌也,其亲党皆得出入士诚府中。二十六年,士诚谋取江阴,久未得逞,因感金姬之言,加封护国定仙妃,饶介之撰文,周伯琦书篆,刻石神道,祠而卜之。其夜,刘氏梦姬对刘泣曰:“国家举事大错,天意已不在主公。若不早修德,以塞天谴,来岁此时,难为计矣。”他日,又梦姬抚士诚二子曰:“妾受夫人恩,有不测,当相庇。”刘氏私心忧惧,秘不敢言,预召姬母厚抚之,赏赉日多,人莫知其故。明年,天兵下苏州,士诚兵败,城将陷,刘氏以二子付姬母及二乳母,各给银三斤,且曰:“非不能多也,但汝不可过取,多则反为吾儿累矣。”城破,姬母匿儿民家舍。月余,严稍解,乘间驰至湖村,视姬墓,则已成丘墟矣。其同时亲党尚多,窜伏山中,渐相聚,言:陆将军从江阴来,乱兵

① 《香艳丛书》,北京:人民文学出版社1994年版,第361、362页。

② 台北:中央研究院历史语言研究所校印原刊本,第362、363页。

③ 《香艳丛书》,北京:人民文学出版社1994年版,第363、364页。

发姬墓，尸已脱去，棺中惟衣衾在焉①。

此说于“官方”记载亦有“默契”。《明太祖实录》卷二五：“士诚有二子，皆幼。城将破时，其妻刘氏以白金遗乳媪，令负二子逃民间，不知所终。士诚母曹氏，亦颇有智数，士诚称王，进号太妃，死，葬姑苏南门外”②。

五

关于李金儿人、事的真实性，迄于后世，似乎仍然有人怀疑。王士祯《居易录》卷一：“《金姬传》一卷，常熟杨仪作，文极奇丽。姬章丘人，本李氏。章丘旧志乃杨君谦所撰，不载姬事。”③ 不过，该传文字不仅以单行本流传于世，也得见于“常熟杨仪”亦《弘治章丘县志》作者“杨君谦”本人的文集《杨氏南宫集》卷三下，题作《金姬传》亦《李金儿传》④。作者作“传”后于作“县志”，同书、卷《金姬传后跋》：“嘉靖乙巳（二十四年）夏，予撰《庆安镇平寇记》方成，道闻太仓江寇窃发，杀戮守帅，因重有所感，而述为此篇。”⑤ 而朱国桢《涌幢小品》卷二九《李金儿》：“及是册为金姬，曰：事成进为妃，次皇后下。姑知不免，往辞于曹，出而拜跪祝天，须臾闭目奄然，父、母惊赴，抱起呼之，已绝矣。”⑥ 曾官“仪曹”的杨仪，确为有明中叶的“闻人”。朱存理《楼居杂着》《僦松轩记》：“吾友杨仪曹君谦者，知予有松下之吟，每约相过而不至，乃赋绝句四首招之。”⑦ 程敏政《篁墩集》卷三九《书仪礼逸经后》：“成化甲辰（二十年）春，过吴门，知杨仪曹君谦喜蓄书，诹之云：家有藏本，猝寻不获，舣舟候数日，得之，亟以书报何公（廷秀）。”⑧《匏翁家藏集》卷五一《跋刘参政与杨君谦手简》：“此小简与杨仪曹君谦，托以购书者，意甚恳恳，盖可见矣。”⑨

从所述“特定”年代背景来看，《金姬小传》亦《李金儿小传》也不像是杜撰。如前所示，行文所涉多与陶宗仪所记相同，而在时间方面更为准确。金儿的父亲“李素”，可能就是所称的“阴阳术人李行素”；“李行素”，或其字行。《南村辍耕录》卷二九《纪隆平》：“三月癸巳，士诚来自高邮，服御器用，皆假乘舆，改至正十六年为天佑三年，国号大周，历曰明时。设学士员，开弘文馆。以阴阳术人李行素为丞相；弟士德为平章，提调各郡兵马；蒋辉为右丞，居内省理庶务；潘元明为左丞，镇吴兴；史文炳为枢密院同知，镇松江郡。州、县正官，郡称太守，州称通守，县仍曰尹；郡同知称府丞，知事曰从事，余则损益而已。”⑩ 又，《正德姑苏志》卷三四：“张士诚母伪太妃墓，在盘门外，今人称为娘娘坟。

① 《香艳丛书》，北京：人民文学出版社1994年版，第364、365页。

② 台北：中央研究院历史语言研究所校印原刊本，第371页。

③ 文渊阁《四库全书》本，第15页上。

④ 《北京图书馆古籍珍本丛刊》影印清钞本，北京：书目文献出版社，第753页下，754页上、下，755页上、下，756页上、下，757页上、下，758页上、下，759页上、下，760页上、下，761页上。

⑤ 《北京图书馆古籍珍本丛刊》影印清钞本，北京：书目文献出版社，第762页上。

⑥ 《明清史料笔记丛刊》标点本，北京：中华书局，第682、683页。

⑦ 文渊阁《四库全书》本，第12页下。

⑧ 文渊阁《四库全书》本，第29页下。

⑨ 《元明史料笔记丛刊》，北京：中华书局1980年句逗本，第8页下。

⑩ 《元明史料笔记丛刊》，北京：中华书局1980年句逗本，第358页。

又有朱平章、李司徒二坟，皆士诚伪官。朱名英，坟在荐福山修竹坞。李名行素，坟在楞加山下。"[①] "司徒"乃李伯升官号，与李行素无涉。王世贞《弇州山人续稿》卷八〇《中山王（徐达）世家》："其司徒李伯升潜兵以入，［徐］达复败之，遂围其城（湖州路）。"[②]《明太祖实录》卷二五："凡获其（张士诚）官属平章李行素、徐义，左丞饶介，参政马玉麟、谢节、王原恭、董绶、陈恭，同佥高礼、内史陈基，右丞潘元绍等。"[③]

且不论真假，杨仪所塑造的李金儿是个不寻常的女子。姿貌雅丽，智慧超群，富贵不淫，贞洁不玷，一旦香销光陨，从容不迫。即使预知未来不可信，料事如神未必没有可能。实际上，从其回答张士诚的提问，俨然就是一个洞察形势的"政治家"。《李金儿小传》

> ［张］士诚曰："苏州虽已新服，地方百里，四面皆非吾有。元末革命，人心反侧，将奈之何！"金儿对曰："军国大事，非儿女子之所知。今蒙主公再生之恩，老夫人解衣推食之爱，不敢不言。妾闻创业开基，与守成之主不同。非仁与义，无以取四海之望；非才与知，无以服英雄之心。天下，神器也，可以智取而不可以力争，可以群策谋而不可以群才断。是故君德莫善于运干纲之断，莫不善于任匹夫之勇。守成且然，而况创业之君乎！今以天时人专占之：江南政乖民困，征赋烦剧，威力迫胁，百姓离心久矣。主公以江淮先声，士卒效命，乘破竹之势，南定嘉、湖，北抚淮、泗，鼎足千里，角立群雄，不过一投鞭之劳耳。然闻江南捷至，而子女、玉帛尽入私门，府署、官爵已皆滥给，损举义伐暴之名，失历世赏功之柄，政教号令，非出一门。入吴之后，方将为国家深虑耳"[④]。

《光绪常［熟］、昭［文二县］合志》卷一："金鸡墩，在湖桥西五里。俗传其下旧有金宝，气化为鸡，夜鸣其上。或云是张士诚聘妃李氏金儿葬此，故名金姬墩。"[⑤] 谨据前引，张士诚曾为李金儿"刻石神道"，而其作者："饶介之撰文，周伯琦书篆。""饶介之"，即"左丞饶介"、"饶参政"，长于写作和书法。祝允明《怀星堂集》卷二六《跋太宰王先生藏饶参政书罪言后》："杜舍人以当时措置亡术，失山东巨镇，作罪言，信善论大事者邪！饶参政以高才受藩寄，与僭据者居。其时，又不若唐季，其亦有牧之之隐忧乎？然又不敢有所论述，因寓怀于挥写间，是固非漫浪为之者矣。"[⑥] "周伯琦"也是一位篆、隶及字学大家。宋濂《宋文宪集》卷四三《篆韵集钞序》："濂自来金陵见《六书正讹》、《说文字原》二书，乃鄱阳周伯琦氏所造，颇以许氏为宗。"[⑦] 张宁《方洲集》卷二一《仓颉图题语》："周有史籀，秦有李斯，汉有蔡邕，唐有李滰，斯皆神契妙解、入室升堂。而近世周伯琦、陈思孝诸君子，亦皆循蹈轨范，庶几成名。"[⑧] 杨仪撰制之依据，不知是兹《诚王妃金姬神道碑铭》的原始石刻，还是隐匿张士诚子嗣的章丘李氏的谱牒或口传？如果是前者，应该既是引人入胜的文学作品，也是惊世骇俗的艺术作品。

---

① 上海书店《天一搁藏明代方志选刊续编》影印原刊本，第205页。
② 《明人文集丛刊第一期》影印崇祯刊本，台北：文海出版社，第3909页。
③ 台北：中央研究院历史语言研究所校印原刊本，第364页。
④ 《香艳丛书》，北京：人民文学出版社1994年版，第359、360页。
⑤ 《中国方志丛书》影印原刊本，台北：新文丰出版公司，第74页。
⑥ 文渊阁《四库全书》本，第10页上。
⑦ 《四部备要》校刊清校刊本，上海：中华书局，第501页下。
⑧ 文渊阁《四库全书》本，第12页上。

地方志所见《全明词》未收之佚作辑存

陆勇强

中华书局于2004年出版的《全明词》，填补了断代词总集整理史上的一项空白，为明词乃至明代文学的研究提供了一份丰富、翔实的资料，堪称21世纪初基础文献整理工程最重要的收获之一，令学界瞩目。之后，周明初、叶晔等先生再作搜讨，从各种文献中辑得词作5 021首，成《全明词补编》2册，2007年由浙江大学出版社出版。然而，由于零词逸章散见于笔记、词话、类书、石刻、地方志、书画题跋等文献中，而此类文献的数量又十分庞大，难以在短时间内一一过目，故佚作的搜集将是一项长期的工作。近年来，笔者也颇为留心明人词作，陆续从地方志中辑得71首，现不惮繁琐，标点后抄存如次，并依据相关文献的记载，对词作者的里籍、生平事迹等略作考述。

1. **祖儁，1首**

此词辑自乾隆《太平府志》卷四三《艺文志·诗余》。乾隆《当涂县志》卷二〇《人物志·隐逸》："祖儁，字远志，丹湖人。少有诗名，永乐中诏修国典，例当得官。儁辞归，赋诗载酒，放浪蒹葭莲茨间。时县令张嵩喜吟咏，延以西席，与之倡和。儁吟稿甚富，今存《丹湖稿》行世。祀乡贤。"①

满江红·送县尹张嵩秩满朝京

万里修程，独展青云阔步。人共仰，景星祥凤，争先快睹。千载弦歌随地化，一朝车马朝天去。有江南、千里好溪山，难留住。　瑚琏器，梁栋具；经纶手，崇文赋。想九重天意，深加眷顾。淡霭苍烟江浦树，丹霞旭日天门路。看从今名姓入中书，为保傅。

2. **李存仁，1首**

此词辑自同治《景宁县志》卷一三《艺文》。卷一〇《人物·儒修》："李存仁，琮裔孙。敏而好学。偶游东瓯，郡守何文渊以廉能内召，瓯人醵金馈赆，何公却之曰：'有能作百字文以送我行乎？'诸绅士迁延推逊。存仁从旁取笔，迅挥篇成，缺一字加月字足之，公览之大悦，众遂搁笔。后隐居自好，以终其身。"② 文中提及的"何文渊"，字巨川，号东园，一号钝庵，江西广昌县人。永乐十六年（1418）进士，授监察御使，历按山东、四川。宣德五年（1430），任温州知府。在任六年，兴利除弊，清正廉洁。以政绩擢刑部右侍郎，督两淮盐课。官至吏部尚书加太子太保。事迹详见《明史》卷一八三、《皇明名臣琬琰录后

① 《中国方志丛书》影印乾隆十五年（1750）刊本，《华中地方》第619号，台北：台北成文出版社1985年版，第1022页。

② 《中国地方志集成·浙江府县志辑》第64册，影印同治十二年（1873）刊本，南京：江苏古籍出版社2011年版，第414页。

录》卷七《何公行状》。据《行状》记载，宣德七年（1432），何文渊曾奉诏进京述职，此词当作于该年。

百字令·为瓯太守何文渊作

寻常官去，酌杯酒、便作等闲离别。谁似我公今去也，皓首苍童，攀辕卧辙。下民瞻仰，高高山林，草木知饥渴。借天为纸，泛海濡毫，写不尽、我公廉洁。　此去后，怕只怕、衣金腰紫，留在凤池天阙。问山无音，指水无言，只得殷勤嘱咐天边月。月清光有意，再来照我东浙。

3. **潘琴，12首**

此12首均辑自同治《景宁县志》卷一三《艺文》。卷一〇《人物·仕绩》："潘琴，字舜弦，号竹轩，别号鹤山。沆子。幼警敏，博通经史，为文典则有古风。性严重，不苟和。年二十四膺正统丁卯乡荐，入太学十载。登天顺丁丑进士，授南京吏部稽勋司主事，历兵部武库职方员外郎中，迁福建兴化知府。居官洁己，去浮靡，省贩苛，不避权势。丁内艰起复，即上疏乞休，作《招鹤辞》。家居手不释卷，后进多宗之。……卒年九十。……所著有《竹轩集》、《山居录》、《咏史》、《和唐诗》行于世。"①

归朝欢·贺林邑侯

圣皇深泽沾环堵，在宥寰区皆乐土。豹关螭陛九重严，谁人解愬颠崖苦。贤令襟怀古，肯将危语咨当路。更宪臣、深忧民隐，一札龙颜悟。　天语谆谆清宿蠹，约己惠民宽国赋。深山儿女亦呼欢，快睹青天分毒雾。喜逢廉叔度，襦袴可图新织布。愿君侯、保釐终始，迁秩登朝辅。

鹧鸪天·送林邑侯考绩

篮舆青幰鹤溪滨，何忍匆匆送使君。满目风光浓似酒，一冬天气暖于春。　书最绩，觐皇宸，喜看龙虎际风云。悬知手把天瓢水，远作甘霖泽下民。

归朝欢·贺陈邑侯

玉泉亭上离筵启，飞鹊绕车人似市。骊车唱彻发停骖，玉骢蹴踏香尘起。把酒闲思议，仕路如公能有几。鹤溪头、白叟黄童，恋恋情无已。　我公清德畴堪比。秋蟾影浸寒潭水。阴霾扫尽变阳和，蔼蔼弦歌闻百里。此去金门里，龙墀敷奏天颜喜。凤池头、留掌经纶，余光远照此。

踏莎行·送彭邑侯入觐

百里同风，四民安堵，贤侯清德时难遇。渭城歌彻立多时，匆匆不遂留行计。　穆穆清朝，煌煌丹陛，九重久矣闻芳誉。风云庆会沐恩波，黎光远近沾时雨。

御街行·送康先生考绩

溪流雨霁澄如练。陈祖席，临芳甸，分携方信别离难。此去几时重见。萍梗浮踪，仕路无定，自觉情难遣。　先生施教情无倦，经九载，孚群彦。居官尽职此心同，休论崇卑深浅。奏绩龙墀，羽仪鸿渐，朝著芳名远。

① 《中国地方志集成·浙江府县志辑》第64册，影印同治十二年（1873）刊本，南京：江苏古籍出版社2011年版，第411页。

凤栖梧·送王主簿致仕

壮年已陟荣华地，骋足康庄，正好收缰辔。未老得闲方有味，夜行休待重门闭。
江州远在云深际，胜水佳山，尽有徜徉趣。乌帽宫袍行乐处，那时须记今朝语。

忆王孙·送韩主簿致仕（四首）

暖风香絮柳丝长。忍听骊歌第一章。纷纷冠盖集河梁。重难量。去住踯躅各尽觞。

又

留春不住送春回。无数飞花落酒杯。今朝别憾独难裁。共兴杯。怎得侯同兴再来。

又

荣途知足炳几先。驱骋康庄遽释鞭。耆英会里胜神仙。乐无边。命服乌纱尚少年。

又

绿阴莺语送春声。景物留人最有情。韩侯归去气盈盈。独忘形。醉后长歌和濯缨。

金菊对芙蓉·送戴主簿

霜叶飞红，晴霞辫锦，风光尽属诗怀。看迢迢征旆，北望天阶。为臣正际升平世，济苍生方见真才。青郊设帐，笙歌声里，执袂徘徊。　心胸朴慎。无猜古人心，尘俗难谐。功深恩必厚，天自安排。唱彻阳关增别思，致殷勤、共倒金罍。更祝明年，深春时候，奉诏重来。

满庭芳·送陈邑侯

一水拖蓝，丛林争翠，农郊齐报丰年。骊驹骤发，杯举数停鞭。正值我侯奏绩，民人留意，竞欲攀辕。小阁垂帘，闲门重闭，私赂人无缘。芳名远近，此去必重迁。
十年册籍重编，祛除宿弊，万口尽欢传。大小感怀，而今卓鲁，不让先贤。正广开贤路，超除要职，难守旧青毡。齐举首，双凫飞舄，日近九重天。

4. **潘援，4首**

此4首均辑自同治《景宁县志》卷一三《艺文》。卷一〇《人物·儒修》："潘援，字匡善，号东崖。弘治乙卯举人。貌古行方，受《易》于兰溪章懋。诗文逼两汉，已臻化境。西蜀李侍御、东村沈暕大嘉奖之。历官福建长乐教谕、泉州教授、国子监丞，所至士多宗慕。两聘文衡，公明服人。拟升翰林院检讨，特旨授中书舍人，有'持身清慎、莅事精详'之褒。自陈休致，家居二十载，造就乡髦。所著有《东崖集》、《诗林辨体》。"①

玉楼春·送瞿邑侯

西风江上芙蓉老，驿路晴光争如扫。我侯秣马向长安，卧辙攀辕人拥道。　三载甘棠春浩浩，景宁从此风光好。五云深处奏功成，会见天官书上考。

一剪梅·送瞿邑侯入觐

红旗画鼓送行旌，人出长亭，马出长亭。三年善政叶民情，冰一般清，玉一般清。
双凫高举入神京，近也知名，远也知名。九重赐赉奖贤能，期沐恩荣，定沐恩荣。

西江月·贺高二尹奖劝

昼静花围锦座，夜良月满春台。庭前松树阁前梅，尽是甘棠遗爱。　身有千般公

① 《中国地方志集成·浙江府县志辑》第64册，影印同治十二年（1873）刊本，南京：江苏古籍出版社2011年版，第414页。

事，心无半点尘埃。喜看一檄远飞来，知是薇垣奖赉。

谒金门·赠王主簿

熏风起，绿绉鹤溪烟水。处处笙歌明月里，官清民自喜。　　仁泽沾濡百里，欲数应难屈指。灿灿庭前槐与李，堪与甘棠比。

5. 李濂，1首

李濂已见《全明词》第2册。此词辑自崇祯《汤阴县志》卷一八《艺文·诗赋》。

水调歌头·题岳忠武祠

立马古名镇，指点鄂王宫。宋家陵关何在，鸦噪晚林空。当日两招讨，独帅孤军转战，血溅铁衣红。誓死报天子，旗字织精忠。　　嗤权奸，飞鸟在，自藏弓。金牌诏退虎旅，抚剑泣英雄。肯念二龙沙漠，绝爱六桥烟霭，歌舞且江东。谁雪靖康耻，千载恨无穷。

6. 许宗鲁，2首

此2首辑自光绪《丰润县志》卷四《文苑下》。许宗鲁（1490—1559），字东侯，号少华，陕西咸宁人。正德十二年（1517）进士，选庶吉士，擢监察御史。嘉靖初任湖广学政，后以佥都御史巡抚保定、辽东。嘉靖三十一年（1552）致仕归。年七十卒。工书法。著有《少华》、《辽海》、《归田》诸集。生平事迹详见《国朝献征录》卷六二《许少华墓志铭》。

浣溪沙·观司马公题壁有怀仍用前韵

冀北辽阳一发山，经年踪迹道途间。凝眸伫望几时还。
皛皛秦云停思久，青青岩桂与谁攀，风尘空老壮夫颜。

又

岁晚东征犯雪霜，鸣笳风急旆旌翔，停骖时复据胡床。
天末音书鸿未至，壁间尘土墨犹香，今宵归梦为君长。

7. 吴瀚，2首

此2首辑自康熙《河南通志》卷三八《艺文四》。吴瀚（1486—1530），字受夫，号耐庵，河南洛阳人。正德十六年（1521）进士，授南京山西道监察御史，迁江西按察佥事，继任湖广布政参议、山西右布政使、应天府尹等，官至右副都御史，巡抚顺天。以事忤时议罢归。生平事迹详见严嵩《钤山堂集》卷三九《明故通议大夫都察院右副都御史吴公墓志铭》。

减字木兰花·赠宜阳雷源泉使君

使君清节，凛凛冰壶霜与雪。明如使君，万里秋蟾无寸云。
花村夜静，中州再见河阳令。茅屋春和，父老犹传东里歌。

又

三年甘雨，喜见屏山歌父母。两邑同风，闻说吾乡思令公。
乌台旌异，一代循良登御记。凤阙思贤，指日应看不次迁。

8．**闻人嘉言，1首**

此词辑自嘉庆《峡川续志》卷一八《艺文下》。同书卷六《人物·耆旧》："闻人嘉言，字圣谟，号北山。师孟子。嘉靖壬午举人，官亳州知州，居官清慎。数载解任还里，筑北山云庄于石鱼泾，时人号为小辋川。每当秋月春花，徜徉其间，诗酒自娱。"①

金笺倒垂莲·惠力寺坐月有思

禅榻黄昏，正蒲牢罢吼，竹露将溥。藻荇交横，银魄上帘钩，想那日虾须帘下个人，星眼偷看。此景恰似今宵，暑退微寒。　谁知转头昨梦恍，春潮易落，几见停澜。粥鼓龛灯，瓶钵伴僧闲。问剩有风情多少，料应霜鬓难瞒。懊恼一晌，碧天长夜漫漫。

9．**谷继宗，1首**

此词辑自嘉庆《增修宜兴县旧志》卷九《遗址·碧鲜庵》，云："明邑令谷兰宗祝英台近词并序……按史志云，善权山岩前有巨石刻，云祝英台读书处号碧鲜庵。昔人有诗云：'蝴蝶满园飞不见，碧鲜空有读书坛。'俗传英台本女子，幼与梁山伯共学，后化为蝶。地善酿，陈克有'祝陵沽酒清若空'之句。按，碧鲜庵一名碧鲜岩，今石刻六字已亡（指'祝英台读书处'六个字——笔者注），惟碧鲜庵长碑三大字，字形瓌玮，谓是唐刻。"② 乾隆《历城县志》卷四〇《人物志·文苑》："谷继宗，字嗣兴，号少岱，济南卫人。幼好学，家贫，尝走寺庙，拨炉灰取遗炷，其母绾为一束，燃以照夜读。举正德八年乡试，嘉靖五年成进士，终宜兴知县。……其诗集，崇祯十二年毁于火。……又按，谷嗣兴撰《赵继本墓碑》，署'少岱野史谷兰宗嗣兴。'而旧志俱作'继宗'，或通籍后改为'兰'耶？要非二人也。"③ 钱谦益《列朝诗集小传》称其"富于篇什，以倚待立就为能，故可传者绝罕"④。

祝英台近·祝英台读书处

阳羡善权禅寺，相传为祝英台宅基，而碧鲜岩者，乃与梁山伯读书之处也。予省郊两舍于此，见其岩势巍耸，壁立数丈，真是文娥仙境。但竹石陆离，花芝凄冷，有可伤耳，因题其崖，复作词一阕，亦取其旧名云。

草垂裳，花带靥，春笋细如筯。窈窕岩扉，苔印读书处。看他墨洒烟云，光流霞绮，更谁伴、儒妆容与？　无尘虑，恰有同学仙郎，窗前寄冰语。芝砌兰阶，便作洞房觑。只今音杳青鸾，穴空丹凤，但蝴蝶、满园飞去。

10．**毛恺，3首**

此3首，第1首录自同治《江山县志》卷五《坛庙·仙居寺》，第2、3首录自同书卷一一《艺文志五》。毛恺（1506—1570），字达和，号介川，晚号节斋居士。嘉靖十四年

---

① 《中国方志丛书》影印嘉庆十七年（1812）刊本，《华中地方》第593号，台北：台北成文出版社1983年版，第306页。

② 《中国方志丛书》影印嘉庆十七年（1812）刊本，《华中地方》第22号，台北：台北成文出版社1970年版，第395页。

③ 《续修四库全书》第694册，影印乾隆二十六年（1761）刊本，上海：上海古籍出版社2002年版，第633页。

④ （清）钱谦益：《列朝诗集小传·丁集上》，上海：上海古籍出版社1983年标点本，第392页。

(1535）进士，授监察御史，以言事忤旨，谪宁国府推官。后历任南京工部主事、瑞州府知府、右佥都御史、左副都御史等职，官至刑部尚书，坐事夺职。以疾乞休归里。卒赠太子少保，谥端简。生平事迹详见《明史》卷二一四和《江山县志》卷九《人物・名臣》。

风入松・夏日寓仙居寺

葛巾野服叩禅关。烟霞僻性耽。红尘隔断三千里，长日内、倚遍栏杆。看瀑半空飞雪，听松六月俄寒。　　瑶琴何处寄幽弹。宝鼎麝香残。北窗一枕懵腾睡，荣枯事、梦破邯郸。病骨真同鹤瘦，疏踪不让僧闲。

如梦令・题画

玉岫平临寒渚，茅屋深窥瑶树。隔浦有渔舟，借问酒家何处。归去。归去。休被梅花笑取。

沁园春・东塾师白莲河秀才

越水储精，越山毓秀，产个豪雄。想春到兰亭，徘徊吊古；秋回禹穴，慷慨歌风。万里云霄，几时腾踏，百尺龙泉两鬓蓬。风流甚，把芳樽酹月，彩笔摇红。　　名驰两浙西东。又何必、神交梦寐中。况粉署仙郎，当年眼碧；王武部曾以莲河相荐。黄堂太守，特地情钟。莲河时为季长沙高弟。壁立门墙，光生桃李，朔雪春风一样同。区区愿，看后先师弟，蚤晚夔龙。

11．章士元，1首

此词辑自康熙《建水州志》卷一八《艺文四》。章士元，字伯熊，江苏昆山人。据光绪《昆新两县续修合志》卷一七《选举表》，章氏于嘉靖二十三年（1544）成进士，累官至山东布政使。

百字令・过东林寺

东林兰若，论雅致，颇称郡中风物。十里红尘无避处，须看此间幽僻。白昼游丝，黄昏清梵，百虑应俱息。多情傲吏，故应来此成适。　　自愧菊径成荒，棠阴未满，岁月虚抛掷。忙里逢僧聊一话，闲得浮生半日。山水之间，醉翁幽意，几个人知得。凭栏一笑，寄与后来佳客。

12．张万纪，2首

此2首辑自乾隆《狄道州志》卷一四《艺文下》。同书卷八《人物上・直谏》：“张万纪，字舜卿，号兑溪。……中嘉靖丁未进士，以行人选吏科给事中。……寻升礼科右给事中。时世宗建醮西城，诸司相率进香，万纪独弗往，诏廷杖四十，臀肉尽落。万纪复疏谏之。……未几，复闻严氏欲杀杨忠愍，具疏将救之。严氏闻之，遂出万纪守庐州。……在郡五月，境内肃然。复罄囊凿山开渠，灌地千顷，庐民为建生祠。会严党终衔之，假星变考察，落职归里。躬耕事亲四十余年，自号超然山人。……崇祯初，抚按科道凡九荐，不起，只复原职，进阶中宪大夫而已。卒祀乡贤。”①

---

①《中国方志丛书》影印光绪官报书局铅印本，《华北地方》第324号，台北：台北成文出版社1970年版，第546～549页。

临江仙·游西岩寺效陈简斋体

忆昔琼林筵上饮，榜中多少豪英。宫花斜插绿罗轻，文昌传玉酒，吹彻紫箫声。四十年来如一梦，此身虽在堪惊。闲登浦阁美新晴。心上无限事，孤月对人明。

又

忆昔追趋青琐闼，省中多少豪英。皂囊清昼漏无声，大官供绮食，醽醁玉樽横。天上归来成底事，此情耿耿谁明。迟回岩槛俯江汀。簸扬都已异，云静浪花平。

13. **康正宗，8首**

此8首词，前7首辑自康熙《邵阳县志》卷一五《艺文六》，第8首辑自乾隆《邵阳县志》卷四一《艺文》。康熙《邵阳县志》卷一一《艺苑列传》："康正宗，字宾峰。幼失怙，母子相依，茹苦诵读。中嘉靖庚子第三人。……屡蹶春闱，授广昌知县，未几卒。所著有《游涉集》、《广骚》、《兰闺绣谱》、《雀莺莺辨》诸书。姬人、二女皆能诗。其先纂《郡志会编》，人归博雅。"①

浪淘沙·六亭春色

红雨泼春山，青碧成酣，理宗台榭玉栏杆。分得巫峰刚一半，六六三三。　帝子阁中闲，吟罢鸣銮。栋云帘雨去无边。山色独留空翠在，春满人间。

前调·双清秋月

燕尾两江分，秋水无痕。暮云西卷兔东生。蟾影澄潭潭影静，方见双清。　醉倚翠云屏，毛发森森。水晶色映广寒楹。两腋清风留不住，飞上神京。

前调·龙桥铁犀

清邵水流东，花落溶溶。犀牛望月月浮空。潭底神蛟眠不得。化作长虹。　百丈绕青龙，天柱高崇。曾显骏马托双鸿。归日七香联五马，始信英雄。

前调·佘湖雪霁

玄境耸丹霄，万木萧萧。彤云细剪六花飘。不信仙人能种玉，遍地琼瑶。　曦驾晓来朝，暖到树梢。玉楼银海总融膏。莫遣飞来双鬓上，春日难消。

前调·山寺晓钟

烟锁梵王宫，鲸吼凫喁。星河错落月朦胧。不管浮生浑是梦。唤醒疏慵。　声散景阳钟，过耳成空。起来携手问东风。昏晓相催人易老，何日从容。

前调·神滩晚渡

资浦满苍葭，流水残花。夕阳西下欲栖鸦。多少行人争渡急，喧簇平沙。　共上木兰槎，络绎无暇。橹声摇碎一川霞。犹有离人归未得，盼盼天涯。

前调·石门献翠

叠叠万山青烟锁，江城祝融。屿嵝可齐名。中有一川通蜀道，险似龙门。　桃浪待春深，岳降生申。莫将落魄笑刘蕡。撑住东西天半壁，不让嵩衡。

前调·洛阳仙洞

仙洞境清幽，绝胜罗浮。洛阳春色一壶收。何处归来吹铁笛，黄鹤楼头。　一片水云秋，日际悠悠。蓬山开宴海添筹。何日泥涂花甲子，飞到丹丘。

① 《稀见中国地方志汇刊》第39册，影印康熙二十三年（1684）刻本，北京：中国书店1992年版，第1110页。

14. **钟世贤，8首**

《五邑大学学报》（社会科学版）2011年第4期刊有汪超《〈全明词〉辑补42首》一文，录有钟世贤《浪淘沙》词8首，乃据光绪《湖南通志》卷三二《地理志》（光绪十一年刻本）辑录。因刊本漫漶，故有缺字。兹据乾隆《长沙府志》卷四九《艺文》辑录如次。同书卷二〇《名宦·明》："钟世贤，临安卫人。嘉靖中湘潭教谕，学博行端，律己诲人，一准于道，邑宰绅士皆师事之。尤长风雅，潭之碑板八景词，皆出其手。"①

浪淘沙·潇湘夜雨

日暮大江横，水阔云平。谁知云水总无情。蓦地酿成秋夜雨，滴尽残更。　点点打窗声，纸帐寒生。芭蕉叶上最凄清，多少离人眠不得，坐到天明。

前调·洞庭秋月

霜落洞庭秋，天阔云收。影摇孤月翠光流。何处仙人吹铁笛，黄鹤楼头。　不洗古今愁，只管清幽。琉璃盏内水晶球，照彻君山千万丈，便是瀛洲。

前调·远浦归帆

远水接天浮，渺渺扁舟。去时花雨送君愁。今日归来黄叶间，又是深秋。　聚散两悠悠，白了人头。片帆孤影下中流。载得古今多少恨，付与沙鸥。

前调·平沙落雁

无处着烟霞，漠漠平沙。几行雁阵晚风斜。写破一天愁意思，飞过渔家。　切莫近蒹葭，莫宿芦花。好来此地作生涯。只恐夜寒边塞上，惊起胡笳。

前调·烟寺晚钟

烟琐梵王宫，隐隐疏钟。一声遥在月明中。恼恨归鸿留不住，付与西风。　过耳总成空，何事匆匆。少年催作白头翁。今古相催敲不尽，此恨无穷。

前调·渔村夕照

日暮大江寒，流水潺潺。渔翁家住蓼花湾。到老不知城市路，无事相关。　日落半衔山，倦鸟知还。半轮斜影画图间。收拾纶竿沽一醉，真个清闲。

前调·山市晴岚

山市近山城，微雨初晴。晓来岚气扑天青。道是似烟烟又重，似雾还轻。　莫怪不分明，望眼花生。碧纱笼里有人行。说与王维难着笔，空翠无声。

前调·江天暮雪

云暗楚天遥，万木萧萧。朔风剪就六花飘。画角数声吹不散，一片琼瑶。　压损腊梅梢，冻倒渔樵。月明无影玉生苗。只恐飞来霜鬓上，白了难消。

15. **贾恭，1首**

此词辑自万历《成安邑乘》卷四《艺文考》。顺治《清涧县志》卷三《官师志第五·教谕》："贾恭，直隶安城。岁贡。嘉靖年任。"②

---

① 《中国方志丛书》影印乾隆十二年（1747）刊本，《华中地方》第299号，台北：台北成文出版社1976年版，第474页。

② 《清代孤本方志选》第2辑第9册，影印顺治十八年（1661）刊本，北京：北京线装书局2001年版，第117页。

西江月·次吕翁

收拾芒鞋竹杖，相邀月友风宾。凤凰台上共芳尊，醉卧沙床石枕。　　煮酒旋燃炉火，烹茶常取天津。吕公是我道中人，堪笑卢生梦寝。

16. **邢慈静，1首**

此词辑自光绪《惠民县志》卷三〇。邢慈静，明书法家，山东临邑人，陕西行太仆寺少卿邢侗之妹，贵州左布政使马拯之妻。《惠民县志》卷二五《人物志·列女》称其“博学善属文，诗有清致。书画俱称绝品，与兄侗齐名。适武定马拯，从夫之贵州方伯任。会苗乱，拯尽瘁而死，氏恸绝复苏，护丧归，与夫榇同舟。江湖风险，辄扶榇大号曰：‘柩存与存，柩亡与亡耳！’抵里，赴阙疏夫劳绩，得赠祭”①。钱谦益《列朝诗集小传》称其“善画白描大士，书法酷似其兄”。“年二十八，始适武定人大同知府马拯。”② 据黄虞稷《千顷堂书目》卷二八，邢氏著有《芝兰堂非非草》一卷。

留春住·春暮游乐饥园

芳园正趁寻春步，东风又报春将暮。落红满地逐，晴飞流莺，乱点花前露。　　春去也，留春住。嘱咐莺花莫相妒。长夏朱英亦可人，挥毫休写伤春赋。

17. **翁金堂，1首**

此词辑自乾隆《铜陵县志》卷一四《艺文》，同书卷二《官守·职官表》：“翁金堂，浙江钱塘人。进士。隆庆二年任，升廉州府同知。”③ 乾隆《杭州府志》卷八八《循吏》：“翁金堂，钱塘人。隆庆戊辰进士，知镇平县，毁淫祠为书院。事有病民，无不厘剔。与强藩争，反复阳之田，邑人赖之。徙铜陵，有善政。长于歌诗，留题甚多。迁廉州府同知去。”④

天仙子·登天王山

水色环山明四傍，时度香风松顶上。画檐高压鸟飞低，轩牖敞，凝眸望，几点青青天际嶂。　　韶华晚来添色相，刚见苍天将月放。一轮入座一垂江，澄波漾，轻风荡，琉璃光与珠帘飏。

18. **刘敏宽，2首**

此2首辑自康熙《河南通志》卷三八《艺文四》。刘敏宽，字伯功，山西运城人。万历五年（1577）进士。万历十一年（1583），任宜阳知县。累官至兵部尚书，总督陕西三边，节制延绥、宁夏、甘州和固原四镇兵马。所至认真讲求战备，先后奏捷三十余次，进阶少保。万历四十五年（1617）致仕。生平事迹详见雍正《山西通志》卷一三一《人物·解州》。

---

① 清光绪二十五年（1899）刊本。

② （清）钱谦益：《列朝诗集小传·闰集》，上海：上海古籍出版社1983年标点本，第747页。

③ 《中国方志丛书》影印民国十九年（1930）刊本，《华中地方》第238号，台北：台北成文出版社1974年版，第107页。

④ 《续修四库全书》第703册，影印乾隆四十九年（1784）刊本，上海：上海古籍出版社2002年版，第308页。

巫山一片云·灵山候朱厅尊

云护幽亭远，苔封曲径深。雨馀山路渐修平，不闻莺辔声。　古木冲霄立，孤僧傍险行，一潭秋水碧泠泠，待照岁寒心。

前调·瑞云亭候朱厅尊

地耸丹霄近，轩虚翠影侵。坐来顿觉好怀生，谁与共开襟。　云根疑伏虎，烟草欲为萤。疏林伐木应嘤鸣，游子总关情。

19. 朱朝聘，2首

此2首辑自康熙《河南通志》卷三八《艺文四》。朱朝聘，号任庵，山东临清人，万历五年（1577）进士。民国《临清县志·人物志一·显达》："事亲以孝闻。初任河南推官，清八郡徭册。擢户科给事中，上裁内供、白冤狱、罢职造诸疏。转关西道。著有《梦易轩》诸集。"①

巫山一片云·穆册道中怀刘年丈

石磴重重险，烟村处处深。竹荫浓处小桥平，幽禽三两声。　马向山腰度，人从树杪行。峰峦耸耸水泠泠，一片抱琴心。

又

叠嶂秋容淡，荒林暝色侵，溪风暗度峭寒生，空自怨罗襟。　怪石浑如削，山灯恰似萤。水声人语杂蛩鸣，此际难为情。

20. 王孙昌，1首

此词辑自万历《成安邑乘》卷四《艺文考》。同书卷二《秩官表·皇明儒学教谕》："王孙昌，河南杞县人。由举人，万历三十九年任。升南直隶安庆府推官。"② 乾隆《杞县志》卷一六《人物志·文苑》："王嘉言，字叔采。……孙孙昌，字咸所。庚子举人。博学善赋诗，与阎纾倡和。著述甚富，邑人宗之。后任安庆府推官。"③

西江月·拟吕翁

云路风高鹤背，空山远近飞花。旋敲石火下烹茶，一味淡中潇洒。　贳酒才离江上，寻真又到漳涯。凤台信宿作仙家，消受梧桐清夜。

21. 贾三策，1首

此词亦辑自万历《成安邑乘》卷四《艺文考》。同书卷二《秩官表·皇明知县》："贾

① 《中国方志丛书》影印民国二十三年（1934）刊本，《华北地方》第33号，台北：台北成文出版社1968年版，第982页。

② 《明代孤本方志选》第4册，影印万历刊本，北京：中华全国图书馆文献缩微复制中心2006年版，第268页。

③ 《中国方志丛书》影印乾隆五十四年（1789）刊本，《华北地方》第485号，台北：台北成文出版社1976年版，第1012页。

三策，山东沾化人。由进士，万历四十三年任。"① 民国《沾化县志》卷七《人物志·循良》："贾三策，字昌言。幼丧母，事父以孝称。万历癸丑进士，知广平县。……调繁成安，俗刁悍，健讼且多盗。三策严立保甲，群盗不敢入境。……擢贵州道御史，首陈东省旱蝗民不聊生状，得俞旨命辅臣议行。以病告归。"②

西江月·次吕翁

脉脉仙鸾记省，分明许步岩廊。凤台今果属封疆，台上曾经仙降。　仙凤微茫何处，耕樵盘踞台傍。从来鸣凤在朝阳，还忆黄金台上。

22. **何可及，2 首**

此 2 首辑自康熙《剑川州志》卷二〇《艺文》。雍正《云南通志》卷二一之二《人物志·宦绩》："何可及，字允升，剑川人。天资敏慧，苦志笃学，登万历己未进士，知涉县，调临漳，俱有惠政。天启甲子，河南同考。……两举卓异，为御史，巡漕有能声，升太仆寺卿，仍巡浙鹾。……历任九载，题请八十余疏。年四十六退居林下，事父及继母至孝，友爱昆弟，周恤乡党，以诗文自娱，当路钦为典型。崇祯癸酉大饥，倾储作糜赈济，州民多赖以活。寿七十四卒。"③

南歌子·赠浙中羽士

苒苒中秋过，萧萧两鬓华。寓身化世一尘砂。笑看潮来潮去，了生涯。　方士三山路，渔人一叶家。早知身世两聱牙。好伴骑鲸，公子赋谁夸。

又

海上乘槎侣，仙人绿萼华。飞升元不用丹沙。住在潮头来处，渺天涯。　雷辊夫差国，云翻悔若家。坐中安得弄琴牙。写取余声，归向水仙夸。

23. **李象珠，8 首**

此 8 首均辑自乾隆《长沙府志》卷四九《艺文》。光绪《湘阴县图志》卷三二《人物传上》："李象珠，字明仲。崇祯中贡生，任衡州府教授，部选知县，不赴。自放山水间，怡情书史。所著诗曰《波楼草》。"④

浪淘沙·穆溪春涨

细雨一江横，两岸啼莺。桥头夜听泊船声。客去题残秋后句，倏忽春成。　蚕长麦云平，雨止初晴。野花无主一时生，独上江亭追往事，坐数残更。

前调·岳寺晓钟

起听晓天钟，露立匆匆。傒童频指岳祠中。真个忠魂多激楚，声响弥空。　悲愤志难同，哭杀英雄。千秋万古想奇忠，若使乱臣听得著，无地堪容。

① 《明代孤本方志选》第 4 册，影印万历刊本，北京：中华全国图书馆文献缩微复制中心 2006 年版，第 248 页。

② 《中国方志丛书》影印民国二十年（1931）手抄稿本，《华北地方》第 16 号，台北：台北成文出版社 1968 年版，第 306 页。

③ 《文渊阁四库全书》第 570 册，影印本，上海：上海古籍出版社 1988 年版，第 139 页。

④ 《中国地方志集成·湖南府县志辑》第 10 册，影印光绪刊本，南京：江苏古籍出版社 2002 年版，第 469 页。

前调·将岭樵歌

落落古烽台，一望凄哀。当年刁战几人回。何事将军名此地，樵父偏来。　趁步踏苍苔，不解衔枚。歌余细路肺肝催，悟得这腔樵意思，洗尽尘埃。

前调·阳陵农种

陇外几家犁，布谷凄凄。村南村北澜翻啼。岁岁阳陵人播种，山雨多齐。　犁遍禾东西，歌彻松堤。老农击杖暗相诋。安得门前宽索赋，高枕山栖。

前调·大陂秋月

良夜月婵娟，又值秋圆。波光荡漾水如天。分得洞庭秋半色，风物堪怜。　乘醉欲逃禅，万虑俱捐。平生对月几多年，只恐月华人忽老，欲见无缘。

前调·断岳明岚

坐定面山奇，放眼心怡。晓岚补岳到门时。何处画工来著笔，浓淡相宜。　去岫意迟迟，风细成吹。山僮隔竹煮茶痴，争道岚光留不住，晴雨谁知。

前调·龙滩牧笛

日暮野云移，坐拥寒湄。滩头横笛牧归迟，信口宫商吹不尽，若个忘机。　归去简新词，回首湖涯。晦明风雨笛先知，一任江花开且落，无事伤悲。

前调·魏港渔罾

野火晚江浮，渺渺渔舟。四时家木不知秋，举网日收鲂与鲤，买醉优游。　逐浪过寒洲，云气油油。斜风细雨转船头，寻到芦花深处宿，惊起沙鸥。

24. **来集之，1 首**

此词辑自民国《萧山县志稿》卷三二《艺文·诗文钞一》，原处《百字令》有词二首，第一首（“飞驱轻快”）已见《全明词》第 5 册。

百字令·乘潮晚渡

子胥怒气，亘万古、想见英雄本色。浩浩江流平白地，卷起狂涛千尺。白练翻鱼，银花溅鸟，雷鼓惊虫蛰。钱王射弩，秦王空自鞭石。　眼见吴山影里，兴亡经几遍，故宫寥寂。东涨西坍最恨是，两岸潮朝汐夕。与月盈虚，随风进退，定不差时刻。素车白马，此恨如何消得。

25. **屠廷楫，1 首**

此词辑自康熙《嘉兴府志》卷一八《诗歌上》。阮元《两浙輶轩录》卷三：“屠廷楫，字尔际，号东蒙，嘉兴人，著《鹿干草堂集》十二卷。《槜李诗系》：屠廷楫为前明诸生，兵后弃去，诗酒自娱，而以农桑课诸子。白莲僧大梅山房，有与周青士倡和诗，数丈之卷盈二，皆清真可诵。”[①] 许灿《梅里诗辑》卷五：“屠廷楫，字东蒙，明季庠生。”[②] 黄虞稷《千顷堂书目》卷二八载屠廷楫著有《待旦斋诗稿》，但未见传本。屠廷楫生卒年不详，《梅里诗辑》卷五有屠廷楫《郑澄卿世兄见访》诗，题下自注云：“澄卿名翰，闽之侯官人，崇祯中嘉郡守郑鸿逵先生之孙也。旅游多岁，土面鹑衣，谋归无策。癸丑夏，访予村中。予亦

① 《续修四库全书》第 1683 册，影印嘉庆刻本，上海：上海古籍出版社 2002 年版，第 193 页。

② （清）许灿：《梅里诗辑》卷五，道光三十年（1850）刊本。

窭人，脱粟一饭、青蚨三百而已。予试童子时，尝受知于鸿逵先生，今见澄卿，能无典型之感。”① 此“癸丑”即康熙十二年（1673），可见该年屠廷楫尚在世。

沁园春·社集初地庵

八日清和，惠风晴旭，佳哉此辰。正灌木垂阴，俄然入夏；鸣禽变柳，尚带残春。岁序惊心，物华换眼，暗日催人白发新。登初地，有庐山遗老，开阁留宾。 草堂雅集诗人，喜击钵、殊非苛政申。更康乐不来，坐无簪绂；渊明后至，闲却清樽。二会东林，俨然来散，拂拭莲花刻漏尘。重携手，待菊黄篱下，菱紫湖滨。

26. **张尔岐，2 首**

此 2 首均辑自乾隆《济阳县志》卷一三《艺文志·诗余》。张尔岐，字稷若，山东济阳县人。明诸生，入清后，拒仕新朝，《皇明遗民传》卷三和《明遗民录》（《国粹学报》）卷三四均有其小传。《蒿庵集》附录《张蒿庵处士传》云其“当贡太学，坚以病辞。神形匆匆，日淹蹇于蓬蒿败屋之中，无意人间意。”② 张尔岐笃守程颐、朱熹之说，着有《天道论》、《中庸论》、《笃终论》，为时所称。又著有《周易说略》八卷、《诗说略》五卷、《蒿庵集》三卷、《蒿庵闲话》二卷等。

沁园春·题髑髅图次梅花道人韵

试问天公，妆来演去，何时是休。看百样堪怜，人前面孔；千场好笑，夜半隐谋。计较妍媸，商量肥瘦，谁肯凭人唤马牛。鬓边发，星星变尽，尚自持筹。 光阴去也如流，那兔走乌飞肯转头。叹绝代佳人，冢边脂粉；擎天大业，墓底王侯。这段机关，若还识破，莫向平原问古丘。好和我，繁华闹处，细觑骷髅。

满江红·杜宇

杜宇何来，抵死的、冷啼热哭。都只为，当年情事，遭逢太酷。万里河山铺锦绣，一朝世运成反复。最难堪、骨肉□谁行，怜孤独。 矜巧舌，文章熟；夸善斗，爪趾秃。论君臣旧礼，空名何赎。百口难传亡国恨，群雏且饱官仓谷。浩东风寄语绿杨枝，愿多福。

27. **无名氏，1 首**

此词辑自道光《大宁县志》卷八《艺文志·词类·明》，在“失名”下有注，云：“词见县署石刻，姓名、履历剥落无存。”③

减字木兰花·行部大宁

槐阴正午，飒飒凉风生绮户。减却行厨，野蔌山肴自有余。 重盘累楪，尽是生民膏与血。寄语诸贤，几度朝来突未烟。

---

① （清）许灿：《梅里诗辑》卷五，道光三十年（1850）刊本。
② 《四库全书存目丛书》集部第 207 册，影印乾隆三十八年（1773）刊本，济南：齐鲁书社 1997 年版，第 649 页。
③ 《稀见中国地方志汇刊》第 6 册，影印道光二十四年（1844）刊本，北京：中国书店 1992 年版，第 1136 页。

新编文学古籍指瑕三题

陆勇强

近年来，古籍整理出版事业有了长足的发展，一批具有重要学术价值的古代典籍有了新的整理本，这给读者带来了极大的便利，推动了相关的研究进程。但古籍整理是一项复杂的系统工程，从普查文献、确定底本、备校异文、订讹辨伪到注释人物、典故、地理、制度、礼俗、史实以及撰写《整理前言》等，每一个细节都不可轻忽。稍有不慎，便可能致误。当然，这些疏误，有时并不会对书籍的学术价值造成很大的伤害，但毕竟是白璧之瑕疵，未免遗憾。笔者不揣浅陋，爰将近年读书过程中的点滴所得，择取三则，胪列于次，以就教于整理者和广大读者。

一、此“张凤翼”非彼“张凤翼”

由隋树森、秦学人、侯作卿三位先生校点的《张凤翼戏曲集》（中华书局 1994 年版）是一部质量上乘的新编古籍，不仅详出校记，而且对版本的选择颇为讲究，如《红拂记》，以较为完善的明末吴兴凌氏校刻朱墨套印本为底本；《窃符记》，国内流传的只有清钞本，该书则选用日本学者神田喜一郎所藏的万历金陵继志斋刊印的《重校窃符记》（收入日本思文阁 1982 年出版的《中国戏曲善本三种》）作为底本。这就为读者研读明代戏曲，提供了一个可靠的读本，诚可称善。稍感不足的是，此书在《校辑说明》中对张凤翼著述的介绍疏于考订，存在着一定程度的失误：

> 张凤翼著作甚富，有《文选纂注》、《处实堂前集》、《处实堂后集》、《四书句解》、《瑞兰阁景行录》、《清河逸事》、《自订年谱》、《海内名家工画能事》、《国朝诗管花集》；另有《敲月轩词稿》，久已散佚。

这段文字颇为不妥，编撰者不加详察，将两个张凤翼的著述系于一人之名下。明清时期的长洲县（今江苏苏州），出现过两个张凤翼，其家世、字号、科第、仕历、著述，均迥然不同，现略作分辨如次。

第一个张凤翼是明代人，戏曲家。此人字伯起，号灵墟，别署灵墟先生、冷然居士。据叶德均先生《明戏曲家张凤翼》（载《戏曲小说丛考》，中华书局 2004 年版）一文的考证，他生于嘉靖六年（1527），卒于万历四十一年（1613），享年 87 岁。其家世及生平，在光绪《苏州府志》卷八六《人物十三》中有较详细的记载：

> 张凤翼，字伯起。曾祖泉，字景春，好读书，著《吴中人物志》。祖准，以心计起家。父冲，贾而侠，皆有闻于时。凤翼生五龄，犹不言，一日见大父扫除，遽谓：“姆！汝当代扫。”闻者异之。稍长，日益开敏，补诸生，已入太学，皆屈其曹。嘉

靖甲子举于乡。四上春官，报罢，遂弃去。读书养母，杜门不出，以终其身。……初凤翼与弟献翼、燕翼并有才名，吴人以比皇甫氏兄弟，曰："前有四皇，后有三张。"①

著名诗人钱谦益在他所著的《列朝诗集小传》中也有张凤翼的传记，说他"老于公车，年八十余乃终"。"善书，晚年不事干请，鬻书以自给。好度曲，为新声，所著《红拂记》，梨园子弟皆歌之。"②《红拂记》乃明代著名传奇剧作之一，取材于唐代传奇小说《虬髯客传》，演述隋代布衣李靖与越国公杨素府中执红拂之姬的故事，中间插入徐德言与乐昌公主破镜重圆之事。据祁彪佳《祁忠敏公日记》、沈德符《万历野获编》等书的记载，此剧在当时"演习之者遍国中"③，影响很大，《群音类选》、《词林一枝》、《赛征歌集》等明代戏曲选集，均收录此剧散出。延至近代，许多剧种均有改编本，如京剧有《红拂传》、《三侠图》，川剧有《三异图》，滇剧有《三义图》，秦腔、和剧有《风尘三侠》，粤剧有《红拂女》。除了《红拂记》，张凤翼所作的传奇还有《祝发记》、《灌园记》、《窃符记》、《虎符记》、《扊扅记》、《平播记》等，均以音调谐美、辞藻华丽驰誉于当时。

张凤翼的其他著述，可见于光绪《苏州府志》卷一三九《艺文二·长洲县·明》中的记载：

《文选纂注》十二卷；《梦占类考》十二卷；《谈辂》三卷；《处实堂前集十二卷后集六卷》（原注：《四库总目》八卷）；《海内名家工画能事》二卷。④

这五种著述，《海内名家工画能事》已散佚，其他四种均存，有刻本传世。

第二个张凤翼是清代人，光绪《苏州府志》卷八九《人物十六》有他的传记：

张凤翼，字仪廷，映葵孙。父光焯，乾隆丙子举人，官婺源教谕。凤翼幼聪慧，有神童名，登乾隆辛丑进士，以知县用就教职，选太平府教授。丁母忧，服阕补凤阳府教授，引疾不赴。卒于家，年七十一。⑤

张映葵的传记可见同书卷八八《人物十五》：

张映葵，字勤若。弱冠补诸生，从彭珑、吴愉游，有文名。屡试不售，康熙二十四年，以拔贡选天长教谕，训诸生以读书敦行，旬课月试，次第甲乙，历寒暑无间，一时来学者甚众。尝摄县篆，有廉办称。以老乞休，不及归，卒。⑥

---

① 《中国方志丛书》影印光绪九年（1883）刊本，《华中地方》第5号，台北：台北成文出版社1970年版，第2092页。

② （清）钱谦益：《列朝诗集小传·丁集中》，上海：上海古籍出版社1983年标点本，第483页。

③ （明）沈德符：《万历野获编》卷二五，北京：中华书局1959年标点本，第644页。

④ 《中国方志丛书》影印光绪九年（1883）刊本，《华中地方》第5号，台北：台北成文出版社1970年版，第2092页。

⑤ 《中国方志丛书》影印光绪九年（1883）刊本，《华中地方》第5号，台北：台北成文出版社1970年版，第2146页。

⑥ 《中国方志丛书》影印光绪九年（1883）刊本，《华中地方》第5号，台北：台北成文出版社1970年版，第2126页。

张凤翼的著述，在光绪《苏州府志》卷一三九《艺文二·长洲县·清》也有清楚的记载：

《四书句解》；《瑞芝阁景行录》；《清河逸事》四卷；《自订年谱》一卷；《古文选》；《唐诗管花集》；《国朝诗管花集》；《自著古文》八卷；《诗》十二卷；《诗余》一卷。①

这十种著述，大部分已散佚，诗文尚有传本，然已非原貌，据新近出版的《清人别集总目》（安徽教育出版社2000年版）的记载，上海图书馆藏有张凤翼诗文集的一个清抄本，凡《芝冈诗抄》三卷、《补遗》一卷、《诗余》一卷、《试帖》一卷、《赋抄》一卷。

可见，《校辑说明》中介绍的张凤翼的十种著述，其实分属于两个不同时代的张凤翼。

二、梅定九、梅藕长不可合为一人

孔尚任是清初的重要作家，不仅以传奇《桃花扇》名扬一时，而且还有《湖海集》、《长留集》、《岸堂稿》等多种诗文集传世。2004年，齐鲁书社出版了由徐振贵先生主编的《孔尚任全集辑校注评》，不仅多方搜寻，汇录了现存的孔尚任著述二十三种，而且对向来无注的孔氏诗文作了详尽的注释。众所周知，孔尚任交际广泛，既有现任官吏，也有怀才不遇的失意文人、隐居山林的遗民志士，甚至医卜僧道、乐工伶人，也曾是其座上宾客。“有时他一次邀请数十人赴宴，应邀者皆出现于诗题之中。其中不少人乃名不见经传者。而且，又都是称其字而不言其名。”② 这就给注释者带来了极大的困难。徐先生等人知难而进，查阅多种文献，剔抉幽微，以求得问题的解决。其筚路蓝缕之功，实堪嘉许。但正因为涉及的人物众多，故疏漏在所难免，如对“梅定九藕长”的注释便颇为不妥，此诗题为《同梅定九藕长、刘子端、尚钦臣、贾鼎玉、家樵岚饮贾玉万书斋》，见第六编《岸堂稿》：

梅定九，名庚，字藕长，康熙举人，官泰顺知县，能诗善画，工于书法。著有《天逸阁集》，见《清史稿》四八九。

这段解释有两个毛病，一是梅庚的传记在《清史稿》卷四八四，而不是卷四八九；二是“梅定九藕长”不是一个人，而是两个人，即梅文鼎和梅庚。现略作辨析。梅庚字藕长，一字子长，安徽宣城人，清初著名画家和诗人，嘉庆《宣城县志》卷一七《人物·文苑》载有他的传记，较《清史稿》为详：

梅庚，字耦长，号雪坪，晚号听山。高祖守德、曾祖鼎祚、父朗中，并有重名前代。庚三岁而孤，兼少兄弟家贫，母刘抚以成立。资禀颖异，好读书，博综该洽。尤深于诗，同邑施闰章推许之，名藉藉闻海内。客游京师，一时名公卿无不折节倒屣，至即

① 《中国方志丛书》影印光绪九年（1883）刊本，《华中地方》第5号，台北：台北成文出版社1970年版，第3253页。

② 徐振贵：《孔尚任全集辑校注评》前言，济南：齐鲁书社2004年版，第24页。

> 倾其座人。性狷介，不妄投一刺，人益以此重之。领辛酉乡荐，屡困公车。新城王士正雅重庚，及主礼闱，复被黜，士正为诗自责，有"如何古战场，亦复失李华"之句。旋授泰顺令，以经术佐吏治，有循良声。……未几，引年归，葺先人书带园，莳花种竹，时与二三老友饮酒赋诗。诗益淳古淡泊，间拂绢素写山石，幽情逸韵，不食人间烟火，为名流领袖者经数十年。[①]

《清史列传》卷七〇《文苑一》也有他的传记，称其"善八分书，间作画，旷逸有雅韵，尤长于诗"，"著有《天逸阁集》"[②]。

梅文鼎字定九，亦工诗文，有《绩学堂文集》、《诗集》传世，但更长于数学、天文、历法的研究，著述极为繁富，是清初杰出的天文学家、数学家，梁启超誉之为清代天文算法的"开山之祖"。[③] 其小传分见于《清史稿》卷五〇六《畴人一》、《清史列传》卷六八、《畴人传》卷三七至三九等，兹录嘉庆《宣城县志》卷一五《人物·儒林》如下：

> 梅文鼎，字定九，别号勿庵。岁贡生。……操履纯洁，不欺屋漏。其学一以躬行实践为宗，而推本于诚敬，绝不为理学空谈。人望之，如岱松岳石，凛凛不可犯。……生平博览群书，于天文地理，莫不究切。而历算之学，目力尤深，自言废寝食者盖四十年。凡古今人所撰著残编散帙，必手钞之，一字异同，辄反复深思，必通贯乃已。……康熙乙酉，车驾南巡，以荐征诣行在所，赐坐赐食皆弥日。授以官，以老辞。御书"绩学参微"并诗扇，宠其归，时敕有司存问。卒年八十有九。上闻，命官经纪其丧。所著有《勿庵文集》若干卷、《诗集》若干卷、《历算丛书》八十八种。[④]

安徽宣城的梅氏是著名的世家，自北宋年间梅尧臣以诗名家之后，文风蔚起，名家辈出，如梅鼎祚（字禹金），明代著名戏剧家、藏书家，肆力诗文，并工词曲，著有《鹿裘石室集》六十五卷，杂剧《昆仑奴》，传奇《玉合记》、《长命缕》等；梅朗中（字朗三），复社名士，风韵洒然，善诗文书画，在当时被称为"三绝"，其所制卷轴笺素，为文人墨客争相索取之物；还有梅守箕（字季豹）、梅蕃祚（字子马）、梅嘉祚（字锡于）、梅台祚（字泰符）、梅咸祚（字以虚）、梅士劝（字勉叔），皆通脱隽侠，所著稿皆裒然成集。清初著名诗人施闰章称道云："去圣俞五百余年，裔孙为禹金先生，文词赡给，雅善博综。其群从季豹、子马、勉叔诸人，为王元美所亟称。后禹金闻孙复有朗三，盖庶几与禹金相望者。"[⑤]"往隆万间，梅氏诸贤如禹金、季豹、泰符、子马、勉叔，人各名家，率为当世巨公所器许，王元美所谓'梅家树树花'也。"[⑥] 梅庚、梅文鼎即出自于这一家族，但二人的经历、著述均迥然有别。其实，在《长留集》中，孔尚任有诗分咏二人，一首见《燕台杂兴四十首》，其三二云："算袋诗囊不离身，低垂白发走红尘。我通乐律君精历，都是长安乞米

① 《稀见中国地方志汇刊》影印嘉庆刊本，北京：中国书店1992年版，第24册第278～279页。
② 《清史列传》第18册，北京：中华书局1987年标点本，第5736页。
③ 梁启超：《清代学术概论》，《梁启超论清学史二种》本，上海：复旦大学出版社1985年版，第19页。
④ 《稀见中国地方志汇刊》影印嘉庆刊本，北京：中国书店1992年版，第24册第184～185页。
⑤ （清）施闰章：《书带园集序》，《施愚山集·文集》卷六，合肥：黄山书社1993年何庆善点校本，第119页。
⑥ （清）施闰章：《梅耦长诗序》，《施愚山集·文集》卷七，合肥：黄山书社1993年何庆善点校本，第144页。

人。”作者自注：“宣城梅定九名文鼎，精通历数，客老长安。”① 另一首见《燕台杂兴三十首》，其一四云：“纸上乔松旧有名，云坪健笔老铮铮。可怜十里黄山秀，不敌桃花入世情。”作者自注：“梅藕长名庚，诗人也。善画黄山古松，赠一大僚，悬三日，辄以时手桃花易之。”② 编者如对此二诗多加留意，当不至于把二人牵合为一人。

三、沈璇、张令仪、何龙文不应入明

在断代文学全集的编纂中，如何处理易代之际的作者，属上还是属下，目前尚无一定之规。2004年出版的《全明词》在《凡例》第3条中说：“明末清初之词人，抗清殉难和隐居不仕之遗民，则收录之。”这样的处理，自然并无不妥。然而此书篇幅浩繁，涉及的词家达一千三百余家，而一些作者又声名不彰，生平事迹较为隐晦，鲜为人知，给编纂者的甄别带来不少的困难，故也有一些不符合上述标准的作者羼入，如沈璇、张令仪、何龙文三例。

1. 沈璇

沈璇，浙江杭州人。清人吴振棫所编的《国朝杭郡诗续辑》卷一收有他的诗，小传云：

> 沈璇，字亚斗，号巨门，钱塘人。顺治丁酉顺天举人。有《巨门诗文集》。丁酉科举人复试，巨门第一。巨门慷慨慕志节，友人杨生诖误获罪，赖力救得免。有估客女为强暴所辱，代为申理，幸脱于祸。估客感之，以女献，巨门坚拒不纳。座主学士曹本荣病于扬州，亟驰往省视，殁则经纪其丧以归。生平精于言《易》，又熟于史事，尝为《史论》一卷。复取周秦以至赵宋君若臣之是非得失，贯串而歌咏之，为《咏史》诗数百首。宛平王公崇简谓其沉吟独往，洞彻流连，音消响寂，如见古人。③

文中提及的“宛平王公崇简”曾为沈璇作《乡贡进士沈君墓志铭》，文见《青箱堂文集》卷七，中云：

> 君少凝重，姿秉英伟。七岁读史汉，即能疏别其氏里。……十五为邑诸生。……以戊子省试，乙榜贡入太学。……迨丁酉顺天乡试中式，读书近畿而科场弊发，奸宄揭君名以要挟同考张评事我朴。方当严核，同辈人人惴恐，君闻之，曰：“我不出，同考之诬终不白。”挺身赴狱，推问至再而绝无一迹。乃于午门三试之，凡经艺诸体之文，衍裕娴雅，御览署之第一。……辛丑，下第归里。……甲辰、丁未，再诎于春官，遂怀出世之思，遇山陬水澨，独往浩歌，辄流连而忘返。既而以疾卒。……所著有《巨门合集》二十卷行世。④

上引文献资料的记载，说明沈璇曾参加顺治十四年丁酉（1667）的顺天乡试，并中式而成

---

① 《孔尚任全集辑校注评》第3册，第七编《长留集》卷六，济南：齐鲁书社2004年版，第1776页。

② 《孔尚任全集辑校注评》第3册，第七编《长留集》卷六，济南：齐鲁书社2004年版，第1800页。

③ （清）吴振棫：《国朝杭郡诗续辑》，光绪二年（1876）杭州丁氏刊本。

④ （清）王崇简：《青箱堂文集》卷七，《四库全书存目丛书》影印康熙二十八年（1689）刊本，济南：齐鲁书社1997年版，集部第203册第456～457页。

为举人。后来，他在顺治十八年辛丑（1661）、康熙三年甲辰（1664）、康熙六年丁未（1667）三度参加会试，但均落榜。其人不可能是隐居不仕之明遗民，《全明词》修订时，应予以删除。

2. 张令仪

张令仪，安徽桐城人。其父张英，康熙六年（1667）成进士，入翰林，官至文华殿大学士兼礼部尚书。张令仪为张英第三女，工词曲，著有《干坤圈》、《梦觉关》杂剧二种及《蠹窗诗文集》。早在1990年，今人王永宽先生即在《明清女戏曲家生平资料补证》一文中根据《蠹窗诗文集》的有关记载考其生卒年为1669—1747，此文刊于《戏曲研究》第34辑（文化艺术出版社1990年版）。之后，邓长风先生仔细阅读了《蠹窗诗文集》的相关作品，觉得王永宽的考订"微误"，张令仪的生卒年应为1668—1746，其文献根据是：

> 卷一一有《东坡有白发苍头五十三先公用为起句予亦仿其意为之》七律四首，作于庚子（1720）。由此上推，张令仪应生于康熙七年戊申（1668）。
>
> 卷一四《春晖亭记》中有"予年虽四十有七……"句。此文末署"甲午孟夏蠹窗主人记"。甲午为1714年，上推其生年亦为戊申。[①]

柯愈春先生的《清人诗文集总目提要》（北京古籍出版社2002年版）对张令仪生卒年的著录也是1668—1746，与邓先生的考证完全一致。张令仪既然出生于康熙七年戊申（1668），其人当然不能入明。

3. 何龙文

何龙文，福建晋江人。《全明词》的作者小传未涉及其仕历，而且称其为"德化人"，未知何据。乾隆《晋江县志》卷一二《人物志六·文苑》勾画了其生平的轮廓：

> 何龙文，字信周。康熙己酉解元，戊辰会魁，选庶吉士。未第时，耿逆倡乱，罗致数次，不少屈，遁迹荒山，贫苦自励。事平，乞就教职，授长泰教谕，升汀州教授，修《汀郡志》，详析条贯。既馆选，拟假归营葬，旋膺剧疾，伏枕作诗二绝，以君恩为报、双亲未葬为恨。卒年五十。龙文为文雄浑博大，悉归于经史大家。即论诗余一道，亦谓苏子瞻胜柳乔卿也。工颜柳书，点画不苟。著有《春星草堂集》。[②]

何龙文任教谕的时间，乾隆《长泰县志》卷七《秩官志·清朝·儒学教谕》有如下的记载：

> 何龙文，晋江人，解元。康熙十八年任。宏词粹品，士乐矜式。当兵燹后，月订面课，文风蔚起。尝捐俸倡兴明伦堂。升汀州教授，旋成进士，入词林。[③]

---

① 邓长风：《桐城戏曲家张曾虔（蠡秋）家世生平考略》，载《明清戏曲家考略三编》，上海：上海古籍出版社1999年版，第149页。

② 《中国方志丛书》影印乾隆三十年（1765）刊本，《华南地方》第82号，台北：台北成文出版社1967年版，第347页。

③ 《中国方志丛书》影印民国二十二年（1933）重刊本，《华南地方》第236号，台北：台北成文出版社1975年版，第322页。

上述的记载告诉我们，何龙文于康熙八年（1669）成举人，相继出任长泰县教谕、汀州府教授；此后，于康熙二十七年（1688）成进士，并选入翰林院任庶吉士。其人不能入明，也是一清二楚的。

越南使臣冯克宽及其《梅岭使华诗集》

陈文源　张恩练*

一、冯克宽之生平概述

冯克宽（Phung KMoKhoan，1528—1613），字弘夫，号毅斋。1528 年出生于安南山西（今河山平省）石室县冯舍村，殁于 1613 年。① 其父曾任安南东关县尹，冯克宽的仕宦生涯比较早，但晚年被罢免官职。冯克宽在越南文学史上是一位重要人物，冯克宽师从于越南著名文人阮秉谦（1491—1585），其文学成就斐然。

冯克宽少时即以文学知名，“年九岁，乍《戒色挽词》，十六岁，已擅诗名。有《言志诗集》，深识时机”②。冯克宽正处于莫朝与黎朝对峙时期，冯克宽选择辅佐黎氏，于 24 岁奉命率兵攻莫，之后冯氏于 25 岁中乡试三场。天祐元年（1557）丁巳科，30 岁时乡试仍中三场，再从命征讨莫朝。黎英宗光兴三年（1580）会试复开，冯氏以 53 岁中格，赐第二甲进士出身。③ 冯克宽从 25 岁开始参加科举直到 53 岁才中进士，这并不是冯克宽的学识不济，而是黎朝由于战争的原因中断了科举。但是冯克宽从 25 岁就已经开始了他的官宦生涯。

万历二十五年（1597）冯克宽迎来他一生中最重要的事件——出使明朝请求封赐。史籍中对此事多有记载：

> 丁酉年四月日，奉命北使，时公年七十。适遇天朝万寿圣节，诸国使臣各献诗一，公独献诗三十一首。天朝吏部尚书兼管礼部张位以公诗上进，大皇帝御笔批云：“何地不生才，朕览诗集，具见冯克宽忠悃，殊可嘉美。”即命印板颁行天下，因赐“南国状元”等字以荣之，（故俗称号为“状冯公”）给以冠服。公又撰《使程诗集》。④

冯克宽在明朝受到了万历皇帝的嘉奖，并出色地完成了任务，使得冯克宽回国后名声大噪，这也是其一生中最为突出的事件。

由于冯克宽在北京出色地完成了复交的使命，回国时黎帝专门派官员到镇南关迎接。此后冯克宽的官路顺达：“奉增给石室燕山之邓舍虬山二社为寓禄，及内垒功臣田，及使臣

* 作者简介：陈文源，男，历史学博士，暨南大学中国文化史籍研究所副研究员；张恩练，男，硕士，中国政法大学博士研修班。

① ［越］无名氏：《人物志》，载陈庆浩等主编：《越南汉文小说丛刊》，第 1 辑第 6 册，台北：台湾学生书局有限公司 2011 年版，第 178 页。

② ［越］无名氏：《人物志》，载陈庆浩等主编：《越南汉文小说丛刊》，第 1 辑第 6 册，第 98 页。

③ ［越］潘清简等：《钦定越史通鉴纲目》正编卷二九，台北：台北国立中央图书馆 1969 年影印本，第 2749 页。

④ ［越］无名氏：《人物志》，载陈庆浩等主编：《越南汉文小说丛刊》，第 1 辑第 6 册，第 179 页。

田。授礼部左侍郎。壬寅年，升户部尚书，爵梅郡公。”① 此时的冯克宽已经达到了自己官宦生涯的顶峰。虽然当时黎氏已经成为越南的统治者，但是黎帝是依靠郑氏的支持才复的国，黎帝在政权内只不过是名义上的皇帝，实权却掌握在郑氏手中。冯克宽得到了黎帝的信任却没得到郑氏的信任，致使冯克宽晚年被罢官，隐居深山，概缘于此：

> 祭酒义溪伯阮礼，素与状元冯克宽有隙，原见克宽聪明敏捷，才胜于己，乃怀妒心，遂谮于平王曰："臣观冯克宽自恃才，矜能夸智，谓天下无人。见王上日疏宠任，每生怀二心，潜谋与伪莫相约，率兵入寇，彼为内应，先献城池。窃有人言，流于远近，望王审思除之，免其后患。"平王听禀，勃然大怒曰："卿诉此言，吾已觉其意。吾常窥看系有伪兵扰搅，彼无谈设一计，默然静坐，前情已显，何必再问。"遂即令人召冯克宽入府，责曰："汝是儒者之流，常读五经诸史，不思忠君爱国，以答殊遇之恩，乃萌卖国反主之心，欲效张松以益州投刘备耶？"冯克宽听王责言，不知何意，骇然俯首禀曰："臣虽儒士，犹知孔、孟之遗言，孙、吴之妙法，守纲常伦理，刻不敢忘。欲效古人，名垂青史，岂有小心如张贼之辈者乎？倘若人有嫉妒之心，诬告惑说，乞王上审之，以明奸直。"平王听言大怒，喝令武士推出斩之。冯克宽神色不变，群臣甚痛惜之，皆下阶顿首谏曰："克宽是国家贤士，多立奇功，颇有忠孝之心，非是叛凶之辈。明国犹称是其上宝，愿王勿杀之，反被他人之计，天下议王为不能容士之德也。"平安王听群臣谏言，其怒乃解，遂指克宽骂曰："吾看群臣之面饶汝性命，汝首吾且寄于颈上，无得再言。"乃令人刺面贬于深山，从兹向后，无得亲旨朝中及民间等处。克宽望拜受罪出朝，随差人贬凤眼山上。克宽乃结立草舍，开造园林，种植生花，栽培木树，其心犹念勤王报国，无有嫌恨，但为时也、运也。闲游山岭，触志，遂述《林泉佳趣挽》一篇。②

冯克宽在中国经典探研方面取得了很高的成就。任国子监祭酒时，冯克宽曾著《读"诗"多识》一书，把《诗经》中的鸟兽花木全部用喃字注释，为《诗经》在越南的流传作出了贡献。此外，冯克宽还曾著有《易经演义》，用喃字对《易经》做翻译、解说，可惜的是此书已经亡佚。除研究儒家经典外，冯克宽在文学方面也有较高的造诣，主要著作有《言志集》、《毅斋诗集》、《梅岭使华诗集》、《冯克宽诗集》、《兵家要旨》、《安南使臣万圣节庆贺颂咏》等。其中《冯克宽诗集》、《梅岭使华诗集》是当时越南汉文学的代表作。

二、冯克宽出使明朝的背景

1. 冯克宽出使前安南政局的演变

明朝建立后，朱元璋实行和平的外交政策，把安南列入"十五不征之国"，安南也恭顺地作为明朝的藩属国。然而永乐时期，经过陈天平事件和讨伐黎季犛，明朝将安南置为郡县。宣德时，明朝放弃了占领安南。之后明朝与安南经历了较为规范的朝贡关系。安南政局在经历了一段时期的平稳后，到16世纪初襄翼帝始，政局动荡，变乱不断。1527年安南国

① ［越］无名氏：《人物志》，载陈庆浩等主编：《越南汉文小说丛刊》，第1辑第6册，第180页。

② ［越］阮榜中：《越南开国志传》，载陈庆浩等主编：《越南汉文小说丛刊》，第1辑第6册，第34页。

大将莫登庸成功篡夺王位，改元明德，史称“莫登庸事件”。越南历史上王朝的改朝频繁，“丁移于李，李夺馀陈，陈篡于黎，今黎又转于莫……夷狄之运，一败弗复”①，明朝政府认为，莫氏篡夺王位之后，黎氏便不可能再复兴了。明朝在与莫登庸交涉之后，莫表示臣服。嘉靖帝削安南国王为安南都统使，授莫登庸为都统使，秩从二品，赐银印，令其三年一贡，承认了莫氏在安南的统治地位。

然而历史的发展却出乎了明朝政府的预料。莫登庸篡位后，不少官员不愿意归顺莫氏，纷纷南逃，组织武装力量与莫氏抗衡，其中以阮淦的影响最大。阮淦在越南南部多方联络，访求黎氏子孙。1532 年，终于找到了黎宁并拥立他为帝，历史上称为中兴黎朝。接着，阮淦又笼络了大将郑检，共同扶黎抗莫。1537 年，收降了莫朝分管清化的黎丕承，黎氏开始经营清化漆马江一带。1540 年阮淦率兵攻陷了义安，1542 年黎氏再度进兵义安、清化，1543 年控制了西都。1545 年，阮淦去世，兵权由郑检掌握。

1546 年，莫朝莫福海病逝，其子莫福源继位，改年号为永定。1548 年黎朝黎庄宗也去世，郑检立太子维暄为帝，史称黎中宗。1556 年，中宗逝世，并无后嗣，郑检想自称为帝，但又怕得不到群臣的支持，遂访得黎太祖黎历之兄黎除的后代黎维邦，立为帝，史称英宗。此后黎氏集团的大权全部落在郑检手中。此段时间内，黎、莫双方都想消灭对方，两方开战甚多。莫氏以莫敬典为将领，率兵攻打清化 10 次之多，黎朝以郑检为首攻打山南亦有 6 次，但双方并没有战胜敌方，不分胜负。②

1570 年，郑检去世，其子郑松与郑桧二人内讧，莫敬典趁机出兵进攻驻守在清化的郑桧，郑桧为了官爵，投降了莫敬典，致使黎英宗逃回东山，任郑松为左丞相，统领全军来抵抗莫军。莫敬典进攻毫无进展，被迫撤军。黎英宗因郑松抗莫有功，封郑松为太尉长国公，郑松开始掌握了黎朝的所有军政大权，包括皇帝的废立。黎英宗觉郑松权势过大，便与大臣密谋铲除郑松。然事情败露，郑松先后杀黎及第、英宗等人，立英宗第五子黎维潭为帝，史称黎世宗。黎朝进入了“黎氏为帝，郑氏执政”的时代，史学界又把中兴黎朝称为黎郑时代。

此后十余年间，黎、莫双方攻伐不断。黎氏坚守清化一带，莫氏多次进兵未果。南北朝交战的转折点发生在 1583 年。这一年，黎氏向莫氏发起猛烈地进攻，很快攻占了山南。而后，黎军节节进逼，于 1591 年占领了莫朝的京师升龙，随后又弃城南返。1592 年，黎军再次攻占了升龙，并将莫朝皇帝莫茂洽抓获，并予斩首。此时正是明朝的万历二十年。

虽然黎氏占领了升龙，并将莫朝皇帝斩首，但是莫氏并没有因此而被消灭。京都失守后，莫氏退守西北地区，继续召集军士抵御黎氏的进攻。

对于安南黎、莫两政权的纷争，作为宗主国的明朝，态度相当暧昧。按照常理，明朝是安南国的宗主国，安南是藩属国，从道义上讲，明朝肩负着“兴灭继绝”的重任，有义务协助安南平定叛乱。但是，在莫氏叛乱夺取政权时，明朝并没有履行保护黎朝的义务。而在明朝与莫氏建立朝贡关系之后，面对黎莫之争，明朝还是没有做出行动。万历二十一年（1593）春，莫氏在李俊进逼下，逃往北方。莫敦让逃到广东防城求救，声称郑松假称黎氏，攻杀皇帝莫茂洽，请求借住钦州，并求明朝出兵相助。

当时御史徐元正上书曰：“朝鲜与安南殊科。朝鲜中国之门户，势且当援。今安南远在

① （清）张廷玉等：《明史》，北京：中华书局 1974 年点校本，第 8332 页。
② ［越］陈重金著，戴可来译：《越南通史》，北京：商务印书馆 1992 年版，第 199 页。

万里之外，亦请比以援之，此于策不便。且钦州实雷廉门户，珠池在焉。有如一日不可知，则百粤五岭岂得高枕而卧乎?”① 当时，明朝主要担心边疆难以掌控局势，一方面拒绝莫氏的求援，另一方面加强边境防范，但“毋得构引衅端”，万历皇帝谕令两广总督“相机处理，务求安妥”②，不要卷入安南内争之中。

2. 黎氏请求与明朝通贡的交涉

随着军事上的节节胜利，黎氏逐渐控制了越南的大部分地区。黎氏开始和明朝接触，希望明朝承认其在越南的合法统治地位。1593年10月，黎维潭与大臣黄庭爱等前往镇南关叩关请封，以黎氏后裔的身份请求与明朝通贡，理由是：“今莫氏支孽殄亡，官目悉皆归顺，境土复为所有，人心咸戴黎维潭权署国师。”③ 此时两广地方官员对黎维潭到底是不是黎氏后裔没有明确的认识，并没有轻易相信黎维潭等。而此时的莫氏也在阻挠黎氏与明朝的接触：“是时，莫臣多诡计，告于明人曰：‘黎兵者乃郑氏争疆起兵，攻杀上国贡臣及莫氏子孙，实非黎氏子孙重兴之兵。’由是明人多遣使过镇南交关，将牒文来我国，每期大会堪黎氏子孙，果有是否，期至交关为约。”④ 因为明廷对黎莫之争并没有一个清晰的认识，故而决定：“以夷叵测，弗请命，戕我贡臣，即弗观之兵，宜闭关绝之。”⑤ 同时责令边疆守将加强搜集情报，及时了解安南的情况：“时，明国多使人来探访事情，殆无虚日。”⑥

1594年初，黎氏再赴关请求通贡。两广总督陈蕖上奏明廷汇报安南国内的政局，并提出了处理的意见，曰：

> 今窃揣大势，莫裔多人从上年奔播以来，屡经败衄，在黎怀灭此朝食之心，在莫有难必旦夕之恐，其境上折而之黎已六七，似无振日。据黎维潭卑辞扣关，实欲借我声灵，驱除唯类……今惟传檄黎人，责以不请之罪，问以失贡之期，听彼鹬蚌，相持有定，黎人匍匐请死，别为区处未晚也。⑦

此时明朝虽然已经开始准备和黎氏接触，但还没有决定处置的结果，还在等待安南局势的进一步明朗化。

1595年7月，黎氏派遣黎早用绕道海路前往两广总督驻地肇庆，恳请册封与通贡。两广官员对黎氏此举甚为感动，并产生了一定的好感。因此，在向朝廷报告时，为黎氏说了不少好话：

> 黎夷恢复之名义甚正，叩关之款诚甚真，此而固拒之，或深求之，使彼快快以去，异日毛羽既成，正溯不供，中朝弃之既不能，处之又甚难，而追咎前日之谢绝者，其何

① （清）汪森编：《粤西文载》卷一八，《安南志》，影印文渊阁四库全书本。

② （明）张镜心：《驭交纪》卷一一，丛书集成初编本，第138页。

③ （明）张镜心：《驭交纪》卷一一，丛书集成初编本，第140页。

④ ［越］吴士连等撰，陈荆和整理：《大越史记全书》（下）卷一七，日本东京大学东洋文化研究所发行，昭和五十九年，第907页。

⑤ （明）杨寅秋：《临皋文集》卷一“驭交记”，影印文渊阁四库全书。

⑥ ［越］吴士连等撰，陈荆和整理：《大越史记全书》（下）卷一七，日本东京大学东洋文化研究所发行，昭和五十九年，第900页。

⑦ （明）张镜心：《驭交纪》卷一一，丛书集成初编本，第141页。

说之辞？[①]

但是，此时的莫氏并没有完全被消灭，“其请援之文络绎不绝于道”，对于曾经的贡臣莫氏还得加以保护。因此两广总督陈大科确立了“不拒黎，不弃莫”的双重承认政策。明朝对黎、莫双方采取了不同的策略。

对于黎氏，明朝官员认为其为“擅杀之叛臣”。为了维护宗主国的威严，必须让黎氏展示出真诚的臣服。明朝对黎氏采取了“将欲与之，必固抑之，将坚彼恭顺之心，必折彼桀骜之气”[②]的策略。明朝在承认黎氏之前，必让其对明朝恭顺。于是明朝方面抓住黎氏“有擅杀贡臣之罪”这一点，要求黎氏答应四点要求才同意其入贡请封，而这如同当年降服莫登庸之例：第一，黎维潭亲自到镇南关请罪；第二，缴还金印；第三，进献代身金人以谢罪；第四，安插莫氏。[③]

对于莫氏，明朝恩威并用：一方面指出其已经处于劣势，而现在黎氏所控制的领土本来就是黎氏王朝的；另一方面因为莫氏是贡臣又承诺会帮助莫氏，让其接受安插。

虽然黎氏对于明朝提出的条件颇为不满，但是还是同意在此条件下到镇南关勘验。双方定于万历二十四年（1596）二月二十八日勘验，而黎维潭却于二十六日晚奏请取消会勘，连夜赶回了升龙城。这让等待会勘的明朝官员“人人相觑失色”。据两广官员的奏疏载：“据黎维潭申称，安插莫氏之土地，先皇所与，先祖所受，未敢闻命；兵根空竭，兼染岚障，函进奏本事件，途间未能卒办，暂且转出善地，整理完备，另请放关赐进。”[④]对此，《大越史记全书》记载：“时明人牵延逾期，退托要索求取金人金印事迹等物件，不肯赴勘，卒过期。三月，帝乃还京。”[⑤]《越史通鉴纲目》等也和以上记载相似，把责任推到明朝一方。但是，从两方的记载内容我们可以得到这样一个信息：黎氏并没有按照明朝的要求前来会勘，对于会勘所要求的东西也并没有准备好。正如越史所载：“时令匠铸造金银人躯，各高尺二寸，并重十斤。又铸银花瓶二双，小银香瓶五件。又备用土绢及诸贡献之物，以防北使。”[⑥]这段史料说明他们并没有准备好明朝所要的代身金人。越史又载：“冯克宽等携带安南都统使司印及前安南国王印墨样二件、金子一百斤、银子一千两，与国曹老数十人，同赴镇南交关等候会勘。[⑦]”黎氏方面想以金银代替代身金人、金印墨样代替金印原物，这说明黎氏并不认同明朝所开出的条件。事实上，黎氏一开始就认为自己报仇复国，名正而言顺，要求在勘验时与莫登庸的事例有所区别，所以没有完全按照明朝的条件准备。

第一次会勘的失败让明朝官员在对待黎氏问题上一度产生了分歧。但主持勘验事务的黄纪贤上疏：“宜稍宽时日，再行檄勘。”[⑧]最终明朝政府还是继续和黎氏谈判。这时，黎维潭

① （明）杨寅秋：《临皋文集》卷四，“绥交上三院揭帖”（二），影印文渊阁四库全书。

② （明）杨寅秋：《临皋文集》卷四，“绥交上三院揭帖”（二），影印文渊阁四库全书。

③ （明）杨寅秋：《临皋文集》卷四，“檄交南国黎维潭”，影印文渊阁四库全书。

④ ［越］萧云举编：《奖黎安莫集》，越南汉喃研究院藏本，编号 hv. c02714，第 17 页。

⑤ ［越］吴士连等撰，陈荆和整理：《大越史记全书》（下）卷一七，日本东京大学东洋文化研究所发行，昭和五十九年，第 907 页。

⑥ ［越］吴士连等撰，陈荆和整理：《大越史记全书》（下）卷一七，日本东京大学东洋文化研究所发行，昭和五十九年，第 908 页。

⑦ ［越］吴士连等撰，陈荆和整理：《大越史记全书》（下）卷一七，日本东京大学东洋文化研究所发行，昭和五十九年，第 907 页。

⑧ （明）杨寅秋：《临皋文集》卷一，“驭交记”，影印文渊阁四库全书。

也派人送公文解释，称并不是逃走，而是“兵士食竭”，而且没准备好。明朝官员认为有必要展示明朝的威严，并挫败黎氏的锐气。因此，在万历二十五年（1597）四月三日黎维潭等再次到达镇南关外请求勘验时，明朝派出了黄宇、李陶成等前赴黎营，责问七事：

第一问：莫氏系我贡臣，何为拥兵擅杀？

回答称：生长遐荒无识，惟思乘时恢复，且恐泄漏，委实失禀天朝，自甘万罪请死，恳望矜宥。

第二问：先将莫登庸称尔黎氏沦没已尽，今黎宁已称无后，尔系黎晖之世孙，查历朝册封，无黎晖之名，有何宗枝可考？

回答称：先祖晖，一名鑌，袭封为王，因莫逆篡夺，时黎宁差旧臣郑帷僚抱奏请兵乞援，后蒙安插漆马江，黎氏何曾沦没？原奏可查，一面世守清化不绝黎龙，继黎宁无后，旧臣推黎晖四世孙黎维邦承继（亲供世系可查）。

第三问：郑松既是旧臣，其祖父为谁？有无作冒奸谋？

回答称：郑松乃郑检之子，郑惟僚之孙，世与黎共同患难，有何作冒奸谋？（随查该国臣者黄廷爱、官目裴秉渊递出奏函结状，情愿附戴旧主，阖口无异。）

第四问：金印难凭描模，权用事了销化，就蒙追印，情愿铸换，已经奉文免铸别无匿情。

第五问：先次启关已有期，何故又向宵遁？

回答称：粮草缺乏，兵士疲困，本函事件卒难整办，且不敢闻安插莫贼之命，只得申明暂回，原非宵遁。

第六问：安插莫氏乃天朝继绝之仁，往年黎宁蒙天朝矜怜，以漆马江安插，莫登庸遵依罔违，今尔何得故违？

回答称：莫篡我国，故安插我漆马江，今日我恢复故土，岂得比漆马江例？且天朝兵有除逆之法，无容逆之理。

第七问：彼在先虽系篡臣，在今即系贡臣，尔节次申报，一听天朝处分，岂得反覆？

对此黎氏一行人无言以对，“似仍执迷”。于是，黄宇等直言，明朝会妥善安排莫氏问题，不会让其成为黎氏的“祸本”。黎维潭等“始有喜色”[①]。此后经过明朝与黎氏反复交涉会勘条件，黎氏表示听从明朝安排。万历二十五年（1597）四月初十日，依莫登庸事例，黎维潭“褫衣洗足，身系白组”入关勘验，黎氏及耆目行五拜三叩礼毕，“先进伏罪本，次进代身金人，次进通国臣，耆伏罪乞恩本”[②]。至此，明朝正式承认了黎氏在越南的统治地位，允许通贡。

三、冯克宽在明廷的活动

1597年4月，安南国命工部侍郎冯克宽为正使，太常寺卿阮仁瞻为副使入明请求通贡。

① ［越］黎统：《邦交录》，越南汉喃研究院手抄本，编号A614，第180～183页。

② ［越］萧云举编：《奖黎安莫集》，越南汉喃研究院藏本，编号hv. c02714，第22页。

约十月抵达北京，冯克宽在与明朝官员交涉相关邦交事宜中，曾发生两次交锋：第一次是关于贡物代身金人的形状问题。明朝官员对于冯克宽进贡的“代身金人”提出了异议。据《明史》记载：“先是，黎利及登庸进代身金人，皆囚首面缚。维潭以恢复名正，独立而肃容，当事嫌其倨，令改制，乃为俯伏状，镌其背曰：安南黎氏世孙、臣黎维潭不得蒲伏天门，恭进代身金人，悔罪乞恩。”① 明朝官员认为冯克宽所进贡的代身金人，“独立而肃容”，不能体现黎氏的恭顺、臣服及谢罪之意。反而觉得有傲慢之意，要求严格按勘关时的共识铸造。据越南史籍记载，冯克宽对此极力申辩，强调黎氏与莫氏的区别：

> （冯克宽）既至燕京，礼部堂责以代身金人不遵俯形旧样，俾正使不许进觐。克宽抗言：莫氏篡夺，其名逆；黎氏恢复，其名顺。莫氏得以俯形代身，已属恩幸。至如黎氏累世方臣，金人容仰，成规具在。今若以莫氏为例，系如昭安劝不恋剑状闻。明帝率从前黎之式，克宽乃得入朝。②

关于黎氏进贡代身金人的形状，其实在最初的勘关时已经取得了共识，而这种共识也考虑了黎、莫之间的区别。杨寅秋认为：

> 执登庸之罪与黎利较，则黎利猾夏，屡抗王师，戕我重臣，黎重而莫轻；执维潭之罪与登庸较，则交南土宇系黎氏旧物，当日登庸为篡夺，今日维潭为恢复，其不可同语者一。登庸未降之先，绝贡二十年，世庙御极诏使已不谕而返，僭号纪元，张官置吏，且以位号私禅其子莫方瀛，而黎维潭无一有焉，其不可同语者二；登庸为黎宁奏发，寻为大庆事，世庙震怒，大臣重兵压境，登庸乃震怖请死，黎维潭首事即具夹板申款，天朝未有寸镞尺矢之加，而彼遣使蹈海，愿得称贡内附，此不可同语者三。③

明朝官员正是基于这样的认识，所以关于代身金人的形状问题，在勘关时已经做出让步不要求其铸作“囚首跪缚”的形状，改为要求所进献金人“作俯伏乞恩状，凿‘安南黎氏世孙、臣黎维潭不得匍伏天门，恭进代身金人，悔罪乞恩’字面”④。明朝官员在查验冯克宽所进贡物时候只是按照事前的商定来验收的。

第二次是关于授予黎维潭封号的问题。明朝朝廷与地方官均认为不宜给予太高的封号。鉴于黎氏在勘关时的诡辩与拖延，两广地方官员对比原来莫氏受降的情形，认为黎氏的表现缺乏诚意，因此建议“或照登庸之例，或给别项明色”⑤ 都可。兵部的题本认为黎维潭虽然是恢复故土，但毕竟擅杀贡臣，“已其擅夺之罪，而未致讨”，不应给其过高的封号，建议授黎维潭为安南都统使，“自今受命之后，果永肩恭顺，贡献依期，保境安民，别无生事，及有效劳功绩，许该督抚按查实代奏，加给奖赏”⑥。

1597 年 10 月，万历皇帝复诏正式册封黎维潭为安南都统使司都统使，让其管辖南国土

---

① （清）张廷玉等：《明史》卷三二一“安南”，北京：中华书局 1974 年版，第 8337 页。
② ［越］潘辉注：《历朝宪章类志》卷八“人物志”，越南汉喃研究院藏本，编号 Ahvc2697，第 400 页。
③ （明）杨寅秋：《临皋文集》卷四，“绥交上二院揭帖”（二），影印文渊阁四库全书。
④ （明）杨寅秋：《临皋文集》卷四，“檄交南国黎维潭”，第 742 页，影印文渊阁四库全书。
⑤ ［越］黎统：《邦交录》，越南汉喃研究院手抄本，第 196 页。
⑥ ［越］萧云举编：《奖黎安莫集》，越南汉喃研究院藏本，第 46 页。

地人民，冯克宽上表乞修职贡后，并赐安南都统使司银印一颗。冯克宽得知后大为不满，遂上表申辩曰：

> 臣主黎氏，是安南国王之胄，愤逆臣莫氏僭夺，不忍负千年之仇，乃卧薪尝胆，思复祖宗之业，以绍祖宗之迹。彼莫氏本安南国黎氏之臣，杀其君而夺其国，实为上国之罪人，而又暗求都统之职。兹臣主无莫氏之罪，而反受莫氏之职，此何义也。愿陛下察之。

冯克宽认为黎氏王朝经过多年才取得复国战争的胜利，黎氏作为安南王朝的正统，不应当获得与莫朝一样的封号。万历皇帝回复曰："汝主虽非莫氏之比，然以初复国，恐人心未定，方且受之，后以王爵加之，未为晚也。汝其钦哉！慎勿固辞。"① 冯克宽无奈，只能领命而回。

冯克宽抵达明朝京城时，正值万历皇帝寿辰。于是他作了《天朝皇帝万历寿圣节诗》三十一首奉上，万历皇帝御阅后，非常高兴，御批曰："贤才何地无之，朕览诗集，具见克宽忠悃，殊可深嘉笃美"，即命下刊板，颁行天下。越南史籍称"使臣诗获刊板于北朝，自冯克宽始"②。

冯克宽在祝寿诗中写道："秋昊平分节正中，万祥毕集大明宫。尧眉舜目天姿异，汤敬文徽圣德同。御座冕旒笼瑞日，贡庭玉帛引香风。鹓行舞蹈同欢祝，圣寿增高天比崇。"其第一首诗曰：

> 几年波帖渤溟东，上国欣观有圣听。
> 黄道光开中正日，形闱香袅太平风。
> 天涵地育鸿恩溥，海至山来雉贡通。
> 敬祝万年天子寿，绵绵国祚过周洪。③

冯克宽在诗文中对万历皇帝的颂扬增加了万历帝对其的好感。正是由于此，冯克宽得到了万历皇帝赐宴。事后冯克宽在送朝鲜国使臣李睟光的一首诗中写道："异域同归礼乐乡，喜逢今日共来王。趋朝幸接殷冠冔，观国光依舜冕裳。宴飨在庭沾帝泽，归来满袖惹天香。惟君子识真君子，幸得诗中一表扬。"④ 冯克宽的诗作不仅获得万历皇帝的好感，明朝官员也是对其称赞有加，明朝吏部尚书张位称赞曰："使衔臣命人无数，光彩如君定是稀。今于冯使君见之，公以豪杰之才，挺然将相之科，诵诗三百，专对四方，乃其平生夙志。"⑤ 当时来华的朝鲜国使臣李睟光也对冯克宽的才华多有称赞并为其诗集作序："今使臣冯公，皤然其发，曜然其行，年近七十二颜尚韶，译重三而足步玺。觐礼于明廷，利宾王国，其所著

① ［越］吴士连等撰，陈荆和整理：《大越史记全书》（下）卷一七，日本东京大学东洋文化研究所发行，昭和五十九年，第916~917页。

② ［越］阮公宝纂辑：《苏江志姓》卷下，越南汉喃研究院藏手抄本，编号A966，第70页。

③ ［越］冯克宽：《梅岭使华诗集》，越南汉喃研究院藏本，编号A241，第5页。

④ ［越］冯克宽：《梅岭使华诗集》，越南汉喃研究院藏本，编号A241，第12页。

⑤ ［越］冯克宽：《梅岭使华诗集》，越南汉喃研究院藏本，编号A241，第2页。

《万寿圣节庆贺诗》若干篇，揄扬铺叙，词意浑深，足以唾珠玑而声金玉，岂亦听谓异人者哉！”①

冯克宽此次使华，乃黎氏复国后的重要邦交活动，在拜谒万历皇帝的过程中，冯克宽展现了其渊博的学识与敏锐的才思，有关冯克宽在明朝面见万历皇帝的情形，越南书籍中曾记载：

> 明朝望拜奉进贡礼。明朝天子见冯克宽面丑体卑，笑曰："昔日沐晟、张辅在安南，回言南邦人才济济，豪杰彬彬，今使者冯克宽到此，料已选择精矣。人才之盛，可以见矣。"遂问冯克宽曰："汝于南邦，官居何职？"克宽奏曰："臣在南邦应试，幸中状元，封为户部尚书之职。"明帝问曰："汝是南邦状元，则能同今博古，吾试问汝天下之事，甚易最难。何谓甚易？"克宽奏曰："人生世界中，凡其天文、地理、人事三教九流，百工技艺，是甚易也。惟有声色二字，难买难求，是最难也。"明帝再问曰："饮食何谓美味？玩物何谓宝物？"克宽奏曰："美味不过素盐，宝物不过贤士。夫素盐着，能咸能淡，能美能甘，充其肺腑，润于心肠，是其美味；贤士能柔能刚，能扶社稷，能反乱为治，运屯为亨，培国脉以升平，赞规模之永远，上致君于尧舜，下开拓于干坤，四海安然，万邦宾服，是真宝物。"明帝听奏曰："然。"遂赐宴，许回驿舍安歇。②

从上述内容来看，越南史书记载了冯克宽面见万历皇帝时，万历皇帝笑话冯克宽长相，并出题难为冯克宽。冯克宽学识渊博，应对得体适宜，赢得赞许。此书中还记载了有关的两件事情：

> 明朝皇帝命良工造作假雀，能走能跃，能食能飞，置于殿前竹丛之上，飞跃戏食与真鸟无差，众人莫识。明帝召冯克宽上殿，问曰："南使识此雀？朕养几年，以致于人无有忌惮。"冯克宽视之片时，见能飞跃，难详其故，遂阶走至竹丛，手拿假雀，掷之于地，其雀破为四片木。乃于殿前昂然奏曰："竹者，是君子，乃天子国之龙体也；雀者是小人，乃鄙夫之凡辈，何故容小人立于君子之上乎？是上国臣慢君之理也。臣国虽小邦，犹辨君臣之礼，父子之道，兄弟之义，上下之分，无有污杂倒悬于此，岂臣不知其假鸟乎！"奏罢，仰面大笑。明帝听知，面有忤色，默然不语。朝廷百官宰相，各自骇然，皆褒称不已。帝乃赏之，许回安歇。冯克宽望拜出朝，归于驿舍。自是闲游明国，观看山川寺塔等处，所见极其峻丽严壮。数月间，明朝皇帝再差人寻马二匹，色体俱同，无小无大，国人不知何母何子。令牵至驿亭，问冯克宽曰："状元识得此二马，何匹是母，何匹是子？指得分明是状元也。"冯克宽听言微笑，谓曰："此理甚易无难，何待亲问？"遂手执青草数枚，向前揖而笑。其马子者性急，见草乃先步到争食，马母性缓，卓然立脚不动。冯克宽笑曰："先步者是子，立脚者是母，的然无差。"明人见之骇然，皆称曰："真状元也。"随即返回，入殿奏，帝甚奇之。十一月，冯克宽上表乞回本国，帝意欲苦留，但恐失诸侯之信，遂降诏封冯克宽为南国状元，颁赐金银锦

① ［越］冯克宽：《梅岭使华诗集》，越南汉喃研究院藏本，编号 A241，第 4 页。

② ［越］阮榜中：《越南开国志传》，载陈庆浩等主编：《越南汉文小说丛刊》，第 1 辑第 6 册，第 32 页。

帛，许回南国。①

以上故事仅见于越南的史籍，其真实性无以稽考。然而，越南士大夫对此等故事津津乐道，从一个侧面反映了当时的现实。一方面明朝士大夫认为安南地属“炎徼”、“炎荒”，“风俗鄙陋”、“习尚诡谲”，是一个“圣人不居，贤者不游之处”②。安南人对此自然存在自卑心理；另一方面，安南立国之后，奉中华文化为圭臬，极力移植中原之科举制度、政治模式，自认为深得中华传统之“真传”，常以“文献之邦”自诩。关于冯克宽在明朝活动的演绎，正好反映安南人复杂的文化心理。冯克宽以七十岁的高龄出使明朝，肩负着中越复交的重任，他的出色表现，长了安南人的志气，安南国民自然引以为傲。越南的史籍评述称：“仍差冯克宽为陪臣，奉往岁贡，以专对之责，克宽善于辞章，声价甚高，而天朝起敬。”③ 安南当时兵部尚书汪钝夫在给《梅岭使华诗集》作序中写道：“公之此作，不惟天皇帝奇其才，相国公爱其能，而余晖剩馥，岂不起敬邻国之使？景星麟凤，睹者称快，其斗南第一人物乎。”④

四、《梅岭使华诗集》之版本流播

冯克宽奉命使华，历经一年有余，足迹遍及中华大江南北。其或交谊吟咏、或即景抒情、或凭吊怀古，留下了一批诗作。他虽然曾经手订刊行，但至今仍流播杂乱。考冯克宽手订诗集，大致有以下三次：

第一次，冯克宽抵达北京时，适逢万历皇帝的寿诞，于是奉上《天朝皇帝万寿圣节诗》，得到皇帝赞赏：“天朝皇帝御笔批云：贤才何地无之，朕览诗集，具见冯克宽忠悃。殊可深加笃美。初命下刻板，颁行天下。”⑤ 这一贺寿诗集刊刻时曾索序于朝鲜使臣李睟光，李在序言中称：“今使臣冯公，皤然其发，矐然其行，年近七十二颜尚韶，译重三而足步玺。觐礼于明廷，利宾王国，其所著《万寿圣节庆贺诗》若干篇，揄扬铺叙，词意浑深，足以唾珠玑而声金玉，岂亦听谓异人者哉！”⑥

第二次，冯克宽回国后，应该对其使华期间所作诗文进行过一次较为全面的整理，尤其是自北京至镇南关回程凡十七城的诗作，因此，这部分诗作较为完整而有序。冯克宽使华诗集整理完毕后，曾求序于当时安南国兵部尚书汪钝夫，汪序今见于冯诗各种版本。

第三次，现据复旦大学整理的《越南汉文燕行文献集成》所录，明确标示冯克宽名下的燕行诗集有三个版本，即《梅岭使华手泽诗集》、《使华手泽诗集》及《旅行吟集》等，这三个版本互有差异，均难窥全豹。本人游学越南期间，曾访得一更完整之《梅岭使华诗集》。以下以列表方式，比较各版本之内容：

① ［越］阮榜中：《越南开国志传》，载陈庆浩等主编：《越南汉文小说丛刊》，第1辑第6册，第33页。
② （明）严从简著，余思黎点校：《殊域周咨录》，卷五“安南”，北京：中华书局2009年版，第171页。
③ ［越］阮公宝纂辑：《苏江志姓》下卷，越南汉喃研究院藏本，第72～73页。
④ ［越］冯克宽：《梅岭使华诗集》，越南汉喃研究院藏本，编号A241，第3页。
⑤ ［越］冯克宽：《梅岭使华诗集》，越南汉喃研究院藏本，编号A241，第8页。
⑥ ［越］冯克宽：《梅岭使华诗集》，越南汉喃研究院藏本，编号A241，第8页。

表一

诗集名 诗题名	《梅岭使华诗集》	《使华手泽诗集》	《梅岭使华手泽诗集》	《旅行吟集》
	无	无	无	喃文诗：《潇湘春晚》、《洞庭闲咏》、《黄鹤楼游兴》、《舟次遗怀》、《江州旅次》、《采石忆青莲》、《乌江怀古》、《青溪泛舸》、《扬州即景》、《桃源旅次》、《客程秋夜》、《题三义庙》、《雪天闲望》、《题望夫石》、《过关自述》
《天朝皇帝万寿圣节诗》	无此诗	题目不一致，诗文一致	无此诗	
《一东》	无此诗	相同	无此诗	
《二冬》	无此诗	相同	无此诗	
《三江》	无此诗	相同	无此诗	
《四支》	无此诗	相同	无此诗	
《五微》	无此诗	相同	无此诗	
《六鱼》	无此诗	相同	无此诗	
《七虞》	无此诗	相同	无此诗	
《八齐》	无此诗	相同	无此诗	
《九佳》	无此诗	相同	无此诗	
《十灰》	无此诗	相同	无此诗	
《十一真》	无此诗	相同	无此诗	
《十二文》	无此诗	相同	无此诗	
《十三元》	无此诗	相同	无此诗	
《十四寒》	无此诗	相同	无此诗	
《十五删》	无此诗	相同	无此诗	
《一先》	无此诗	相同	无此诗	
《二萧》	无此诗	相同	无此诗	
《三豪》	无此诗	相同	无此诗	
《四肴》	无此诗	相同	无此诗	
《五歌》	无此诗	相同	无此诗	
《六麻》	无此诗	相同	无此诗	
《七阳》	无此诗	相同	无此诗	
《八庚》	无此诗	相同	无此诗	
《九青》	无此诗	相同	无此诗	

（续上表）

诗集名 诗题名	《梅岭使华诗集》	《使华手泽诗集》	《梅岭使华手泽诗集》	《旅行吟集》
《十蒸》	无此诗	相同	无此诗	
《十一尤》	无此诗	相同	无此诗	
《十二侵》	无此诗	相同	无此诗	
《十三覃》	无此诗	相同	无此诗	
《十四盐》	无此诗	相同	无此诗	
《十五咸》	无此诗	相同	无此诗	
《上天朝武英殿大学士，少保兼太子太保，吏部尚书张相公诗》	无此诗	诗题不同，《上太子太保吏部尚书张相公诗》，诗文相同	无此诗	
《朝鲜国使芝峰道人李晬光敬呈安南国耆座下，求次二韵》	无此诗	诗题不同，《朝鲜国使臣李芝峰道人赠二律》，诗文同	无此诗	
《梅南毅斋数次朝鲜国使李相公诗韵》	诗题不同，《海南敬斋数次朝鲜李使公韵》，诗文同	无此诗	无此诗	
《海东金萧逸士敬次使公前韵，呈梅南毅斋》	诗题不同，《海东金萧逸士敬次前韵呈毅斋》，诗文同	无此诗	无此诗	
《冯再次答金萧东海逸士诗韵》	无此诗	无此诗	无此诗	
《东海芝峰道人谨叠前韵，再呈梅南使座下》	无此诗	诗题不同，《海东金箫逸士叠使相韵赠》，诗文同	无此诗	
《冯三次答海东诗韵》	无此诗	无此诗	无此诗	

（续上表）

诗题名 \ 诗集名	《梅岭使华诗集》	《使华手泽诗集》	《梅岭使华手泽诗集》	《旅行吟集》
《东海金萧逸士重和芝峰诗韵，覲呈梅南毅斋》	无此诗	无此诗	无此诗	
《冯四次答海东金萧逸士诗韵》	诗题不同，《冯答次海东逸士韵》，诗文同	无此诗	无此诗	
《冯四次答东海芝峰道人诗韵》	无此诗	无此诗	无此诗	
《东海金萧逸士谨叠芝峰诗韵，重续梅南毅斋诗韵》	无此诗	无此诗	无此诗	
《冯五次答东海金萧逸士诗韵》	无此诗	无此诗	无此诗	
《海东芝峰道人，再续前韵，呈毅斋案右》	无此诗	无此诗	无此诗	
《冯六次答芝峰道人诗韵》	无此诗	无此诗	无此诗	
《东海金萧逸士又次芝峰诗韵，谨呈梅南毅斋》	无此诗	无此诗	无此诗	
《冯七次答东海金萧逸士诗韵》	无此诗	诗题不同，《敬斋冯公复》，诗文同	无此诗	
《海东芝峰道人偶成长律，呈毅公用叙别意》	无此诗	无此诗	无此诗	
《冯肃拜次答海东芝峰道人》	无此诗	无此诗	无此诗	
《冯肃答次海东金萧逸士长律诗韵》	无此诗	无此诗	无此诗	
《冯再次答海东金萧逸士长律诗韵》	无此诗	无此诗	无此诗	

（续上表）

诗集名 诗题名	《梅岭使华诗集》	《使华手泽诗集》	《梅岭使华手泽诗集》	《旅行吟集》
《朝鲜国使回毅斋再次前韵，送芝峰道人归国以表同使之义》	无此诗	无此诗	无此诗	
《芝峰道人谨见毅斋佳作，怀不能已敢强记一二事，以冀观探》	无此诗	无此诗	无此诗	
《海东金萧逸士五次使相长律诗韵赠梅南毅斋叙别》	无此诗	无此诗	无此诗	
吏部左侍郎兼东阁大学士梅南毅斋奉往北使登程自述，自唱自和二十二首	无此诗	有六首。与第四首，第七首，第八首，第十三首，第十七首，第二十首，相同	无此诗	
《过关》	无此诗	无此诗	无此诗	
《过华山》	题目同，个别字不同	无此诗	无此诗	
《题太平书楼》	无此诗	无此诗	无此诗	
《次南宁》	无此诗	无此诗	无此诗	
《南使留题》	相同	无此诗	无此诗	
《在城驿留题》	相同	无此诗	无此诗	
《题使星台》	无此诗	无此诗	无此诗	
《题穿山驿》	无此诗	无此诗	无此诗	
《来贺天朝思诚贵国李老人诗》	无此诗	无此诗	无此诗	
《到广西答靖王仲夏诗题》	相同	无此诗	无此诗	
《答靖江王问寿诗》	无此诗	无此诗	无此诗	
《过苏桥》	相同	无此诗	无此诗	
《题道士扇》	无此诗	无此诗	无此诗	
《广西留题》	无此诗	无此诗	无此诗	

（续上表）

诗题名 \ 诗集名	《梅岭使华诗集》	《使华手泽诗集》	《梅岭使华手泽诗集》	《旅行吟集》
《咏画山》	无此诗	无此诗	相同	
辰到梧桐城，谒钦差梧桐道整理军务，驻朴郁林川。兵备案使张爷如文辉，礼毕，使人给以笔札砚墨来，命以越裳献白雉诗韵，余挥笔立就，张大称贺。	诗题不同，《到梧城答张爷越裳献雉诗题》，诗文同	无此诗	相同	
《苍梧对景》	诗题不同，《梧城即景》，诗文同	无此诗	相同	
《题土旗碑扇》	相同	无此诗	相同	
上谒天朝钦差总督两广军务，兼理粮饷，盐法巡抚，广东兵部右侍郎，右佥都御使，陈爷台公，德望服人，才智任事，天下之听帖仰，宽等幸浔登龙一接，不胜歆艳之至，谨述拙诗以献，伏希赐览。	无此诗	无此诗	相同	
《肇庆府董陈二贵请笔偶成》	诗题不同，《答肇庆府董陈二守请罪》，诗文同	无此诗	相同	
《同伴送官白指挥上京》	无此诗	无此诗	相同	
《题举子扇》	诗题不同，《题举人扇》，诗文同	无此诗	相同	
《题飞来寺》	无诗题注，诗文同	无此诗	相同	
《到漕溪》	无此诗	无此诗	诗题注不同，诗文同	

（续上表）

诗集名 诗题名	《梅岭使华诗集》	《使华手泽诗集》	《梅岭使华手泽诗集》	《旅行吟集》
《过观音山》	相同	无此诗	相同	
《过张丞相祠堂》	无诗题注，诗文同	无此诗	相同	
《答南雄军府贵请笔》	无此诗	无此诗	无此诗	
《庾岭梅岭》	无此诗	无此诗	相同	
《到南安偶成》	无此诗	无此诗	无此诗	
《过鄱阳湖》	无此诗	无此诗	相同	
《过大孤山、小孤山》	相同	无此诗	相同	
《望江晓发》	相同	无此诗	相同	
《答携酒诗》	无此诗	无此诗	无此诗	
《过张老叟喜作》	诗文异。“鹤冠龟髯天锡春，鸟巾鸠杖地行仙。丹台玉室名长在，彭祖□松不纪□。”	无此诗	相同	
《过采石矶》	相同	无此诗	相同	
《登杨公祠堂》	无此诗	无此诗	无此诗	
《到南京城》	相同	无此诗	相同	
《寿沈都督初度诗曰》	无此诗	无此诗	相同	
《过彭城》	诗题不同，《到彭城有彭祖庙》，诗文同	无此诗	相同	
《黄河东岸驿》	无此诗	无此诗	相同	
《彭祖庙》	无诗题注，诗文同	无此诗	相同	
《与滕县赵侯相见》	无诗题注，诗文同	无此诗	相同	
《题赵侯画像图》	无此诗	无此诗	相同	
《戏题白指挥扇》	相同	无此诗	相同	

（续上表）

诗题名 \ 诗集名	《梅岭使华诗集》	《使华手泽诗集》	《梅岭使华手泽诗集》	《旅行吟集》
时到广西，人各持一扇乞诗，公随次下笔，诗成，众人大笑（11首诗）	无此诗	无此诗	相同	
《题玄天观》	无此诗	无此诗	相同	
《题梓桐帝庙》	无此诗	无此诗	无此诗	
《题昭烈庙》	无此诗	无此诗	相同	
《题汉高庙》	无此诗	无此诗	相同	
《过细柳营》	无此诗	无此诗	相同	
《到会同馆见程副使》	无此诗	无此诗	无此诗	
《皇明制度》	无此诗	诗题目不同，《皇朝制度》，诗文同	无此诗	
《公馆即事》	相同	无此诗	无此诗	
《长安早朝回》	无此诗	无此诗	无此诗	
《送白指挥回广西》	诗题同，比《梅岭使华诗集》少四句	无此诗	无此诗	
《遇琉球国使》	诗题同，比《梅岭使华诗集》少四句	诗题为《送琉球国使》，诗文同	无此诗	
《公馆重九书怀》	相同	无此诗	无此诗	
《冬月公夜述怀》	无此诗	无此诗	无此诗	
《戊戌年贺寿》	无此诗	无此诗	无此诗	
《须家酒津》	无此诗	无此诗	无此诗	
《张家庸即见》	无此诗	无此诗	无此诗	
《叙情寄》	诗题不同，《叙情寄文范逸在京》，诗文同	无此诗	无此诗	
《回到扬州府城》	个别字不同	无此诗	无此诗	
《汉伏波将军马元帅庙》	无此诗	无此诗	无此诗	

（续上表）

诗题名 \ 诗集名	《梅岭使华诗集》	《使华手泽诗集》	《梅岭使华手泽诗集》	《旅行吟集》
《使回见天朝思明府黄大爷》	无此诗	无此诗	无此诗	
《天朝南宁府二黄爷》	诗题不同。《喜接天朝南宁府二黄爷》，比《梅岭使华诗集》少一首	无此诗	无此诗	
《见吴都备》	无此诗	无此诗	无此诗	
赠杨台爷诗35首诗	只有第一首	无此诗	无此诗	
《北京城》	无此诗	无此诗	无此诗	
《通州城》	无此诗	无此诗	无此诗	
《武清县城》	比《梅岭使华诗集》少三首	无此诗	无此诗	
《直沽城》	相同	无此诗	无此诗	
《静海县城》	比《梅岭使华诗集》少两首	无此诗	无此诗	
《青县城》	诗题为《清县城》，诗文同	无此诗	无此诗	
《滹沱河》	无此诗	无此诗	无此诗	
《兴济县城》	诗题为《青县城》，诗文同	无此诗	无此诗	
《沧州城》	相同	无此诗	无此诗	
《吴桥县城》	无此诗	无此诗	无此诗	
《德州城》	相同	无此诗	无此诗	
《临清县》	无此诗	无此诗	无此诗	
《东昌府城》	无此诗	无此诗	无此诗	
《张秋镇》	无此诗	无此诗	无此诗	
《济宁州城》	无此诗	无此诗	无此诗	
《彭城》	无此诗	无此诗	无此诗	
《夕浃品梁渡》	诗题不同，《次吕梁即景》，诗文同	无此诗	无此诗	
《邳州城》	无此诗	无此诗	无此诗	
《宿山县城》	无此诗	无此诗	无此诗	

（续上表）

诗题名＼诗集名	《梅岭使华诗集》	《使华手泽诗集》	《梅岭使华手泽诗集》	《旅行吟集》
《桃花县城》	诗题同，个别字不同	无此诗	无此诗	
《清河县城》	诗题同，个别字不同	无此诗	无此诗	
《租湖》	诗题不同，《咀胡》，诗文同	无此诗	无此诗	
《淮安府城》	诗题不同，《淮阴府城》，诗文同	无此诗	无此诗	
《镇州府城》	相同	无此诗	无此诗	
《丹阳县》	诗题同，个别字不同	无此诗	无此诗	
《常州府》	无此诗	无此诗	无此诗	
《无锡城》	无此诗	无此诗	无此诗	
《苏州府城》	无此诗	无此诗	无此诗	
《吴江县城》	无此诗	无此诗	无此诗	
《过登云桥》	相同	无此诗	无此诗	
《崇德县城》	无此诗	无此诗	无此诗	
《杭州府城》	相同	无此诗	无此诗	
《福阳县城》	相同	无此诗	无此诗	
《过严先生祠》	无此诗	无此诗	无此诗	
《严州府城》	相同	无此诗	无此诗	
《兰溪县县城》	无此诗	无此诗	无此诗	
《衢州县城》	无此诗	无此诗	无此诗	
《常州县城》	无此诗	无此诗	无此诗	
《玉仙县城》	无此诗	无此诗	无此诗	
《上饶县城》	无此诗	无此诗	无此诗	
《弋阳县城》	无此诗	无此诗	无此诗	
《贵溪县城》	无此诗	无此诗	无此诗	
《安山县城》	无此诗	无此诗	无此诗	
《丰城县城》	无此诗	无此诗	无此诗	
《新淦县城》	无此诗	无此诗	无此诗	
《吉安府城》	无此诗	无此诗	无此诗	

（续上表）

诗集名 诗题名	《梅岭使华诗集》	《使华手泽诗集》	《梅岭使华手泽诗集》	《旅行吟集》
《泰山县城》	无此诗	无此诗	无此诗	
《峡安县城》	无此诗	无此诗	无此诗	
《万安县城》	无此诗	无此诗	无此诗	
《赣州府城》	无此诗	无此诗	无此诗	
《南雄府城》	无此诗	无此诗	无此诗	
《韶州府城》	无此诗	无此诗	无此诗	
《英德县城》	无此诗	无此诗	无此诗	
《清远县城》	无此诗	无此诗	无此诗	
《肇庆府城》	无此诗	无此诗	无此诗	
《梧州府城》	无此诗	无此诗	无此诗	
《藤县城》	无此诗	无此诗	无此诗	
《平南县城》	无此诗	无此诗	无此诗	
《浔州府城》	无此诗	无此诗	无此诗	
《贵县城》	无此诗	无此诗	无此诗	
《横州城》	无此诗	无此诗	无此诗	
《永淳县城》	无此诗	无此诗	无此诗	
《南宁府城》	无此诗	无此诗	无此诗	
《到临州城》	无此诗	无此诗	无此诗	
《太平府城》	无此诗	无此诗	无此诗	
《思明府》	无此诗	无此诗	无此诗	
《镇南关》	无此诗	无此诗	无此诗	
无此诗	《到宿州答都督元帅》，诗文：“礼略文才奕世荣，将星光衣衣寿星明。皇天有意扶星祚，留与元耆到太平。”	无此诗	无此诗	
无此诗	《宝应县城即景》，诗文“河连襟带通淮甸，地径咽喉限楚城。照栏玲珑江月白，凝笳呜咽水风清”。	无此诗	无此诗	

（续上表）

诗集名 诗题名	《梅岭使华诗集》	《使华手泽诗集》	《梅岭使华手泽诗集》	《旅行吟集》
无此诗	《嘉兴府城即景》，诗文："会稽古郡江山秀，隽李金城人物嘉。潮泓光遥天上月，云开影弄水边花。"	无此诗	无此诗	
无此诗	无此诗	陈朝状元自贺生子（为杂抄诗）	无此诗	
无此诗	无此诗	黎朝天晓探花尚书阮贵德逢洪水送各处丞宪府县官	无此诗	
无此诗	无此诗	明朝李先生百咏诗一百零二首。	无此诗	

比较上述表格，其中《梅岭使华诗集》收录最为全面，而《梅岭使华手泽诗集》与《使华手泽诗集》收录不及一半。至于《旅行吟集》，笔者以为并非完全为冯克宽所作。

据《越南汉文燕行文献目录提要》载，《旅行吟集》录诗80首，作者不详，《越南汉文燕行文献集成》作者之一朱莉丽，"据其中《与滕尹赵侯相见赵尹名邦清乙未科进士》诗题，及其尾注'赵见诗曰：安南国使冯敬齐，学问深远，字画神妙'云云，可知作者姓冯，曾与滕县县令赵邦清相识。按赵氏令滕县在明万历二十一年至二十六年（1593—1598），时当越南后黎朝黎世宗光兴十六年至二十一年，其间出使中国且冯姓者，为冯克宽，号敬斋"。因此推论"本书作者即冯克宽"①。

本文考察冯克宽使华行程及诗作内容，发现《旅行吟集》并非冯克宽一人所作，可能是抄录者将两位使华者的诗作合录一集。理由有三：

第一，诗文前后之行文明显不同，从卷首之"潇湘春晚"至卷中之"过关自述"是属喃文诗作，而后全部是汉文诗品。

第二，诗集前半部分有"潇湘春晚"、"洞庭闲咏"、"黄鹤楼游兴"等诗，考此次冯克宽使华行程，并没有到湖南、湖北等地，这明显不应该是冯克宽的诗文。而《梅岭使华诗集》中亦有途经江州、采石矶、乌江、扬州、桃源、望夫石等诗文。但诗风和内容与《旅行吟集》所录有明显的不同。《旅行吟集》所录上述地方的诗作，亦不应是冯氏之作。

第三，就诗文风格而言，前后部分也有较大的差异。前半部分诗文以汉字喃字夹杂为

① 朱莉丽：《越南汉文燕行文献目录提要》，《越南汉文燕行文献集成》第1册，上海：复旦大学出版社2010年版，第155页。

主，诗风较为豪放，以抒情为主；后半部分全是汉文诗，诗风则显得朴实，以写实为主。

基于以上的分析，本文认为，《旅行吟集》的后半部分为冯克宽的诗集，而前半部分的作者应该另有其人。

五、《梅岭使华诗集》的史料价值

冯克宽以七十高龄，肩负恢复明、安邦交关系的重任。出使明朝途经广西、广东、江西、浙江、江苏、山东、河北、天津，至北京，涵盖明朝较为富庶的东部、东南部。其以一个域外知识精英参与重大的邦交活动，审视中国当时的社会状况，并以诗文形式记录了所见、所闻、所思、所想，为我们保留了宝贵的史料。

《梅岭使华诗集》的内容大致可以分为四个部分：第一，万历皇帝寿庆贺诗。第二，与中国士大夫之间的唱和。第三，与朝鲜、琉球使臣之间的唱咏。第四，对中国名胜古迹之感怀。现列表如下：

表二

<table>
<tr><th>诗文类别</th><th colspan="2">数量</th><th>备注</th></tr>
<tr><td>万历皇帝寿庆贺诗</td><td colspan="2">31 首</td><td>如《一东》、《二冬》 等。</td></tr>
<tr><td>与朝鲜、琉球使臣之间的唱和</td><td colspan="2">38 首</td><td>如《遇琉球国使》、《梅南毅斋肃次朝鲜使李相公诗韵》 等。</td></tr>
<tr><td>冯克宽对中国山水的描述</td><td colspan="2">10 首</td><td>如《过华山》、《题穿山驿》、《彭泽湖》、《滹沱河》 等。</td></tr>
<tr><td>冯克宽对中国名胜古迹的赞誉</td><td colspan="2">11 首</td><td>如《题飞来寺》、《过张丞相祠堂》、《题汉高庙》、《伏波将军庙》 等。</td></tr>
<tr><td rowspan="2">冯克宽与中国士大夫、文人的交流</td><td>赠答酬唱</td><td>赠与杨寅秋诗文一卷 32 首、其他 11 首</td><td>如《到广西答靖王仲夏诗》、《见吴督备》、《与滕县尹赵侯诗》 等。</td></tr>
<tr><td>题词作序</td><td>到广西在扇子上题诗有 12 首、其他题诗 7 首</td><td>如《肇庆府董、陈二贵请笔》、《题赵侯画像》 等。</td></tr>
</table>

冯克宽使华诗作的价值主要体现在：一是如实记录了冯克宽在华的主要活动情况；二是客观反映了明朝中国社会的现实；三是展现冯克宽文化观；四是明朝贡道路线的实证（将另文详考）。

1. 冯克宽在华活动情况

1597 年，冯克宽以安南国使臣的身份从广西镇南关入境，沿途拜谒了靖江王以及各地方大员，凭吊先贤陵墓，游览名胜古刹。至北京后，除交涉邦交事宜外，曾获得神宗皇帝赐宴，频繁与朝鲜王国使臣李睟光往来唱和，以及与琉球王国使臣互动。

冯克宽入境之始，即拜谒了广西按察司副使、左江兵备道杨寅秋，极力称许杨在此次明、安恢复邦交中的贡献。杨寅秋，字义叔，号临皋，江西庐陵人。以平贵州苗民事件得升广西按察使副使，兼左江兵备道。在此次安南王裔黎维潭求贡请封的交涉过程中，杨寅秋以既尊重历史，又不偏离现实的务实精神处理安南国黎、莫两个政权之争，提出了“不拒黎、不弃莫”① 的处理方针，为中兴黎朝与明朝恢复邦交关系奠定基础。因此，冯克宽有感而发，述诗 32 首以颂其功德，他在求谒书中称：“昔者黎始视既赖杨大学士文员公扶持营救之力，兹黎该国，又蒙杨兵巡遂宽公主张成就之功，这至盛德在公家万世，在南国万万世矣。”② 其诗曰：“休容况有大臣望，以我公能保我黎。”③ 又曰：“北南活亿侪生命，万古生祠炳若新。”④ 由此可见，冯克宽对杨寅秋之褒扬、感激之意。

在京城的交游活动中，最引人注重的是，冯克宽与朝鲜使臣李睟光的互动。冯克宽与李睟光共有 9 次唱和。

李睟光（1536—1628），字润卿，号芝峰，曾任大司成、大司宪、吏曹判书等职。他是朝鲜 17 世纪著名的学者、实学思想家，曾三次出使明朝。明万历十八年（1590），他以书状官的身份入明；明万历二十五年（1597），他以进慰使的身份再度出使；明万历三十九年（1611），他又以奏请使的身份出使明朝。在李睟光的《朝天录》中，《安南国使臣唱和问答录》是他于 1597 年入明时与安南使臣冯克宽的唱和之作。冯克宽在《梅岭使华诗集》的诗文中也记载了他与李睟光的诗文交往。冯克宽在《答朝鲜国使李睟光》一诗中云：“义安何地不安居，礼接诚交乐有余。彼此虽殊山海域，渊源同一圣贤书。交邻便是信为本，进德深惟敬作舆。记取使诏还国日，东南五色望云车。”⑤ 李睟光也在赠给冯克宽的诗文中写道：“我居东国子南乡，风俗文章接百王。使节旋观周礼乐，贺冠同缀汉衣裳。雷趋殿阁迷仙杖，烟矗宫炉识御香。偏沐皇恩昭盛事，疆拈花笔借揄扬。”⑥ 越南和朝鲜都属于中国汉文化圈内，正是由于两国文化渊源的共同性才有两国的文化相似与共同的对汉文化的认同，其中“渊源同一圣贤书”、“ 贺冠同缀汉衣裳”是文化认同的体现。越南与朝鲜都受到中华汉文化的熏陶，两国使臣在出使之时相聚于异国，容易产生心理的共鸣，有着相通的思想观念和相近的价值理念，因此他们才能相互吸引，并互称为知己。1772 年越南使臣武辉珽曾记载了他出使时遇见朝鲜国使：“共球盛会，萍水良缘。虽东海南海，利地有万千。而心契道同。……已喜衣冠无异制，更征图牒有同文。”⑦ 而黎贵惇则记载了其与朝鲜使臣会于北京鸿胪寺演礼场并收到礼物：“演礼鸿胪适遇，各通姓名，坐谈片刻，既归返，送以药丸。凡方物颇有厚意。”⑧ 正是因为两国使臣有着共同的汉文化认同感，而所谓的“同”是指中国传统文化中儒家文化的认同，两国深受儒家文化的影响才使得两国使臣能够以诗文为载体来交流学识和思想。

2. 客观地反映了晚明中国社会的风俗民情

综览《梅岭使华诗集》，不难发现，冯克宽在使华期间，其来回程的诗作，所展现的心境、关注的内容有着明显的不同。由于中兴黎朝在与明朝交涉请贡求封过程中，双方缺乏足够的信任，黎朝在送往使臣时，大臣均诚惶诚恐，冯克宽以 70 岁高龄勇扛此任。因此，来

---

① （明）杨寅秋：《临皋文集》，卷四“绥交上三院揭帖”，影印文渊阁四库全书。

② ［越］冯克宽：《梅岭使华诗集》，越南汉喃研究院藏本，编号 A241，第 43 页。

③ ［越］冯克宽：《梅岭使华诗集》，越南汉喃研究院藏本，编号 A241，第 45 页。

④ ［越］冯克宽：《梅岭使华诗集》，越南汉喃研究院藏本，编号 A241，第 43 页。

⑤ ［越］冯克宽：《梅岭使华诗集》，越南汉喃研究院藏本，编号 A241，第 12 页。

⑥ ［越］冯克宽：《梅岭使华诗集》，越南汉喃研究院藏本，编号 A241，第 13 页。

⑦ ［越］武辉珽：《华程集》，《越南汉文燕行文献集成》第 21 册，上海：复旦大学出版社 2010 年版，第 353 页。

⑧ ［越］黎贵惇：《桂堂诗丛选》，《越南汉文燕行文献集成》第 22 册，上海：复旦大学出版社 2010 年版，第 65 页。

时，他的诗作更多可视为“政治诗”。而在回程时，他的政治任务已经完成，心情愉悦，沿途更多地体察民情风俗。

在冯克宽的回程诗文中，我们可以看到一个外国使臣对东南与岭南不一样风情的描述。在东南地区，大运河两岸，商业繁盛，商客来往频繁。冯克宽自出北京，抵达通州，发现“东城东出是通州，城郭人民大紧稠。京国路驰千辇骑，族家门泊万方舟”①。到了静海县城“官清事简民歌乐，湖大船高客快驰”②。到青州则是“四望江山堪入画，一回民物与为春。贸丝买卖人趋市，立马棋州客问津”③。

在宿山县城“层层雉堞依山立，片片鸣墙逐水飞。人自南来驰北上，客从北往赴南归”④。在扬州“腰钱骑鹤上扬州，第一奇观天下无。二十四桥风月景，几千余丈海山图。紫英红蕊万花会，绿美朱莲十里湖。自惜何人耽独乐，锦帆日驾向江都”⑤。在常州的景象则是“门外津迷千舸舰，水边影浸两楼台”⑥。在杭州，作者西湖游春，情景热闹非凡，“西湖画舫喧歌鼓，便见都人游赏春”⑦。冯克宽还注意到东南的织造业，其《张家庸即见》称：“绣跬归女奔如电，弄钵园梨转似车”⑧，描写了丝织作坊里忙碌的情景。其他如农桑也进入了冯氏的诗作之中，所谓“农歌乐在农桑业”，⑨“翳野桑麻条远扬”⑩。其于岭南地区则重视民俗之古朴，如《肇庆府城》“海南自南犹越俗，古端自古肇唐辰”⑪，《梧州府城》“界疆自古天书定，民物犹今土俗同”⑫，《藤县城》“京国饱尝芩茗酪，今来复始见姜榔”⑬，《贵县城》“贵而名县郁村□，富以为雄瓯骆民。万古依然风景在，几春秋见几番新”⑭。

3. 记录了中国名胜古刹的相关传说

冯氏在其诗作中偶有题注，介绍当地的沿革与传说。如《题飞来寺》称：

> 寺在韶州府清远县，一水之傍，万山之中，自舒州飞来，四顾尘嚣，景甚清丽，乃大明第一禅天也。世传此寺自舒州飞来，带浔佛像铜钟，住在山岭，其钟落在南山岭上，今镇在此处，闻鼓而应。寺缺一角，挂在梅岭。孙恪娶袁氏女，育二子，后挈家过端州，即今两广军门袁，欲游夹山寺，云旧门徒既至，熟其路。持碧玉环献僧。有野猿数十，连臂而下，袁恻然题云，不如逐伴归山去。长啸一声缥雾深，掷笔化为猿而去，老僧方知旧养猿，高力以束帛易之碧玉环，随猿而去。⑮

① ［越］冯克宽：《梅岭使华诗集》，越南汉喃研究院藏本，编号 A241，第 52 页。
② ［越］冯克宽：《梅岭使华诗集》，越南汉喃研究院藏本，编号 A241，第 53 页。
③ ［越］冯克宽：《梅岭使华诗集》，越南汉喃研究院藏本，编号 A241，第 54 页。
④ ［越］冯克宽：《梅岭使华诗集》，越南汉喃研究院藏本，编号 A241，第 56 页。
⑤ ［越］冯克宽：《梅岭使华诗集》，越南汉喃研究院藏本，编号 A241，第 41 页。
⑥ ［越］冯克宽：《梅岭使华诗集》，越南汉喃研究院藏本，编号 A241，第 56 页。
⑦ ［越］冯克宽：《梅岭使华诗集》，越南汉喃研究院藏本，编号 A241，第 60 页。
⑧ ［越］冯克宽：《梅岭使华诗集》，越南汉喃研究院藏本，编号 A241，第 40 页。
⑨ ［越］冯克宽：《梅岭使华诗集》，越南汉喃研究院藏本，编号 A241，第 55 页。
⑩ ［越］冯克宽：《梅岭使华诗集》，越南汉喃研究院藏本，编号 A241，第 60 页。
⑪ ［越］冯克宽：《梅岭使华诗集》，越南汉喃研究院藏本，编号 A241，第 64 页。
⑫ ［越］冯克宽：《梅岭使华诗集》，越南汉喃研究院藏本，编号 A241，第 65 页。
⑬ ［越］冯克宽：《梅岭使华诗集》，越南汉喃研究院藏本，编号 A241，第 65 页。
⑭ ［越］冯克宽：《梅岭使华诗集》，越南汉喃研究院藏本，编号 A241，第 66 页。
⑮ ［越］冯克宽：《梅岭使华诗集》，越南汉喃研究院藏本，编号 A241，第 29～30 页。

此飞来寺在清远峡山之上，冯克宽路过此处，参观寺庙后还饶有兴致地记录了寺庙飞来的传说。在《明一统志》中也有关于飞来寺传说的记载，[①] 与冯克宽之记载虽有出入，但大致意思相同，且冯氏记载较为详细。《到曹溪》，题注载："在韶州府共德县篆里驿。梁天监元年，有僧智药，泛船到韶州漕溪水口，因闻乃云此去百七十余年，当有无上法宝在此演法，今天竺南华是也。"[②] 其《庾岭梅岭》注曰："北有古梅六七株，英州司寇所植三十株。"[③] 可见梅岭赏梅，古已有之。《彭祖庙》注曰："彭祖徐贤大夫，以钱公位，尧封于唐彭，官任七百载，四十九夫人，五十四男子。每年二八月十五日奉祀，既大彭也。以钱铿之后，为大彭，亦彭祖，自尧历夏殷，封于大彭城八百岁。尝会村人于幔亭。"[④]

4. 展现冯氏的文化认同与国家独立观念。

安南王国自明宣德弃守后，黎利建立新王朝。他在政治制度上极力模仿明朝的体制，在文化教育方面追步于明朝科举制度。[⑤] 因此，冯克宽自幼即接受了中华传统文化教育，对三纲五常之思想有着深刻的认识，在篡国谋权的莫氏政权，他拒不出仕，直至黎朝复国后，始参与科举，高中状元。冯氏在其诗文中，深深表露其对中华传统的仰慕与承受，在《冯三次答海东诗韵》写道："居乡必择鲁邾乡，讲道同归孔素王。学海浚深渊瀚浩，笔花生彩色黄裳。"[⑥] 在《七次答东海金萧逸士诗韵》："欲之齐语必齐居，目下丝毛听见馀。万圣千贤同一揆，百家诸子罔殊书。辰平乃愿师宣子，统正深期接子舆。两老喜逢尧舜世，京华再睹会同车。"[⑦] 又有道："少同孟氏接邻居，年壮而行学力馀。佐主本从身道德，泽民全是腹增诗书。"[⑧] 关于明朝与安南国的关系，冯氏以为乃兄弟之国，应同舟而共济，所谓："暨东渐陶教化，阳回春煦满堪舆。古云四海皆兄弟，相济同舟共出车。"[⑨] 他认为明安两国山海虽殊，但却同文又同种，诗曰："彼此虽殊山海域，渊源同一圣贤书"[⑩]，"三川封域虽非异，礼乐衣冠是则同"[⑪]。安南偏居东南，却也是文献之邦，自古仰慕天朝，献雉纳贡，诗曰："东南自古是文乡，千古皆来效见王。享用九三恭有命，顺从六五叶坤裳"[⑫]，又曰："雨教仁风暨日南，庭入九州归辙一"[⑬]，"众星旋绕紫薇庭，南来茅贡供常职"[⑭]。他在《答芝峰道人诗韵》中写道："起身卿相自闾乡，奏国书来朝聘王。执贽将诚通撵篚，转寒回暖袭毡裳。清光幸接龙颜面，芬馥浓含鸡阁香"[⑮]，又在《公馆冬日即事》写道："土贡喜通

① （明）李贤等撰：《明一统志》卷七九《韶州府》。"广庆寺，在清远县峡山，一名飞来寺。相传寺自舒州飞至此。唐有孙恪者纳袁氏女为室，后至峡山寺，袁持一碧玉环献老僧，僧初不晓。寻有野猿数十扪萝而跃，袁乃命笔题诗，裂衣化猿而去。老僧方悟，昔为沙门时所养者。玉环则胡人施以系颈者也。"

② ［越］冯克宽：《梅岭使华诗集》，越南汉喃研究院藏本，编号 A241，第 30 页。

③ ［越］冯克宽：《梅岭使华诗集》，越南汉喃研究院藏本，编号 A241，第 31 页。

④ ［越］冯克宽：《梅岭使华诗集》，越南汉喃研究院藏本，编号 A241，第 14 页。

⑤ 陈文：《科举在越南的移植与本土化》，文章详细阐述了越南李朝、陈朝、黎朝对中国科举的移植与模仿。

⑥ ［越］冯克宽：《梅岭使华诗集》，越南汉喃研究院藏本，编号 A241，第 14 页。

⑦ ［越］冯克宽：《梅岭使华诗集》，越南汉喃研究院藏本，编号 A241，第 18 页。

⑧ ［越］冯克宽：《梅岭使华诗集》，越南汉喃研究院藏本，编号 A241，第 15 页。

⑨ ［越］冯克宽：《梅岭使华诗集》，越南汉喃研究院藏本，编号 A241，第 13 页。

⑩ ［越］冯克宽：《梅岭使华诗集》，越南汉喃研究院藏本，编号 A241，第 12 页。

⑪ ［越］冯克宽：《梅岭使华诗集》，越南汉喃研究院藏本，编号 A241，第 39 页。

⑫ ［越］冯克宽：《梅岭使华诗集》，越南汉喃研究院藏本，编号 A241，第 15 页。

⑬ ［越］冯克宽：《梅岭使华诗集》，越南汉喃研究院藏本，编号 A241，第 11 页。

⑭ ［越］冯克宽：《梅岭使华诗集》，越南汉喃研究院藏本，编号 A241，第 10 页。

⑮ ［越］冯克宽：《梅岭使华诗集》，越南汉喃研究院藏本，编号 A241，第 17 页。

将贽享，天恩欣戴袭荣对。大明万古干坤在，长照尧畿海岳嵩。”①

冯克宽作为一名使臣，虽然对中华文化与明安关系的认知较为理性，但其家国情怀也同样的深刻与真挚。他在启程北使时，自唱自和22首诗，就是这种情感的表白。冯氏认为此次北使旨在却兵修盟，泽惠百黎，所谓：“此行事事敢云堪。三千驿路驰须辔，几个征夫总役男。邻结齐盟兵甲却，庭观周乐器名谙。从今两国归于好，千里波澄桂海南。”② 又说：“功成事济凭忠义，亿万生灵活北南。”③ 此次北使，形势艰困，责任重大，初时安南国内臣子多托词躲避，冯克宽敢以七十高龄，勇担此任，正是表达其对国家的情愫，忧国忧民之思，重振国威之意志。其诗写道：“和好欲求通上国，咨询要浔有真男。潜龙肯许鱼虾亵，翥凤宁能燕雀谙。专对此行求事济，国威庶壮我梅南。”④ 又曰：“一身常五与纲三，任重将何担浔堪。此行但愿全君命，庶国威伸我越南。”⑤ 一付铁血男子之豪情，忠君报国之志向，表露得淋漓尽致。

① ［越］冯克宽：《梅岭使华诗集》，越南汉喃研究院藏本，编号A241，第39页。
② ［越］冯克宽：《梅岭使华诗集》，越南汉喃研究院藏本，编号A241，第23页。
③ ［越］冯克宽：《梅岭使华诗集》，越南汉喃研究院藏本，编号A241，第21页。
④ ［越］冯克宽：《梅岭使华诗集》，越南汉喃研究院藏本，编号A241，第21页。
⑤ ［越］冯克宽：《梅岭使华诗集》，越南汉喃研究院藏本，编号A241，第23~24页。

“西来孔子”艾儒略研究

叶　农

艾儒略，字思及（Julius Aleni，1582—1649），明末来华的著名意大利籍耶稣会士。在天主教传华史上，他堪称处于先驱者罗明坚（Michel Ruggieri，1543—1607）、利玛窦（Mathieu Ricci，1552—1610）时代与著名的汤若望（Jean Adam Schall Won Bell，1591—1666）、南怀仁（Ferdnand Verbiest，1623—1688）时代之间的第二代耶稣会最为杰出的传教士之一。[①]

他循着利玛窦的足迹前进，和利玛窦一样均是晚明知名的耶稣会士，利玛窦由南往北，从边区往北京发展；艾儒略由北往南，着重发展边区小城镇。两人一南一北，一个走上层路线，一个侧重民间，为明末清初天主教在中国的传播立下了汗马功劳。他的成就堪与中国传教事业奠基人利玛窦相媲美。

他一生致力于天主福音在中国地区，尤其是在福建地区的传播，而且采用了许多行之有效的传教方法，使其传教事业达到了顶峰。通过努力，他为自己赢得了“福建宗徒”的美称。从此可以看出，如果说利玛窦是天主教在中国传播的总设计师，那么艾儒略就是其设计的执行者之一，而且是其中的佼佼者；如果说利玛窦是筚路蓝缕的拓荒人，那么艾儒略就是“继往开来，勇于创新”的后继者；如果说利玛窦做的是制造氛围、倡导风气、开创局面，那么艾儒略做的则是具体细致、身体力行的工作。

他有渊博的学识，与中国知识分子广泛交游。在中西文化交流过程中，他同样发挥了重要作用，与利玛窦并称“利艾”、“一代巨人”，并被誉为“西来孔子”。而且这样的称呼，就连开创中国传教事业的利玛窦也未曾获得过。方豪神父说：“在中国天主教外来传教士中，再也没有比艾儒略更受学者欢迎的。《圣教信征》说他被目为‘西来孔子’，这样崇高的尊称，连利玛窦也没有获得。”[②]

为了更好地传教，他用汉语进行著述，这些著作的数量多达24部，这是前无古人，后无继者的巨大工程。虽然这些著作的刻印出版都曾获得过一些中国文人在文字上的帮助，但它们均出自艾儒略之手，这亦从另一个侧面反映出他汉语水平之高。可以说，艾儒略是继利玛窦之后来华传教士中汉语程度最高的传教士。

一、传奇一生与福建之难

（一）来华之前

艾儒略，1582年生于意大利阿尔卑斯山脚的布雷西亚（Brescia）城。1600年入会，11

① 转引自［意］柯毅霖（Gianni Criveller）著，王志成等译：《晚明基督论》（*Preaching Christ in Late Ming China*），成都：四川人民出版社1999年版，第161～162页。

② 方豪：《中国天主教史人物传》，上海：天主教上海教区光启社2003年版，第134页。

月1日进入耶稣会会士见习期。

1602年，经发愿后被送到帕玛（Parma）耶稣会大学学习哲学（从1603年9月1日起，他还学习逻辑学一年），一直至1605年。他所学习的哲学及其他科学知识可能来自于在葡萄牙科英布拉耶稣会大学所编辑的亚里士多德教材。这些知识构成了其中文著作《西学凡》、《性学觕述》的主体。在帕玛耶稣会大学及其后的罗马学院，他经历与见证了大学生活。这构成了他在《西学凡》及其他地理学著作中关于欧洲大学教育的描述。而在帕玛，他的数学老师是Giuseppe Biancani, S. J.（1566—1624）。这位老师曾师从Cristofero Clavio, S. J.，与利玛窦一起学习数学。虽然是伽利略的朋友之一，但Biancani却相信亚里士多德——托勒密天主学体系。艾儒略作为其学生之一，将这个天文学体系带到了其中文著作中。

在1605年，他完成哲学学习后，在Bologna的dei Nobili学院任教，教授人文科学。1607年12月，艾儒略进入著名的罗马学院学习神学。在那里，他可能遇到了17岁的汤若望，后者成为所有入华耶稣会士中最著名的一位。

艾儒略很早就选择了献身传教事业。早在1603年5月16日，他就写信给耶稣会总会长Claudio Acquaviva，正式提出到秘鲁传教。他的申请得到了批准，1609年被派往中国传教。不像其他被派往中国的耶稣会士，艾儒略并没有完成其硕士学位的学习。艾儒略从罗马出发，经陆路来到了Bologna和Genoa，又经海路来到巴塞罗那，并穿过伊比利亚半岛来到里斯本。这是他看欧洲的最后一眼。他的地理著作中曾有一些他对欧洲旅行的回忆，这些回忆也是对他思乡情结的慰藉吧。

1609年3月23日，他从里斯本乘坐“Nossa Senhora de Piedade”号船出发。同行者中，有两位前往中国的其他年轻耶稣会士毕方济（Calabrian Frnacesco Sambiasi, 1582—1649）和史惟贞（Pierre van Speire, 1584—1628）。他们沿途经历了里斯本、Canaries、好望角、马达加斯加、果阿（Goa）、锡兰、马六甲海峡，最后到达了中国。1610年1月9日，艾儒略在果阿（Goa）的Salsette观察到了一次月食。在旅途中，他被大海震慑住了，故他关于大海航行的记载，是不会不打动没有航海经验的中国士大夫的。

（二）来华之后

1610年1月，他到达澳门，并在耶稣会修道院里教授数学2年，又任初学修士导师3年。在此，他一方面进行旅途后的休养，另一方面学习汉语。他“资颖绝超”，仅两三年，便对“中华典籍，如经史子集、三教九流诸书靡不洞悉”①，为以后娴熟地掌握中文阅读与写作能力打下了坚实的基础。

1613年初，艾儒略终于进入内地。入华之后，首先因精通希伯来文的缘故，被派往开封与当地犹太人接触。早在利玛窦在世前（1605年），开封犹太人的存在便被发现。然而1613年，艾儒略前往开封的时间距1605年已有八年之久，犹太教老掌教已过世，而接任者不愿出示犹太经典，因此艾儒略只能参观该寺，无功而返。他成为继利玛窦之后耶稣会士中第二位研究中国犹太教的会士。②

返回北京后，他在此结识了徐光启。徐光启是中国最重要的信徒之一。同年秋，徐光启便因病告归上海，艾儒略也跟着他回到江南，一直待到1616年。在1616—1617年南京教案

---

① 见李嗣玄：《思及艾先生行迹》，本次整理将其收入本集之附录一。

② 见刘志庆：《近代天主教在河南九个教区的形成与发展》，载《中国天主教》2005年第2期。

期间，艾儒略与其他耶稣会士一起在杭州杨廷筠家避难。此时，杨廷筠辞官在家，艾儒略等在杨的指导下进一步学习汉语，研讨中国典籍，取得很大进步。

1618年，艾儒略开始在杭州活动。[①] 他认识了皈依者李之藻，并于1620年在杭州为李之藻母亲行终傅礼。而本来犹豫不决的杨廷筠，经他说服，亦成为皈依者。徐光启、李之藻、杨廷筠被视为中国最重要的三位皈依者，被称为“三柱石”。

1619年底至1620年初，时任扬州同知的马呈秀向徐光启写信，请求派遣一位传教士辅导其学习西学。徐光启推荐了艾儒略。他循循善诱，1620年3月，为马呈秀施洗，使马呈秀皈依天主教。受洗后，取教名伯多禄（Pierre）。他又劝说其他数人入教，扬州成为他的第一个开教点。

1620年，马呈秀赴陕西任职，邀请艾儒略同行。艾儒略随同马呈秀前往陕西商州。在那里他停留了5个月。1621年，他曾前往山西绛州，与韩氏家族会面，为韩氏兄弟（斯德望和多默）全家授洗，并在商州与绛州建立了传教基地。绛州亦因此成为中国天主教的重要基地。

居陕时，他曾言及种植葡萄的优点，并嘱伯多禄试种，以便能就近获得为弥撒所用的葡萄酒。因为像陕西等边远地区，很难获得此酒。若从澳门运来，势必耗时费事，而且困难重重。试种结果极佳，人们普遍满意，传教士们尤其满意。

1621年，反教活动又一次兴起，为避教难，他离开绛州，到河南郑州与马呈秀会面，一同南归扬州。之后，马呈秀往福建任福州佥事，艾儒略则于是年底返回杭州。盖当时福建没有天主堂，况且语言不通，而且马呈秀亦非当地人，没有人可以帮助他。反观当时的杭州乃是北京以外另一个传教中心地，一南一北相互辉映。除艾儒略外，杭州尚有阳玛诺（Manuel Diaz，1574—1659）、金尼阁（Nicolas Trigault，1577—1628）、傅汎际等耶稣会士。1623年，李之藻与傅汎际二人于此地一同翻译《寰有诠》与《名理探》二书。在杭州，艾儒略为时任杭州教谕的福建晋江士大夫张赓施洗。

费赖之（P. Louis Pfister，S. J.）曾提到艾儒略早有入闽打算，但可能因为福建“风俗放逸、山道崎岖、语言难晓，因是未果”[②]，因此艾儒略选择暂时留在杭州。而且，李之藻之母逝世，艾儒略要为之举行葬仪。居杭时，艾儒略曾为数人授洗。曾有不少新朋老友都请艾儒略神父为他们的妻子和女儿施洗，艾儒略对她们进行辅导后，就为她们授洗。其时在杭州，除李之藻与杨廷筠两进士外，尚有另一进士洗名玛尔定，亦是虔诚教徒，艾儒略经常前往见他。

1622年7月，杨廷筠任河南按察使副使，离开了杭州。次年，艾儒略也到了北京，根据黄伯禄《正教奉褒》所记：“天启三年（1623），艾儒略、毕方济奉召至京听用。”[③] 在京时，“公车士子多与往还”[④]。但同年，艾儒略便离京南返，并接受常熟名士瞿太素之子瞿式彀的邀请，前往其家乡江苏常熟开教。

1624年7月，叶向高辞官返乡，途中路经杭州。当时，李之藻仍在杭州，而此时杨廷筠则于北京任官，应该不是如方豪所说：“过杭州杨廷筠家，请艾儒略入闽开教。”艾儒略

① 见夏瑰琦：《明末天主教杭州开教与活动考述》，载《世界宗教研究》1994年第3期。

② ［法］费赖之著，冯承钧译：《在华耶稣会士列传及书目》（上册），北京：中华书局1995年版，第134页。

③ 见黄伯禄著，韩琦、吴旻校注：《正教奉褒》，北京：中华书局2006年版。

④ 陈垣：《休宁金声传》，载《陈垣学术论文集》第1集，北京：中华书局1980年版，第60页。

曾为李之藻母亲傅油，并通过李之藻的关系得以与叶向高认识，叶向高滞杭期间，艾儒略入谒，这成为其入闽的契机。

艾儒略的大部分中文科学著作都发表于他在杭州的这段时间内。计有：1. 1623年编的世界地图册——《万国全图》。2. 1623年出版的《职方外纪》。3. 1623年出版的《西学凡》。4. 1624年在杭州完成的《性学牗述》。而他的其他两种科学著作则完成于福建：1. 1631年的《几何要法》。2. 1637年出版的《西方答问》。

（三）传教福建与福建之难[①]

从1624年，艾儒略来到福建，到1649年去世，他在福建活动了25年之久。其在福建的活动，大致可以分为教案前（1624—1637年）、教案（1637—1639年）、教案后（1639—1649年）。其间，他取得了辉煌成就，但也经历了许多困难，笔者称之为"福建之难"。其中包括，福建教案与清军入闽之难。

1. 进入福建后：1624—1637年

叶、艾二人相会于杭州后，不久便同船顺闽江南下，1624年12月29日抵达福州城。艾儒略有幸成为踏入福建省会福州府的首名耶稣会士。1625年，他受邀在福州的书院以"天命之谓性"为主题，并提出天主教的观念，与许多福建士人讨论天学，引起正面、负面的反应。因为叶向高的关系，何乔远、苏茂相、黄鸣乔、林欲楫、曾樱、蒋德璟等人都参与其中。李嗣玄说："岁在乙丑，相国叶公致政归，道经武林晤先生，恨相见晚，力邀入闽，先生亦有载道南来意，乃同舫而来，于是前数十公者，雅闻先生名，质疑送难无虚日。"[②]

而艾入闽初期，可能是往返福州与杭州两地，似乎尚未固定居住于福建。方豪所藏《辩学》抄本提到："儒略南归，寓武林，杨中丞淇园馆舍之，教化颇行。天启丁卯建天主堂于观桥西，设学讲论，问道者接踵……又往闽，舍叶文忠向高家，时与文忠公论道三山，著有《三山论学记》。"[③]

1627—1630年之间，因受限于史料，只知道1628年卢安德（Andrius Rudamina，1596—1631）已来到三山，成为艾儒略的助手。1629年，瞿西满（Simão da Cunha，1589—1660）即在建宁府建一教堂，他们彼此之间也有联系。艾在闽的居所主要是"福堂"，此乃1625年为叶益蕃所建，李嗣玄于《思及艾先生行述》说："玄于丙寅夏晤先生于福堂，蒙先生赐以《天学初函》，即津津向慕……先生虽辙无停轨，然居福堂之日为多，此堂先为叶相国长孙高州君暨诸教徒所创建。"[④] 按"丙寅夏"为天启六年（1626），而叶向高长孙即叶益蕃，根据（法）荣振华（Joseph Dehergne，S. J.）研究，1625年4月，叶益蕃邀艾儒略入闽所创立之教堂，应该就是"福堂"，这是艾儒略入闽后第一座天主堂，也是艾儒略在福建的主要据点。

《口铎日抄》的记载从崇祯三年（1630）正月开始，正因为有此书的存在，使我们对艾儒略在这十年间的活动比其他时期清楚得多。1631年底是一个转折点，艾儒略开始往南发

① 见潘凤娟：《西来孔子艾儒略——更新变化的宗教会遇》之相关论述。

② 李嗣玄：《思及艾先生行迹》。

③ 方豪：《中国天主教史人物传》之《艾儒略传》，上海：天主教上海教区光启社2003年版。

④ 李嗣玄：《思及艾先生行述》。

展，进入泉州地区，1635年便在泉州建立一座教堂。史料记载，1631—1635年间艾儒略到泉州四次，停留时间两个月到四个月不等。泉州教堂建立后，艾儒略便长期住在泉州，福州则由林本笃（Benoît de Mattos，1600—1652）和瞿西满负责教务。《口铎日抄》中对1630—1635年的记载最多。此外，有一次考古发现亦对艾儒略在泉州的传教帮助很大。据费赖之说："会有一意外发现，而使信教者骤增。1638年在泉州附近，有异教徒掘地得古石数块，上面刻有十字架像，非常完整①。……华人酷好古物，成群争往观之，其中多人原是好奇而来，因睹此奇石而有所启发，自愿接受教理辅导，终于成为基督徒。"柯毅霖说："泉州十字架的发现对于在泉州和福建的传教事业起到了有力的推动作用。在那几年里，皈依基督教的人数多得惊人，可谓空前绝后。"②

通过李九标、漳州严赞化到泉州与艾儒略会面（目前不清楚严赞化是如何与艾儒略认识的），1633年因严赞化之邀，艾儒略首度进入漳州。这次入漳也是引起反教的一个关键点。黄贞，反教运动的倡导者之一，即是这一年在漳州听到艾儒略讲论天主教之事，因此苦思反教对策，1636年黄贞便继续完成了四个反教文献。

崇祯十年（1637）八月，在颜维圣的陪同之下，艾儒略再度进入漳州。

2. 福建教案与"礼仪之争"：1637—1639年

福建教案的导火线是一件发生在福宁州的逮捕行动。其逮捕驱逐过程被施邦曜记载下来：原告王春，崇祯十年十一月十五日向当时的福建巡抚沈犹龙告密，说他发现四名"夷人"窝藏在福宁州宁德县一位吴姓已故官员家中，因此，沈犹龙下令施邦曜捉拿通夷犯。二十二日，施邦曜会同军官顾世臣以及巡捕典吏何汝焕一同前往吴家庄。当场抓到马方济（Francisco de la Madrede Dios）、阿瑙伯（Onofre Pelleja）、多明我（Domingo Urquicio）三名"夷人"以及福安县人黄尚爱。经押到宁德县衙审问，供出早在崇祯九年（1636）八月即于该县设立"夷馆"，宁德知县曾经下令驱逐，但"夷人"已于八月八日深夜，在中国教徒护送之下搭船逃离。当时，只搜到几名中国人和"天主龛"、"印板"、"卖契"等财物，无功而返。

而这次逮捕，经过审判之后，夷人被驱逐出境，由巡按御史张肯堂批示驱逐，押解回国，藏夷犯以"左道惑众"处刑，并要求藏夷犯到县衙写切结书，保证不再犯。

告示贴出四天后，提刑按察司与福州知府也随后张贴告示表态。提刑按察司徐世荫于《提刑按察司告示》中口气极为严厉，并以京师董一亮、李光福二人因私习邪教而遭到处决的例子，警告福建地区的民众，并且点名将阳玛诺、艾儒略驱除出境。据徐世荫称：

稔闻邪教害人，烈愈长乎。祖宗神主不祀，男女混杂无分，丧心乖伦莫此为甚。且

① ［法］费赖之：《明清间在华耶稣会士列传》原注："关于在泉州发现的3个十字架石刻像，其发现日期、地点，详见（31）阳玛诺传略遗著第四项《景教碑诠》附注。在《景教碑诠》后附有万历乙未（1595年）（一说1619年），及崇祯戊寅（1638），在泉州出土十字架之图三；又Gaillard S. J. 所撰《十字架与卍字》（*Croix et Swastika*），pp. 152～153，亦有著录。此类十字架似为14世纪之遗物。1313年泉州第一任主教为P. Gérard，不久在泉州去世。继之者为P. André de Pérouse，旋辞职；继其后者为P. Pérégrin，1322年去世。原辞职的P. André de Pérouse，在1323—1326年间重新就职。最后一任为P. Jacques de Florence，1362年殉教。（Vid，Gams，Series Episcop，P. 116）。又据《1550年前的中国基督教史》（阿·克·穆尔著，郝镇华译）第三章'刺桐（Zaitun，即泉州）的十字架及其他遗物'一节中，共有4幅十字架像的摹本。其中第4个十字架是1906年塞拉菲·莫雅在泉州附近的一座庙中发现的，其照片已由伯希和教授公布在1914年12月号的《通报》上。（译者附注）"

② 柯毅霖：《晚明基督论》，成都：四川人民出版社1999年版，第167页。

> 呼群引类，夜聚晓散，觊觎非分之福，懒惰生业之营，卒至妄萌鼓乱，名陷逆党，身弃法场。远不具论，即今董一亮等可为殷鉴。除将天主教首阳玛诺、艾儒略等驱逐出境外，合行出禁谕，为此示仰军民人等知悉，以后各方宜行忠孝，保守身家，不得妄习无为、天主邪教。如前已被惑者，今各改过自新，示禁之后，若再执迷不悛，及祖宗神主不祀者，该府县印捕官采访得实，即行擒拿解司，以凭转解两院，尽法重治，各家仍遵。近蒙按院颁行家甲牌上，仍书本甲并无倡习邪教等人。如互相容隐，事发一体连坐，其地方若有教堂妖书，尽行拆毁焚除，不得隐藏，违者该保约并处不贷，各宜恪遵，……①

福州知府吴起龙的《福州府告示》则表示已经将阳、艾等人驱逐外，并鼓励民众密告，严防他们再次潜入。②

其次，此次教案中官府以“左道惑众”的罪名将人入罪，并驱逐传教士，没收教产。艾儒略在福建的传教工作似乎使官方感到压力而欲借此机会加以打击，后来几位官员为耶稣会士辩护的理由便是区别天主教与其他异端的不同（详下文）。然而由于教案后一年之间，《口铎日抄》的记载完全中断，中文文献无法提供证据作进一步的讨论。

实际上，闽浙反教气息乃延续南京教案而来。首先，从反教文献完成的时间来看，可分万历、天启、崇祯三朝。万历时期的文献均与1616—1617年的南京教案有关，天启时期则仅有许大受在1623年完成的《圣朝佐辟》一文，这是一本指名批判艾儒略的著作。崇祯朝的反教文献最多，以释普润《诛左缘起》最早。再从写作地点来看，可分南京、浙江、福建三期，大致可与时间分期配合，闽中反教文献最早由黄贞在1636年完成。从万历以后一直到崇祯末年，反教气息始终存在，从南京扩张至浙闽地区，以崇祯十六年（1643）智旭的《辟邪集》作结。如果梅欧金的考据正确，那么耶稣会阴谋驱逐西班牙修士之举，实际上触发了明末这股蠢蠢欲动的反教、打击异端气息，而且提高了中国人对东南沿海外国人活动已有的戒心。

3．福建教案后：1639—1649年

艾儒略入闽的第三时期，也就是福建教案发生后大约10年之间，艾儒略在闽的活动范围似乎缩小许多，其中1638—1640年这三年间，从《口铎日抄》的记载来看，一直到1639年7月14日可以公开活动之前，他似乎一直在泉州，其中只有1638年9月，在兴化、泉州曾樱的保护下，艾儒略得以前往兴化府的莆田与朱宗伯会面。在泉、兴二府，他仍为教徒举行弥撒。

《口铎日抄》第八卷记载：“越明年乙卯，春正月主日，先生在温陵诏众于堂曰：‘今日新春瞻礼皆有翻然一新景象矣。’”③ 这里“越明年”指崇祯十二年（1639），在这一年一月的某个礼拜天，艾儒略在泉州与几位教徒举行了一次“新春瞻礼”，勉励教徒洗涤灵魂成为新人，可见泉州至少在1639年初即可聚会。

几天后，正月十三日，又举行一次瞻礼，并且提出了一则关于古代两位圣人受迫害的故

---

① 见徐世荫：《提刑按察司告示》，载夏瑰琦校注：《圣朝破邪集》卷二，香港：建道神学院1996年版，第133～134页。

② 见吴起龙：《福州府告示》，载前揭《圣朝破邪集》，第135页。

③ 见《口铎日抄》卷八。

事，勉励教徒学习他们的美德，因为当天正是纪念他们两兄弟的瞻礼。这故事叙述"圣发斯定"与"圣若未大"两兄弟不惧迫害为天主牺牲生命。艾儒略特别强调此二圣人"在生愿舍生不愿背主，死后必在主前享受永福"。当时福建反教气氛尚未完全解除，艾儒略躲在泉、兴二府，教案可能促使许多教徒"不愿舍生而背主"，因而提出此故事，勉励教徒，不要只看到世界上的事，也要想到死后的事，而且强调"生愿舍生"即可"死后享永福"。

五天后，又一次瞻礼，提到耶稣以葡萄园比喻天国的故事，艾儒略对此故事做了一个结论，他说："吾主自古以来，约以受教始终无替者，至审判末日，各偿以天国厚报，先者不增后者不损，盖上主法外之恩有如此也，然吾人必具有二义，方可受恩，一蒙主宠召集欣然赴，一则勤无怠，至终不变，主始酬以宝诺。"①

五天之内，说了两次有关天国的故事和寓言，可能因为教禁使他不能在福建自由传教，而教产、天主教书籍也被破坏，他仅能躲在泉、兴二府的某处，不能自由往来，整个事件令他的心情有所转变，连中国奉教士人也受影响。李九标问道："标奉教于诸先生，六七位在兹矣，诸先生教规划然归一，至若教法之宽严缓急，则微有不同，斯随其性之所近乎？抑教之初辟利用宽，其大行也利用严乎？"②

这问题于此时被提出，或许正因为教案过程中，不同教士意见的分歧，以及教案后传教策略的修正使李九标有此疑惑。艾儒略不仅要重建看得见的教堂，更重要的是重建中国教徒的信心，他入莆阳与朱宗伯会面的原因或正在此。此时的北方也正处于混乱当中，满清入关也使他感到沮丧，有厌世的想法。据《思及艾先生行述》载："丙戌八月闽师大溃，先生寓莆阳进退维谷，先生颇有厌世意，欲周巡吴越，广宣天学，至延津而道梗，闭城者半载。"③

直到1639年7月，艾儒略才又回到福州。根据荣振华的研究，1639年7月14日，艾儒略又可在公开活动中举行弥撒。但这为与《口铎日抄》的记载不符，在第八卷中有一则记录记录了艾儒略在五个月后回到福州的情形：1639年7月10日，与李九标在福州会面，那天也是礼拜天，但却只是他们两人私下见面，7月17日瞻礼，又勉励教徒"涤罪"并要"知恩图报"。

1641年初，艾儒略前往邵武府建宁县与李嗣玄会面，当时担任县令的是左光先，他便是在这个时候发布《建宁县告示》④，期望通过天主教来教化人民。左光先认为列圣、贤士大夫之所以与西儒来往，乃是因为天主教"立教甚正，修己甚严、爱人甚切"，他不愿自己所治理的建宁县落后于他县，因此创建一堂名为"尊亲堂"。据《思及艾先生行述》："乃倡率建堂，颜其堂曰尊亲"⑤。不确定是否为天主堂，重点是他要通过这个堂来教化人民，堂中备有"西儒所刻诸书"，希望士民人等用心研究，以此西学补益王化，关于教案，他说："乃有无知愚民声影生疑，皂白不辨，彼爱我而我反相仇，彼援我而我反自溺，哀哉！"⑥

告示发布在教案后两年（1641年），可视为温和士人对艾儒略等人最后的救援行动。1641—1648年，艾儒略担任中国南部教区副主教。1642年，他因福清新建天主堂而前往，

---

① 见《口铎日抄》卷八。

② 见《口铎日抄》卷八。

③ 见李嗣玄：《思及艾先生行述》。

④ 见（明）左光先：《福建建宁县告示》，台北：利氏学社图书馆藏刻本；亦见《钦命传教约述》，载前揭《徐家汇藏书楼明清天主教文献》第3册，第1249～1332页。

⑤ 见李嗣玄：《思及艾先生行述》。

⑥ 见（明）左光先：《福建建宁县告示》，台北：利氏学社图书馆藏刻本。

1643 年北京情况危急，艾儒略经邵武绥安，将赴史可法之约，但未能成行，所以又回到福州。据《泰西思及艾先生行述》："癸未，师驾再临，仅住堂数日，即赴留都史大司马讳可法之约，将有事澳中，既而以鞭长不及，乃不果。"①

1645 年，隆武帝于福州登基，赐匾予福堂，不久，1646 年清军攻入福州，至少四千人在海口遭清兵杀害。艾儒略逃至莆阳，1647 年，欲转移阵地往杭州一带发展教务，不料，却受困于延平府城。1649 年 8 月，这位伟人在延平城中去世，他的遗体葬于福州北门外的十字山。目前，由于福建市区发展，莲花山墓园一隅辟作天主教公墓，他的墓也由十字山迁至此处。

二、传教成就与传教方式

（一）传教成就

在去福建之前，艾儒略已经在多处开教，归化了许多教徒，参见前述。

进入福建后，经过艾儒略等人的努力，福建传教工作出现了下面的局面②：

1. 教徒激增

从艾儒略入闽至 1637 年福建教案爆发之前，福建天主教徒人数激增。据张先清先生研究："据不完全统计，仅福州一地，在 1637 年底教案发生前约有教徒两千人左右。1634 年艾儒略赴泉州、兴化两地传教，在是年内共有 257 人受洗；而 1633 年他首入漳州时，'归人如市'、'钝汉逐队皈依'。1636 年闽南反教人士黄贞在致其师颜茂猷的信中说：'闽省皈依，已称万数之人。'由此推断，当时福建教徒有近万数是可信的。而据德礼贤统计，崇祯九年（1636）时全国天主教徒约有 38 200 人，按此比例，同时期福建天主徒的人数几占全国的三分之一，由此可见，当时福建天主教的发展是非常快的。'至是为诸省最'。"③

2. 教堂林立

由于教务发展迅速，耶稣会开设的教堂几乎遍及福建各地。张先清先生说："当时，耶稣会所立大小教堂几遍全省各地，至'穷乡僻壤，建祠设馆'，'无智愚贵贱，皆捐资建堂为昭事地，自七郡而邑而乡，凡建堂二十余所'。据费赖之记载，在 1638 年教案发生时，'诸神甫被逐，当时教堂甚多，仅泉州一府有教堂十三所'。……明末福建各府县的天主教堂名目繁多，现可考的教堂堂名有：福州，景教堂、敬一堂、福堂（三山堂）；福清，泽朗堂、龙江雪堂、圣母堂；泉州，景教堂、天学堂、桃源堂；漳州，景教堂；南平，四优堂；建宁，尊亲堂。"④

3. 处处开教

在艾儒略及其他耶稣会士的协助之下，天主教在福建传播开来，出现了处处开教的局面。⑤ 具体情况是：

---

① 见李嗣玄：《思及艾先生行述》。

② 见刘燕燕：《福建开教第一人——"西来孔子"艾儒略》，载《管理与财富》2005 年第 2 期。

③ 张先清：《艾儒略与明末福建社会》（福建师范大学 1995 年硕士学位论文），第 25 ~ 26 页。

④ 张先清：《艾儒略与明末福建社会》（福建师范大学 1995 年硕士学位论文），第 25 页。

⑤ 有学者认为艾儒略曾在客家原乡闽西（汀州）、赣南（赣州）开堂布教（见张英明，徐庆铭：《17 世纪西方耶稣会士传教客家原乡汀赣札记》，载《嘉应学院学报》2006 年第 1 期）。

府县	时间	备注	府县	时间	备注
福州	1617	罗儒望?	惠安	1636	1637 年教堂一
福清	1630	艾儒略，海口（龙江）	安海	1634	聂伯多
长乐	1637		漳州	1617	罗儒望
古田	1639		建宁	1629	艾儒略，瞿西满
连江	1636	是年该地有 17 位信徒	建阳	1636	艾儒略，教堂一
兴化	1626	艾儒略，1636 年建堂	崇安	1635	艾儒略
莆田	1626	艾儒略，1639 年上逐 60 个信徒	浦城	1635	
仙游	1631	艾儒略，1644 年聂伯多（Perre Cunevari）	泰宁	1644	艾儒略
泉州	1625	艾儒略，1634 年为 257 人施洗	汀州	1641	艾儒略
晋江	1635	艾儒略	延平	1637	艾儒略
永春	1632	艾儒略，1637 年教堂一	沙县	1637	
南安	1648	何大化，教堂一			

注：此表转引自前揭张先清著《艾儒略与明末福建社会》，第 24～25 页。

（二）传教策略与方式

艾儒略这些传教成就的取得，与其采用了合适的传教策略和传教方式有很大的关系。

1. 艾儒略的传教策略来源于利玛窦，但又高于利玛窦

作为天主教在中国开教的第一人，利玛窦为中国传教起了奠基作用，尤其是其适应性传教策略，更为后来的传教士开创了局面。艾儒略继承了其策略，并自觉不自觉地将其发展为"本土化"策略，从而在福建将传教事业发展得如火如荼。从此，我们可以看出他们两人传教策略是有不同的侧重点。利玛窦的注重点是上层知识分子，着重发展与上层高级官员的关系，力争得到皇帝的支持，从而使天主教在全中国顺利传播。而艾儒略的着重点是普通百姓与中下层知识分子，为此，他创建具有中国特色的基层教会，做了许多工作来适应中国文化，以使听众明白的方式回答有关基督的问题，并且小心翼翼，免得伤害中国人的感情。他在中国取得了利玛窦都未曾有过的成功，是开创基层传教的第一人。

因此，艾儒略的传教策略是来源于利玛窦却又远远高于利玛窦，而且这是在当时中国社会环境下，使中国文化交流成为可能的唯一可行的道路。

2. 艾儒略的传教方式

艾儒略在传教策略的指导下，采用了下列的传教方式。

自他来华至 1624 年来福建的 11 年里，艾儒略的传教方式是利玛窦传教方式的延续。他的足迹遍布了中国许多省份，写下了大量的科学著作。这种传教方式取得了很好的成效。

明天启四年（1624），他来到福建后，其传教方式在利玛窦方法的基础上发生了很大的变化，使其获得了在福建传教的巨大成就。艾儒略的传教方式，既不同于利玛窦，把在地方上的传教当成是通往北京宫廷的阶梯；也不同于汤若望、南怀仁，仅把皇宫作为他们的活动场所。他突破了耶稣会确立的通过上层社会传教的方式，开始深入基层，扎根基层，服务基层，开辟了一片新的传教天地。这是艾儒略传教工作最与众不同之处。而且，他还根据不同的对象采用不同的方式，故其方式的多样性亦是其特色。

（1）立足基层，建立地方教会。在普通百姓中传教，是艾儒略在福建传教的重点工作。根据耶稣会制度，艾儒略支持皈依者们自己建立教会。另外，基督教徒们自己建立教会，也借鉴了福建道、佛教徒的组织形式，这使皈依者感觉到它是真正的中国化组织，非舶来品。艾儒略的大部分时间都与普通百姓在一起。这些主要教会团体，据张先清先生研究，“明末福建各地存在着一个个以骨干教徒为首的教会团体，如福清郡城有叶益藩、益荪兄弟；海口有李九标、九功兄弟；兴化府有柯士芳、陈衷丹等；泉州晋江有张赓、颜维圣；永春有陈景明、陈景耀等；漳州有严赞化；邵武建宁有李嗣玄、李凤翔兄弟；建瓯有杨葵等”①。始终待在同一个省份对艾儒略而言有一个目的，那就是他能经常访问同一个地方的教会，深入了解该教会的情况，这样就能保证有良好的教牧质量，同时也能便利福音能够在基层传播，远及偏远的地区和小村庄。“也许因为羊多牧少的缘故，艾儒略常常在这些地方作一定时间的停留，与教徒会面，解答问题，然后转往别处，……”②

据张先清先生研究，在福建的八府一州中，只有福宁州没有发现艾儒略传教的确切记载，其他地方均有其频繁活动的记载。如，福州府是他频繁活动的地方，主要集中在福州府城及福清县城及龙田、海口。像其重要助手李九标、李九功兄弟的家乡海口，他曾去过8次之多。他是兴化府开教第一人，多次出入此地。泉州府是艾儒略最为频繁进出的地方，曾十进十出；漳州府，他较晚涉足，有3次；建宁府，他多次前往传教；邵武府，活动较多，其中所属建宁，艾儒略曾三次到达；汀州府，他曾在此开教；延平府，是其活动的最后一站，也是其辞世的地方。

整体上来说，艾儒略前往基层传教的特点是：首先，受地域限制，明末散布全省各地的信徒常常组成相对独立的教区团体，艾儒略需要奔走于这些团体间，以巩固整个传教网络；其次，他传教的重点地区是福建沿海的福州、兴化、泉州、漳州四府，主要原因是这些地区交通较方便，儒学文化发达，有一批辞官归里的名公巨卿，可以为其提供保护伞，他也因此与一批士大夫交游起来。③

（2）家庭皈依，家族传教。艾儒略凭借熟人和在福建士大夫中的影响，与许多家族建立了联系，经常往来。他经常使家长率先皈依，然后在家长皈依的影响下，带动起家庭成员的皈依，有时甚至在家族中都产生了影响。其中，泉州张赓家族是一个最好例子。

张赓与建宁李嗣玄、福清李九标为艾儒略在福建开教三大柱石，就像徐光启、李之藻、杨廷筠是中国天主教开教三柱石一样。张赓不仅自己入教、信教、协助艾儒略传教，还使自己的三子张识和四子张就也皈依天主教，张识还被教会作为典型加以宣传。艾儒略还著有《张弥格尔遗迹》。在张赓父子的影响下，张赓的姐姐、内弟、女婿、亲家等都成了天主教徒。

（3）寓传教于学术辩论。为了吸引中国下层知识分子入教，艾儒略采用了寓传教于学术辩论中的做法。艾儒略曾参加过两次著名的学术辩论。第一次是明天启五年（1625），他

① 张先清：《艾儒略与明末福建社会》（福建师范大学1995年硕士学位论文），第44页。
② 张先清：《艾儒略与明末福建社会》（福建师范大学1995年硕士学位论文），第44页。
③ 张先清：《艾儒略与明末福建社会》（福建师范大学1995年硕士学位论文），第36～45页。

参加了福州书院集会，并讨论了“天命之谓性”的论题。据孙玲研究：“艾儒略借题发挥，抛开正统道学的疏解，以利玛窦的看法为依据，不断引用中国先儒经典的已有论述，证明‘天’即是‘上帝’，驳斥理学家把‘天’视为宇宙中非人格的机械秩序与运动原理的说法，提出‘上帝’是完美的，因此，它所创造的世界万物也是完美的，人性也不例外，最初也是完美的，但由于原罪，人性开始堕落，以至后来的人只有通过上帝的恩赐，才能回到原始的完美的状态。这一番话既表明艾儒略对儒家经典的熟谙，又参杂有基督教某些教义，顿时使青衿儒士对他刮目相看，从此蜚声整个福州城。不久，艾儒略就传教于整个福州城中。”①

参加这次论辩，影响很大：一是他可以在整个福州城中传教；二是立即有25人受洗入教，他们中有许多是下层文人。据费赖之称：“……儒略不久遂传教城中。第一次与士［大］夫辩论后，受洗者二十五人，中有秀才数人。”② 而据《口铎日抄》载，刘良弼、陈克宽、王子荐、林一隽、李九标、李九功和李嗣玄等都是早期在福州受洗的教徒，他们多数是下层文人。

第二次参加学术辩论是在明天启七年（1627）5月21日至6月29日，他与地方士绅论学三山，参与者有叶向高、曹学佺等。因这次辩论，艾儒略出版了《三山论学记》。

此外，艾儒略继续推行利玛窦著述传教的方式，自己撰述了大量的汉语著作，特别是教义著作；又充分发挥了中国教徒和士大夫在传教中的作用，培养了一批忠于传教事业的骨干分子作为他的助手，协同他传教。皈依的这些奉教士大夫也撰写了许多有关教义的著作，这些著作有时要比传教士撰写的教义著作更能说服中国人。如李九功就曾著有《励修一鉴》、《慎思录》。

三、交游士林，声名远扬

为了传教，艾儒略来华后，根据利玛窦传教方式（亦称利玛窦规矩），积极交游士林，结识了一大批中国知识分子。他在来福建之前，就曾结识了徐光启、李之藻、杨廷筠、韩霖、瞿式耜、马呈秀等士大夫。

来到福建后，他在此活动了25年，足迹遍及八闽。所到之地，即广交当地缙绅与社会名流。仅李嗣玄著《思及艾先生行述》中所列就有：“若吾闽则张令公夏詹、柯侍御无誉、叶相国台山、何司空匪莪、苏司徒石水③、蒋相国八公、黄宪副友寰、孙学宪凤林、铨部周公日台、陈公祝皇（台）；当道则前兴泉道、今冢宰鲁公二（一）云，前漳南道、今司徒朱公未孩。此数十公者，或谊（义）笃金兰，或横经北面，其他青衿、韦布、皈依（崩角）称弟子者，奚啻数千人，安在众咻之中，既独知之契哉？”

由于他自觉不自觉地奉行了“本地化”传教策略，尊重中国儒家文化，尤其是朱子理学，因而得到了士大夫的赞许，特别是福建的士大夫。士大夫们纷纷赠诗艾儒略。林金水教授称：“……还有不少‘公卿士大夫相率诗咏之，文赞之，疏荐之’。据《熙朝崇正集》记

① 孙玲：《明末来华传教士艾儒略研究》，第19页。

② ［法］费赖之：《在华耶稣会士列传与书目》（上册），北京：中华书局1995年版，第134页。

③ 见林金水：《艾儒略与福建士大夫交游表》，载《中外关系史研究》1996年第5期，此后有“林宗伯季翀”一句。

载，当时共有71位福建文人赠诗西国诸君，所题‘赠泰西诸先生’，几乎都是赠艾儒略的。这些人当中，除上述叶向高、何乔远、黄鸣乔、陈天定外，其他可考者尚有：张维枢、林欲楫、曾楚卿、庄际昌、彭宪范、柯昶、徐景濂、陈玄藻、周之夔、周廷鑨、柯宪世、徐渤、黄文炤、林光元、郑玉京、董邦禀、刘履丁、林焌、陈宏已、林维造、陈圳、李世英、谢懋明、苏负英、郑之玄、池显方、林一隽、郑凤来、郭焻、林伯春、陈鸿、陈衎等。”①

而与艾儒略交游晋接的还有大学士黄景昉、朱继祚、张肯堂、礼部尚书翁正奉、观察曹学佺。此外，艾儒略在福建交游过的士大夫达205人。林金水教授说：“据笔者考证，艾儒略在福建交游过的士大夫约205人，超过笔者所考的利玛窦在华交游的士大夫人数。这些人中，上至卿相，下至士庶，而居多者则是青衿儒士和地方缙绅，始儒学教官、庠生和贡生之类，他们是艾儒略在闽传教活动的社会基础与依靠对象。这一点同利玛窦主要结交朝廷大员是迥然相异的。因此，正如方豪先生所说：‘在中国天主教外来传教士中，再也没有比艾儒略更受学者欢迎的。’”②

从艾儒略这些交游情况来看，他所交游的对象主要有三类：

1. **奉教人士**

在艾儒略交游的福建士人中，多数是功名不显的普通士子。他们绝大部分是奉教者。他们的官阶普遍不高，甚至没有功名，与艾儒略的来往相当频繁，并以师生相称，尊称艾儒略为“艾师”或“艾老师”。他们身处社会的中下层，更易于与普通百姓接近，成为艾儒略与下层普通百姓沟通的中介者。他们多数以家族奉教为主，由此也可以看出中国家族的紧密关系对传教事业的影响。他们多半较年轻，热心传教，如捐资建堂、协助书籍出版及著书推广天主教等。这批中坚力量有福州的叶（益番、益荪）、李（九标、九功）两家、泉州府张赓③、颜维圣及陈景耀、陈景明兄弟、漳州的严赞化、建宁府的李嗣玄等，他们是艾儒略在各地传教的主要助手。另外，这些由遍布全省的普通奉教士子组成的基层奉教群体，也起到了如近代新教在民间传播中“本土传道员”的作用。

2. **温和人士**

这些人士多是在职或致仕的上层官宦。他们是艾儒略所交往的三个群体中人数最多的。他们是通过叶向高的关系结识艾儒略的。《熙朝崇正集》所录大多数是当时闽中士大夫酬答艾儒略的诗作，这些作者多数属于这个群体。除赠诗外，他们交往的另一种方式是应邀为艾儒略之汉语著作作序，或者协助刊行。艾儒略的著作中有16人为之作序，其中福建人有6位。而艾儒略入闽后所著20部著作中，有5部有序。而目前所知，曾获得士人协助出版的有《三山论学记》、《几何要法》、《西方答问》及《圣梦歌》。这些温和人士多数并非教徒。他们尊崇艾儒略的儒雅风范，钦服其渊博学识。他们以朋友立场应邀作序，当耶稣会士有难时会施予援手。艾儒略通过结识这些名卿巨公，不仅在八闽士人中抬高了自己的声望，扩大了影响，还无形中为其以后的传教活动织成了一张保护网。

3. **反教人士**

艾儒略所结识的反教人士，最早的是德清许大受，他有一文《圣朝佐辟》收入《圣朝

① 见林金水：《艾儒略与福建士大夫交游表》，载《中外关系史研究》1996年第5期。

② 见林金水：《艾儒略与福建士大夫交游表》，载《中外关系史研究》1996年第5期。

③ 陆芸曾将通过艾儒略与张赓合作完成《圣梦歌》，又为艾儒略的《口铎日抄》作序，为《五十言余》做题，通过两人的交往来探索明末清初天主教的在福建的传教策略，以及当时中国天主教教徒的心路历程（见陆芸：《艾儒略与张赓——明末清初天主教在福建的传教策略》，载《福建论坛》（人文社会科学版）2008年第3期）。

破邪集》。1623 年，他在杭州时，就曾与艾儒略当面辩论过。其次是福州佛教大师释通容，他的反教言论主要集中在《原道辟邪说》。艾儒略初次入闽讲论天学时，他可能是与会者之一。漳州地区黄贞，反教最激烈。《圣朝破邪集》中许多文章就是他张罗而来。他得悉艾儒略于 1633 年来温陵传教，即开始反教行动。他还亲自去教堂听艾儒略讲道，以期找出破绽，进行攻击。漳州地区教风不盛，教徒稀少，与黄贞不无关系。闽县周之夔，是唯一既作诗赠与艾儒略，又著文批评天主教者。他可能是艾儒略初次入闽讲论天学时与会者。此外还有钟始声，他并未与艾儒略交游，是通过阅读认识天主教的。

这些反教人士，以佛教徒和信佛教的士人为主，他们彼此的关系是盟社朋友或师徒。因为佛教是自利玛窦以来耶稣会士主要的批判对象，故他们反教更激烈。

四、中文著述，文化交流

艾儒略是继利玛窦之后来华的汉语最好的耶稣会士。据顾保鹄著《熙朝崇正集影印本序》称：“艾儒略，……汉文造诣极深，有‘西来孔子’之称。”① 他饱读中国典籍，精通中华文化。著作时，引经据典，信手拈来。他的中文著作多达 24 部，多于利玛窦；他与中国知识分子阶层的接触也远多于利玛窦，故他们对中华文化的影响也更为深远。利玛窦被称为“西儒”，而艾儒略却获得了“西来孔子”的称号。

关于艾儒略著述数量的问题，有许多不同的提法。据李嗣玄著《思及艾先生行迹》：“所著有《天主降生言行纪略》、《圣母行实》、《弥撒祭义》、《涤罪正规》、《三山论学记》、《万物真原》、《降生引义》、《西学凡》、《圣教神业》、《性学觕述》、《圣体要理》、《悔罪要旨》、《职方外纪》、《西方答问》、《几何要法》、《五十言余》、《利先生及张弥格尔》、《杨淇园三公行迹》等二十余种。”此处提到书名者共有 18 部。

据韩霖、张赓著《耶稣会西来诸位先生姓氏》：“著《天主降生言行纪略》八卷，《降生引义》、《昭事祭义》二卷，《涤罪正规》、《万物真原》、《三山论学》，《西学凡》，《性灵篇》，《性学觕述》，《职方外纪》五卷，《西方答问》二卷，《几何要法》四卷，《景教碑颂》注解，《圣体要理》、《圣体祷文》，《出像经解》，《十五端图像》，《圣梦歌》，《利玛窦行实》，《熙朝崇正集》四卷，《杨淇园行略》，《张弥克遗迹》，《悔罪要旨》，《五十言》，《四字经》。”② 此处提到了 25 部著作。

费赖之称其有 33 部著作（包括了其所写之信件、科学报告及一些已经证实为非其所著，共 8 部外的，有 25 部）。

现代一些学者均有不同看法，如日本学者佐伯好郎著《支那基督教の研究》。在其第三篇《明时代の支那基督教》收录了艾氏 27 部中文著作书目；（台湾）杨森富编《中国基督教史》认为艾儒略有 33 部：即“弥撒祭义、天主降生言行纪略、出像经解、耶稣言行纪略、性灵篇、景教碑颂、圣体祷文、坤舆图说、十五端图像、熙朝崇正集、杨淇园行略、张弥克遗迹、万物真原、涤罪正规、三山论学纪、圣体要理、圣梦歌、圣教四字教文、性罪要旨、几何要法、口铎日钞、五十言余、西方答问、西学凡、职方外纪、性学觕述、天主降生引义、大西利子西泰传、大西利西泰先生行迹、泰西思及艾先生行迹、西海艾先生行略、西

---

① 收入本集之附录四。
② 收入本集之附录三。

思及先生语录”①。而潘凤娟认为有22部②；张先清先生认为有23部；而孙玲则称有34部之多③。

本次整理，是以其24部著述为基础的。另外，除开中文著作之外，艾儒略应该还有一批外文著作（包括信件等），这些都是有待将来进一步发掘与研究的。

艾儒略一生中的中文著作多达24部，详见下表：

艾儒略著作年表④

编号	著作时间	中国纪年	书名
	杭州时期		
1	1623	明天启三年	万国全图
2	1623	明天启三年	职方外纪
3	1623	明天启三年	西学凡
4	1623	明天启三年	张弥额尔遗迹
	入闽教案前		
5	?		性学觕述
6	1627	明天启七年	三山论学记
7	1627	明天启七年	涤罪正规
8	1627	明天启七年	悔罪要旨
9	1627	明天启七年	耶稣圣体祷文
10	1628	明崇祯元年	万物真原
11	1628	明崇祯元年	杨淇园超性事迹
12	1629	明崇祯二年	弥撒祭义
13	1630	明崇祯三年	大西西泰利先生行迹
14	1631	明崇祯四年	几何要法
15	1635	明崇祯八年	天主降生言行纪像
16	1635	明崇祯八年	天主降生言行纪略
17	1635	明崇祯八年	天主降生引义
18	1637	明崇祯十年	西方答问
19	1637	明崇祯十年	圣梦歌

① 杨富森：《中国基督教史》，台北：台湾商务印书馆1972年版，第89~90页。
② 见潘凤娟：《西来孔子艾儒略——更新变化的宗教会遇》之表一《艾儒略中文著作分期》，第46页。
③ 见孙玲：《明末来华传教士艾儒略研究》，第37页。
④ 据潘凤娟：《西来孔子艾儒略——更新变化的宗教会遇》之表一《艾儒略中文著作分期》编制。

（续上表）

编号	著作时间	中国纪年	书名
20	1637	明崇祯十年	玫瑰经十五端图经［即玫瑰经图像十五端］
	入闽教案后		
21	1640	明崇祯十三年	口铎日抄
22	1642	明崇祯十五年	天主圣教四字经文
23	1644	明崇祯十七年	圣体要理
24	1645	清顺治二年	五十言余

在这些著作中，有1部属于“器”类（即相当于今天的科技类），23部属于“理”类（即相当于今天的神学与哲学）。与利玛窦、汤若望相比，利玛窦中文著作21部，12部属器类，9部属理类；汤若望中文著作28部，24部属器类，4部属理类。汤若望以科学见长，特别是天文学，故他能担任钦天监监正；艾儒略则以神学哲学见长，故他虽入京，但仍要南下，选择福建作为垦荒的园地。

从1623年至1625年，他在杭州完成了《万国全图》、《职方外纪》、《西学凡》及《张弥额尔遗迹》。前三部为介绍西方地理、耶稣会士的教育制度的著作，因其内容多为中国人“旷古未闻”的知识，受到许多中国士人的欢迎。《熙朝崇正集》所收之赠诗当中，相当多首诗提及世界地图、对西方世界的印象。这个阶段可视为预备期，艾儒略首先给中国人一个完美的西方印象，传递一个新的世界观。他在《职方外纪》自序当中说：“所愿共载天履地者，既幸宅是庭、飨是燕、观是乐，因而溯流穷源，循末求本，言念创设万有一大主宰，而喟然昭事之。”换言之，他介绍世界地图的目的在于使人“溯流穷源、寻末求本”，进而昭示创造万有的主宰，而这位主宰就是他所介绍的“天主”。

透过对这个完美宇宙的观察，证明一位造物主的存在，这种作法与宋明理学（特别是朱子学）透过格致事事物物，穷究宇宙万物的共同原则的想法，就方式而言二者是相似的。

入闽前的这些著作以答问（对话）方式撰写，这是士林哲学家与中国的语录传统的写作特色。这种作法基本上是采取平等立场，针对双方的冲突点加以分析。

艾儒略入闽后（1624年）到崇祯十年教案发生，这十年之间是他出书最多的时期，总共出版了20部书，分别是《性学觕述》、《三山论学记》、《涤罪正规》、《悔罪要旨》、《耶稣圣体祷文》、《万物真原》、《杨淇园超性事迹》、《弥撒祭义》、《大西西泰利先生行迹》、《几何要法》、《天主降生言行纪像》、《天主降生言行纪略》、《天主降生引义》、《西方答问》、《圣梦歌》、《玫瑰经图像十五端》、《口铎日抄》、《天主圣教四字经文》、《圣体要理》、《五十言余》。其中《性学觕述》、《三山论学纪》与《万物真原》三本书最晚在1628年之前便已完成。在此之前杨廷筠闲居在杭州家中，张赓担任杭州教谕，通过他们的帮助，艾儒略得以对中国思想做系统且深入的理解。其余书籍则为说明天主教教义、礼仪之书与弥撒程序中所需的小册子和人物传记，而这12年正好是艾儒略在福建地区传教最有成果的时期。

自教案后（1638年）到1649年艾儒略去世这11年之间，他只出了3部著作：1642年《四字经》、1644年《圣体要理》与1645年《五十言余》。1641—1649年，艾儒略担任耶稣会中国副省会长，可能教务繁忙，无暇著书。而1643年北京危急时，艾儒略曾与史可法约定，讨论在澳门筹备反清之事，但史可法的军队才到浦口，清兵便已经进入北京。1644年甲申之变崇祯自缢后，清兵便一路南下，艾儒略似颇受影响，《思及艾先生行述》说他颇有“厌世意”，巧合的是，“领圣体”是耶稣在被钉上十字架之前的最后晚餐当中所设立的圣礼，艾儒略于此时出版《圣体要理》一书，其中所蕴含的意义颇令人玩味；而《五十言余》则如同交代遗言一般，张赓的序言说：“艾先生题曰言余，寔点化人以言外之意乎？故先生西来，著书凡数万言，总而归之无言唯一天主。”此书内容不断以今世的苦与来世的乐、今世的短暂与来世的永恒这种对照笔法，劝诫其追随者今世刻苦以得来世的永福。由此看来，明末世局的转变对艾儒略有很大的打击。

综观艾儒略著作，只有《几何要法》一书专门谈论基础几何概念；在《西方答问》、《口铎日抄》中零星谈论天文观念；在《性学觕述》中谈论部分医学，而且均是在中国人问及此一相关问题时，他才予以回答；其余著作均属论理之作。其中有系统、深入地表达天主教观念的著作，而且大多是入闽之前在杭州完成，“三山论学”则是高峰，或许正因在杭州著书的基础使他的中文、语言的能力精进，足以公开地与两大高官辩论天学，而且他似乎自认为取得相当程度的胜利。

另外，杨廷筠曾说：“往余晤西泰利公京邸，与谈名理累日，颇称金兰，独至几何、圜弦诸论，独不能解。”杨廷筠是艾儒略的中文老师，而且是艾儒略中文书籍的主要帮助者，例如《职方外纪》一书即是由杨廷筠执笔汇记而成。至于是否因为杨廷筠的缘故而未出版器类的中文书籍，或是因艾儒略本身较注重论理之作，而使他与杨廷筠成为好朋友，目前无法确定。

入闽之后的这些著作中，不再有属“器”的科学著作，取代它们的是一些为其新皈依者撰写的灵性作品、要理问答、道德作品、经文和祈祷文等。它们均为实用性质的教仪手册与基本教义介绍，大部分是为教友日省功夫以及说明教会仪式而作，而且采用教导式写法，也就是作者期望读者完全遵行书中的教导。艾儒略入闽之后，由于开始了城乡传教，教友人数增加，特别是中下阶层平民百姓，对这类书籍的需求相对增大。

我们若从各书作序者的身份观察，入闽之前书籍多半有序言，且多由温和士人执笔（官阶也较高），入闽之后序言较少，且多由奉教者与其他耶稣会士共同刊行，这是一个得注意的现象。[①]

通过这些著作，我们不但可以看到艾儒略在传教方面的巨大成就，同样我们也可以通过它们看到艾儒略在“西学东渐”中所作的贡献。艾儒略通过其著作输入西学有以下几个领域[②]：

1. **天文学**

在《职方外纪》、《西方答问》、《口铎日抄》等著作中，艾儒略传播了由利玛窦带来的托勒密“地球中心说”。他介绍了西方历法知识，在当时中国士大夫激烈争辩是否采用西历时，他肯定了用西历修中历的可行性。此外，他还介绍了日月交食、极昼极夜、月亮表面明暗差别，并曾刻印“浑天星球之图”，以介绍西方星象学。

---

① 见潘凤娟：《西来孔子艾儒略——更新变化的宗教会遇》，第44~49页。

② 见李天纲：《简论明清“西学”中的神学和哲学》，载《复旦学报》（社会科学版）1999年第3期。

2. **地理学**

在《职方外纪》、《万国全图》、《西方答问》等著作中，他传入西方地球科学知识。这些知识包括：地圆学说、五大洲说、地球经纬度知识及地带划分、东西时差；传播了世界海洋知识、世界新航路知识，其中包括中国人第一次接触到的哥伦布航海事迹及另外两次重要航行及当时东西交通的两条主要航线。

艾儒略在地理学方面的贡献集中体现在《职方外纪》中。它是明清之际来华传教士用西方宗教地理学观点写成的第一部中文版世界地理书籍。

3. **数学**

在《西学凡》及《职方外纪》中，他曾简介过数学学科及其重要性。而《几何要法》则集中体现了其所输入的西洋数学知识。

4. **医学**

在《西学凡》、《西方答问》、《性学觕述》、《职方外纪》中，他传播的西方西学知识有：第一，解剖生理学。主要有构成人体本质的四行四液学说、消化系统的三化学说、关于人体血液运行的灵气说；此外，还分别论述了神经、听觉、嗅觉、味觉、触觉的原理与功能，五官与脑的关系，记忆、睡眠与梦的形成原理，介绍呼吸系统的肺、膈、气管，讨论了呼吸与循环的关系等。其中，他第一次引入了古希腊朴素唯物主义哲学家关于大脑为人体一切知觉总汇的知识。第二，病理学。艾儒略介绍了古罗马医学家、解剖学家盖伦（Galenos，129—200？年）等人“液体病理学”知识。第三，药物学。他曾介绍过炼制药露法，许多西方医生采用的药物，如在《职方外纪》、《西方答问》中提到的椰树实、阿力满、山狸、未白刺、蝎子等可入药的动植物。第四，西医诊疗法。在《西方答问》中提到过诊断法，在《性学觕述》中介绍过耳聋、耳鸣、哑等病症的成因与疗法。他还介绍过欧洲黑死病及其疗法，这可能是其在中国的最早传播。

“求古人之精神”*

——论竟陵派的诗学核心与明末性灵说的发展

曾　肖

钟惺在《诗归序》中标举的“古人之精神”，成为竟陵诗学的核心思想。长期以来，二人所指的“古人之精神”的理论内涵是什么？较少有人对此作出明晰的判断与解释①。笔者在文本辨析的基础上提出，钟、谭对“古人之精神”有独到的了解与认识，他们有意识地通过《诗归》来宣扬自己的诗学观点。在文集《诗归》中，两人多次提到“古人之精神”。试看如下几例：

钟惺《与蔡敬夫》：“家居复与谭生元春深览古人，得其精神，选定古今诗曰《诗归》。稍有评注，发覆指迷。盖举古人精神日在人口耳之下，而千百年未见于世者，一标出之，亦快事也。”②

谭元春《答袁述之》：“尝谓爱古人者，绝不宜护其短，传世者之精神，其佳妙者，原不能定为何处，在后人各以心目合之，而若其所不足，人当指为疵颣者，夫安知后世之传不即在此？而又安知古人所以坚取后世名者不明，留此一段以发其所议，而因以传其佳妙耶？无论古人之深远，与近日君家先生之灵奇，必有出于此者。”③

钟惺评刘希夷《公子行》云：“希夷自有绝才绝情，妙舌妙笔，《公子行》、《代悲白头翁》，本非其佳处，而俗人专取之，掩其诸作。古人精神，不见于世矣。今收此一篇与前后诸作（捣衣篇、洛中晴月送殷四入关）同载，使有目者共之。”④

钟惺评李白《宫中行乐词》云：“太白清平三绝，一时高兴耳，其诗殊未至也。予既特去之，恐千古俗人致骇，复收此一首，以塞聋俗之望，此虽流丽，而未免浅薄，然较三绝句差胜，予于选此诗笔削太狠处有之，不过使古人精神不为吠声者所蔽耳，而于五七言律，从众概收者十或一二，稍示近人之意，具眼者未免罪我也。”⑤

从上述例子可知，钟谭二人认可的“古人之精神”往往不是世人口耳相传者，而是埋没已久，“千百年未见于世者”；并非就是当时人所称道的“佳妙者”，而所指的“疵颣者”，或者正是后人眼中的“佳妙者”；“俗人”的选诗不当，掩埋了“古人精神”，须大刀阔斧，

---

* 本文系教育部人文社科青年项目《竟陵派诗学理论体系的建构》（编号：08JC51021）、“中央高校基本科研业务费专项资金资助”（暨南启明星计划）（编号：12JNQM018）、国家社科基金后期资助项目《复社与文学研究》（编号：12FZW010）的阶段性成果。

① 关于钟谭的“古人之精神”，现有成果多语焉不详，或简单将其等同于“性灵”。

② （明）钟惺：《与蔡敬夫》，《隐秀轩集》卷二八，上海：上海古籍出版社1992年版，第469页。

③ （明）谭元春：《谭元春集》卷二八，上海：上海古籍出版社1998年版，第770页。

④ （明）钟惺、谭元春：《唐诗归》卷二，武汉：湖北人民出版社1985年版，第41页。

⑤ （明）钟惺、谭元春：《唐诗归》卷一六，武汉：湖北人民出版社1985年版，第325页。

重新选取。因此，钟谭二人抉择古诗，收录自认为代表了“古人精神”的诗作，以揭示真正的“古人精神”。钟谭二人没有随俗从众、亦步亦趋，而具有标新立异、敢于立说的审美意识。

一、“古人之精神”的诗学内涵

“精神”一词连用，早在春秋战国时代的篇籍中就已出现。庄子频繁使用这个词来表达他所追求的一种空明的美学境界，《天道篇》：“水静犹明，而况精神！”精神由“道”而来，其表现形式为万物，《知北游》：“精神生于道，形本生于精，而万物以形相生。”精神具有自由流动、变化无穷的特点，《刻意》：“精神四达并流，无所不极，上际于天，下蟠于地，化育万物，不可为象，其名为同帝。”钟谭二人从庄子美学中汲取这一命题，作为竟陵诗学的核心概念。钟惺认为，天地自然的精神寄托在文字当中，他说：“货财者，造化之膏脂；篇籍者，造化之精神。”①《跋袁中郎书》说：“凡古人诗文流传于钞写刻印者，皆古人精神所寄也。”② 这种通过文字流传的“古人之精神”，具有特定的诗学内涵与理论色彩。

钟谭提出的“古人精神”承继公安派的“性灵”说而来，吸取了“性灵”的诗学内涵与美学意蕴，并有所创新。谭元春的《诗归序》用“灵迥朴润者”、“性灵”来表述“古人之精神”。他认为：流传至今的“文选、诗删之类，钟嵘、严沧浪之语，瑟瑟然务自雕饰，而不暇求于灵迥朴润。抑其心目中别有夙物，而与其所谓灵迥朴润者，不能相关相对欤”；“真有性灵之言，常浮出纸上”；《诗归》的编选目的就是“古人之精神至今日而当一出，古人之诗之神所自为审定安置”。

“性灵”是一个富有生机的美学范畴，在发展历程中被不同的文论家赋予各自的解释，使其基本内涵相似，含蕴却又丰富多变。早在南北朝时期，“性灵”就已频繁出现，《文心雕龙》有“综述性灵”、“性灵所钟”、“性灵不居”，《颜氏家训》有“陶冶性灵”、“引发性灵”，《南史·文学传叙》有“申舒性灵”等多处用语。这时的性灵主要是指人的精气、秉性。性指情性，是天地自然生命之本性；灵指灵明，是具有超越性的生命精神状态；性灵即来自生命本真状态的精神存在。随着缘情说的发展，性灵的含义偏重于主体的真性情。

至明代，“性灵”的内涵得到进一步拓展。晚明社会心学思潮的盛行与个体意识的高涨，使性灵说蓬勃发展。在王世懋、徐渭、屠隆、焦竑、杨维桢等人有意论及“性灵”之后，公安三袁结合李贽的“童心说”，高调宣扬“性灵”说。袁宏道在《叙小修诗》中充分肯定其弟袁中道的诗歌，曰：“大都独抒性灵，不拘格套，非从自己胸臆中流出，不肯下笔。有时情与境会，顷刻千言，如水东注，令人夺魄。其间有佳处，亦有疵处，佳处自不必言，即疵处亦多本色独造语。……大概情至之语，自能感人，是谓真诗，可传也。而或者犹以太露病之，曾不知情随境变，字逐情生，但恐不达，何露之有？”③ 在这段文字里，袁宏道提出了以下观点：强调主体真性情的自然流露；崇尚独造，反对摹拟，挣脱传统观念与创作囿限；情感的抒发详尽、直露，情至感人之语即是真诗；本色语言，不论工拙。独是个性

---

① （明）钟惺：《题潘景升募刻吴越杂志册子》，《隐秀轩集》卷三五，上海：上海古籍出版社1992年版，第564页。

② （明）钟惺：《跋袁中郎书》，《隐秀轩集》卷三五，上海：上海古籍出版社1992年版，第578页。

③ （明）袁宏道著，钱伯城笺校：《袁宏道集笺校》卷四，上海：上海古籍出版社1981年版，第187页。

意识与独创性，灵是个人的灵慧才智，这里的性灵是指出自天性的、个人特有的、不受羁绊的精神意向，其核心是“真”。公安派把“真”作为审美感受和审美判断的前提，先后提出了“趣”、“韵”、“淡”等概念，成为评价诗文的美学准则和“性灵”说的美学内涵。在三袁看来，真、趣、韵、淡，都是与理学的关系对立的，如袁宏道在《西京稿序》说：“夫诗以趣为主，致多则理诎。”① 趣指的是诗人活泼、灵动、聪慧的心灵在作品中的审美表现。袁宏道在《叙陈正甫会心集》所指出的三种“趣”，都是指不拘束、不刻意的自然率性之趣，是天趣、真趣，有别于宋诗的理趣。袁中道在《刘玄度集句诗叙》揭示出“趣”产生的途径：“凡慧则流，流极而趣生焉。天下之趣，未有不自慧生也。”② 趣是来源于“天地间一种慧黠之气”，“至于人，别有一种俊爽机颖之类，同耳目而异心灵，故随其口所出，手所挥，莫不洒脱然而成趣”。“韵”指的是随心所欲的人生态度，一种自然的风致与自由的心境；“韵”与“理”的关系稍复杂，有韵者必有理，有理者不可以得韵，袁宏道的《寿存斋张公七十序》曰：“大都士之有韵者，理必入微，而理又不可以得韵。故叫跳反掷者，稚子之韵也；嬉笑怒骂者，醉人之韵也。醉者无心，稚子亦无心，无心故理无所托，而自然之韵出焉。”③ “淡”指的是淡泊自然的美学风格，淡出于天然，非人力可得，与理学的关系也不成正比，袁宏道在《叙呙氏家绳集》中指出：孟郊、贾岛“欲以人力取淡，刻露之极，遂成寒瘦”；白居易诗“累于理”，苏轼诗“累于学”，“其才非不至也，非淡之本色也”④。趣、韵、淡都是出于天然，自由随心的表现，无求于学养的累积或心性的修炼，可见公安派的性灵具有反理性、反学问、反传统的特点。公安派的性灵强调自我的情感、欲求与趣味，有别于儒家传统所规范的性情与此前的性灵内涵。三袁以新变的姿态提出性灵说，逐步扫清了七子的摹拟风气，正如郭绍虞所说的：“性灵说之又一特点，乃在对于正统派或格调派的反抗。”⑤ 面对衰颓腐朽的政局、奢华浮靡的风气，以及个人仕途的不顺、家庭生活的不幸，三袁徘徊于现实与虚幻、超脱与沉湎的矛盾中。他们试图出入于儒佛道禅之中，寻求到一条可以摆脱现实拘束、完善自我人格的道路，从而选择了真我的人生，真实做人，率性随意，张扬个性，不离酒色，显示出狂者的精神、豪杰的气质与离经叛道的色彩。这种强烈的自我意识、追求享乐的人生态度与世俗化、大众化的倾向，不同于传统社会对士人社会角色的限定与要求，却又是时代发展潮流的趋向与影响。他们潇洒快乐的外表之下，隐藏着一颗颗在传统与现实、社会与个人之间挣扎的痛苦心灵。公安派的性灵说既是时代思潮和社会风尚的产物，也是三袁人格精神与个人性情的显现。

同样求新求变的竟陵派重新诠释“性灵”，对于趣、韵、淡的理解与认识都不同于公安派；通过诗歌的评选与创作实践，提出“灵”与“厚”的美学标准。“钟谭体”的诗歌风格以苍朴深寒、幽深孤峭为特色，这是钟谭二人主体精神与个体性情在诗歌作品的显现。钟谭二人生活的时代，时局已经出现动荡不安的因素，内忧外患的局面引起有识之士的关注，社会风气出现新的改变，经世之风渐次吹开。但是，钟惺仕途偃蹇，无辜陷入党争的漩涡；谭元春则屡次落第，未能通过科考登上仕途。宦海的险恶，科考的艰困，使钟谭二人有志难申、有才难舒，又不愿委屈自己与污浊小人为伍，唯有寄情山水游玩与吟诗作文。两人孤

---

① （明）袁宏道著，钱伯城笺校：《袁宏道集笺校》卷五一，上海：上海古籍出版社1981年版，第1485页。

② （明）袁宏道：《珂雪斋近集》（下册）卷三，上海：上海书店1982年版，第40页。

③ （明）袁宏道著，钱伯城笺校：《袁宏道集笺校》卷五四，上海：上海古籍出版社1981年版，第1541页。

④ （明）袁宏道著，钱伯城笺校：《袁宏道集笺校》卷三五，上海：上海古籍出版社1981年版，第1103页。

⑤ 郭绍虞：《性灵说》，《照隅室古典文学论集》上编，上海：上海古籍出版社1983年版，第442页。

介、高洁、朴真的个性特征与人格特点渗透到诗歌创作中，形成“钟谭体”真朴、清幽、空灵的美学风貌。竟陵派的“性灵”观所蕴含的主体内涵与情感内涵发生了改变，悄悄地从公安派偏重主体本真情感、欲望的外向表露，转换到钟谭二人固守个人性情与人格精神的独立，保持清雅的生活情调与审美情趣。从某种意义上说，这是个体的自我情感向社会的道德情感的回归，是士人对传统角色定位的认同，也是钟谭二人追求人格独立与精神自主的结果。竟陵派与公安派一样，都有着强烈的个体意识，但两者的精神指向、审美追求却迥然不同。公安派通过追求世俗的享乐来反抗传统，实现人格精神的独立；竟陵派试图摆脱世俗的纷扰和外物的牵制，从自然山水诗文中达到精神的超脱与内心的旷逸，却又无法彻底忘怀时世。公安派在随俗中痛苦，在叛逆中快乐；竟陵派则在离俗中快乐，在承传中痛苦。公安派主张打破原有的框架套路，随意抒发个人感情；竟陵派提出研习古人的性灵之作，获取古人的真精神。与公安派相较，竟陵派的“性灵”指向于更高层面的生命精神，是生命价值的意义所在。具体而言，竟陵派的“性灵”意蕴与公安派同中有异，主要有如下几方面的内容：

其一，情感内涵的转向，表现为追求“深美”。竟陵诗学同样主张真性情，“诗取性情真”①。对于真性情的抒发，两派的认识不同。初读钟惺的《放言小引》一文，使人联想到袁宏道的《叙小修诗》“独抒性灵，不拘格套”的说法。细细品味，会发现作者用意并不在于说明诗文为“胸臆流出”，而重在强调诗文乃“胸中真有”。钟惺在这篇文章中指出：所放之言应是“中伦”、“有本”之言，并非“处士横议”，“以无忌惮之心出之”；其所赞赏的袁子亦是宁静淡朴、有道之人，与“贫病穷愁”、放任无聊之人不一样，所发之言“有物有则”。② 两相比较，对于性情的抒发，公安派强调本色，“信腕信口”③，直寄、好尽、刻露；竟陵派则强调有本、有物、有则，“能言其所欲言”，不随意，不矫作。钟惺此文透露出的信息：竟陵诗学的性灵观有意为公安派纠偏。

对于“性情”的认识，两派亦有所差异。公安派所说的“性情”指“人之喜怒哀乐嗜好情欲”；竟陵派的性情主要有两类：“忠孝人”之情志与“幽素人”之情感④。以前的性灵观大多将“性情”合称，偏重于个人一己之情，以情为先，淡化诗歌的事功和道德色彩；而在钟谭这里，区分“性”与“情”的内涵。在《王先生诗序》中，谭元春指出“性不审而各为其性，情不审而各为其情”，强调了“性”与“情”的不同；提出“性情”是“近道之物”，强调了符合伦理政教观念的情志。在《匡说序》中，谭指出《诗经》所道“性情”是符合天性与道德的人的天然情感，肯定友人对《诗经》的解说有“深美”的美学效果。在《黄叶轩诗义序》一文中，谭元春解释了何谓“深美”，“深美云者，温柔敦厚，俱赴其中，弟所谓是中有深趣者也”。竟陵派认为符合儒家伦理的性情自然流露成文，具有“深美”的风格。长期以来，提到晚明性灵说，后人多以公安、竟陵并举，认为两派都是主张个性解放，抒发个人的真情实感。关于两派的区别，人多指出竟陵以“凄清幽独”来纠公安的“鄙俚浅俗”，对于两者的性灵观没有加以辨析。人多强调竟陵诗学标举的“孤行静寄”、“幽情单绪”，与公安所言的“喜怒哀乐嗜好情欲”不同，甚少关注到竟陵派对符合伦

① （明）钟惺：《寄吴康虞》，《隐秀轩集》卷六，上海：上海古籍出版社 1992 年版，第 86 页。

② （明）钟惺：《放言小引》，《隐秀轩集》卷一七，上海：上海古籍出版社 1992 年版，第 262 页。

③ （明）袁宏道：《袁无涯》，《袁宏道集笺校》卷四二，上海：上海古籍出版社 1981 年版，第 1251 页。

④ （明）谭元春：《古文澜编序》，《谭元春集》卷二二，上海：上海古籍出版社 1998 年版，第 601 页。

理政教观的性情的重视。公安派主张的情偏重于摆脱伦理道德束缚的个体主观情感与审美情趣，强调自然本性的流露；而钟谭主张的情却包含了出于道德情感的心灵感悟，符合儒家伦理关系的个体情感体验与自由追求。

其二，精神指向的转变，表现为追求“深趣”。“趣”是性灵说的重要美学思想之一。关于“趣”的美学内涵，袁宏道的《叙陈正甫会心集》一文把“趣”分为三种：童子的天趣、山林之人的闲趣、率性自我的乐趣。这三种趣有高下之分，以童子的天然成趣为最上乘。“趣”与“学”是矛盾关系，“趣得之自然者深，得之学问者浅”。[①] 公安派极力抬高“趣”在儒家思想中的位置，袁宏道认为：儒家的乐的境界是“识趣”，曾点是“圣门狂士”，“盖曾点而后，自有此一种流派，恬于趣而远于识”。以“趣”来评论历史上的重要作家，认为陶渊明诗、苏轼文皆有“趣”，“陶公有诗趣”[②]。

对于公安派提出的“趣”，竟陵诗学亦有不同看法。钟惺在《东坡文选序》一文中提出战国之文与理矛盾，文存理亡，仅言纵横名法，没有涉及“先王之仁义道德、礼乐刑政”，以其具有“雄博高逸之气，纡回峭拔之情”留传后世；东坡之文则不一样，“持其雄博高逸之气，纡回峭拔之情，以出入于仁义道德、礼乐刑政之中，取不穷而用不敝，体屡迁而物多姿”。[③] 钟惺批评时人简单地以“趣”之一字来概括苏文；近来的苏文选本多收录其“小牍小文”、有“趣”的文章，而忽略“序记论策奏议”等高文大册。李贽也只是关注苏文的“趣”，认为苏文“嬉笑怒骂即是文章，风流戏谑总成佳话”[④]。钟惺质疑其他文人欣赏苏文的心眼更加狭窄。此文当有感而发。针对公安派提出的“世人所难得者唯趣”，钟惺认为“趣”停留在“人之能知觉运动以生者”的基本层次。“趣”是文章具有的原始生命动力，趣生则文生，趣死则无文；但更高层次上，“为圣贤为豪杰者”，就不只是有“趣”了。东坡之文不仅有趣，而且具有更高的价值与意义。钟惺指出苏文源于《孟子》，故能理气胆识兼备，最能体现“文之妙”，“自有真学问、真文章，理义足乎中，而气达乎外，胆与识谡谡然于笔墨之下”，是有当于“道”者。联系谭元春在《黄叶轩诗义序》中解释“深美”为“中有深趣”的说法，竟陵诗学不满于公安派论诗文只停留在本色、基本层面的“趣”上，而主张对理气充沛、“深趣”的追求。钟惺评价苏文有“真学问”，不同于袁宏道视“真”、“趣”与“学问”对立的观点。谭元春在为中郎之子袁述之作《袁中郎先生续集序》，肯定袁宏道晚年自悔之后所做的“卓大坚实之文”，希望后学者学“其大者”，而不是“翰墨游戏、易于触目者”，即有“趣”的“小牍小文”，印证了竟陵诗学对公安派以“趣”为审美追求与审美标准的不同看法。

在钟谭眼里，好的小牍小文不只是有趣，更是“古人精神”所在。但他们所指的“古人之精神”并非公安派标举的“韵”，而是“临大节而不可夺”的“凛然正气”。袁宏道在《寿存斋张公七十序》一文中提出：“学道有致，韵是也。”指出颜回之乐、曾点之歌是孔门“真儒”；而江左任达之士是高明玄旷者，有“韵”，亦是真儒，只是俗儒不知，以“理”绳之，摒弃孔门之外。他把“理”与“韵”对立起来，认为“理者是非之窟穴，而韵者大

① （明）袁宏道著，钱伯城等校：《袁宏道集笺校》卷一〇，上海：上海古籍出版社1981年版，第463页。
② （明）袁宏道：《与李龙湖》，《袁宏道集笺校》卷二一，上海：上海古籍出版社1981年版，第750页。
③ （明）钟惺：《东坡文选序》，《隐秀轩集》卷一六，上海：上海古籍出版社1992年版，第241页。
④ （明）李贽：《词学儒臣·苏轼》，《藏书》卷三九，北京：中华书局1974年版。

解脱之场也"，"纵心则理绝而韵始全"。[①] 袁宏道能够超越俗儒的眼光，看到任达之士亦为真儒，是其高明之处；但他把"理"与"韵"对立起来，标举"高明玄旷"的有韵之儒，这个说法容易使人忽略是非判断，一味追求"韵"。对此，竟陵派重新宣扬儒家伦理道德、忠孝节义。钟惺在《摘黄山谷题跋语记》之《又》曰：

> 东晋崇尚任达，朕者题之曰"韵"，曰"不俗"。其滥而无检，至谢幼舆极矣。然石头对王处仲数语，劲气直节，足以折乱贼之萌，陈玄伯不能过之。正黄鲁直所谓"临大节而不可夺，此不俗人也"。不得古人所以不可夺，而漫然窃其任达之似，以求"韵"，求"不俗"，岂不远哉？每读苏、黄游戏翰墨中，忽出正语，使人肃然敬戒，凛然不可犯，辄以谢幼舆事思之。[②]

钟惺在文中指出有浅薄之人认为东晋任达之士有"韵"、"不俗"。谢鲲为人性情放任、旷达，在王敦谋逆之时却能表现出临危不惧、恪守大节、直谏忤逆的精神。对于这位才、胆、识兼具的忠臣和能臣，钟惺认为"达"字不足以形容，又质疑以"韵"来品评东晋任达之士的说法，指出古代任达之士的不俗之处在于"临大节而不可夺"的精神。钟惺借谢鲲直谏一事，肯定苏轼、黄庭坚的题跋小文，游戏翰墨中时出正语，是因为作者之精神贯注其中，暗讽公安派写作求"趣"的主张。他在《摘黄山谷题跋语记》说："题跋之文，今人但以游戏小语了之。不知古人文章无众寡小大，有精神本领则一。故其一语可以为一篇，其一篇可以为一部。山谷此种最可诵法。……知题跋非文章家小道也。其胸中全副本领，全副精神，借一人、一事、一物发之。落笔极深、极厚、极广，而于所题之一人、一事、一物，其意义未尝不合，所以为妙。"[③]

除"趣"以外，袁宏道提出"淡"的诗文境界与美学标准，认为"淡"之"不可造，是文之真性灵"，"淡"之"无不可造，是文之真变态"，淡不能通过人力、学力、理性来获得，淡出于本色独造、性情的"真率简易"[④]。针对这一说法，钟惺亦颇有微辞。钟惺曰："诗之为教，和平冲淡，使人有一唱三叹，深永不尽之趣。……学者不肯好学深思，畏难就易，概托于和平冲淡以文其短，此古学之所以废也。"[⑤] 隐含批评公安派不学之意，认为诗歌应该"淡"且"永"，让人回味无穷。钟惺对于"淡"的认识是"浓后淡"，主张多读书、深思，使诗歌有理致，冲淡而又蕴味无穷。从这一点来看，竟陵派对诗歌意蕴的认识与公安派相较，更接近于宋诗理蕴丰厚的一面。

其三，生命精神的审美显现，表现为追求气的"灵"与"厚"。"古人之精神"通过文字显示出来，往往表现为"灵光"、"灵气"、"朴气"、"幽气"、"灵迥朴润"、"光气摇人"、"气厚"等。"气"是我国哲学与美学的重要范畴之一。气与志之间存在着密切的关系，《孟子·公孙丑章句上》引告子语曰："夫志，气之帅也；气，体之充也。夫志至焉，气次焉。"人的情志决定了气的类型。道家的"气"是"虚而待物者"，是接近"道"的介

① （明）袁宏道：《寿存斋张公七十序》，《袁宏道集笺校》卷五四，上海：上海古籍出版社 1981 年版，第 1541 页。

② （明）钟惺：《摘黄山谷题跋语记》，《隐秀轩集》卷三五，上海：上海古籍出版社 1992 年版，第 565 页。

③ （明）钟惺：《摘黄山谷题跋语记》，《隐秀轩集》卷三五，上海：上海古籍出版社 1992 年版，第 564 页。

④ （明）袁宏道：《叙呙氏家绳集》，《袁宏道集笺校》卷三五，上海：上海古籍出版社 1981 年版，第 1103 页。

⑤ （明）钟惺：《文天瑞诗义序》，《隐秀轩集》卷一八，上海：上海古籍出版社 1992 年版，第 281 页。

质。如果志性专一的话，体“道”的方式是“听之以气”。《庄子·人间世》借孔子之口曰：“若一志，无听之以耳而听之以心，无听之以心而听之以气。”竟陵诗学从道家哲学汲取思想火花，借庄子的体“道”方式来鉴赏诗歌，通过作品之气来把握作者之志与情。钟惺评曹操云：“志至而气从之，气至而笔与舌从之。”可见“志—气—文字”三者之间的从属关系。钟惺在《先师雷何思太史集序》中曰：“至其全出于志气之中，而散处于笔墨之间者，则先生所尝自云：‘不泥古学，不蹈前良，自然之性，一往奔诣。’”① 作者的志气、真性流露于文字笔墨中。而《诗归》的编选，就是“使其耳目志气归于此耳”②。

气的流动性、发散性特征，容易给人带来特殊的审美感受。竟陵派出于对“灵”与“厚”的追求，称赏具有“灵气”、“朴气”、“气厚”的作品，认为它们发自诗人胸中，代表着古人之精神。试看《诗归》中的评语：

> 评《练时日》，钟云：“奇响深文，灵光刿刿，纸上有幽气。”③
>
> 评杜审言《度石门山》，钟云：“纯全好诗，易于太平，以上二篇，秀整深重中，灵气常勃勃欲出，最可诵法。”④
>
> 评李颀，钟云：“李颀劲浑，是储王一派，而润洁处微逊之，时有奥气出纸墨处。”⑤

钟谭读诗的审美体验正如他们所说的“觉古人亦有炯炯双眸，从纸上还瞩人”，从作品透露出来的“气”，蕴含着作者的生命精神、个人性情。谭元春在《奏记蔡清宪公前后笺札》其三中说：“每接明公片纸，觉阔远之气离纸许远，朴厚之道入纸许深。”⑥ 其二称颂蔡公诗文“质朴古劲”，有“幽秀之脉，清芬之气”。⑦ 在《题简远堂诗》一文中，谭元春再次描述了这种审美体验，他说：“古人一语之妙，至于不可思议，而常借前后左右宽裕朴拙之气，使人无可喜而忽喜焉。如心居内，目居外，神光一寸耳，其余皆皮肉肤毛也。”⑧ 正是钟谭所言追索作者精神、性情的审美体验。

二、“古人之精神”的具体内容

从文集和《诗归》的评选来看，钟谭提出的“古人之精神”有具体所指。他们标举的古人大致有如下几种人物类型：高人清士、英雄侠士、仁人儒士、才人秀士等，对于这些类型的人物，历代论者不乏好评。而钟谭却认为真正的“古人精神”千百年来遭致湮没，只有他们才揭示出这些人物所特有的精神、气质与人格。钟谭是如何显示出他们与其他评论者不同的独到之处呢?

---

① （明）钟惺：《先师雷何思太史集序》，《隐秀轩集》卷一七，上海：上海古籍出版社 1992 年版，第 262 页。
② （明）钟惺：《再报蔡敬夫》，《隐秀轩集》卷二八，上海：上海古籍出版社 1992 年版，第 470 页。
③ （明）钟惺、谭元春：《古诗归》卷五，武汉：湖北人民出版社 1985 年版，第 88 页。
④ （明）钟惺、谭元春：《唐诗归》卷二，武汉：湖北人民出版社 1985 年版，第 33 页。
⑤ （明）钟惺、谭元春：《唐诗归》卷一四，武汉：湖北人民出版社 1985 年版，第 276 页。
⑥ （明）谭元春：《谭元春集》卷二七，上海：上海古籍出版社 1998 年版，第 757 页。
⑦ （明）谭元春：《谭元春集》卷二七，上海：上海古籍出版社 1998 年版，第 755 页。
⑧ （明）谭元春：《谭元春集》卷三〇，上海：上海古籍出版社 1998 年版，第 815 页。

其一，高人清士之志。钟谭称颂高人清士旷达闲远的隐逸精神，但关注的不只是他们闲寂幽静的心境、孤高绝俗的胸怀与高风亮节的品格，更多的着眼在他们的真性情，孤迥静幽背后隐藏的对家人、朋友、生活的深情，对时局、国家的关心。隐士是我国文化史上一道独特的风景线，其产生可谓源远流长。由于隐逸动机与形式上的差别，不同时代有不同的隐士群体、隐逸精神与隐士文化。一般说来，隐逸是士人对现实社会的失望与不满，选择与当局不合作态度，避居山林。在评伯夷、叔齐的《采薇歌》时，钟惺云：“此诗真有一段不满于周之意，非独不忘殷也。古人胸中是非，天且不能夺，而况人乎？”① 指出伯夷、叔齐隐居首阳山，不食周粟，不仅是不忘殷朝，也是对武王伐纣立周的不满，认为武王此举不孝不仁，盛赞夷齐明辨是非、恪守道义的高风亮节。钟谭最为推崇的是陶渊明，认为渊明是“真旷远”，性情使然。他们在品评陶诗时，注意挖掘其中蕴含的真性、真情、真意。如以下例子：

评陶潜《荣木》，钟云：“人知陶公高逸，读《荣木》、《劝农》、《命子》诸四言，竟是一小心翼翼、温慎忧勤之人。东晋放达，少此一段原委，公实补之。”②

评陶潜《劝农》，钟云：“即从作息勤厉中，写景观物，讨出一段快乐，高人性情，细民职业，不作二义看，惟真旷远人知之。”③

评陶潜《乞食》，谭云：“读‘饥来驱我去，叩门拙言辞，主人解余意，冥报以相贻’四语，廉耻忠厚，溢于言外，觉与者、受者，行径不同。昔人称渊明‘有则终日留宾，无则沿门乞食’，有无取与之间，皆有理趣存乎其间。”钟云：“妙在无悲愤，亦不是嘲戏，只作寻常素位事，便高，便厚，便深。”④

评陶潜《移居》，钟云：“二诗移居，意重求友，其不苟不必言，亦想见公和粹坦易，一种近人处。”⑤

评陶潜《丙辰岁八月中于下潠田舍获》，谭云：“无一字不怡然自得，生涯性情矫作不来。”钟云：“陶公山水朋友诗文之乐，即从田园耕凿中，一段忧勤讨出，不别作一副旷达之语。所以为真旷达也。”“储光羲、王维田家诗情事真朴，从陶公田园等诗中出，《偶然作》意言高远，从饮酒诸诗中出，古人虽无拟议，然性习所近，渊源不远。”⑥

评陶潜《有会而作》，钟云：“妙在有会而作，命题旷远，而序与诗，句句是饥寒衣食之言，真旷远在此。”⑦

评陶潜《拟古》，钟云：“二诗皆叹交道衰薄，朋友不足倚赖。然寓意立言，感慨深厚。”⑧

---

① （明）钟惺、谭元春：《古诗归》卷一，武汉：湖北人民出版社 1985 年版，第 7 页。
② （明）钟惺、谭元春：《古诗归》卷九，武汉：湖北人民出版社 1985 年版，第 170 页。
③ （明）钟惺、谭元春：《古诗归》卷九，武汉：湖北人民出版社 1985 年版，第 170 页。
④ （明）钟惺、谭元春：《古诗归》卷九，武汉：湖北人民出版社 1985 年版，第 176 页。
⑤ （明）钟惺、谭元春：《古诗归》卷九，武汉：湖北人民出版社 1985 年版，第 178 页。
⑥ （明）钟惺、谭元春：《古诗归》卷九，武汉：湖北人民出版社 1985 年版，第 179 页。
⑦ （明）钟惺、谭元春：《古诗归》卷九，武汉：湖北人民出版社 1985 年版，第 183 页。
⑧ （明）钟惺、谭元春：《古诗归》卷九，武汉：湖北人民出版社 1985 年版，第 183 页。

从以上评论来看，钟谭眼中的陶渊明是“真旷远”、“真旷达”，胸次高远超逸，为人却谨厚真朴，“和粹坦易”，“竟是一小心翼翼、温慎忧勤之人”；陶公坦然面对生活的苦乐和人情的厚薄，忧喜悲欢，皆出自然；陶诗描述寻常生活，理趣自在其中，而储光羲、王维“情事真朴”的田家诗和“意言高远”之作，皆源于陶诗，指出储王二人与陶公“性习所近，渊源不远”，说明储王诗歌近陶处，是因为二人的“性习”与陶公“相近”尔。历代对陶渊明其人其诗的评价与阐释，众说纷纭，层出不穷。钟嵘称渊明为“古今隐逸诗人之宗”，“每观其文，想其人德”①；颜延之称渊明“高蹈独善”、“超旷”、“适心”②；萧统称渊明“其文章不群，辞采精拔，跌宕昭彰，独超众类，抑扬爽朗，莫之与京。横素波而傍流，干青云而直上，语时事则指事可想，论怀抱则旷而且真”③；至宋，陶渊明地位愈加崇高，宋人从儒道两家思想来考察其复杂性格，指出渊明为人为诗并非一味的“平淡”与“静穆”，还有“豪放”的一面，朱熹曰：“陶渊明诗，人皆说平淡，据某看他自豪放，但豪放得来不觉耳。其露出本相者，是《咏荆轲》一篇。平淡底人，如何说得这样言语出来。”④ 总的说来，明以前对于陶渊明的评价集中在其品行高洁、安贫乐道、任真自得、质性自然等方面，关注点落在德行人品；至明代，文人对陶渊明的评论更加丰富多样，认识也更加全面深入。谢榛云：“皇甫湜曰：‘陶诗切以事情，但不文尔。’湜非知渊明者。渊明最有性情，使加藻饰，无异鲍、谢，何以发真趣于偶尔，寄至味于淡然？陈后山亦有是评，盖本于湜。”⑤ 指出陶公“最有性情”，其诗非“不文”，而是“淡然”中有“真趣”、“至味”。关注到陶渊明的个人性情方面。许学夷亦有相似的评论，肯定陶诗“直写己怀，自然成文”⑥，其四言诗“语自己出”，“性情溢出”⑦。钟谭二人，更是大力挖掘陶渊明诗中蕴含的个人性情。在他们的评语中，陶公既是一位真正的高逸旷达之士，更是一位谨厚亲切之人。在陶公闲适背后，有着一副“忧时念乱’的“经济热肠’，一颗为民为子的热乎的心。田园生活中的一景一物，一人一事，都牵动着诗人的感触。钟谭眼中的陶渊明不仅是一位志行高洁的隐士，才高趣远、胸次超然的高人，也是一位时常为生活感动而悲喜交集、欣慨交心的寻常人。他的“高人性情”与“细民职业”、“高逸旷远”与“温慎忧勤”、“廉耻忠厚”与“怡然自得”和谐统一，组成一个有血有肉、情感丰富的隐士形象。钟谭的着眼点落在人性本真的层面上，挖掘陶公的真性情，使陶渊明任真自得、品行高洁的高士形象变得亲切平易，更加丰满。

名士也是钟谭较为关注的特殊群体。世人眼中的名士崇尚清谈、任性放达、特立独行、才情风雅。而钟谭推崇的名士须识见过人，具有经世之才，如王羲之，钟谭指出这位风流潇洒的名士有着出众的眼光、识量与实际才干。殷浩欲北伐桓温，王羲之“劝与温和同，不宜内构嫌隙”，钟惺赞曰：“此有识者谋国之言。”⑧ 钟惺曰：“王逸少经世之才，忧国之心，镇物之量，不减谢安石。而爱身养名，不肯犯手作事，常处局外，冷眼热肠，时时以议论发

① （南朝梁）钟嵘著，周振甫译注：《诗品·中品·宋征士陶渊明》，《诗品译注》，北京：中华书局 1998 年版。
② （南朝梁）萧统：《文选》卷五七，上海：上海古籍出版社 1986 年版，第 2469 页。
③ （南朝梁）萧统：《陶渊明集序》，《昭明太子集》卷五，《四库全书》本。
④ （宋）朱熹：《朱子语类》，北京：中华书局 1986 年版，第 874 页。
⑤ （明）谢榛：《四溟诗话》，周维德：《全明诗话》第二册，济南：齐鲁书社 2005 年版，第 1325 页。
⑥ （明）许学夷：《诗源辩体》卷六，周维德：《全明诗话》第四册，济南：齐鲁书社 2003 年版，第 3237 页。
⑦ （明）许学夷：《诗源辩体》卷六，周维德：《全明诗话》第四册，济南：齐鲁书社 2003 年版，第 3236 页。
⑧ （明）钟惺：《殷浩》，《隐秀轩集》卷二三，上海：上海古籍出版社 1992 年版，第 435 页。

之。大要皆中微，而见其大者。其所匡救调护，亦复不少。……大要借处友之忠告，寓救时之良箴；用旁观之衡鉴，为当局之针砭。不尸其功，不露其迹，始终以山水田园自娱，处于仕隐之间，其经济实用，似为文雅风流所掩，不知羲之正欲以此自掩也。"①指出王羲之文雅风流背后，满腹经世才干与忧国之心。在评《兰亭集诗》，谭元春云："予尝服右军通识随俗行藏之言。今吟'寓目理自陈，适我无非新'二语，真是通识所发，非一意孤高绝俗之流。"② 亦指出王羲之非孤高绝俗之人，而是一位具有"通识"、忧世之士。殷浩则被批评有虚名，无用世才。千古名士孔融也没有逃出钟谭挑剔的眼光，同样被认为缺乏实用才干。钟惺认为孔融虽"胆量意气在祸福之外"，却没有经世之才，他说："孔文举本名士，体气高妙，如琪花瑶草，虽不结实，自是风尘年物。而好谈经济，喜功名，竟无所成，只是一疏耳。疏之一字，是名士本色，而经世人殊用不着。然又耻不能经世，勉作经济事，尤是名士大病。"③ 一语道出了孔融矛盾而悲剧的人生。《诗归》中评孔融《杂诗》，钟惺指出孔融其人"世自不能容"，谭元春则拈出一"旷"字来形容。④ 嵇康因为"性不可化"而招致杀身之祸，被钟惺评为"才多识寡"⑤。竟陵派并不主张士人片面地追求"疏旷孤狷"的个性与风格，钟惺认为："学古之人，所得自不同。然古人所谓学以变化气质，气质二字，亦广亦微，恐非孤狷二字可了。"⑥ 钟谭对名士的议论是有感而发。明末名士之风盛行，士人为了博取高名，不求务实，盲目追求清雅，士风日益空疏。钟惺认为："士苟欲自遂其高，则其于衣食之计，当先使之稍足于己，乃可无求于世。今人动作名士面孔向人，见人营治生计，即目之为俗。及至窘迫，或有干请乞丐，得与不得，俱丧其守，其可耻又岂止于俗而已乎！"⑦ 对当时所谓"名士"鄙视"俗事"的错误行径，钟惺加以指责，从而强调名士应该具有一定的实际才干与谋生能力。

钟谭对高人清士的评价主要着眼在胸怀与性情。一方面，钟谭指出他们对世事、人生无法忘怀的记挂与感慨，如王维"胸中皆似有一段垒块不平处"、"胸中有激烈悲愤处"；另一方面，钟谭认为他们避居山林，身处幽静的环境，如果拥有静谧的心理状态，就更能体会到人与人之间的感情。如品评王维的诗歌、行径与精神，钟谭认为不应只看他描绘禅寂闲居生活的一面，还可从他的"情诗"来追索，他的"情诗、闲寂诗、田家诗"皆"妙"，⑧ 钟惺指出："情艳诗，到极深细、极委曲处，非幽静人原不能理会，此右丞所以妙于情诗也。彼专以禅寂闲居求右丞幽静者，真浅且浮矣。"⑨ 再如评陶弘景《寒夜怨》，钟惺云："读隐居此诗，乃知静者自然情深"⑩，指出身心俱静的人情感也特别的丰富、深厚。

其二，英雄仁人之志。钟谭标举仁义孝友之士的仁厚、侠义、重情、守信等精神，同时，强调人物的忠义友爱之举出自真性情，发自内心。忠臣者有亲赴敌营劝以大义而遭致叛

---

① （明）钟惺：《王羲之》，《隐秀轩集》卷二三，上海：上海古籍出版社 1992 年版，第 436 页。
② （明）钟惺、谭元春：《古诗归》卷八，武汉：湖北人民出版社 1985 年版，第 162 页。
③ （明）钟惺：《孔融》，《隐秀轩集》卷二三，上海：上海古籍出版社 1992 年版，第 429 页。
④ （明）钟惺、谭元春：《古诗归》卷四，武汉：湖北人民出版社 1985 年版，第 168 页。
⑤ 钟惺评嵇康《幽愤诗》，钟惺、谭元春：《古诗归》卷七，武汉：湖北人民出版社 1985 年版，第 143 页。
⑥ （明）钟惺：《答韩晋之秀才》，《隐秀轩集》卷二八，上海：上海古籍出版社 1992 年版，第 489 页。
⑦ （明）钟惺：《阮裕》，《隐秀轩集》卷二三，上海：上海古籍出版社 1992 年版，第 432 页。
⑧ 谭元春评王维《春中田园作》，钟惺、谭元春：《唐诗归》卷八，武汉：湖北人民出版社 1985 年版，第 159 页。
⑨ 钟惺评王维《西施咏》，钟惺、谭元春：《唐诗归》卷八，武汉：湖北人民出版社 1985 年版，第 161 页。
⑩ （明）钟惺、谭元春：《古诗归》卷一四，武汉：湖北人民出版社 1985 年版，第 273 页。

军杀害的颜真卿，钟惺认为录其五古诗《赠僧皎然》，可“为诗家立门户”①；侠义者有不顾自己的安危、救伍子胥脱困的“渔父”，钟惺称其为“义侠”，“一片怜才忧国念头在眉睫间，千载如见”②；重友情者有凭机智才艺帮助友人之子的优孟，钟惺称其为“古之义侠，笃于友者”，“羊舌之泣，优孟之笑，异情同义，皆是千古人”③。这三类人物的品格与精神，得到钟谭的大力称赞，忠肝义胆，侠骨丹心，足以光耀千古。钟谭对儒家人伦道德思想的重视，往往被研究者忽略。其实，在钟谭孤高冷傲的背后，是两颗忠诚孝友、重情重义的心。谭元春在读《庄子》的时候，都会自然而然地联系儒家思想道德来比勘，他在《阅人间世第四》中曰：“予正襟读《人间世》，始知臣忠子孝，即是世外至人。往往世外至人，可以视死如归，然名根淡然，争心不起，离灾远害，无死于暴人之理。”④ 在《寄五弟正则》的书信中，谭元春写道：“我辈读书识理，望弟辈作忠孝节义之事，亦岂宜作此儿女语，扰乱做事者之胸中。万一危急存亡之秋，自然不宜仓皇失措，忘却大丈夫三字。”⑤ 特意嘱咐为官任上的弟弟在临敌之际应该恪守大节，为国为民，挺身而出，勇于抗敌。

钟谭品味诗歌时，注意挖掘作者的气质与品性，如评李陵“真有一副肝肠，在眉宇舌端间吐出”⑥，评殷遥有一副“仁孝心肠”⑦；称道诗人的至情至性，如评文种《越君臣祝》，钟惺云：“此章一味慰勉，亦是君臣至情，平大雅质，反似颂语，具一片幽思隐愤心口间，有不敢说出处。”⑧ 指出诗歌透露出作者内心深处的情感。再如钟惺评刘伶的《北芒客舍诗》云：“哀至便哭，喜至便歌，不必中节，不必谐众，而自有一往至性。”⑨ 刘伶是一位性情中人，诗歌是其本性的自然流露。钟谭称许元结其人其诗离不开一个“情”字，如以下评语：

> 评元结《刘侍御月夜宴会》，钟云：“读此序，及春陵诸作，此公经济文章，皆生于一情字。”“道州诗文，如穆然严冷之人，冰霜满面，情至处却有一段妩媚款曲，泛爱之人，不如其笃也。”⑩
>
> 评元结《喻瀼谿乡旧游》，谭云：“世人无乡里情，终日留心经济，只是虚意耳。看次山惓惓瀼谿，便知其春陵行贼退示官吏，所以伤心之本，总不出一情字。”⑪
>
> 评元结《石鱼湖上醉歌》，钟云：“道州七言古数首，几于忘情学草木矣。然直谓草木无情，则不能看元诗。”⑫
>
> 评元结《与党侍御》，谭云：“真朋友规语，莫作相戏看。”⑬

① （明）钟惺、谭元春：《唐诗归》卷二三，武汉：湖北人民出版社1985年版，第477页。

② 钟惺评《渔父歌》，钟惺、谭元春：《古诗归》卷二，武汉：湖北人民出版社1985年版，第28页。

③ 钟惺评《慷慨歌》，钟惺、谭元春：《古诗归》卷二，武汉：湖北人民出版社1985年版，第26页。

④ （明）谭元春：《遇庄总论三十三篇》，《谭元春集》卷三三，上海：上海古籍出版社1998年版，第907页。

⑤ （明）谭元春：《寄五弟正则》其三，《谭元春集》卷三二，上海：上海古籍出版社1998年版，第900页。

⑥ 钟惺评李陵《与苏武诗》之“携手上河梁”，钟惺、谭元春：《古诗归》卷三，武汉：湖北人民出版社1985年版，第58页。

⑦ 钟惺评殷遥《送友人下第归省》，钟惺、谭元春：《唐诗归》卷二四，武汉：湖北人民出版社1985年版，第484页。

⑧ 钟惺评文种《越君臣祝》，钟惺、谭元春：《古诗归》卷二，武汉：湖北人民出版社1985年版，第29页。

⑨ 钟惺评刘伶《北芒客舍诗》，钟惺、谭元春：《古诗归》卷八，武汉：湖北人民出版社1985年版，第150页。

⑩ （明）钟惺、谭元春：《唐诗归》卷二三，武汉：湖北人民出版社1985年版，第466页。

⑪ （明）钟惺、谭元春：《唐诗归》卷二三，武汉：湖北人民出版社1985年版，第463页。

⑫ （明）钟惺、谭元春：《唐诗归》卷二三，武汉：湖北人民出版社1985年版，第471页。

⑬ （明）钟惺、谭元春：《唐诗归》卷二三，武汉：湖北人民出版社1985年版，第462页。

评元结《招孟武昌》，钟云：“一双绝亮眼光，处朋友山水之间。”①

评孟云卿，钟云：“元次山与云卿以词学相友二十年，次山直奥，云卿深婉，各不相同，此古人真相友处也。”②

钟谭认为：元结的诗文端正严明，却有妩媚款曲、诉说情意之处，可见其人笃于“情”，作品“皆生于情”。元结的“情”包括对国家、百姓的忧虑，对乡邻旧识的同情，对外部事物的喜爱，对朋友的真挚情谊。元结与孟云卿“以词学相友二十年”，两人风格不同，主张各异，却真诚相待，和谐相处。钟惺属于外冷内热之人，“虽严冷，然待友接士一以诚厚”③，诗文中也多次表达对友人的称颂与深情，有诗句如：“人生客游何者美？其一友朋一山水。”④“固知至性人，孝友同一情。”⑤ 谭元春也是一位重情义之人，其诗文“篇关师友，则郑重流连；语涉昆弟，则缠绵悱恻”⑥。钟谭二人的诗学主张大同小异，二人之间的讨论有共鸣，有分歧，谭元春曾云：“然子在日，予之文已有未经子目者，意欲待业就志满，而后与子各置一地，以雪天下人‘二子一手’之名。”⑦ 但两人交情笃好，李明睿作《钟谭合传》时称：“余故合钟谭而论著之，使世知景陵之文，不在文而在交谊之厚。”⑧ 钟谭二人的个性与元结相近，对元结的品性容易产生认同感。

钟谭最为推崇的当属杜甫。试看钟谭对老杜的评价：

评杜甫《遣兴》其三，钟云：“前一诗风生，后二诗水冷，闲眼看人，热心劝世，此老真是菩萨。”⑨

评杜甫《苦竹》，钟云：“每一小物，皆以全副精神，全副性情入之，使读者不得不入。”谭云：“十五首中，有似如来度众生者，有似慈吏悯疲民者，有似真人念旧友者，万物在其胸中，群动森于笔下。至此，则不敢以浅衷轻言诗矣。”⑩

评杜甫《病马》，谭云：“真深情，真厚道。”钟云：“同一爱马，买死马者，英雄牢络之向，权赎老马，怜病马者，圣贤悲悯之深心。”⑪

评杜甫《梦李白二首》，钟云：“无一字不真，无一字不幻。”“精感幽通，交情中说出鬼神，杜甫梦李白诗，安得不如此。”⑫

评杜甫《雨过苏端》，钟云：“杜老每受人一酒一肉，不胜感恩，不胜得意，盖有

---

① （明）钟惺、谭元春：《唐诗归》卷二三，武汉：湖北人民出版社 1985 年版，第 463 页。

② （明）钟惺、谭元春：《唐诗归》卷二四，武汉：湖北人民出版社 1985 年版，第 489 页。

③ （明）谭元春：《退谷先生墓志铭》，《谭元春集》卷二五，上海：上海古籍出版社 1998 年版，第 682 页。

④ （明）钟惺：《暂驻夔州詹郡伯黄杨二司李招集白帝城戏柬》，《隐秀轩集》卷五，上海：上海古籍出版社 1992 年版，第 59 页。

⑤ （明）钟惺：《丙辰江西大水，故宪副太和临皋杨公在殡，其弟贞叔负其棺，与水出入，得免，予友杨武部邦隆，宪副公之子也，泣道其事，邹尔瞻先生作风木楼，纪述其事亲始末，钟子读而叹曰：“贞叔之为此，有本也。”纪之以诗》，《隐秀轩集》卷三，上海：上海古籍出版社 1992 年版，第 36 页。

⑥ （清）高世泰：《谭友夏先生乡贤檄》，《谭元春集》附录二，第 956 页。

⑦ （明）谭元春：《告亡友文》，《谭元春集》卷二六，上海：上海古籍出版社 1998 年版，第 724 页。

⑧ （清）李明睿：《钟谭合传》，《谭元春集》附录二，第 960 页。

⑨ （明）钟惺、谭元春：《唐诗归》卷一九，武汉：湖北人民出版社 1985 年版，第 376 页。

⑩ （明）钟惺、谭元春：《唐诗归》卷二一，武汉：湖北人民出版社 1985 年版，第 431 页。

⑪ （明）钟惺、谭元春：《唐诗归》卷二一，武汉：湖北人民出版社 1985 年版，第 432 页。

⑫ （明）钟惺、谭元春：《唐诗归》卷一七，武汉：湖北人民出版社 1985 年版，第 350 页。

一肚愤谑，即太白所谓‘今日醉饱乐过千春’也。”①

评杜甫《哀王孙》，谭云：“邂逅王孙，惓惓有情，写得可歌可涕。”②

评杜甫《信行远修水筒》，钟云：“往往于家常琐细，娓娓不倦，发大道理，大经济，不酸不碎，此老胸中原有此一副本事。”③

评杜甫《三韵三首》，钟云：“满肚不平，英雄之人久处下流，乃有此语。”④

从上述例子来看，杜甫是一位胸怀宽厚、至情至性之人。钟谭眼里的老杜不仅是“菩萨”，忧国忧民，悲天悯人；对大自然的细小的事物，一草一木，飞鸟虫鱼，老杜都投以“全副精神”、“全副性情”去关爱、理解与怜惜，甚至视为朋友，他“将孤雁说作一极有交情，极不妄交人”⑤，“待此四松，竟是一相厚老友”⑥，对小鸟“再三丁宁，体悉尽情，活佛出世”⑦，他的咏物诗皆“生其性情，出其途辙”，所达的境界是“仙佛圣贤，帝王豪杰，具此难著手矣”⑧，因此，诗歌“皆具性情”，具有“千载之下，身历如见”⑨ 的审美效果。老杜是一个重情重义之人，他对亲人的爱，对友人的情，都真挚深厚，如对李白的相思、敬慕，感通于梦；他真心感激那些给予自己帮助的人，受人恩惠之后“小心厚道，一味感恩”⑩；但他心胸豁达，在穷困潦倒的境况中品味人生的酸甜苦辣，有时又放诞不羁，与友人嬉笑逗乐，享受生活的点滴乐趣，“非惟朴直，亦见游戏”⑪；他对失势之人亦充满同情，感慨世事的沧桑，为落难王孙抱不平。而且，钟谭认为老杜是“英雄”，是一位能于“家常琐细”的讲述中谈论“大道理、大经济”的有识之士，真正懂得生活、人生、社会之“理”，却怀才不遇，仕途偃蹇，唯有借诗歌来描绘自己的“寂寥行径，壮愤心肠”⑫。唐人注意到杜甫的“傲诞”、“狂”；宋人极力抬高老杜，视其为忠君爱国的圣哲，强调其忠君思想，著名的评论如苏轼在《王定国诗集叙》中说：“古今诗人众矣，而杜子美为首，岂非以其流落饥寒，终身不用，而一饭未尝忘君也欤?”⑬ 终宋一代，老杜已俨然成为文人倾慕、学习的典范。至明代，杜甫的地位依然尊崇，但明人把老杜身上的神圣光环逐渐消褪，回复到人性的本原状态来分析。钟谭从个人真性情的角度出发，称颂老杜仁爱、笃厚、真率的品性与精神，认为老杜是“圣人”、“仁人”、“英雄”，也是一个真正懂得生活的人。钟谭的视域比前人广阔，并且从人性本真的层面上来挖掘，所得的杜甫形象更为饱满、全面，也更为亲切可信。

其三，风雅灵秀之文士。钟谭还比较欣赏文人才士所具有的风雅、灵秀、柔婉的气质与

① （明）钟惺、谭元春：《唐诗归》卷一八，武汉：湖北人民出版社 1985 年版，第 360 页。

② （明）钟惺、谭元春：《唐诗归》卷二，武汉：湖北人民出版社 1985 年版，第 391 页。

③ （明）钟惺、谭元春：《唐诗归》卷一九，武汉：湖北人民出版社 1985 年版，第 382 页。

④ （明）钟惺、谭元春：《唐诗归》卷一九，武汉：湖北人民出版社 1985 年版，第 379 页。

⑤ 钟惺评《孤雁》，钟惺、谭元春：《唐诗归》卷二一，武汉：湖北人民出版社 1985 年版，第 433 页。

⑥ 钟惺评《四松》，钟惺、谭元春：《唐诗归》卷一九，武汉：湖北人民出版社 1985 年版，第 389 页。

⑦ 谭元春评《口鹅》，钟惺、谭元春：《唐诗归》卷二一，武汉：湖北人民出版社 1985 年版，第 432 页。

⑧ 钟惺评《归雁》，钟惺、谭元春：《唐诗归》卷二一，武汉：湖北人民出版社 1985 年版，第 435 页。

⑨ 钟惺评《法镜寺》，钟惺、谭元春：《唐诗归》卷一八，武汉：湖北人民出版社 1985 年版，第 363 页。

⑩ 钟惺评《彭衙行》，钟惺、谭元春：《唐诗归》卷一七，武汉：湖北人民出版社 1985 年版，第 345 页。

⑪ 谭元春评《雨过苏端》“无食起我早”一句，钟惺、谭元春：《唐诗归》卷一八，武汉：湖北人民出版社 1985 年版，第 360 页。

⑫ 钟惺评《曲江》，钟惺、谭元春：《唐诗归》卷二〇，武汉：湖北人民出版社 1985 年版，第 401 页。

⑬ （宋）苏轼：《苏东坡集》卷二四，北京：商务印书馆 1933 年版。

才情。钟谭二人本身属于灵心秀质之人，也喜爱这一类型的文士。谭元春在《退谷先生墓志铭》中批评钟惺“爱人慧巧”，虽为不满之词，却足以证明钟惺确实喜好“慧巧”之士。而谭元春被友人赞“笔慧而人朴，心灵而性厚”①，曾自言“苦无秀逖之士与谈诗者”②。钟谭在评选诗歌时，缘于自身的个性与喜好，也多注意清丽深幽的诗歌与灵心妙笔的文人。如评曹丕“风雅蕴藉”，堪配“文”的谥号，诗歌“婉娈细秀，有公子气，有文士气”③，钟惺评其《善哉行》曰：“缓节安歌，灵通幽感，其口角低回，心情温顇，有含辞未吐气若芳兰之意。”④ 评曹植，钟惺云：“子建柔情丽质，不减文帝，而肝肠气骨，时有磊块处，似为过之。”⑤ 钟谭称赞曹植为“仁人”、“才子”，有“君子心肠”、“仙佛行径”、“少年意气”，又“长于风雅”，其诗以“深婉柔厚”、“凄丽之调”为特色。⑥ 在钟谭的选评中，选取了一批以清才灵气著称的诗人及其诗歌，如下：

评左思，钟惺云：“太冲笔舌灵动，远出潘陆上，使潘陆作三都赋，有其材，决不能有其情思。”⑦

评谢朓，钟云：“谢玄晖灵妙之心，英秀之骨，幽恬之气，俊慧之舌，一时无对，似撮康乐渊明之胜，而似皆有不敌处，曰厚，然是康乐以下，诸谢以上。”⑧

评庾信，钟云：“庾子山清粲有骨，在陈隋为矫矫。”⑨

评高适，钟云：“唐人如沈宋王孟，李杜钱刘之类，虽两人并称，皆有不能强同处，惟高岑心手，如出一人，其森秀之骨，淡远之气，既皆相适，古诗似张九龄之问一派。”⑩

从诗人的“心”、“气”、“质”、“骨”、“才”、“情”、“思”等方面来品评诗歌，用了一系列的词语如“灵动”、“灵秀”、“妙”、“俊慧”、“奇秀”、“秀丽”、“清粲”、“绝”、“清”、“幽恬”、“淡远”等，来形容诗人在才性情思方面具有的灵秀清淡的特质。除上述诗人外，还有谢尚、谢灵运、谢庄、鲍照、江淹、刘希夷、李白、储光羲、孟浩然、王昌龄、高适、常建、张籍、王季友等人。这些诗人的个性气质与诗歌风格并不单一，如谢灵运诗歌既有清新自然的一面，更有“富丽精工”的一面，高适诗有清健恬淡的特色，更有雄壮慷慨之风格。从上述诗人入选诗歌来看，偏向于清灵幽朴的风格，这是钟谭诗歌美学的趣味所在，偏好于文人秀士为人为诗的灵秀俊逸之气与清粲奇秀之骨。

在钟谭看来，文人秀士的好诗，妙在“清”不失“厚”，笔调清健，风格清雅，意境清幽，而情真气厚。钟惺指出：诗歌“以静好柔厚为教”⑪，符合“静”与“厚”的诗歌，方

---

① （明）谭元春：《与舍弟五人书》，《谭元春集》卷二七，上海：上海古籍出版社 1998 年版，第 747 页。
② （明）谭元春：《高霞楼诗引》，《谭元春集》卷二四，上海：上海古籍出版社 1998 年版，第 675 页。
③ 钟惺评魏文帝，钟惺、谭元春：《古诗归》卷七，武汉：湖北人民出版社 1985 年版，第 126 页。
④ （明）钟惺、谭元春：《古诗归》卷七，武汉：湖北人民出版社 1985 年版，第 128 页。
⑤ （明）钟惺、谭元春：《古诗归》卷七，武汉：湖北人民出版社 1985 年版，第 131 页。
⑥ （明）钟惺、谭元春：《古诗归》卷七，武汉：湖北人民出版社 1985 年版，第 132 页。
⑦ （明）钟惺、谭元春：《古诗归》卷八，武汉：湖北人民出版社 1985 年版，第 153 页。
⑧ （明）钟惺、谭元春：《古诗归》卷一三，武汉：湖北人民出版社 1985 年版，第 245 页。
⑨ （明）钟惺、谭元春：《古诗归》卷一五，武汉：湖北人民出版社 1985 年版，第 296 页。
⑩ （明）钟惺、谭元春：《古诗归》卷一二，武汉：湖北人民出版社 1985 年版，第 231 页。
⑪ （明）钟惺：《陪郎草序》，《隐秀轩集》卷一七，上海：上海古籍出版社 1992 年版，第 276 页。

为代表了诗人真精神的诗歌，可以传；那些从“名人、才人、兴人”之作，是诗人“心躁而气浮”的产物[①]，不能代表诗人的真精神，不足传，选诗时予以摒弃。如选取谢灵运的诗歌，删去世人公认的名作，谭元春云：“康乐灵心秀质，吐翕山川，然以谢家体局，微恨其板，必删去《过始宁墅》、《登石门高顶》、《入华子冈》、《入彭蠡谷口》诸作，不畏人之所骇，不顾人之所爱，乃为真爱灵运。夫活则深，板则浅，岂可使后之有识者恨灵运为浅哉？”[②] 钟谭指出谢灵运的名作有板滞的毛病，比较欣赏谢灵运的清幽之作，认为谢“气清而厚”，其诗“能丽能密”。[③] 对于才思敏捷、快笔纵横的诗人，钟谭认为应当“另察其精神静深处”[④]。如评选李白诗，收录《宫中行乐词》，摒弃《清平调》，认为“清平三绝”只是“一时高兴”之作，未能代表李白的精神，李白“气逸才雄”，却具“深心幽致”，“读太白诗，当于雄快中察其静远精出处，有斤两，有脉理”[⑤]。对于文人秀士的诗作，世人的品评多关注其“清”、“灵”、“俊”的风格特点，而忽略其“蕴藉”之作。钟谭认为只有“灵”与“厚”相结合的诗歌，才真正代表了诗人的精神。如品评储光羲，钟惺云：“储诗清骨灵心，不减王孟，一片深淳之气，装裹不觉，人不得直以清灵之品目之，所谓诗文妙用，有隐有秀，储盖兼之矣。”[⑥] 指出储诗《野田黄雀行》“风雅”[⑦]，“笃厚不作清态”[⑧]。再如评张籍，钟惺云：“张文昌妙情秀质，而别有温夷之气，思绪清密，读之无深苦之迹，在中唐最为蕴藉。”[⑨] 钟惺评其《别段生》为“一团厚道，古人之心，古人之言”[⑩]，诗为出于性情之作。

其四，胆识才情出众之女子。钟谭眼中，具备超人胆识与出众才情的女子，所具有的真性情与真精神，也是值得称颂的对象。钟谭对女子的态度比前代要开明与进步，谭元春在《期山草小引》中批评荀粲的说法，曰：“荀奉倩谓妇人才智不足论，当以色为主。此语浅甚。”[⑪] 在《女山人说》一文中，谭元春为女山人正名。文曰：“山人者，客之挾薄技，问舟车于四方者之号也。……由是观之，山人固以丧风雅之名，而女子反以存山人之实，则何也？”[⑫] 肯定女山人澜如虽为女子身，却真正具有山人的风雅的名与实。

钟谭欣赏有才有识、敢作敢为的女子，如为爱私奔的卓文君；具忠孝大节的巾帼英雄，如替父从军的花木兰，谭元春评《木兰诗》曰：“从来说生男不如生女，只是作后妃富贵耳。即健妇持门户，亦未及忠孝大节，当以缇萦、木兰、曹娥诸女郎实之”[⑬] 为情而死的女子，如报答石崇知宠之恩而堕楼死的绿珠；未能得偿所愿抑郁而终的紫玉；以才华与情意感

① （明）钟惺：《孙昙生诗序》，《隐秀轩集》卷一七，上海：上海古籍出版社 1992 年版，第 270 页。
② （明）钟惺、谭元春：《古诗归》卷一一，武汉：湖北人民出版社 1985 年版，第 212 页。
③ 钟惺评谢灵运《登永嘉绿嶂山诗》，钟惺、谭元春：《古诗归》卷一一，武汉：湖北人民出版社 1985 年版，第 215 页。
④ 钟惺评元稹，钟惺、谭元春：《唐诗归》卷二八，武汉：湖北人民出版社 1985 年版，第 561 页。
⑤ 钟惺评李白，钟惺、谭元春：《唐诗归》卷一五，武汉：湖北人民出版社 1985 年版，第 300 页。
⑥ 钟惺评储光羲《野田黄雀行》，钟惺、谭元春：《唐诗归》卷七，武汉：湖北人民出版社 1985 年版，第 134 页。
⑦ 谭元春评储光羲《野田黄雀行》，钟惺、谭元春：《唐诗归》卷七，武汉：湖北人民出版社 1985 年版，第 134 页。
⑧ 钟惺评储光羲《野田黄雀行》，钟惺、谭元春：《唐诗归》卷七，武汉：湖北人民出版社 1985 年版，第 134 页。
⑨ 钟惺评张籍，钟惺、谭元春：《唐诗归》卷三〇，武汉：湖北人民出版社 1985 年版，第 588 页。
⑩ （明）钟惺、谭元春：《古诗归》卷一四，武汉：湖北人民出版社 1985 年版，第 325 页。
⑪ （明）谭元春：《谭元春集》卷二四，上海：上海古籍出版社 1998 年版，第 677 页。
⑫ （明）谭元春：《谭元春集》卷二九，上海：上海古籍出版社 1998 年版，第 789 页。
⑬ （明）钟惺、谭元春：《古诗归》卷一四，武汉：湖北人民出版社 1985 年版，第 283 页。

动负心人的女子，如苏伯玉妻，钟惺评其《盘中诗》云："此诗，人知其柔秀，不知其质直"，又云："妇人感动君子，得其怜悔，全在柔婉，不在怨怒，以是知悍妇皆愚妇也"。谭元春云："女人气幽语快，逼真文士秀士者，当以此为第一。"① 称赞有才华、有智慧的柔情女子。

值得注意的是，钟谭明夷夏大防，不认同朝廷采取公主和亲平息边乱的做法，在评崔湜《奉和送金城公主适西蕃应制》一诗时，钟惺指出："如此丑事，何劳群臣作诗应制。唐时君臣廉耻意气尽矣。每读之气塞沉，佺期、崔湜二诗，粗能回护，中寓伤讽，得诗人之意，然终不如勿作耳。诗之为用至此，亦不幸矣。"② 钟谭认为朝廷以女子的牺牲换来国家和平的做法是丧失廉耻、辱没气节的"丑事"，可见二人具有鲜明的民族意识与儒家思想。对于委身异族的女子，钟谭甚为痛惜，如对才女蔡琰的评价，谭元春评《悲愤诗》曰："一副经史胸中，一双古今明眼，作此辱事，读其所自言，又觉不忍鄙之，反添人怜惜而已。"③ 可见友夏对蔡琰的态度是爱其才识，悲其遭遇，却又鄙其所为，又肯定其诗歌自言情事的真朴委折。

综上所述，钟谭的"古人精神"主要通过各种人物的性情及作品来体现。不同的人物，精神的表现方式不一样，如隐逸之士表现为闲远的风度，忠孝人士表现为忧悯的胸怀，侠义之士表现为壮烈的气概，有情人表现为缱绻的情思。在作品中表现为不同的"气"，有"霸气"、"英雄气"、"菩萨气"、"公子气"、"文士气"、"清气"、"幽气"、"厚气"、"寒气"、"奥气"、"灵气"、"妙气"、"异气"、"奇气"等。钟谭推崇的古人往往内心孤傲、清虚、宁静，即使身处尔虞我诈的官场，或熙熙攘攘的俗世中，其精神也能超然独立，游离出尘。对"孤衷峭性"、"幽情单绪"、"孤行静寄"的赞赏，显示出钟谭不同于流俗的精神境界与个人情怀。

三、"古人之精神"的美学特点

从美学角度来分析，"古人之精神"主要表现如下特点：其一，精神内核的"恒"与表现形式的"变"。钟谭认识到"古人之精神"具有恒与变的特点。钟惺在《诗归序》中指出："精神者，不能不同者也，然其变无穷也。"④ 指出古今诗人的精神相同，但具体的表现方式变化无穷。"恒"指的是精神内核的亘古不变，即钟惺认为的"精神之同"，这种精神可以超越时空的限制，不受外部世界变迁的影响。钟谭所说的精神由"道"而来，近似于"道"。谭元春在《告亡友文》中指出："诗文之道，受命于胸中，誉不可受，哗不可改，人皆劫劫，己独有余。"⑤ 这种来自于人心、不受外界毁誉影响的"诗文之道"，相当于作者的精神体现，真正的精神是"不朽"的。钟惺在《复陈镜清》中曰："夫珠玉蕴藏，精神见乎山川；商周彝鼎，虽在冢墓之中，千百年后必出见于世。彼仰屋著书，而千秋万岁不为之传者，其精神原无足传也。真可传者，神鬼天龙为之拥护，而水火兵劫不能遮拦，奚借同时之

① （明）钟惺、谭元春：《唐诗归》卷四，武汉：湖北人民出版社 1985 年版，第 74 页。
② （明）钟惺、谭元春：《唐诗归》卷四，武汉：湖北人民出版社 1985 年版，第 68 页。
③ （明）钟惺、谭元春：《古诗归》卷四，武汉：湖北人民出版社 1985 年版，第 72 页。
④ （明）钟惺：《诗归序》，《隐秀轩集》卷一六，上海：上海古籍出版社 1992 年版，第 235 页。
⑤ （明）谭元春：《谭元春集》卷二六，上海：上海古籍出版社 1998 年，第 724 页。

人欢喜赞叹之力也!”[①] 指出传世者的精神受到上天的庇佑，各种灾害打击无法阻挡，必定经受得住岁月的摧折，不会因为时人的毁誉而被埋没。钟惺评伯夷、叔齐的《采薇歌》时指出，两人的精神不为外部所改变，“古人胸中是非，天且不能夺，而况人乎”[②]。精神的不可磨灭，始终如一，使它具有穿透古今的超能力与奇特的审美功能。

钟谭认为这种永恒不变的精神往往通过作者的真性情来体现。谭元春在《王先生诗序》中指出：“夫性情，近道之物也，近道者，古人所以寄其微婉之思也。”[③] 寄托了古人精神的真性情，可以历久弥新，常留世间。钟惺评《古诗十九首》时称赞苏李诗、“十九首”妙在使人思，乐府诗妙在使人惊，相同之处在于“其性情光焰同有一段千古常新、不可磨灭处，被后人作诗者，人人拟作一番，若以为不可已之例、不容变之规”[④]。谭元春评刘缓《敬酬刘长史咏名士悦倾城》一诗靡绮却情真，“此情常留于天地之间，则人人有生趣，生趣不坠，则世界灵活，含素抱朴，一朝而寻其根，此不易之论也”[⑤]。真情可以千古常新、不可磨灭、常留天地间，正体现了作者精神的“恒”。真性情的作品蕴含着作者的气血与灵魂，长留千古，感人心魄。

精神本身处于一种“游”的状态，可以独立于文字之中，游离于文字之外，自由流动，变化无穷。钟惺在《三注钞序》中指出：“离乎其所注者而犹能为书，盖注者之精神，有能自立于所注者之中，而又游乎其外者也。”[⑥] 指出作者精神具有独立与运动的特点，注者的精神可以脱离注而单独存在。精神的游动体现了“变”的美学特点。“变”是指精神的表现形式千变万化，寄托对象多种多样。精神之“变”主要通过具体的人物性情及作品来体现。不同的人物，精神的表现方式不一样，如隐逸之士表现为闲远的风度，忠孝人表现为忧悯的胸怀，侠义之士表现为壮烈的气概，有情人表现为缱绻的情思，可以通过各种各样的“气”来表现。类型不同、变化无穷的“气”，正说明了精神形式变化无穷的特点。

其二，孤单幽静的情感特征。钟谭提出的“古人精神”具有特立独行、与众不同的特点，这种“不内变、不外从事精神，迥异乎蚩蚩之氓者”[⑦]，正如谭元春的《诗归序》所言：“真有性灵之言，常浮出纸上，决不与众言伍。”这种“决不与众言伍”的特点，即孤迥、独行、特出的古人精神，而非今人“以其所爱之格，所便之调，所易就之字句，得其滞者、熟者、木者、陋者”[⑧]。钟惺亦曰：“今非无学古者，大要取古人之极肤、极狭、极熟、便于口手者，以为古人在是。使捷者矫之，必于古人外自为一人之诗以为异；要其异，又皆同乎古人之险且僻者，不则其俚者也；则何以服学古者之心?”[⑨]

钟谭提出古人精神是针对明末的诗坛风尚：一是七子掀起的拟古之风，一是公安派反七子而带来的俚俗之风。为了拨清这两股风气，钟惺批评时人拟古与反拟古，提出学习“古人之精神”，他在《隐秀轩集自序》中提到：“间取已作以覆古人，向所信以为古人确然在是者，觉去古反滋远。有所创获晚出，使人愕然以为悖于古者，古人尝先有之。始悟按时所

① （明）钟惺：《复陈镜清》，《隐秀轩集》卷二八，上海：上海古籍出版社1992年版，第488页。
② （明）钟惺、谭元春：《古诗归》卷一，武汉：湖北人民出版社1985年版，第7页。
③ （明）谭元春：《谭元春集》卷二三，上海：上海古籍出版社1998年，第613页。
④ （明）钟惺、谭元春：《古诗归》卷六，武汉：湖北人民出版社1985年版，第116页。
⑤ （明）钟惺、谭元春：《古诗归》卷一四，武汉：湖北人民出版社1985年版，第274页。
⑥ （明）钟惺：《三注钞序》，《隐秀轩集》卷一六，上海：上海古籍出版社1992年版，第237页。
⑦ （明）谭元春：《阅达生第十九》，《谭元春集》卷三三，上海：上海古籍出版社1998年版，第918页。
⑧ （明）谭元春：《诗归序》，《谭元春集》卷二二，上海：上海古籍出版社1998年，第594页。
⑨ （明）钟惺：《诗归序》，《隐秀轩集》卷一六，上海：上海古籍出版社1992年版，第237页。

反之古，及笑人所泥之古，皆与古人原不相蒙，而古人精神别自有在也。"[①] 这种"别自有在"的"古人精神"显示出钟谭超越世俗趣味的审美追求与美学品格。在选取诗歌时，钟谭别出心裁地剔除一些世人熟知的名篇，收录可代表古人精神的诗歌，以及某些不为世人所熟知的诗人及诗歌。如钟惺评白居易、王季友，他认为真正代表元稹、白居易精神的诗歌在于"词旨蕴藉而能自出者"，[②] 即具有"厚"的特点，又出于真性情者，并非世人所崇尚的浅白易懂之诗或唱和诗。王季友名不甚藉，其人有朴厚之心、高古之骨、灵妙之舌，其诗自有特色，"常有一种别趣奇理，不堕作家气"，[③] 符合钟谭的诗学观念与选取标准。

钟谭本性"孤迥"，所追求的古人精神具有超脱于世俗之外的孤高独绝的特征。与精神孤迥的特点相一致，古人的"真性情"表现出一种孤独、幽单的美学特征。谭元春在《诗归序》里描述了一位"有孤怀、有孤诣，其名必孤"之人，其情如飘摇于寥廓虚空中的"一线狼烟"，散聚不定，断续有时。即钟惺所言的"幽情单绪"，"孤行静寄于喧杂之中"。[④] 这类孤衷峭性之人，具有孤迥特立的精神，其情感特征表现为"幽"、"单"，追求"灵"与"厚"相结合的诗歌风格及"幽深孤峭"的美学趣味。

竟陵派的古人精神所具有的美学特点包括了精神内核的亘古不变与形式上的变化多端，审美对象表现出深幽孤单的情感特征，审美主体特有的虚静的心理状态。通过把握"古人之精神"的美学特征，方可辨别并获取真诗所在。

① （明）钟惺：《隐秀轩集》卷一七，上海：上海古籍出版社 1992 年版，第 261 页。
② 钟惺评白居易，钟惺、谭元春：《唐诗归》卷二八，武汉：湖北人民出版社 1985 年版，第 563 页。
③ 钟惺评王季友，钟惺、谭元春：《唐诗归》卷一六，武汉：湖北人民出版社 1985 年版，第 336 页。
④ （明）谭元春：《谭元春集》卷二二，上海：上海古籍出版社 1998 年，第 594 页。

官衙·官制·司法

——明清时期外人眼中的广州权力系统

吴　青

明代以降，与西方殖民时代日新月异的变化相比，中国王朝制度虽有因革，但其变化甚缓。维系王朝运作的官衙、官制与司法等上层建筑系统，并未随着西方殖民列强的步步逼近而进行步幅较大的革新，相反，却仍旧维系着“天朝上国”之旧观，有条不紊地统治着这个古老国家的子民。这种历史镜像，并未详尽体现在中国本土史籍记载中，反而更多地隐藏在来华拜谒、经商、传教等各类外人记述的文献中。明清两朝外人来穗，即留下了大量关于“广州印象”的记载。本文借着梳理外人关于粤省官衙、官制和司法权力运作的札记，从“他者眼光”角度入手，既可直观形象地展示南部中国的“官方形象”，又可隐隐体会到记录者内心对东方与西方政教制度不容、不谐之无奈。

一、官衙与权力差序

在传教士眼中，中国官府的衙门，尤其是总督、巡抚、布政使、按察使和道台的衙门，属于外人难以有机会时常光顾的地方，它们处处体现出高官的威严，以及官阶高低之间的巨大差别。两广总督和巡抚的官衙是众多来华传教士进行详细记载的重点，16 世纪时克路士在他的《中国志》中对此有较为详细的记载：

> 官员衙门入口处十分豪华，门廊高，雄壮，匠人精工修盖。衙门正面有像城门一样的大门，门口绘有两个手执棍杖的巨人。我在一座楼（那是偶像寺庙）里看见四个，据说画的是皇帝派去把守薄弱关口防备鞑靼的人。他们肢体壮大，约有十二或十三拃那么高。临街一侧，对着大门，有一个不太大的接待庭院。沿街大门前还筑有一堵相当高的坚实的墙，为的是在开门时不让街上行走的人瞅见屋内的人。这座门只为处理诉讼，衙门官员及那些跟他们一般大或者更大的官进出而使用和开启。
>
> 这道大门的旁边是另一道大门，但不及中门那样大，这是在主门关闭时供屋内的人和囚犯使用。这道大门关闭时，他们在两扇门板贴上交叉的封条，上写有衙门主管官的名字或号。如果再打开，衙门的一位官员就把印在胶板上的同一名字或号或标记交给守门人，那他可以把它打开，如无这个标记，他不可开门，否则要受到严惩。入这道门后是一个几乎方形的大院，院子差不多是个跑马场，中间是一条比门略窄的走廊，从门口笔直通往院子尽头的一座大台。这条走廊用方石块整齐铺设，有齐腰高的栏杆，门口略高，尽头处距大台仅一步。走廊两边的院子要低一些，所以人们要下台阶到院子去。中间的这条走廊很受他们的尊敬，有些人走过它则被视为非法，只有衙门的一些大官或者跟他们一样甚至更大的官才能使用。那些去找官员谈话的人，从门口进去，必须马上到一侧去，到大树成荫的院子，然后再从台阶上到前面提到的院子尽头的大台。

这座台后，有一级跟它一样宽的台阶，台阶那边是一条有顶盖的道，全用巨大方石铺成，像外面的台一样，而且很高，修得很好。在它当中，靠近前端，摆着两把椅子，前放两张桌子，相距不远。左边的一把是衙门官员坐的，另一把空着，那是让比他官更大的就座。每一边，顺着这位官员后头，有两块空地，相当开阔，沿两块空地的边，每边各有五把椅子，前放五张桌子，因距离官员远近适度，所以尽管在后头，仍看见那位大官。这些位置是为官员的十名助手准备的，以便共同处理事物。

从这些廊子往里是大房间，那是供衙门官员和助手及其他衙门吏员居住的。官吏人数很多。庭院四周是大监牢和大屋舍，供狱吏及日夜巡视的看守使用。但是从外面看不见这些牢房，也看不见官吏的房间，更看不见衙门大官的住宅，因为它们都在关闭的门内，一直有看门人把守。

广州有四座这样的衙门，供四位大官之用，每省的省城有五座这样的衙门。广州只有四座，因为广东的长官也是广西的长官，他不住在广州而住在省边境的某个城镇，那里办两省的事务要方便些。除大官住的大衙门外，广州还有其他许多下级官员住的衙门，这些衙门虽比不上前面的气派，却也相当大，首先是大典狱的衙门，那是很大的。①

克路士的描述非常仔细，他把广州衙门的布局介绍得很清晰，从衙门的入口到后院到审判的大台再到官员的住宅，每一个地点都做了细致入微的观察，处处都体现了中国衙门的威严和雄壮。克路士不时强调“这座门只为衙门官员及那些跟他们一般大或者更大的官进出而使用和开启”，“中间的这条走廊很受他们的尊敬，有些人走过它则被视为非法，只有衙门的一些大官或者跟他们一样甚至更大的官才能使用”，“另一把空着，那是让比他官更大的就座”，体现了中国政府官衙里的等级森严，规矩很多。他提到的广州有四座大官的衙门，实际应指广东巡抚、布政使、按察使及广州知府，而管理两广事务的总督并不住在广州，而是住在“省边境的某个城镇”，这个城市就是肇庆。下文方济各会士受到总督接见就是在肇庆府。

1579 年，第一批方济各会士来华，两广总督召见了他们，这次来华的特尔德西拉斯神父在他的《中国之旅纪实》一书中写到：

我们到达了总督所在地肇庆府，时间是 8 月 21 日。他们将我们带到总督府，许多官员在那里，每天早晨所有官员都要到这里朝拜。紧接着，开始响起了众多乐器——铜鼓、号、凤笛以及类似十孔笛和钹演奏的乐曲；然后又放火炮和火绳枪，发出阵阵响声；大门一扇接一扇打开了，所有这一切汇聚在一起发出震耳的轰鸣声，仿佛要把整座城市震塌。身着戎装守卫的士兵迅速持械站立到各自的位置上。②

总督官衙的威严体现在上述记载的字里行间，“大门一扇接一扇打开了”、“所有这一切汇聚在一起发出震耳的轰鸣声”，这些都是中国官衙肃穆和庄重的体现。

耶稣会士马若瑟（Prémare）神父在广州期间，曾于 1699 年 2 月 17 日的信里描述了广

① ［葡］克路士：《中国志》，载博克塞：《十六世纪中国南部行记》，北京：中华书局 2002 年版，第 66 ~ 68 页。

② *Sinica Franciscana Π*, *Augustinus de Tordesillas*: *Recacion del Viage que Hizimos em China*, pp. 136 – 137.

州官员们的出巡情况，这封信是他写给耶稣会另一位传教士——拉雪兹（La Chaise）神父的。他看到：

官员们的府邸令人觉得有点神秘莫测。必须穿过几重院落才能到达他们接见下属和会晤朋友之地。他们出巡时排场很大。以总督（这是主管两个省的官员）为例，若无至少百人随行，他是从不动身的。随行人员互不相扰，各司其职。一部分人穿着专门的号衣，举着各种牌子在总督前面开道，有时还有大队士兵步行跟随总督左右，总督乘坐一顶由六至八人用肩抬着的宽大的金黄色轿子，高高在上，行进于整个队列中间。这种队列往往占据整条街道。百姓们出于恭敬而止步肃立两侧，直至列队通过。①

在传教士的眼里，官员居住的府邸让人觉得“神秘莫测”，因为中国的传统建筑特别是那些官员的府宅，都是由很多间房子组成的，从前往后必须穿过重重院落。由此可见，广州官员们的排场和威严尽现于传教士的笔下。在这些欧洲教士们的眼里，他们高高在上，拥有着统治这个城市的无上权力。在顺治时期荷兰使者的笔下，留下了清初一直统治着广东地区“两藩”的珍贵资料。“两藩”即指平南王尚可喜和靖南王耿继茂。据荷使尼霍夫记录：

十月十五日（1655年），二位藩王邀请二位使臣到城外赴宴。城外一块平地上搭着十个漂亮的帐篷，二位藩王和中堂并坐在一张贵重的地毯上，左边头一个帐篷安排给二位使臣。在两排帐篷中间另安排一个小帐篷给乐师。乐师们手持喇叭和其他吹奏乐器，站在两排帐篷前边奏乐欢迎我们。两个中国官员带着使臣到藩王面前，向藩王和二旁欢迎的人们按例行礼后，就返回他们的帐篷。这时，一位中国管家穿过拥挤的人群，叫人安排菜肴。管家身穿绣满金龙和其他怪兽的蓝色丝袍，他叫二个侍者在二位藩王和都统面前各放一张桌子，桌上铺着深红色桌巾，然后为二位使臣各安排一张桌子，摆满用特殊方法煎烤的各种菜肴和糖果。每张桌子上都有九十多个纯银碟子，每个碟子的菜肴也各不相同。主人向客人敬酒表示欢迎后，就揭开菜盘上的盖子，请二位使臣用餐。

二月二十七日（1656年），老藩王在王府为二位使臣阁下设宴饯行。府衙里的通道上整齐、威严地排列着成排的各式武器，该城长官和广东省的大部分官员都来赴宴。大家各依官阶入席，成长排列席而坐。二位使臣和全体随员到达后，被引到右边入席。藩王则单独一人坐在一张宽大的方形凳子上，此凳只比地面稍高一点。他在用餐的同时与他最喜欢的孩子们玩，这些孩子使他感到非常愉快，有时孩子们还爬到他的肩上。这些孩子看来面貌清秀，服饰华丽。通事们告诉我们说，藩王有五十六个孩子，他们举止得体，优于常人，我们当时只看到九个，其中最小的还不到五岁。次日，两位使臣在小藩王的府第也受到同样款待。因为小藩王还在广西作战，就由秘书以小藩王的名义接待使臣。②

① ［法］杜赫德编，郑德弟、吕一民、沈坚译：《耶稣会士中国书简集——中国回忆录》（Ⅰ），郑州：大象出版社2001年版，第139页。

② ［荷］约翰·尼霍夫（Johan Nierhof）：《荷使初访中国记》，载自［荷］包乐史（Leonard Blussé）、庄国土：《〈荷使初访中国记〉研究》，厦门：厦门大学出版社1989年版，第50~51页。

1654年初的荷兰使团报告称：

他和他的随从带着给藩王的礼物乘坐另一条船前去面见藩王，到达广州城的另一边。……2月8日，施合德尔先生再次带着礼品，被用急信招至王宫。终于在久等之后，他获允拜见老藩王平南王……最后，他友好地以酒食招待我们的人，又准许施合德尔带着书信和礼品到小藩王靖南王那里，我们的人同样受到小王的热情招待和宴请。王子的母亲住在王宫的侧部，她对荷兰人很好奇，她拥有一片领土，由年轻宫女簇拥着，对我们的人格外友好和礼貌。①

广东两位藩王是管理广东的主要官吏，清初皇帝对广东的掌控很大程度上要依赖于藩王的管理。当时的两广地区还处在十分动荡的局势之中，尚需二位拥有雄厚军事力量的藩王进一步平稳两广地区的政治军事形势。因此，他们享有政治管理和军事管辖的权力；同时，他们还介入了广东的对外贸易当中，对使团的接待也是他们参与政治经济管理的重要方面。

二、官制与权力运作

维埃拉是葡萄牙首个赴华使团——皮雷斯使团的随员之一，维埃拉的信件最早记录了广东当局的行政组织情况：

首先是广州府（Canchefu），它是该城的官府；这有十二或十三名曼达林和一百名书记。所有曼达林都住在属于曼达林的府宅。布政使的官府有二十名大大小小的曼达林，书手、听差（chimchaes）、差使人及别的人；连书手一起一共超过二百人。按察使的官府有大大小小相当数量的曼达林，书手，其他的人。都司（toci）的官府有六或七个曼达林及许多书手。知府（cehi）是管百姓、军士和盐务的官，有许多书手。同时按察使（cuchi）负责所有司法，是有许多书手的官员。都堂、总兵（choypi）和总管（congom）的官府有大的，也有小的，还有指挥使（tigos）的。除此外，我没有指名的有十五或二十座官府。无疑的是这个城中广东的曼达林有超过七八千的侍仆，都由百姓支付所费。我没有提到其他戴耳状物曼达林的大府宅，他们不任官职，府宅的费用也由百姓支付。②

巴莱多神父在致果阿耶稣会修士的信函里，也详细提到了广州官员的任职情况：

有一官员按察使，他负责司法，如同城防司令。另一官员称布政使，其职同司库或财政官，负责一省之税收。有一官称海道，主掌军事，管海事的官员称察院。他的官服上有一眼一手作为其徽记。他位居诸官之上，监视他们的行动。若诸官不尽职，由他实施朝廷的判决或惩罚。此外尚有一人称都堂的官员。此职如同总督，他是一省之长，操

① 程绍刚：《荷兰人在福尔摩萨：1624—1662》（九），台北：联经出版社2003年版，第372页。

② 何高济译：《葡中首次交往的见证》，《中葡关系史资料集》（上），成都：四川人民出版社1999年版，第173页。

全省上下生杀予夺大权。每位官员头戴一国王恩赐的冠帽，作为其身份的标志。官袍后来有国王的徽记——金狮。凡有此徽记者，在其官位上颇受尊敬。官员个个威严无比、不可一世，平民百姓必须远远跪着上言。国王为他们提供豪宅。①

平托的信中亦有广州政府职官的记录：

他们有一个官员称为“按察使”，掌管刑事，就像城市的提督，另一个称为布政使，是财务的司库与督察，收取全省的赋入，另一个是海道副使，掌管军务及海事，还有一个称为“察院”，他衣服上的标志是一只眼睛和一只手。他在所有这些官之上，由他监督这些官员是否尽职。另外还有一个称为“都堂”，像是总督，比所有官都大，由他对全省普遍实行统治。②

在维埃拉、巴莱多神父和平托的记录里，他们都分析了广州政府的行政架构，管理广州的大小官吏有都堂、布政使、按察使、都司、海道、知府、总兵和总管等。其中，都堂一职如同总督，掌管全省事务；布政使负责税收和财政，按察使负责司法，海道主管军事，察院主管海事；知府管理百姓和盐政等事务。还有总兵和总管等稍低的职位。这些官吏各负其责，共同参与对广州及广东政务的管理。

1556 年索萨的信则对广东海道副使有单独的记录：

海道是一个很高的官职，地位相当于海军司令，各海港口的一切事务均由他掌管，商务也管，军务也管，遇事时处理事务的权力很大。③

维埃拉称中国官员为“曼达林”。金国平在《“Mandarim”词源考略》一文中考证了“曼达林”的由来④。他认为，在目前所见文献中，是皮雷斯的手稿首先用了 Mandarim 一词来指称中国的官员。这个词不是汉语词，而是梵语及 neo - arico 语 mantarī 的讹略形式（参议，大臣），其辞源是马来语 mǎntǎri。当时葡萄牙使节用这一词称马来西亚、中国和安南的官员。”⑤ 葡萄牙学者德礼贤也认为，“MANDARIM”一词指远东，尤其是指中国的法官、高级官员。

从上述的官员及侍仆的数量来看，广东的政府官员人数庞大，体现了明政府官僚集团的严重膨胀。“中国每省有一千名老爷，或者说有三千。”但在国家统治阶级内部，对官吏的任命则采用轮换制度。“曼达林要交替，其方式是每三年都得离开……班子变得很多。”通过轮换制度，明中央政府可以有效地遏制对皇权构成威胁的地方势力。巴莱多神父也提到了广州官员轮换的情况：

---

① 金国平：《中葡关系史地考证》，澳门：澳门基金会 2002 年版，第 30 ~ 31 页。

② ［葡］罗理路著，陈用仪译：《澳门寻根》附录文献之一，澳门：澳门海事博物馆 1997 年版，第 63 页。

③ ［葡］罗理路著，陈用仪译：《澳门寻根》附录文献之三，澳门：澳门海事博物馆 1997 年版，第 74 页。

④ 金国平：《“Mandarim”词源考略》。

⑤ 达尔加多（S. R. Dalgado）：《葡亚词汇（Glossário Luso - Asiático）》第 2 卷，科英布拉：大学出版社 1921 年版，第 20 ~ 21 页。

> 官吏、平民个个平和。不见有人携带武器。华人喜爱吃喝。当地的规定颇值得一分析，因为贪官污吏横行，每三年需换新官且必须是外省人。地方如此平静，我真是吃惊不已。①

巴莱多神父对中国政治的了解与其后在清初来华的另一位耶稣会士李明神父对中国政府的观察是相似的。李明神父在他1696年出版的《中国近事报道》里也有如下记载：

> 关于中国政治与政府的第一准则就是决不让官员在本省做官。这是由于两方面的原因，因为品阶不高的官员常被了解其家庭底细的人瞧不起；二则因为有时过于照顾亲朋好友，可能引起人民的不满，或者至少他的大公无私，秉公执法会受到阻碍。②

李明神父是在写给当时法国红衣主教恺撒·德斯泰（César d´Estrées，1628—1714）的信里提到以上情况的。相比巴莱多神父的理解，他的分析更为细致。虽然他们分别于明清两朝来到中国，且时隔一百三十多年，但中国政府对于官员异地任职的措施并没有发生改变。

维埃拉还从坐骑的角度分析马匹与官员等级之间的关系，颇有意思：

> 海南有许多劣马（sendeyros），有椰子和槟榔，中国土地上却没有；人们到广东去做这种槟榔和椰子生意。这里同样产许多种珍珠，在中国土地上不产。如我所说有劣马，中国人称之为马；这种马被输往该省；在这儿用贱钱可购买许多。
>
> 这个广东有二百匹这种马。不能坐轿（andor）的小曼达林乘马。同样，打仗的曼达林，一人有一匹。这种劣马是小马，溜花马。在葡人手里它们可能得到利用，装配马镫和马刺。这些中国人有马鞭而无辔头。广东有二十或三十多鞍具工厂。很多制造马镫的人，其人数无穷。每个人，当他一天挣一个来依（reis）吃饭时，就赞美上帝；中国工场的人都这样。如我所说，同样，这些人和海南的人能够利用土地。每匹这种马值三到十两银子。没有戴耳状物的人，我说，不能骑马在城里走动。③

这里，维埃拉指出广东的马都是溜花马，马匹从某种意义上说是身份的象征，大官不用自己骑马，而“不能坐轿的小曼达林乘马”，“打仗的曼达林，一人有一匹”，而“没有戴耳状物的人不能骑马在城里走动”。南方马匹稀罕，故一般百姓多无骑马者，可见是否使用马匹是区分普通百姓与官吏一个参照；对于拥有马匹的曼达林而言，是否自己骑马则又是区分官吏大小的参照。

三、司法与酷刑印象

克里斯托旺·维埃拉（Cristóvão Vieira）是葡萄牙派往中国的首位使节托梅·皮雷斯的

---

① 金国平：《中葡关系史地考证》，澳门：澳门基金会2002年版，第31页。

② ［法］李明著，郭强、龙云、李伟译：《中国近事报道（1678—1692）》，郑州：大象出版社2004年版，第237页。

③ 《葡中首次交往的见证》，载《中葡关系史料集》（上册），成都：四川人民出版社1992年版，第175～176页。

随行人员之一，从1521年起他就经受了中国监狱制度最黑暗的折磨。多年以来，他不断从一个监狱被转移到另一个监狱，经常受到拷打和凌辱，无可奈何地目睹了监狱同伴的惨死。1533年，作为少数的幸存者，他设法从监狱中送出一封信，信中描述了他们在监狱中的情况：

我们一到广州，便带我们去见布政使。他下令送我们去位于一食品仓库内的牢狱。托梅·皮雷斯拒绝进去。狱吏将我们带至几所大房子中。我们在那里被监禁了33天。然后，将托梅·皮雷斯及其他6人送往布政使的监狱。这监狱名叫里盘阁。我与其他4人则被分囚于都司牢房。在那里我们度过了10个月的铁窗生活。所有礼品在托雷·皮雷斯手中。通常不给我们上手镣脚铐，但对我们严加监视，与其他囚犯隔离。突然Amelcace下令提取托梅·皮雷斯及其随行人员，同时招来了马来人。他说国王令我主葡萄牙国王将从马来人手中夺取的麻喇加归还其主。我们一直跪着被问了4个钟头的话，最后他问得不耐烦了，下令将每人送回原来的牢房。

1525年8月14日，布政使给托梅·皮雷斯带上了手铐，他的随从除了手铐外，还被带上了脚镣、脖链，没收了我们的全部货物。又给我们套上了脖链，在城中招摇过市，押往按察使衙门。在那里为我们换上了更重的枷锁，送入这个监狱。安东尼奥·德·阿尔梅达一入监便在沉重的枷锁下丧了命。我们的胳膊肿大，腿上因链子过紧淌血不止。已决定在两天后对我们执行死刑。天黑前，又给托梅·皮雷斯加了重枷并将其赤足、光头，在年轻人的叫骂声中带往广州府大狱去看没收我们的货物。这些货物必须登记造册。那些作单的官员登为10份，侵吞300份，十足的强盗。按察使及布政使对一名叫巡按御使的官员说，鉴于葡萄牙人擅入该岛及我们来此为窥探中华大地，作为强盗，我们需立即伏诛。巡按御使回答说，你们想处置这些人，但无论使团真假与否，我命令你们为他们除掉枷锁，我将奏明国王定夺。第二天，便为我们除了枷锁，再多一天，我们性命难保。又将托梅·皮雷斯送回了这个牢狱。被没收的货物作为盗匪赃物被送进广州府的仓库。留在本城的翻译官们的妻子及托梅·皮雷斯的几个女人被当作逆贼的财产拍卖了，所以分散在广州各处。①

维埃拉的信对广州监狱的情况做了详细的描述。他们遭到了囚禁、带上了刑具，甚至有一人“在沉重的枷锁下丧了命”。这些葡囚在狱中受到了残酷的折磨，他们的货物也被当地的官员侵吞，他们感受到了明代吏治的腐败和昏庸。

维埃拉的信有着特别的价值，因为这是一个访问过中华帝国的首都、并且在中国的土地上生活了漫长岁月的人所写的。由于维埃拉的努力，中国的形象开始具有更加准确和清晰的轮廓。同时，托梅·皮雷斯使团经受的一些最令人不堪忍受的艰难曲折也开始逐渐为人所知。这些内容第一次向人们展示了有关明代中国的监狱司法情况。

1556年索萨的信称：

任何中国人均不得出海，凡出航者以奸民或叛匪论处。经捉获就加罪处刑。……中国则是个严刑峻法之国，谁都得小心别惹它，谁都不会有自由的。……掌权的人很威

① 金国平译：《广州葡囚信》，转引自《中葡关系史地考证》，第153~154页。

风，他们匆匆发出号令，雷厉风行，大声叱喝。他们十分残酷，铁面无情，对人人都鞭打施刑，为此专门带了一些施刑手及刑具。……每月朝廷都派来一个大法官来断狱，论每人以应得己罪，皇帝交办的外国人上诉案，他也审理。因为如此，我未能将囚在广州的一名马特乌斯·德·布里托和一名阿马罗·佩雷拉带出来，因为上诉案已提交到皇帝那里去了。海道副使派人来向我表示歉意说，未经皇帝恩准，他不能放人，他减轻了他们的刑罚，这刑罚是很苛酷的。许多人因而致死。①

中国政府对外国人的司法处理，《中国风物志》中也有记载：

住在澳门这里的葡萄牙人，如同中国皇帝的藩臣，因此，服从与承认广州的管辖，每年缴纳贡银五百两；运货前来的船舶，按各船的容积与长度缴税，而不按货物缴税。这些人几乎全都娶了中国女子为妻，不是显贵人家的女儿，而是女奴或平民。（中国官员）对他们很不好，因为要双膝下跪，而且往往不得不在烈日曝晒下等候六小时之久，头上不能戴东西遮阴。葡人自己之间的民刑纠纷，由长官与听审官审理判决，但如涉及中国人的，则由香山县及广州的中国官员与听审官审理判决，往往葡人被押交给他们，当众鞭笞与惩罚。（中国官员们）还扣押着安东尼奥·德·卡尔瓦略船长，因为他在澳门欠了一些中国商人的钱。监狱是不见天日的牢房，污秽之至，阴森恐怖，因为（中国人）在狱政与司法惩罚方面是极为残酷的。②

盖略特·伯来拉（Galeote Pereira）也是一位曾在中国做囚犯的葡萄牙人，他曾到过中国的福州和广西等地。伯来拉在他的《中国报道》里，留下了对明朝司法制度和监狱管理制度比较客观的描写。伯来拉的报道专门记录了中国的“鞭刑”：

他们的鞭子是一种竹子，从中劈开，做得光滑而无尖刺。挨打的人趴在地上。行刑人使劲用竹板打他的屁股，旁观者看见他们的凶劲都发抖。十下就打出大量的血，二十或三十下打得皮开肉绽，五十或六十下要长期治疗，如打上一百下，那就无救——竹板被交给那些不可能向这些刽子手行贿的人。③

伯来拉还对中国的通奸罪处理的过程也做了记录：

通奸犯要入狱，一旦查清情况，要判以极刑：女方的丈夫必须控告他们。这条法律对通奸男女都适用，他们在牢里很快因饥寒而死。如偶尔有人向狱吏行贿而得到食物，他的案子就进行下去，送交朝廷以便把他处死。执行时，犯人被一群人押送往公众场合，手足均系上镣铐，颈上戴着一块有一掌厚的木板，长达膝盖，分为两半，板中有个约一巴掌大小的洞，套进脖子，再把板子钉紧。板有一部分在颈后。死囚的罪状写在前

① ［葡］罗理路著，陈用仪译：《澳门寻根》附录文献之三，澳门：澳门海事博物馆1997年版，第72页。
② 《十六和十七世纪伊比利亚文学视野里的中国景观》，郑州：大象出版社2003年版，第127页。
③ ［英］博克舍：《十六世纪中国南部行纪》，北京：中华书局2002年版，第12页。

面的板上。[①]

克路士在《中国志》里亦记载通奸罪：

> 如果妻子和人通奸，丈夫控告她和奸夫，两者都是死罪。如果丈夫放任妻子卖淫，他要受严惩。我在广州看见一个商人受到一次又一次审判，由于他纵容自己妻子卖淫而从重处理。[②]

在早期入华的葡萄牙人眼里，中国的刑罚十分严酷，然而这是一套十分完整和严密的刑罚制度。此时的欧洲不可能有如此完备的刑罚管理体制，这是中国封建文明经历了几千年的发展后所形成的刑法制度。由于曾亲身经历，因此伯来拉对明朝法律也比较了解，他认为中国的司法相对公正："应该知道的是，这些异教徒在这方面是多么超越基督徒，比他们更讲公道和事实。"[③] 他对明朝司法制度的看法有了不同于维埃拉等人的完全否定的看法，可以看作是"16 世纪葡萄牙中国观的转折"。[④]

不仅伯来拉，而且葡籍传教士克路士在谈论中国行政司法制度时，也认为中国独一无二的行政司法组织严密有序，官员尽忠守职，因此皇帝能明察秋毫，对国内发生的大小事情无所不知。伯来拉与克路士对中国司法制度公正性的赞赏，与具有同样经历的维埃拉与卡尔渥作比较，我们会发现双方的态度是完全相反的。前者对整个明代官僚机构持公正治理的颂扬的态度，而后者的葡囚信函则描绘出一副地方官吏暴虐统治、贪赃枉法的画面。

维埃拉与卡尔渥可能是在狱中时间太长并且受到严酷的对待，因此他们对明朝司法制度的抨击显得尤为激烈；而伯来拉在狱中的时间短暂，克路士也曾对明政府处理总督朱执[⑤]的行为表示赞赏。因此他们对明朝司法制度存在着不同的看法，博克塞也在《十六世纪中国南部行记》的导言部分提出了这一问题，但没有给出答案。

在天主教第三次入华过程中，首位得到官方许可进入中国内地的，是葡萄牙籍耶稣会士巴莱多（Melchior Nunez Barreto）神甫。他在担任耶稣会日本传教区的区长时，[⑥] 因在去日本的途中遇到风暴而改航驶向中国海岸，于 1555 年 7 月到达上川岛。同年，这位耶稣会士"曾为赎三葡萄牙人与其他三基督徒出狱事，留居广州二月"[⑦]。他两次访问广州，"每次在那里停留一个月"[⑧]。因此，巴莱多神父对广州的司法情况有不少了解：

① ［英］博克舍：《十六世纪中国南部行纪》，北京：中华书局 2002 年版，第 14 页。

② ［英］博克舍：《十六世纪中国南部行纪》，北京：中华书局 2002 年版，第 104 页。

③ ［英］博克舍：《十六世纪中国南部行纪》，北京：中华书局 2002 年版，第 11 页。

④ 吴志良：《十六世纪葡萄牙的中国观》，载《世界汉学》1998 年第 1 期。

⑤ 明总督朱执因无理处死葡商、侵吞大量财物、向朝廷隐瞒实情的罪行被明廷治罪，后来自尽身亡。但有另一说法，朱执因严厉推行反走私及外贸法，受到当地士绅的拼命反对，最后作为宫廷阴谋的牺牲品。

⑥ ［法］费赖之（Louis Pfistek）著，冯承钧译：《在华耶稣会士列传及书目》（上）《巴莱多传》，北京：中华书局 1995 年版，第 11 页。

⑦ ［法］费赖之（Louis Pfistek）著，冯承钧译：《在华耶稣会士列传及书目》（上）《巴莱多传》，北京：中华书局 1995 年版，第 11 页。

⑧ Rebecca Catz：《费尔南·门德斯·平托的信件和其他文件》（*Cartas Fernão Mendes outros documentors*），里斯本：Presença 出版社 1983 年版，第 60 页。

据华人言，百官如云，仅广东一省国王任用十万官员出掌司法及当地防务。开堂时，方可书面禀请一切。门口有守卫，每人高声入禀。国王手下使用的武器为——一呼长的竹竿，其顶端有一反手状物。竹竿从中劈开，以火烘干。稍有不遂意，无论穷富高矮，便可下令鞭打。鞭打处为膝盖。每位行刑者使足全力重鞭五记。此刑极厉，通常五十鞭过后，不死即残，因为重鞭之下，骨头难全。我曾目睹此刑，但我以为他们为基督遭受此难。升完堂后，将门关上并加上封条。大堂就是他们的住所。官员外出时乘官轿，右侧有骑兵护卫，前呼后拥，矛戈林立，令牌开道，旌旗飞扬，以示官员的等级。这些人员在官轿之前一定距离处行走，每两个人一组，高声开道。见官员来临，平民不得行走，一些躲入房内，另外一些清扫官员必经之路，鸦雀无声。这些官员威严无比，就连前往那里经商的葡萄牙人也必须下跪在远处禀请。我以为这是在中国这块土地上发展基督徒最大的困难。黎民百姓无官员的许可不敢信奉信教，无国王的许可，官员亦不敢允许其臣民入教。①

从上述详细的记载里，我们可看到：一、传教士对于中国官员的执法情况相当关注。他们仔细描述了开堂后的广州官吏执行司法的情况，他们发回欧洲的如此详尽的信函，可以让欧洲更加了解中国政府的司法状况。二、在他的记载里也提及了中国的鞭笞刑法，认为比《圣经》中“圣保罗所挨的三十九鞭还要剧痛”。在传教士的眼里，中国的刑法是如此的严厉，官员威严无比，不可一世。三、传教士最为关注的传教事业由于政府的限制，法律的苛刻，处罚的严酷，使得发展基督徒就显得更为艰难，因为百姓没有官员的许可是禁止信教的。他还对关在广州牢狱里的葡萄牙人受刑的情况做了描述：

抵达此地后，我曾前往广州两次。每次我在那里逗留了一个月。第一次去的目的是为了看看能否营救三个身系囹圄的葡萄牙人，他们都是好人。还有几个关在同一城市监狱中的当地基督徒。这监狱非人生活之地。官员叫人从狱中提来了一个名叫马特乌斯·德·布里托（Mateus de Brito）的人，见之我心痛欲裂。他赤足而来，头上未戴帽子，双手锄在一圆木中，脖子上带着枷锁，上面写着他的罪名，脚上拖着链条。据说，其他人的遭遇相同。凡死囚均如此禁锢。②

由以上的叙述，我们不难看到明代监狱里的黑暗和腐败现象十分严重。克路士《中国志》对广州监狱进行了描写：

仅广州就有将近一万五千名犯人。在每座死囚监狱，有一百二十人充当守卫，他们头上有一位老爷当长官，或者有巡视的官员。监狱有很坚固的围场，高石墙环绕。进入监狱前要经过三重门，都是关闭着，由看管人把守。石墙围场内有另一道木头筑的围场，极其坚实。三重门内是那位像狱吏那样管理牢房的老爷住所，牢房很大。……这座牢房从来不空，经常不少于八百或九百犯人，每天有进出。③

① 金国平：《中葡关系史地考证》，澳门：澳门基金会2002年版，第31页。
② 金国平：《中葡关系史地考证》，澳门：澳门基金会2002年版，第32页。
③ ［英］博克舍：《十六世纪中国南部行纪》，北京：中华书局2002年版，第125页。

从克路士的记录中，我们可以看到，明代中国的犯罪率很高，“仅广州就有将近一万五千名犯人”、“这座牢房从来不空，每天有进出”。不仅如此，他还对中国监狱严格的防守制度和严酷刑罚做了非常细致的描写：

> 中国的监狱很严格，主要是那些被判死刑的罪犯监牢和那些犯了该当死罪的犯人监牢。这座牢房的对面是另一座牢房，关押犯重罪及已判死刑的犯人，那里有大批犯人，要经过三重铁门才进得去，一门接一门。过了三重门，你进入一个铺方石的大四方院，四周有像修道院一样的廊。这个院内有八扇铁门，每边各两扇，那是进入八座很大很长的建筑物的。每座建筑物中央有一条从门口直到尽头的过道，两边各有一条不很高的木板。在这两条木板中间的过道，有两条用坚固铁环连接的长锥，每晚都有犯人锁在里面，让他们仰卧，链子经过他们上面。每名囚犯有一个厚铁环让链子穿过，链子压坏了他们，如在里面待过的葡人肯定说，在他们习惯于这种监牢生活前的早些日子，当早晨解开了链镣时，他们已经是皮肉淤血和麻木了。
>
> 他们的守卫每晚分为五班。如果守卫有所失职，或者发现他在打瞌睡，那就严惩不贷。监狱是那样坚固、防守严密，以致没有听说中国有囚犯从里面逃走。除了用铁链锁住和严加防守外，犯重罪的犯人足上有足镣，手上有他们称之为手铐的东西，说是铐，但是用厚木制成。……那些已被判死刑的人，脖子上套着一副木板伸到膝盖，涂成白色，上写道他们被判刑的原因，板宽不超过三拃。足刑很厉害和痛苦，刑具是两块方木条，约四拃长，一边用一根铰链连接。他们拿绳系在另一侧，足踝夹在中间。他们用槌子打木条头，这样把骨头压碎。

这些记录往往在中国的史籍里很难找到，它真实地记录了明代中国监狱里的管理制度和犯人受刑的惨状，大大补充了我国古代司法制度文献史料记载的不足。

明清两朝的省级官衙、官制与司法系统，是王朝权力系统的核心部分，上承帝王之令，下掌万人之命，居间掌管着一省或两省之广袤地区的行政军事和司法诸种重大事项，是王朝赖以维系基层的中枢权力机构。在中国本土典籍史册中，经制规范、律令则例、官员奏疏及帝王诰敕，从正面角度勾画出王朝典制运作的基础，呈现出传统封建王朝规范有序的“官方文化”体系。而外来使者、商人与传教者笔下，则鲜活地记录了这一“官方文化”系统之中枢部位——官衙、官制与司法，展现给今人的历史镜像却与本土典册之记述迥然不同，更折射出外人对南部中国官署系统威严、差等而又严酷的心理认知。从这些直观鲜明的感知中，今人自然体会出中西政教之间存在的巨大差距。如欲更明晰地理解明清两朝的帝国形象，那么，西人眼中的广州权力系统之印象，不啻是今人观照自身历史的一面镜子。

中山先生在澳行医时期交游人物考之一

——华商曹子基及其家族

赵利峰*

曹家是晚清时期澳门华商家族中的一大家族，也是目前有确切史料、能查及三代以上传承的几大华商巨富家族之一（即曹有、柯六、卢九、何桂、王禄等家族）。关于晚清澳门华商的研究，自2002年《澳门政府宪报中文史料辑录（1850—1911）》出版后，得到了极大地促进。2008年1月，曾与孙中山及辛亥革命有颇多渊源的清末澳门华商曹子基（即曹善业）的墓葬在珠海东坑被发现。珠海市博物馆馆长张建军在调研之后，于2008年孙中山基金会和孙中山故居纪念馆联合主办的“孙中山与中国社会博士论坛”上提交了《清末澳门华商曹善业及其家族的初步研究》一文，① 该文在汤开建师、林广志等人研究的基础上，对曹家做了比较详尽的研究。对于曹善业生平事迹，与孙中山先生的交往，以及曹氏家族成员的事迹情况，都有所叙述。

本文拟在已有研究基础上，利用一些新的史料，对晚清澳门曹氏家族作进一步地深入研究。并且，根据草堆街80号为曹家物业这一线索，试图通过历史和逻辑的论证，解决中山先生在澳门开设的中西药局确切地址问题。

一、晚清时期的澳门曹氏家族

据曹家后人香港著名人士曹克安在《家居香港九十年》中记述，“先祖原籍中山县，后移居澳门。”② 而根据史料，曹家原籍应为南海县神安司。③ 父曹善允，同治七年九月二十六日（1868年11月10日）生于澳门，祖父为曹应贤。在曹克安的书中提到曹家在光绪六年获御赐牌匾，现藏其加拿大的寓所中（书中有照片），牌匾上的部分内容云：“曹应贤□道衔加□□，曹善业之本生父。操修淳笃，矩范严明。术在诗书，克启趋庭之训；业肯堂构，实开作室之谋。兹以尔子克襄王事，貤封尔为资政大夫，赐之诰命。”④ 其中说到“曹善业之本生父”为曹应贤。何谓“本生父”？本生父是对出嗣者生身父的称呼。清人梁章钜《称

---

* 赵利峰，暨南大学文学院港澳历史文化研究中心副教授，硕士生导师。本文得到“中央高校基本科研业务费专项资金”资助，暨南大学科研培育与创新基金项目《伦敦蒙难前的孙逸仙与刘学询关系研究》，以及广东省社科项目《博彩业与近现代广东财政研究（1861—1936）》（批准号：GD10YLS03）的研究成果之一。

① 林家有、萧润君主编：《孙中山与中国社会博士论坛论文选集》，广州：中山大学出版社2009年版，第389～404页。由孙中山基金会和孙中山故居纪念馆联合主办的“孙中山与中国社会博士论坛”于2008年11月13日至15日在中山市举行。会后辑选出此论文集，收录论文四十余篇。

② 曹克安：《家居香港九十年》，香港：星岛出版社1986年版，第2页。

③ 吴润生主编：《澳门镜湖医院慈善会会史：1871—2001》，澳门：澳门镜湖医院慈善会出版2001年版，第243页。光绪十一年六月初八，乐送产业人原籍南海县神安司，现居澳门，曹连益堂曹芳宪公后嗣长房曹应达、二房曹应贤，承先祖遗下祖先蒸尝款，着积蓄以预日后建祠行善之资，于光绪六年置买永安大街铺一连贰拾五间，今将送入镜湖医院永作尝产。

④ 曹克安：《家居香港九十年》，香港：星岛出版社1986年版，第6页。

谓录》中云：“《旧唐书》崔植《陈情表》：父婴甫是臣本身亡伯，祐甫是臣承后，嗣袭虽移，心则在，请以在身官秩，特乞回赠本生。此本身父之见于史者。回赠即今貤赠，盖自唐以来有之。”① 在帝王时代，官员以自身所受的封爵名号呈请朝廷移授给亲族尊长，有时会出现这个词。据此可知，曹善业的生父是曹应贤，那么他的嗣父是谁呢？这可是曹氏家族的重大问题。

光绪初年，华北地区爆发“丁戊奇荒”，晋豫等地大饥。当时郑观应为赈济救灾的领衔人物，负责筹集劝募赈款。在《郑观应集》有一封“覆澳门善堂董事曹雨亭论捐赈请奖书”：

顷奉惠函，猥承奖饰，敬谂台履绥福，即事多欣，颂企无任。执事以晋省久困灾饥，早拟集劝巨资，躬往散放。因本省悉索，集腋为难，遂与令弟渭泉君慨发宏愿，捐银万两，并以存善堂设施本末见示。伏承之下，俯首至地。连年各省筹赈输助虽不乏人，然不待请益数至盈万者，无论官捐、民捐均所未觏。此非德门积善，树厥风声，断不及此。弟等徒存虚愿，远乞邻援，偶符先事之机，遂荷同心之引。勤拳悱恻，情溢乎词。感佩之余，尤深愧悚。承示存善捐款，拟请天语褒嘉，或坊或匾及赠奖叙各节，现在捐例已停，一切须俟督、抚奏请，而奏稿又以禀牍为据，应由弟等公禀晋抚，当可邀允。盖自上年以来，敝所民捐解晋不下八九万金，并未请奖。曾宫保垂信有素，此次捐款虽归公请之金、严、潘各绅经办，而历经禀陈有案。金、严、潘诸公亦先见抚院而从后事。当可与解官之款一律奏报，惟匾、额只可由督、抚给发，似不如专请建坊较为允当。鄙意拟请于例准建坊之外，奏明银数较巨，量请优叙。来示所拟或追赠、或奖录其子两层，当于禀中声明，听候晋抚裁夺。至贵堂向来善举及令兄永秋先生行述，尚望详示，以便叙入禀稿。弟等一面飞函，请金、严诸公属其禀陈晋抚。盛举创见，不敢不郑重周详，虽往返函商尚需时日，正未可欲速而转多未洽，想高见亦以为然。敝所已解者五万余金，月内尚须续解。闱姓熬膏两说，势难抽捐，自是无可如何，而仁抱惓惓，犹思相机设法为灾民请命，善量无穷，令人益切感奋矣。顷接浙、苏、扬同人函，商即日续解赈款。敝所现拟凑解三万，并为筹垫。缘此时灾地甫得透雨，正如垂危之病幸得苏息，全仗药力以冀复元。若过此机会，恐未必事半功倍。尊款如能早日交到，一同汇解，尤为施当其厄。所有捐款，敝所随时送登《申报》。尊款应否总登，尚乞示遵。②

信中提及之事，为存善堂董事曹雨亭欲捐赈为其已故的兄长永秋先生请奖建坊，其弟则为渭泉。此次捐款为一万两，由郑观应的另一封“覆澳门曹雨亭、渭泉两善士助赈银万两书”（《郑观应集》中误释为邹渭泉）中可见。③

当时的山西巡抚为曾国荃，又据曾国荃光绪五年十月二十一日所上“郑世泽等捐赈请旨建坊片”中云：

再，据上海协助晋赈绅士布政使衔前陕西按察使王承基禀称，前以晋省频年灾祲，

① （清）梁章钜：《称谓录》，福州：福建人民出版社 2003 年版，第 16 页。

② 夏东元编：《郑观应集》（下册），上海：上海人民出版社 1988 年版，第 1114～1115 页。

③ 夏东元编：《郑观应集》（下册），上海：上海人民出版社 1988 年版，第 1115 页。

民情困苦异常，因邀约苏、浙、扬、粤各处绅士筹募赈款，公举候选道金福曾等前赴山西，在于被灾极重地方亲查户口，协同地方官绅核实放散。其捐款之最巨者，有广东曹存善堂捐助银一万两，当即汇至山西，交金福曾等领收放赈。查曹存善堂，系已故五品封典光禄寺署正曹源彰生前拨产特建。兹堂专行善事，近地穷民，固已久叨惠泽。现虽物故，而其子曹善业克承先志，慨捐万金巨款，遥济晋省灾黎，洵属肯堂继美，好善可风。查定例，士民捐赈千两以上，即准建坊。今曹善业所捐之款，核诸建坊之例不啻十倍。合无仰恳天恩，准令曹存善堂循例建坊，给予"好善乐施"字样，以奖曹源彰生前积资行善之美。其子俊秀曹善业应如何给予优叙之处，恭候敕部核议施行，以为绅民好义者劝。理合附片奏明，伏乞圣鉴训示。谨奏。军机大臣奉旨：户部核议具奏。钦此。①

根据上述史料可知，曹家共有三兄弟，五品封典光禄寺署正曹源彰（永秋）为长，次为曹雨亭，又次为曹渭泉（即曹有）。曹善业的嗣父为其大伯曹源彰。

曹源彰，号永秋。据施其乐牧师的研究，曹源彰又叫曹亚安（即曹安）。自1834年英国驻华商务监督署（office of the superintendent of trade，首任总监为律卑劳）成立伊始至1857年，曹亚安一直为商务监督署效力，是个懂英文的买办。后随英国人迁到香港后，依靠自己积累的资本投资于房地产和当押之类的经营活动。1857年退休后返澳，1874年在澳门去世。② 1892年4月28日《澳门政府宪报》中曾有曹善业继承遗产后，澳葡政府要求缴交遗产税的一则告示里面提到了曹安，③ 我们下面还要详细论及。

曹雨亭，即曹应达，雨亭为其号，在香港开设有慎安银号，④ 是光绪初年香港著名华商，香港东华医院的光绪六年（1880）庚辰主席。⑤ 在林友兰《香港史话》中曾有记述谓："1880年7月，阖港华人绅商，由梁安（仁记洋行买办），韦玉（有利银行买办），曹雨亭（慎安号），招雨田（广茂泰南北行），黄筠堂（广记南北行），冯明珊（壳行买办），谢启东（义昌南北行）与伍叙具名，请求轩尼诗拨出太平山大笪地一段，以建立华商会馆和保良局之用，但不成功。轩督曾应允向殖民地部部长提出在政府的储备金中提取四万元拨给这个新组织之用。英国居民都指责这项计划是荒谬的。但华人商会终于不用政府的经济支持而成立了。"⑥ 由此可见曹雨亭当时在香港华商中的地位。

曹家兄弟三人热心慈善公益，其中老大和老二，在光绪六年以前颇为活跃，老三则在光绪六年以后记载较多。澳门各处善堂庙宇的碑记中皆有其兄弟三人捐赠的记录。1871年10月28日，筹建华人镜湖医院代表澳门华商沈旺、曹有、德丰、王六（禄）四人领衔在澳门公物会公所注册立约，曹永秋与曹应达亦列名其中。⑦ 1874年澳门镜湖医院结束"创建值理

① （清）曾国荃：《曾国荃全集》第一册"奏疏"，长沙：岳麓书社2006年版，第547～548页。

② Carl T. Smith: *Chinese Christians: élites, middlemen, and the Church in Hong Kong*, pp. 127－128.

③ 《澳门政府宪报》1892年4月28日第17号。

④ 《申报》1881年1月13日，"江苏上海机器织布局挂号股份收到五成银两第一单。"启者，本局前奉通市大臣檄委，招商集股，创办机器纺织洋市事宜。……今将逐户挂号股份细数，缕晰登报……再续寄香港慎安银号曹雨亭先生处广字号册。……"

⑤ 李东海：《香港东华三院125年史略》，北京：中国文史出版社1998年版，第292页。

⑥ 林友兰：《香港史话》，香港：上海印书馆1985年版，第80页。

⑦ 《倡建镜湖医院碑记·倡建值事芳名》，原碑现存镜湖医院内。吴润生主编：《澳门镜湖医院慈善会会史：1871—2001》，澳门：澳门镜湖医院慈善会2001年版，第3页。

会”的领导，实行总理制，公推12名总理，其中有曹应达、曹应贤。[①] 在莲峰庙的《乙亥重修莲峰庙碑记》载，丙寅（1866）年首倡初议重修莲峰庙值事中有曹应达，乙亥首倡重修莲峰庙值事中有曹应贤，并分别以曹存善堂和曹连益堂名义，喜认“韦陀看台成张”、“地藏王看台成张”[②]。又据《澳门掌故》中云，莲峰庙光绪二年丙寅（1876）重修后，遂得跻身于澳门三大禅院之列。创办人为崔鹏举、王元禧、蔡永基、何伯贤、曹永秋、沈旺、宋绅等7人。[③] 有关曹有即曹渭泉的一些情况，诸多著述已多有论列，这里就不再赘述了。

二、曹子基的继承权问题与《澳门华人习俗之条例》

曹有兄长曹安1874年过世之后，因无子，涉及家产的继承权问题，因此才有其子曹善业出继为曹安嗣子之事。此事关系甚重，与《澳门华人习俗之条例》的最后颁定有密切关系。

早在1879年，《澳门政府宪报》就曾登载过关于加入西洋籍的华人遗产继承问题：

> 大西洋澳门总督子爵施为谕知事。案据尔入大西洋籍之华人禀求大西洋君主为求身后所遗物业，照华人风俗事例而行等情，本大臣据情奏请在案，今得接部文，所称不日有上谕颁发。华人入大西洋籍，在澳门居住者，所遗物业应照华人风俗事例办理，惟如有入籍时或入籍后，有禀求将所遗物业要照大西洋律例办理者，方照大西洋律例而行等因。本大臣谅下次祖家火船到来，必有上谕，将此事定实矣。兹特据情先行谕尔入大西洋借之华人欣悉。此紧要之事，已遂尔心，可以畅快，并知本大臣用心体顾尔之便益，并大西洋君主亦有圣意保护你等也。合行谕知。须至谕者。已卯年闰三月十六日。[④]

这一时间点刚好在曹有1880年4月加入西洋籍的前夕。曹有为入籍，还特意“自备资斧，购买送出水车一架给澳官，以备公用”[⑤]，作为入籍的献礼，并因此“获大西洋大君主赏给御赐圣母金星”[⑥]。并且，曹有入籍与曹家兄弟为曹安捐赈请奖一事，也几乎同时。

虽然澳督称下次祖家（即葡国）火船到时，就会有上谕，然而逾年之后，葡国上谕才来到。据《澳门政府宪报》所载1880年8月4日大西洋国上谕：

> 据管理水师军务兼管外洋属地政务部尚书所奏，并与外属公会及丞相会公议，按照大西洋国新增国政律典内第十五款附款一所予之权谕列于后：条款一、将来所有中国入本国籍在澳居住人等，凡有分产业之事，除该人特禀称说，自愿照西洋例办理外，其余

---

① 吴润生主编：《澳门镜湖医院慈善会会史：1871—2001》，澳门：澳门镜湖医院慈善会2001年版，第11页及第245页。

② 《乙亥年重修莲峰庙碑记》，转引自谭世宝：《金石铭刻的澳门史：明清澳门庙宇碑刻钟铭集录研究》，广州：广东人民出版社2006年版，第195~197页。

③ 王文达：《澳门掌故》，澳门：澳门教育出版社1999年版，第49页。

④ 《澳门政府宪报》1879年5月10日（第19号）。

⑤ 《澳门政府宪报》1880年4月3日（第14号）。

⑥ 《澳门政府宪报》1880年8月7日（第32号）。

> 均准照中国风俗而办。条款二、前1869年11月18日所定条款第八附款一内B之谕，即是上款所解，并将前1862年11月26日所定之条款一作为更易，其余所有相反之例，尽营销废，着该水师军务兼外洋属地政务部遵谕颁行。[①]

其内文中条款二——1869年11月18日所定条款，内容为“其上谕虽定除免数条，但其除免内，并无言明中国风俗，继子、养子承其继父、养父物业，准照亲生子而办，不需缴纳转易物业规银之语”[②]。按其语意，即是如果华人继子继承遗产需要缴交遗产税。此次上谕即将此条废止，准入籍华人按中国风俗而办。

综合上述内容，可见曹有用心之劳苦，为华人遗产继承之事与澳葡政府交涉了多次，当然这也是曹家切身利益所关，不得不为。

1881年10月1日，周葵在华政衙门告曹有管理之小女子曹亚兰、曹正洪（二人为曹安女儿）欠银一案。经理事官批将查抄物业发卖填还。曹有不服，代其所管小女子上控，最后判定该案仍照律例办理。[③] 曹有此时为其兄曹安的家产管理人，[④] 所以此处称“曹有管理之小女子”。而此案发生后，1882年3月10日，曹有到澳门华政衙门禀请“照华人风俗事例，凡有妻室之人身故，无男子生下，该寡妇应择一继子以为承受伊夫遗下之产业。”“如有亲生子或有继子，其女不应承受伊父母遗下产业，如有亲生男孙或有继男孙，其孙女不得借代故父承受伊祖父母遗下之产业。”[⑤] 显然，曹有的意图是曹亚兰、曹正洪无权继承其父所遗下产业。为防止曹氏家族资产的流失，随后的1883年，曹安嗣子曹善业禀请，已经年满十八岁，可以自理家业。据称：“又查家亲会，同议该曹善业果有才干，可能自理家业。据众口一词，均称可能自理本身家业。”但，有人辩称曹善业没有十八岁，而且“所辩之说尚属有理可行”，因此没有被批准。曹善业不服，然而，根据葡国律例，“须要未冠之后生先呈出足有十八岁实据，方可发照准其自理家业”。12月16日，经澳门办理上诉案件的文谳总局议定，维持原判。[⑥] 据1884年8月23日《澳门政府宪报》，前面提及的曹亚兰、曹正洪欠银一案，所查抄的物业，最后还是被抄点发卖。[⑦]

《中葡和好通商条约》签订之后的1890年6月30日，有关华人风俗继承问题又起波澜。这一变化，对于晚清时期澳门华人风俗方面的立法，甚为重要。据《澳门政府宪报》载：

> 大西洋管理外洋属地并水师事务部总办施利华（Francisco J. da Costa e Silva）照会事。照得本总办现奉尚书大臣命，照覆贵督理国课官本年3月22日第26号之来文，内称如有华人继子、养子等承受其继父、养父遗下之物业，可否逼令其缴纳转易物业之规银等语。兹奉尚书大臣谕饬行知，缘按照中国风俗事例，继子养子之事，于本国律例全未有载，经已删除，查民律部第119款所定，如有先生后娶，即准其子为正经子，或经

---

① 《澳门政府宪报》1880年10月2日（第40号）。

② 《澳门政府宪报》1890年8月7日（第32号）。

③ 《澳门政府宪报》1881年10月1日（第40号）。

④ 《澳门政府宪报》1883年12月22日（第51号）。“曹安在生，业经付托该曹应贤代管理其物业，并嘱付其身后，亦仍以他管理矣。”

⑤ 《澳门政府宪报》1882年3月11日（第10号）。

⑥ 《澳门政府宪报》1883年11月17日（第46号）。

⑦ 《澳门政府宪报》1884年8月23日（第34号）。

父母认其私子，亦作为正经子。律例所定已有明文，查于1869年11月18日，已奉上谕，着将民律部在外洋属地颁行，其上谕虽定除免数条，但其除免内，并无明言中国风俗，继子、养子承其继父、养父物业，准照亲生子而办，不需缴纳转易物业规银之语。因其继子、养子或是外人，或是亲戚，并非亲生者，惟有先生后娶，或经父母认识者，均可作亲生子办理。至于中国风俗事例，只可准中国人彼此往来通行，但在澳门之中国人，与本国国家往来，其所有之权利，应行之本分，自当与各别国人一体相同。查1880年8月4日，经奉上谕明定，如系中国人在澳门居住，入西洋籍者，其所遗物业，应援照中国风俗事例均分，倘有禀求愿照西洋例均分者，方可照西洋例办理等谕。业有明文，惟是入西洋籍之中国人，欲照中国风俗择立继子、养子，亦无不可，但大西洋国内，并无中国风俗事例，是以继子、养子承受继父、养父遗下之物业，所有关涉转易物业规银之例，自应遵照缴纳，一如外人办理无异。为此照会贵督理国课官查照，须至照会者。右照会。大西洋督理澳门地扪国课官巴。①

关于澳门华人风俗中的财产继承问题，葡萄牙政府一改过去办法，继子继承物业需要缴纳规银。显然这是因为中葡条约签订后，悬而未决的澳门地位问题尘埃落定，葡萄牙政府将澳门视为“大西洋国内”，因此对澳门华人的政策和态度也发生了新变化。

1892年4月27日，澳葡政府督理国课衙门要求曹善业缴交继承曹安所遗下产业之规银二万六千零十五元八毫及印厘并利息。“如逾限不交，则将其产业查抄。”② 1892年10月25日，曹有到澳门华政衙门禀请表明旧塔里自第一至第十四等号屋，均系归其主持。③ 显然是要说明该物业并非属于曹善业所继承的，此举是应对产业查抄的对策。从后来的史料证据表明，的确有曹善业所继承的物业被查封，其中一间物业就是中山先生在澳门开设的中西药局所在地——草堆街80号。这一问题，我们将在后文中详细论述。

1909年，自中葡勘界问题发生后，省城自治会及香山勘界维持会等各界人士奋起与争，粤澳关系紧张，谣言四起，华人纷纷内徙，而为遏制澳门的香洲开埠在即，澳门前景暗淡，商场冷落。澳门华商彷徨观望，政府更是寝食难安。为安抚居澳华人，澳葡政府出示甘言笼络，其中特别提及了华人习俗问题，内称：“本督凡关于华人自主及利益之事，无不悉心体察施行，经将便益华人之新章程具奏大君主，请准核办，亦有已经颁行者。本督于居澳属地华人惯用之例俗看待甚优，所以近日特将华人习俗订定章程，不久即颁行作为律例，俾华人所有自主权利，以便用其俗例而行。”④ 据1909年6月17日葡萄牙大君主所颁谕旨云：“1867年7月1日所定民律多款颁行各外省、各属地，遵照其第八款之附款一，声明在澳门华政署各案，凡系关涉华人风俗者，仍任使用，不予禁止等语。兹查所有澳门婚嫁及继承遗产之风俗，自应订明，着为定例，以为权利纠纷之据。”同时，“酌拟澳门华人习俗之条例”⑤：

① 《澳门政府宪报》1890年8月7日（第32号）。

② 《澳门政府宪报》1892年4月28日（第17号）。又“国家律师控告曹善业欠纳曹安遗下产业之规银二万六千零十五元八毫及印厘并利息计至1891年10月2日者。……华政衙门，壬辰年三月廿三日。” *O Independent*, №42. 21 Abr. 1892, P. 4.

③ 《澳门政府宪报》1892年10月27日（第43号）。

④ 《申报》1909年9月22日，“葡官笼络华人之甘言”；《澳门政府宪报》1909年8月28日（第35号）。

⑤ 《澳门政府宪报》1909年9月4日（第36号）。

一、现将澳门专属于澳门华人通行之习俗照常准行，兹查取汇集酌拟各条如下。附款：凡系奉教划民，其嫁娶遵照教例而行。凡本章程所定与教例不合者，不得强奉教人以遵守。

二、华人男女结婚，照中国教礼仪而行，悉与本国律例所准奉教人及民律例所准结婚者平等无异。

三、除在成婚之先，已有定明之外，丈夫不须向妻室问允，可以自行按卖自己之物业，亦可以到案。附款一：凡系赠嫁所得之不动产业，丈夫如欲将之按卖，必须先问其妻允肯方可。附款二：凡系妻之父所给与其女名为体己之产业及首饰及衣服，均算为妻室自己之物，可以随便按卖。附款三：所有一切物业，均算为丈夫自己之物。附款四：体己者是指女子出嫁时得父所私行给与，或未出嫁之先自己买置不在赠嫁之礼书之内者。

四、凡管理物业之权，概由丈夫掌管。附款：系女子体己名下物业，不在此例，应归自己管理。

五、亦可在出嫁之前，定明该女子携带之物业，或已嫁之后该女子自己添置之物业，归女子管理。

六、只系妻室有犯奸情事，丈夫方可禀官判断，以妻异居。

七、只为妻室有下列各情事，可禀官判断，与妻异居。（一）成婚已过三十五年无生育。（二）凌辱丈夫。（三）有传染之疯疾。（四）或好说是非或偷盗或嫉妒。附款：若系丈夫有第三项所指之疾，其妻室亦可禀官判断，与丈夫异居。

八、凡有夫妻离异或异居情事，所有子女均归丈夫。附款：只为因第七款之附款所指之缘故，则其子女归于其妻。

九、凡夫妻离异或异居情事已经由官判断，则其妻室有权将自己之物业取回。

十、丈夫既娶正室，可以立妾。

十一、妾所生子女，与正室所生子女一体无异。

十二、丈夫可以斥逐妾侍，但须该妾犯有如上款，离异及异居两条所指之情罪方可。

十三、华人无子者，应立一子承继。

十四、凡立嗣，要选取兄弟之子相当者，先择兄弟之次子，无则亲房至近同辈者之子。附款，已立之嗣子生存，不得再立一嗣子。

十五、凡人当身死之时，无子亦未立嗣，准其妻于其夫至亲之内，照上款所定择一相合者立为嗣子。附款一：或其人身死之时，已无妻在室，则由其家长为之继立嗣子。附款二：如有本款及附款一所论之事，而其人至亲之人无次子可择，则亦可择取其长子。

十六、凡择立嗣子。须在华政衙门立案或立契。若所择之子年已十四岁，须其人情愿。未到十四岁，须其本生父母或有权管理其身之人情愿方可算为合例之嗣子。

十七、凡被取立嗣之子，即离其本生之父母，而于所承嗣之父母则全然有亲生子之权利。对于教例律例俱与生子无异。

十八、惟嗣子之本生父母死后并无后人，则亦可承受其本生父母遗下之物业。

十九、父母于所生子年已过十六岁未娶而死者，应为之择立一嗣子。其已娶之子若夫妇俱死无子，亦应为之择立一嗣子。若年未及十六岁而死之子，欲为之立嗣亦可。附款：凡嗣子系按照上款章程入嗣者，其嗣夫故后，照教律并民律，该嗣子之权利与其嗣父无别。

二十、若人身死无子，按照本条例所择立之嗣子系年在未及岁者，则所立承产之案，要照保孤案卷例立案。

廿一、凡立嘱书，应照西洋律例办法。附款：凡秘密嘱书，可用华文缮写，但要交官画押。准行之时，应将民律例一千九百二十二条第一、第三、第四号所载解明与立嘱书之知悉。

廿二、父母死后，惟其子得以均分其遗下之产业。附款一：长子应分照次子所得者之二份。若长子已故，则归长子所生之子。附款二：未嫁女子不得分产，惟应照次子所得者之四份一，送给以为赠嫁之资。

廿三、寡妇在未再嫁之前，有权归夫家养赡。

廿四、未分嫁之前，先将产业划出十分之一留为公产，以为祭扫之用。其在挂号房注册，亦应用公家名号。此公产应归长子管，或有缘故不应归长子管理，则于各子公举一人管理。

廿五、华人到二十岁，便算成为大人，系照中国年岁计，以其出世之日，无论在年中某月某日，俱算为一岁。

廿六、到十七岁，可以禀官，准其管理自己产业。

廿七、凡属小童，无论在衙门内外有何事件，俱由其父代理。若其父已不在或在而因别故不能代理，则其亲生之母虽是妾侍亦可代理。

廿八、凡判断夫妻离异，须照民律例立案章程四百四十三条内所合之例定断。

廿九、如有矢誓之举，照依澳门按察司衙门常行规矩。附款：矢誓规矩，详载下幅，即为本条例定章。

三十、本条例自颁行日起，应将本国全律例所未及者，澳门华人一概遵用而行。

卅一、若有不是两广籍之别省人，在澳居住，亦可按照其本省之习俗办理。附款：别省习俗，无论有何凭据表明，必须为西洋律例所准之凭据方可。

卅二、本习俗章程及其颁行遵守，如有未经指明之条，应查照现在西洋外省全律例，及各分律例而行。

卅三、所有各律例违碍本习俗章程者，将此违碍之例收回。

本谕旨着管理外省事务部尚书遵照施行。

在《澳门华人习俗之条例》中，关于嗣子问题的条款达到八条之多。由此可见，《澳门华人习俗之条例》的出炉，与曹有家族就嗣子继承问题，前后与澳葡政府多次交涉，打了很多次官司，应该有着密切的关系。从某种程度上说，曹家的继承问题促成了《澳门华人习俗之条例》的制定与颁布。

三、家道中落：曹家与猪仔头黄才的官司

曹家发生大的变故，与1905年的一场互讼案有关。据1905年9月2日《澳门政府宪报》登载的一则释疑告白可知，此事非同小可：

具释疑告白人曹善业，现年四十岁，为指明诈图用破骗局免众受罔事。窃善业所得存善堂物业，向系生父渭泉管理，曾经当官喊冷买入屋宇多间，递1896年渭泉公去世，该嘱书内特嘱将存善堂尽交与善业管业收租。除先君二十余年及业手内十年，前后共三十余年，输税纳钞管业无异。迨至今年三月，有客黄才，又名俊光，即俗呼元宝才，别字卓然，到舍面称，渠于三十年前曾将屋业多所向曹渭泉按入存善堂为业，今来收赎等语。业叩其故，乃知黄才，只知当年初按之价与今日相去甚远，更不知经官喊冷之后，该业修筑费用甚多，且业既喊冷向无任持短价收赎之理。惟黄才心图得利，倡言势力弗足，既受曹家抑压，又患资本欠缺，因邀外人凑合公司将兴大讼，收复旧业等议。业官券执持，情理的确，守成有借，临讼无虞。独患四方君子，误听黄才簧鼓，或则误附资财，既扛帮之无益，或则谬加月旦，亦尤怨之资。业善无端得咎，为此揭告，尚希□□公察实为至祷。再者，黄才每当凑用之日，递向先君借贷，前后多次，欠款积计尽有数千未还，迄今借单具在，且于屋业变尽之后，特向本堂讨情借风顺堂十号大屋一间居住。不料立意盘踞，经十余年之久，未尝纳租分毫，且将该屋分赁收租。屡责交屋弗恤，迫于一千九百□年控官驱逐。还屋日，又将该屋门扇窗棂，凡可移动之屋尽行拆去。今又设计反噬，善业如仍缄默，天下孰悉蛇蝎之心。用再布及。光绪三十一年七月□日。曹善业告白。①

1905年3月间，黄才（元宝才）找到曹善业，要求以初按之价，赎回30年前向曹渭泉按入存善堂的屋业多所。曹善业不同意，黄才于是准备打官司，拟“邀外人凑合公司，将兴大讼，收复旧业”。曹善业提及的控官驱逐一事，据宪报记载的内容推测，可能与1902年2月28日曹善业禀请查抄黄四遗下物业有关，② 并由此造成与黄才的矛盾积聚到不可调和的地步。果不其然，从1902年到1905年，应该是准备了三年时间的黄才，将曹家告上了澳葡官府，据1906年2月3日《澳门政府宪报》载：

大西洋澳门按察司书吏宋为通知事。案据居住澳门有妻业主、已故之曹有即益昌，前在本署有与居住澳门、商人、现鳏之黄才互讼一案，未经核办。兹因该黄才赴署禀控，请饬传到案办理。是以特限三十日自宪报第二次刊行本告白之日起计，传所有已故曹有即益昌之不知名各后人或其代理人于限满后第二次堂期，到案辨驳，以凭核办。如逾限无人到案，即由国家律司按照律例办理。为此通知。丙午年正月初五日。澳门按察司阿经阅。③

揣测曹善业释疑告白中的语气，以及黄才每当手头紧时，就会向曹有借钱，前后多次，有数千之多，而且不还。好像其父曹渭泉亏欠黄才什么似的。其间说不清道不明的关系，让人感觉有点不正常。黄才究竟是什么人？黄才为什么会将物业按入存善堂？

据1872年12月31日《申报》有“澳门元宝才劣迹”一文，其内容为：

① 《澳门政府宪报》1905年9月2日（第35号）。
② 《澳门政府宪报》1902年2月22日（第8号）。
③ 《澳门政府宪报》1906年2月3日（第5号）

前录澳门黄才被匪人欲行掳勒一事，兹有友自澳返者云，该地传说黄才者，籍南海，元宝才其混名也，作商于澳门，以贩人出洋起家，今则饶于蓄，人皆疾恶之。羊城各大宪相近欲拯民水火，下令以鬻人于外国为佣一节，务为严办，而又将向之业此为食者欲痛惩之。或以才之声名狼藉，当在律法不容之典。但其寄居澳门，恐置张罗于无奈，遂拟密购重赏以弋之。于是鹿以角而招殃，象以牙而贯祸。盖官宪之谕一出，人多垂涎之。有于澳埠欲设陷井以擒之者，纠党四十余人，拟之竟日，谋终不决。不图党中一人具叵测之心，思欲独谋巨款，因以此谋告于才，索其谢金数百。才诺之，复禀于西洋宪出差，凭其导往，个中人全数执之。鞫讯之下，律以作奸犯科之条判，令鞭挞而戍于远方云。此系得之澳门舆论之大都也。①

匪人欲行掳勒黄才失败被执之后，还有后续传闻。辛亥（1911年）三月二十日的《香山旬报》，载有“报界隐者”所撰的《杨宝传》中云：

……会有盗党，不甘于贩卖同胞之猪仔头，思有以报复之。奈彼居葡国租界，且捐得澳门兵总头衔，居室常有兵卫。盗党虽深恨之，然无如之何也。有以杨宝之技能告，盗党咸曰：得彼矫捷，报仇不难，彼若来归，当让首座。宝闻之，只身来投。盗众推戴之，斗酒团蹄，满山庆贺。饮食既竟，以前事告。宝曰：此不难也。然取彼首领，曷若劫彼资财，既与同胞报仇，借资吾人粮饷。能假兄弟四人，快船一艘，即晚可报命。……渡海，闻击柝者三。时猪仔头冯某（浑名元宝锤），方计算高雷廉琼货，忽一客自天阶下，大惊。错愕间，客已至前，执其襟，示以凶器。曰：要钱耶？要命耶？冯骇欲绝，如误触蜂螫……囊既饱矣。顾谓冯曰：虎死留皮，人死留名，我村仔宝也。尔借外人力，无恶不作，此无他，族居租界，以为官方所不及也，亦知有侠客在耶！冯栗栗不能对。转瞬间，客已飞檐去矣。……隐者曰：……观其于冯某一事，隐者不能无感。曰：毋恃租界为官力所不及，亦知有侠客在耶！语何其壮也！今之旅居租界，乘我禁赌潮流，肆其设赌害人之专利心者，亦可以鉴矣。②

文中所描述的冯某（浑名元宝锤），与前文中所述黄才（浑名元宝才）者，应为耳闻传言之讹误。联系前后两种记载，可见盗党并未善罢甘休，仍欲图报复，乃借力杨宝。

总而言之，黄才之事非虚。原来黄才为澳门著名的猪仔头，通过贩卖华工出洋发了财，声名狼藉，是粤东官府巨额悬赏捉拿的要犯。如若在内地而不是在澳门，怕是早就没命了。并且，黄才与盗党结怨匪浅。既然如此，我们就能明白，为什么黄才30年前将物业按入曹家了。

至于黄才与曹善业的官司，曹家为此花费了多少钱？结果如何？因史料缺失，暂未可知。但是这场官司造成的影响不小，是曹家发生“大地震”的导火索。曹家此后出现颓势，并一蹶不振。

在1906年9月4日，澳门仁慈堂控告曹子祥及担保曹善业欠银七千元。③ 1907年5月

① 《申报》1872年12月31日，“澳门元宝才劣迹”。

② 《香山旬报》辛亥（1911年）三月二十日，第94期。

③ 《澳门政府宪报》1906年9月15日（第37号）。

10 日，澳门葡人罗嗹嗉（Eduardo Gyrillo Louren Go）控告曹善业按揭一案，经澳门按察司判定将已经查封之各屋业出投，招人承买。总计在三层楼上街、风顺堂街、皇家新街、新步头街、果栏街等 20 余处，估价银约 94 686 元。[①] 罗嗹嗉为当时澳门律师，虽然未言明代理何人的官司，但考虑前后的事情，极有可能是与黄才的那场官司。罗嗉也是澳门葡人中的头面人物，住在南湾 45 号，1909 年和 1910 年皆为“澳门纳公钞至多之人”之一。[②]

曹家发生重大变故，以至于全家上下都有点慌，家族内部矛盾也跟着出现了。曹氏兄弟多人纷纷发出声明，或分产，或与曹善业划清界限，或将曹善业排斥在某些产业的管理层之外。如 1907 年 10 月 6 日，曹善麟即曹子祥，禀请表明大堂坊连丁围第六号屋系伊自己物业。[③] 11 月 6 日，万益堂股东曹善芬、曹善琮、曹善珩、曹善瑚登载启示，“如有股内人私将本该银提取，或将揭单股份单转卖及按揭等事，非经我四人亲笔签名，不能作实”[④]。11 月 18 日，曹善芬、曹善琮、曹善珩、曹善瑚禀请表明下开各屋，系伊等承受其故父曹有即曹益昌遗下之物业。[⑤] 1908 年 2 月 29 日，曹家的皇家新街门牌四拾九号裕德当生意，公举曹子祥为总司理人，曹子楠为司事人。本当公议，嗣后永无担保与及会项等事。[⑥] 3 月 23 日，曹善根、曹善麟控告曹善业即曹子基欠银，将曹善业名下物业于是日估价出投招买。包括水坑尾街、白马行街、大炮台街、草堆街、天神巷、由义巷等物业 80 余处，总共约值银 50 200 元。[⑦]《澳门政府宪报》其后登载的相关内容还有许多，不一一列举。此外，曹善业在香港法院中也有类似兄弟姊妹间的产业争执官司多件。

作为家族“总理产业之头人”的曹善业经此一役，元气大伤，曹家也因此家道中落。在 1910 年澳门首次放装电话住户名单中已不见曹家，至 1911 年 8 月公布的“澳门纳公钞至多之人”名单，同样没有曹善业和曹氏家族的人名。不过，瘦死的骆驼比马大。1915 年澳门商会第三届选举中，总理为区惠波，卢廉若为副理，曹子基等七人为值理；为澳门镜湖医院作出卓越贡献的曹家，先后仍有多人担任其中职务，如 1910 年和 1914 年曹子祥为公推总理；1934 年曹子珊为公推总理。[⑧]

四、曹家的草堆街 80 号——中西药局与孙逸仙离澳

四大寇之一的杨鹤龄，在澳门的住宅是水坑尾斜巷 14 号，即“四寇堂”。据其嗣子杨国铿回忆：杨鹤龄“辛亥革命以后，家住澳门水坑尾斜巷 14 号，还是从舅父曹氏家族中租来的。”[⑨] 另据访谈亦称所居四寇堂租自其妻曹氏家族。[⑩] 杨国铿还谈及中山先生“在澳门

---

① 《澳门政府宪报》1907 年 5 月 18 日（第 20 号）。

② 《澳门政府宪报》1909 年 10 月 16 日（第 42 号）。《澳门政府宪报》1910 年 6 月 25 日（第 26 号）。

③ 《澳门政府宪报》1907 年 9 月 28 日（第 39 号）。

④ 《澳门政府宪报》1907 年 11 月 16 日（第 46 号）。

⑤ 《澳门政府宪报》1907 年 11 月 23 日（第 47 号）。

⑥ 《澳门政府宪报》1908 年 3 月 14 日（第 11 号）。

⑦ 《澳门政府宪报》1908 年 2 月 29 日（第 9 号）附报。

⑧ 澳门中华总商会编：《澳门中华总商会成立七十周年纪念特刊》之《澳门中华总商会历届值理、理事、监事、会董名表（1913—1984）》，澳门：澳门中华总商会 1983 年版。

⑨ 杨国铿：《回忆父亲杨鹤龄》，载在关肇硕、容应萸著：《香港开埠与关家》，香港：广角镜出版社 1997 年版，第 59 页。

⑩ 胡耀华（采访辑录）：《杨鹤龄事迹补遗》，载广州政协文史资料研究委员会编：《纪念辛亥革命七十周年史料专辑》，北京：中国新闻社 1981 年版，第 296 页。

等借款项开创中西药店，须找借款担保还银人，当时我的七姑丈（即杨鹤龄的七妹夫）吴节薇是澳门的豪富，通过我父亲的介绍和极力说项，我姑丈吴节薇终于同意作担保还银人，从而使孙中山先生在澳门大街的中西药店得以开设。”① 据上述的内容可知，杨鹤龄的七妹夫为吴节薇，杨鹤龄与曹氏家族的曹子基是郎舅关系。这构成了孙逸仙在澳门行医期间最初人际关系网络。

因此之故，当孙逸仙在香港学医时，偶一返乡，道经澳门，澳绅曹子基、何穗田家人，久病不愈，延之诊视，一药便瘳，惊为神奇。② 孙逸仙与曹子基能够相识，并为其家人诊病，其间的牵线搭桥，杨鹤龄应当是至关重要的因素。1892 年 7 月 23 日，孙逸仙以“最优异”成绩在香港西医书院毕业后，③ 因与澳门绅商比较熟悉，并且已小有名气。孙逸仙于是年秋间至澳，即筹划行医和开设药局之事。

1892 年 12 月 18 日，“以医为业，藐兹一身”的孙逸仙，④ 由澳门绅商吴节薇担保，向镜湖医院借款 1 440 两银。不久，又借第二笔款为 1 728 两，共计 3 168 两。在澳门草堆街 80 号开设“中西药局”，并在镜湖医院西药局向病人赠送西药。⑤ 光绪十九年六月十七（1893 年 7 月 29 日），孙逸仙主持的中西药局正式开业，中西药局不仅售卖西药，中药也是主打产品，可谓名副其实：

> 本局拣选中西地道良药，各按中西制法分配成方。中药则膏丹丸散，色色俱备，并择上品药料，监工督制，每日所发汤剂，皆系鲜明饮片。参芪桂术，不惜重资，购储极品，以待士商惠顾，冀为传播。所制西药，早已功效昭昭，遍闻远近，无烦赘述焉。中西各药，取价从廉。已于十七日开市。中西药局谨启。⑥

中西药局还获得了澳门绅商卢焯之、陈席儒、吴节薇、宋子衡、何穗田、曹子基等人资助，给到中西药局治病或往孙先生寓所延请诊治者赠送“医金”。⑦ 孙逸仙在澳行医期间，其医德及医术获得澳门舆论的盛赞。⑧

然而，中西药局正式开业未及两个月，孙逸仙即离澳晋省有事。据 1893 年 9 月 26 日《镜海丛报》刊登了一则“声明告白”：

---

① 杨国铿：《忆述父亲杨鹤龄》，载广州政协文史资料研究委员会编：《纪念辛亥革命七十周年史料专辑》，北京：中国新闻社 1981 年版，第 293 页；杨国铿：《回忆父亲杨鹤龄》，载在关肇硕、容应萸：《香港开埠与关家》，香港：广角镜出版社 1997 年版，第 58 页。

② 孙逸仙博士医学院筹备委员会编：《总理开始学医与革命运动五十周年纪念史略》，广州：岭南大学 1935 年版，第 17 ~ 18 页。

③ 陈锡祺主编：《孙中山年谱长编》（上册），北京：中华书局 1991 年版，第 58 ~ 59 页。

④ 广东省社会科学院历史研究所、中国社会科学院近代史研究所中华民国史研究室、中山大学历史系孙中山研究室编：《孙中山全集》第 1 卷，《伦敦被难记》，北京：中华书局 1981 年版，第 49 页。

⑤ 广东社科院历史所等编：《孙中山全集》第 1 卷《揭本生息赠药单》，北京：中华书局 1981 年版，第 6 页，知见人中有“曹渭泉”；吴润生主编：《澳门镜湖医院慈善会会史：1871—2001》，澳门：澳门镜湖医院慈善会 2001 年版，第 23 页。《会史》称：“吴节薇后期代孙中山还了一笔，1919 年孙中山先生自还 1728 两。”据镜湖医院残存光绪三十三年丁未年正月廿一（1907 年 3 月 5 日）记录：光绪十九年（1893）由吴节薇担保，中西药局还向镜湖医院借过一笔 2 400 元的款项，五年归还，一分息。吴润生主编：《澳门镜湖医院慈善会会史：1871—2001》，第 24 页。

⑥ *Echo Macaense*（葡文版镜海丛报），Agosto 1，1893，P. 4.“中西圣药”。

⑦ 《镜海丛报》1893 年 7 月 18 日《镜湖耀彩》及 9 月 26 日《春满镜湖》。

⑧ 《镜海丛报》1893 年 7 月 25 日《神乎其技》。

启者，本医生晋省有事，所有中西药局事务，统交陈孔屏兄代理，一切出入银两揭借汇兑等件，陈孔屏兄签名即算为实，别无异言。光绪十九年八月十六日，孙逸仙谨启。[①]

这也是有关孙逸仙在澳门行医的最后记载。到了该年农历年底，孙逸仙即在省城开设了东西药局，据1894年2月27日《中西日报》登载的行医广告：

敬启者，本局敦请大医生孙君逸仙来省济世，旧岁底因事返澳度年，今已由澳回省，谨择月之初十日（按：正月初十，2月15日）开办，所有赠医出轿规矩，一律如前。……冼基东西药局谨启。

孙逸仙为什么要离开澳门？据《伦敦蒙难记》中云：

予既任事于医局，求治者颇众，而尤以外科为繁。然亚东之闭塞，甫见开通，而欧西之妒焰已起而相迫。盖葡人定律，凡行医于葡境内者必须持有葡国文凭，澳门葡医以此相齮龁，始则禁阻予不得为葡人治病，继则饬令药房见有他国医生所定药方，不得为之配合。以是之故，而予医业之进行猝遭顿挫，虽极力运动，终归无效。顾予赴澳之初，并不料其有是，资本损失为数不少，旋即迁徙至广州焉。[②]

而根据笔者分析，这里有三个方面的原因。[③]

第一，与镜湖医院中的中医生的矛盾有关。1893年12月19日与孙逸仙关系良好的《镜海丛报》刊登了一则"照译西论"，据说"此由本次之西洋报请托名手以绎登，操觚政者不与闻也"。大概是该报主笔考虑到文章言辞激烈，借着所谓的"西论"，撇清与已干系，以避免不必要的麻烦。就对镜湖医院了解之详尽而言，这篇文章极有可能出自孙逸仙的手笔：

医院者，乃为贫病而设，故好善之士，多解囊乐助，以成美举。其首要在有实惠于病人，方不负设院本义。夫使有为善之名，而无为善之实，则不如勿设，以省无益之资矣！若镜湖医院者，实无益于贫病，而徒有其名者也。请略言之。盖医院以医生为最要，若医生不得其人，则救人之地反变为杀人之场。今该院之中国医生，扣其学，则无有；考其出处，则卖菜担水者或亦有之。其席位，则三月一易。其请医，则不计其能医人与否，惟视推荐值事情面而定弃取。此则医生之弊，亟宜整顿，方为有益。又，病人之进院，不计其症应否入院，方能医治。医生固不晓何等病症应进院，何等不应进院。其司事则体值事之情面所荐，如无值事荐入，虽危急亦不收；有人荐，则不病亦收以养之。如此办法，诚无益于贫病者也。所以澳中善士，又多立一同善堂以医人，职此故

① *Echo Macaense*（葡文版镜海丛报），Setembro 26，1893，P. 4. "声明告白"。

② 广东省社会科学院历史研究所、中国社会科学院近代史研究所中华民国史研究室、中山大学历史系孙中山研究室合编：《孙中山全集》第1卷，《伦敦被难记》，北京：中华书局1981年版，第50页。

③ 参考赵利峰：《乙未起义前的孙逸仙与刘学询关系——以〈总理史实访问记〉为中心的考证》。

也。该院惟自孙医生入内，自筹经费，开创西医局，益人甚多。初时，每日街症百余人，后以经费不多，则限赠五十人之药。又，遇有大症，则收入院内医治，如砂淋、肉瘤等症，割愈甚多。此皆为从前所未有，若永远如此办法，岂不甚善？但为该院司事、医生、值事等所忌，诿为经费不敷，遂将内症房停办，殊为可惜。今街外赠诊，该院亦尽委之孙医，因而现时经费，概由孙医捐资独办，颇有端倪，但独力难支，须当早筹善法。夫医院每日只医十数人，而一年开销六七千元经费。今西医局每日医百数十人，其功十倍，乃令一人担持其任，亦殊失公道矣。总而言之，欲整顿该院，其法有四：一、将院内中医生考试，方准入院医人；二、旧时司事，尽行撤换，再由各善士拣择实力办事、有心爱人之人，以当斯职；三、院内经费当分一半，以给西医经费；四、病人入院，不说人情，只论其症应否入院医治。凡此，皆为有益贫病者起见，我等目视其弊，特为生民请命，所愿本澳当道西官设法而整顿之，则幸甚。①

从文中我们能够看出孙逸仙与镜湖医院的中医之间矛盾冲突的情形，镜湖医院西医局系“为该院司事、医生、值事等所忌”，并且经费困难，中西药局亦受到拖累。

第二，孙逸仙离澳到广州开设东西药局，与刘学询的帮助有很大的关系。据《总理史实访问记》载：

翌年癸巳（1893年），总理由澳门到广州晤刘，告以刘行后时过陈梅村家诊病，梅村因知曾往檀香山，且以其兄眉在檀经营咖啡园，而凡粤人谋事者咸报纳其家，嘉为好义，由是倍为亲切，深以在澳行世，囿于一隅为可惜，因劝来省晤刘，筹开药房，俾推广业务，开通风气。刘聆言，即慨助总理一万元，复声言如亏蚀，当再相助。总理即开设医馆于广州冼基，刘极力为之吹嘘，偕往谒两广总督李瀚章，以及将军、各司道、各大绅等，复于各大绅联名登报为总理赞扬，由是总理医名腾噪珠江矣。②

个中原因的具体辨析，篇幅较长，笔者为此撰有《乙未起义前的孙逸仙与刘学询关系——以〈总理史实访问记〉为中心的考证》一文，此处不赘。

第三，与中西药局所在地草堆街80号的变故有关。这也许就是造成中山先生误以为遭到澳葡政府迫害或澳门葡医排挤的重要原因。草堆街80号是曹善业的物业，这从曹家在清末发生变故后，兄弟阋墙，因为争产而被查封拍卖的曹子基物业中，能够找到草堆街80号

① 《镜海丛报》第一年第二十三号（1893年12月9日），照译西论。

② 本文所引用的《总理史实访问记》的内容，为台湾“中央”研究院历史语言研究所何汉威教授手录校订后惠寄，特此致谢。据《总理史实访问记》编纂者陈肇琪所云该文由来：“中央党史史料编纂委员会总理年谱长篇组诸同志，瘁一年之心力而初稿告成，犹以总理事迹广博，阙遗必不免，乃分途博访周咨于总理故旧之门。不佞以隐居西湖之刘学询氏为总理第一次革命运动前之知交，叩其所知，必可为良好之参考材料，商诸邵翼如先生，深表赞同，遂于（民国二十年）六月九日赴杭访刘氏于其庄中，盘桓累日，得其口述总理史实甚伙，均一一专记之。濒行刘氏欣然以其小照相赠，且言尚有从前使日与总理回答长稿，须觅诸沪寓书丛中，而其他有关总理大事记多种则非作十日谈不可，因相约后会而别，兹将所得材料稍加整理分述如次。”其后，陈肇琪《总理史实访问记》记录原件，长期尘封于台湾中国国民党党史会，鲜为人知。台湾除中国国民党党史委员会出版的《国父年谱》1985年第三次增订本稍加引用外，李敖的《孙中山研究》（台北：李敖出版社1987年版；中国友谊出版公司2006年版）、何汉威的《广东进士赌商刘学询》也使用过其中内容。至于史料的真伪问题，苑书义教授所撰论文中已多有辨证，此处不赘。参考苑书义：《评鲜为人知的〈总理史实访问记〉——兼论孙中山与刘学询的关系》，载《河北师范大学学报》（哲学社会科学版）2007年第2期。

可证。据1908年2月29日《澳门政府宪报》载：

> 大西洋澳门按察使司书吏穆为通知事。照得曹善根即善根，曹善麟即善麟，均已娶，居澳，业主，前到案控告曹善业即曹子基，已娶，住澳，业主，欠银一案。经将后开各屋查封。兹定于西3月23日即华二月二十一日12点钟在本署将该各屋按照估价出投招买，价高者得。……草堆街第八十号屋，注册五百二十三号第三号B簿第一百五十页后幅，估价银五千元为底。……[1]

我们前面已经讲到，在1892年4月27日，澳葡政府督理国课衙门要求曹善业缴交继承曹安所遗下产业之规银二万六千零十五元八毫及印厘并利息。“如逾限不交，则将其产业查抄。”[2] 又据澳门物业登记局1892年的“物业登记记录（REGISTO DE PROPRIEDADE）”，草堆街80号于1893年1月13日被宣布查抄。其中的内文撮译：“根据1893年1月13日日志第3号，检察官代表Albano Perecira Pinto de Magalhaes之处……（核实文件）……法庭判定建筑物为公家直接拥有3年以上是正当的……基于这些情况，我宣判Fazenda Nacional（按：即督理国课衙门）为该建筑物的直接拥有者。”[3]

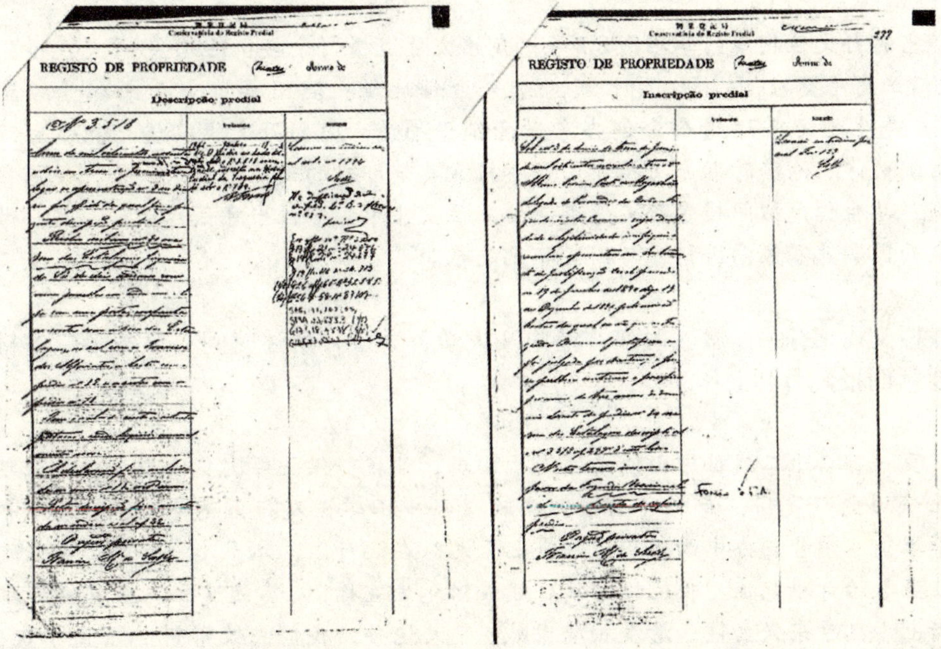
REGISTO DE PROPRIEDADE
Descripção predial
N.º 3516

REGISTO DE PROPRIEDADE
Inscripção predial

有关草堆街80号建筑“物业登记记录”档案

综合上述材料可知，1892年曹善业欠纳规银，不少物业被查抄。还需要注意的是，曹善业的物业草堆街80号被查抄后，只是收归澳门国课衙门管理三年。根据草堆街80号在曹善业家族内部出现矛盾之后的拍卖记录，可以知道草堆街80号后来物归原主了。再考虑到

① 《澳门政府宪报》1908年2月29日（第9号附报）。

② 《澳门政府宪报》1892年4月28日（第17号）。

③ REGISTO DE PROPRIEDADE-1892，http://www.macauheritage.net/80/cn/content.aspx?page=historyInfo. 2011-8-25访问。

孙逸仙、杨鹤龄和曹善业的关系，中西药局开设在曹家的草堆街80号，是顺理成章的。而且，正是因为草堆街80号被澳葡政府查抄后，设在其中的中西药局难免要出现问题，比如先前可以少交、缓交或甚至不用交的租金，在改由澳葡政府收租后，应该没有人情味在里面。这可能即是导致孙逸仙产生了被澳葡政府迫害或澳门葡医排挤之类的感觉。最终，中西药局在经费紧张、难以为继的情况之下，孙逸仙只得离开澳门另谋出路。

至于时间上的对应问题，晚清时期澳葡政府为人诟病的拖沓办事作风，以及曹家可能的上诉争辩，拖延几个月才被澳门国课衙门接手，也是合情合理的。不过，虽然拖沓，但租金之类并不会少收，一般它会在收租单上写上自1893年1月13日（即从其管理权生效开始）起之类的说辞。

附：关于草堆街80号中西药局的补充证据

关于中山先生在澳门草堆街80号开设中西药局的问题，到目前为止，的确还没有明明白白的文字表述和史料记载给予确证。口述史料倒是有不少。据金国平教授在《澳门日报》发表的研究文章①，提到《儒将冯玉祥日记选评》一书，著者王煜在其《附录二：推介〈政海拾零〉的珍贵资料》中为李伯新《孙中山接生不信邪》一文所做的按语：

> 当时孙文住宿澳门草堆街80号，我姨公熊成根（金按：1990年《大众报》主编的《澳门工商年鉴》，第190页上载“东兴金铺地址：澳门草堆街七十八号经理：熊成根”）先生之父在78号邻舍创办东兴金铺。早晨六时同孙文上茶楼吃点心后，孙回镜湖医院义诊。沦陷时期先父携眷由香港投靠其姨即我的姨婆张瑞敬女士，她前年102岁病逝，毕生仁慈似间接受孙文感染。她三位女儿中，一位当牙医嫁西医、另一做护士生予成西医。熊家倾向医科，与国父非无关系。②

金国平教授又找到有关王煜（时在香港中文大学哲学系）所述时间更早的第二条材料，登载在香港《明报》月刊上：

> 页一百二十二载孙中山佚文发现于四川，让我提供一件国父佚事。在九三年一月号台北《历史》月刊，专文（金按：庄政《孙中山学医及行医述略》）考证孙中山于澳门草堆街八十号创办中西药局，每晨七至九时在此行医，九至十一时赴镜湖医院赠医施药，且善治奇难病症。我已故的姨公熊成根先生宣称：“其父建立澳门首间金铺：即草堆街七十八号东兴金铺；清晨拍墙大喊：‘大炮孙，我们去饮茶啊！’”由于口若悬河，国父获得“孙大炮”绰号，它明贬实褒。又因七时开始诊病，他必须寓居八十号药局。抗日时期，我与父母兄弟住在东兴金铺三楼数年，姨公婆住二楼。国父似感染我两表姑姊成为镜湖医院（该院尚存国父塑像）护士及牙医，我的表弟留英返港行医。③

① 《澳门日报》2011年3月2日，“研究者认为：草堆街八十号曾为孙中山的诊所及住宅”。

② 《附录二：推介〈政海拾零〉的珍贵资料》，王煜：《儒将冯玉祥日记选评》，香港：香港国际学术文化资讯出版公司2007年版，第588页。王煜就自己所知所闻逐条加了按语。

③ 《明报》月刊，一九九三年八月号，第142页。

金国平教授认为："两个口述时隔十几年，稍有出入，但一个基本事实是相同的：'中西药局'设在草堆街80号，同时它还是孙中山的寓所。"并引用著名的澳门土生学者高美士于1945年（1952年二版，1996年三版）出版的《老澳门轶事（Curiosidades de Macau Antiga)》一书，进一步证明：

在他一生中这个极其动荡的时期，孙中山必须数次暂居澳门。一次，他将住所（residência）和诊所（consultêrio）设在草堆街。就在'蝴蝶疋头'丝绸公司那座楼里。或许这是一个中国公民施行西医的第一个地方。①

而且指出，"蝴蝶疋头"正式名称是"蝴蝶公司"，就设在草堆街80号。这是葡语对孙中山与草堆街80号关系的明确涉及。在1935年和1937年的澳门指南（DIRECTÓRIO DE MACAU）中，高美士所提及的葡语译音U-tip-gong-si，粤语发音即是蝴蝶公司。②

验证王煜口述史料的另一个关键是熊成根之父在草堆街78号有无建立澳门首间金铺。另外，据《澳门政府宪报》1907年2月9日（第6号）载：

大西洋澳门按察司兼理商局书吏穆为通知事。兹定于西二月十一日即华十二月廿九日十一点钟，在本署大堂将汇兴倒盘银店所占草堆街七十八号东兴打银店之一股份出投，招人承受。其价银八百七十四两即一千二百二十三元六毫为底，谁出价至高者得。其管理此案倒盘事务系状师刚夏威。合并通知。丙午年十二月十五日。按察司兼理商局长阿经阅。

又同年《澳门政府宪报》1907年2月23日（第8号）载：

大西洋澳门按察司兼理商局书吏穆为通知事。兹定于西三月初四日即华正月二十日十一点钟，在本署大堂将刚夏威状师管理倒盘之汇兴银店所占草堆街七十八号东兴打银店之一股份出投，招人承受。其价银以原估八百七十四两即一千二百二十三元六毫之一半为底，谁出价至高者得。为此通知。丁未年正月初三日。按察司兼理商局长阿经阅。

从上述两条史料来看，东兴打银店即是东兴金铺，进一步证明王煜所口述的史料没有问题，草堆街78号的确为东兴金铺。

通过上述的史料说明，以及前述曹善业遗产继承问题所查抄的草堆街80号的逻辑推断，我们完全可以达到所谓的"逻辑和历史的一致"，中西药局设在草堆街80号，可以确定无疑。

① ［葡］高美士：《老澳门轶事（*Curiosidades de Macau Antiga*）》，澳门：澳门文化司署1996年版，第172～175页。
② DIRECTÓRIO DE MACAU，1935，p. xxxiv；DIRECTÓRIO DE MACAU，1937，P. xxxi. http://www.macauheritage.net/80/cn/content.aspx?page=macaoDirectory. 2011-8-25访问。

恒河外方传教会的成立及其活动

陈才俊

恒河外方传教会（Ultra-Ganges Mission），是19世纪初来华的英国伦敦传教会（London Missionary Society，简称“伦敦会”）传教士马礼逊（Robert Morrison）、米怜（William Milne）等基于当时中国艰难的传教形势，为了向中国等恒河外方地区传播基督福音，在马六甲所创建的一个传教组织。该传教组织在马六甲创建教会学校，创办中英文报刊，组建慈善救济团体，向华人传播基督福音，为基督新教后来在中国的传播打下了坚实的基础。本文拟对恒河外方传教会的成立过程及相关活动予以粗浅探讨。①

一、恒河外方传教会成立的背景

1813年7月4日，英国伦敦传教会派往中国的第二名传教士米怜抵达澳门。米怜1785年生于苏格兰，1804年加入公理会，1809年决定成为一名传教士，并与伦敦会建立正式关系，进入高斯波特传教院学习。1812年7月，米怜从该学院毕业后，受按立为牧师。同年8月，米怜携新婚妻子前往中国。近代首位来华基督新教传教士、同样来自伦敦会的马礼逊一直期待伦敦会增派传教士来华，因此对米怜的到来感到非常兴奋。马礼逊在迎接米怜登岸后，前往谒见澳门的葡萄牙总督，请求准许米怜夫妇在澳门居留。但受澳门天主教势力的影响，澳葡当局不允许身为新教传教士的米怜在澳门居住。第二天，澳葡立法局开会议决，“米怜先生不得居留澳门”。②1813年7月9日，马礼逊应邀到总督署，葡萄牙总督宣布限米怜18天内离境。7月20日，米怜不得不离开澳门，偷偷乘船到广州，其夫人则获准留在澳门马礼逊家待产。然而，广州亦非米怜的久留之地。他在广州待了几个月，因是非法居留，故无法开展活动。③

事实上，19世纪初期，基督新教传教士来到中国传教时，他们面对的几乎是难以逾越的障碍。满清政府严厉的禁教政策是他们传教首先要面临的主要困难。满清政府自“礼仪之争”后，逐渐采取禁教政策。康熙帝本来对耶稣会士颇有好感，曾于1692年颁布宗教宽容敕令。但“礼仪之争”爆发后，罗马教皇两次派特使来中国，严禁中国信徒遵从祭祖、祀孔等传统习俗，教皇的行为更是对中国内政的粗暴干涉，朝廷遂以此为由，逐步开始禁教政策。他在给嘉乐（Carlo Messa Barba）的批示中说：“只说得西洋人尔等小人，如何言得

① 大陆学者关于恒河外方传教会的研究，主要有吴义雄：《在宗教与世俗之间：基督教新教传教士在华南沿海的早期活动研究》，广州：广东教育出版社2000年版，第45～62页。谭树林：《近代中西文化交流中的一个海外传教组织——关于恒河外方传教会的创建及其对华影响的考察》，《齐鲁学刊》2005年第5期，第49～55页。台湾学者苏精在其相关著述中，对恒河外方传教会的某些具体活动有翔实的考证。

② 参见海恩波、简又文译：《传教伟人马礼逊》，香港：基督教文艺出版社1987年版，第61页。

③ 参见吴义雄：《在宗教与世俗之间：基督教新教传教士在华南沿海的早期活动研究》，广州：广东教育出版社2000年版，第46页。

中国之大理。况西洋人等，无一人通汉书者，说言议论，令人可笑者多，今见来臣告示，竟与和尚道士异端小数相同。彼此乱言者，莫过于此。以后不必西洋人在中国行教，禁止可也，免得多事。”[①]中国天主教史学家方豪在谈到“礼仪之争”给天主教在华传教事业带来的灾难性后果时说：禁止中国教徒祭祖、祀孔，乃“使中国天主教徒自绝于中国人之外，而成为非我族类，因依照禁令，教徒不许进入祠堂行礼，结果使雍正以后一百二十余年间，天主教上为朝廷与地方官所禁止、下为民间所排斥”[②]。的确如此，康熙以后的雍正、乾隆、嘉庆诸朝，均实行严厉的禁教政策。

雍正帝因天主教教士曾经参与与已敌对的胤禟集团图谋皇位的宫廷争斗而对传教士更加忌恨、厌恶，多次颁谕禁教。雍正帝的禁教使全国300座教堂被没收，改为谷仓、关帝庙、天后宫或公廨及书院。法国耶稣会士宋君荣（Antoine Gaubil）在1722年写给罗斯城主教的信中描绘了这样的情景：“教堂已成废墟，教徒已鸟兽散，传教士被驱逐并集中到广州——中国唯一开放的口岸，不许进入内地，天主教本身几乎遭到禁绝。”[③]

乾隆帝对传教士的传教活动限制更严，先后于1736、1737、1746年发动了三次较大规模的迫教行动。法国耶稣会士钱德明（Jean-Joseph Marie）在谈到乾隆帝仇教时这样说：“自传教士来中国以来，从来没有一个皇帝像乾隆这样利用过他们服务。然而，也从来没有一个皇帝像这个皇帝这样虐待他们，并对他们传播的天主教颁布过最可怖的禁令。”[④]

嘉庆帝继位之后，继续前朝的禁教政策。1805年4月，嘉庆帝颁谕，严禁西洋人刻书传教。[⑤]同年11月，嘉庆帝又严申广东省禁止传教，除商人外，一律不准外国人在澳门停留，“嗣后着该督抚等饬知地方官，于澳门地方严查西洋人等，除贸易外如有私行逗留，讲经传教等事，即随时饬禁，勿任潜赴他省，致滋煽诱。其有内地民人暗为接引者，即当访拿惩办，庶知儆惧。并当晓谕民人等，以西洋邪教例禁綦严，不可受其愚惑，致蹈法网，俾无知愚民各知迁善远罪，则西洋人等自无所肆其簧鼓，即旧设有天主堂之处亦不禁自绝。”嘉庆帝并把这看成是“整风饬俗之要务”[⑥]。1812年，嘉庆帝再次颁谕：“自此以后，如有西洋人秘密印刷书籍或设立传教机关，希图惑众，及有满汉人等受西洋人委派传扬其教及改称名字，扰乱治安者，应严为防范，为首者立斩，如有秘密向少数人宣传洋教而不改称名字者，斩监候；信从洋教而不愿反教者，充军远方。”[⑦]1814年3月，澳门地方官也颁布命令，禁止中国人信仰外国宗教。[⑧]

天主教传教士的嫉恨，是马礼逊传教道路上遇到的又一困难。基督新教和罗马天主教虽同属一源，但新教是在宗教改革中通过反对罗马教权而形成的，独立于罗马教皇之外，与拥护罗马教皇的天主教可谓势不两立。天主教很早就传到远东，印度、中国等早已被天主教视为自己当然的教区，所以，他们对于新教的染指，极力予以阻挠。马礼逊到澳门见到查莫斯（Chalmers）和乔治·斯当东（George Staunton），两人均告诉他在澳门居住很难，因为罗马

① 陈垣辑录：《康熙与罗马教皇使节关系文书：十四》，北京：故宫博物院1932年影印本。

② 方豪：《中西交通史》（下册），长沙：岳麓书社1987年版，第1008页。

③ Charles Wilfrid Allan, *Jesuits at the Court of Peking*, Shanghai: no date. 转引自谭树林：《近代中西文化交流中的一个海外传教组织——关于恒河外方传教会的创建及其对华影响的考察》，《齐鲁学刊》2005年第5期，第50页。

④ 中国人民大学清史研究史料室：《清史译文》（油印本），第10辑，1979年版，。

⑤ （清）王之春：《清朝柔远记》，北京：中华书局1989年版，第149页。

⑥ （清）王之春：《清朝柔远记》，北京：中华书局1989年版，第152页。

⑦ 王治心撰：《中国基督教史纲》，上海：基督教青年协会书局1940年版，第149页。

⑧ E. A. Morrison ed., *Memoirs of the Life and Labours of Robert Morrison*, Vol. Ⅱ, London: 1839, P. 402.

天主教对新教传教士存有妒忌。[①]斯当东说，澳门天主教传教士认为马礼逊到澳门是为了反对他们。[②]天主教士还禁止中国人向马礼逊提供帮助："凡有和马礼逊来往或接受他的书，或帮助他作中国书，都是可诅咒的，统逐之出教。"[③]对此，马礼逊在日记中亦多次提及。澳门天主教传教士对马礼逊在澳门的出版事业也极力阻挠。马礼逊在澳门自费出资建立阿尔比恩印刷所（Albion Press），除印刷《圣经》译本，马礼逊还出版英文不定期刊物《传道人与中国杂记》，专门报道在中国传教的消息，此外还编撰和印刷了其他一些中英文的劝世文。这批印刷品的出现，引起澳门天主教代理主教和神父们的反对，他们认为马礼逊反对罗马天主教教义，《传道人与中国杂记》中的"传道人"这个名称是窃取了天主教会的教义。代理主教于是向澳门立法局提出控告，要求立即制止马礼逊的异端邪说，禁止他出版这份刊物。澳门立法局命令这种异端的做法必须立即停止。澳门总督给东印度公司特别委员会主席写信，请求他禁止马礼逊继续印刷。[④]与此同时，代理主教还直接写信给澳门东印度公司大班，要求用他的权力，禁止马礼逊在家里使用他自己的印刷机。澳门东印度公司大班迫于澳门天主教代理主教和澳葡当局的压力，答应敦促马礼逊"停止出版任何印刷品"[⑤]。

英国东印度公司（Brtish East India Company）对传教士的反对又使马礼逊的传教困难雪上加霜。英国东印度公司一向对传教士持敌视态度，对于预定前往他们利益范围内的传教士非常不友善，惟恐传教活动会引起当地社会的变化，从而影响公司的商业利益。即使传教附带的教育对社会底层阶级有启蒙作用，公司仍然担心这会促成民众的觉醒与争取权利而导致当地社会的不安定。他们拒绝海外传教士搭乘公司的船只去远东，这样英国传教士只好搭乘美国船只。早在1799年马士曼（Marshman）前往印度时，就是乘坐美国船只。[⑥]马礼逊来华时，伦敦传教会准备破例向东印度公司请求，允许他搭乘公司的船只去中国，但未获准。[⑦]最后马礼逊只好取道美国来华。东印度公司不仅拒绝传教士搭乘其船只来中国，而且还严禁非商的英国人居留广州。乔治·斯当东给英国洋行大班罗伯兹（Roberts）的信中，曾提到"因为（马礼逊）是英国人，要居留广州特别困难，尤其他的工作一点也不具有商业的物质"[⑧]。马礼逊到广州后，不敢让人知道他是英国人，而自称是美国人，目的就是免得违背东印度公司的禁令。为了能居留广州以便于传教，马礼逊只得在1809年2月受聘为东印度公司的中文翻译，有人因此误传他放弃传教。马礼逊在给伦敦传教会的信中，阐述了接受聘任的理由：可以安全居留此地；有助于提高中文知识；任此职所得薪金，可以减轻伦敦会在我们传教工作上的经济负担；也许可以使东印度公司董事不再仇视传教士，因为他们觉得传教士在为公司服务。可以看出，他担任此职不乏求得东印度公司在其传教活动上给以宽容之想。然而实际情况是，虽然马礼逊对东印度公司的服务具有非常重要的意义，但东印度公司仍然严格限制马礼逊作为一名传教士的活动。[⑨]突出的例子是1814年，当东印度公司英国总部听说马礼逊在中国印发《新约》和其他宗教小册子后，竟然要解除其在公司中的职

① E. A. Morrison ed., *Memoirs of the Life and Labours of Robert Morrison*, Vol. Ⅰ, London: 1839, P. 153.

② E. A. Morrison ed., *Memoirs of the Life and Labours of Robert Morrison*, Vol. Ⅰ, London: 1839, P. 162.

③ 海恩波、梅益盛、周云路译：《马礼逊传》，上海：广学会1932年版，第20页。

④ E. A. Morrison ed., *Memoirs of the Life and Labours of Robert Morrison*, Vol. Ⅱ, London: 1839, P. 477 – 479.

⑤ E. A. Morrison ed., *Memoirs of the Life and Labours of Robert Morrison*, Vol. Ⅱ, London: 1839, pp. 479 – 480.

⑥ 李志刚：《基督教早期在华传教史》，台北：台湾商务印书馆1985年版，第178页。

⑦ E. A. Morrison ed., *Memoirs of the Life and Labours of Robert Morrison*, Vol. Ⅰ, London: 1839, P. 90.

⑧ E. A. Morrison ed., *Memoirs of the Life and Labours of Robert Morrison*, Vol. Ⅰ, London: 1839, P. 187.

⑨ 李志刚：《基督教早期在华传教史》，台北：台湾商务印书馆1985年版，第113页。

务，“本部听说先生印刷中文圣经和劝世文，引起中国反对，皇帝下有谕旨，禁止这书，并要重治相帮的人。我们想这样作去，与贸易总受影响。现下决议，公司辞退先生职务。我们知道先生品行道德，办公殷勤，又谨慎小心，不分外惹事，公司受先生的益处很多，定以四千元为谢敬。”① 虽经澳门东印度公司大班和乔治·斯当东竭力申辩，要求公司总部给予进一步说明，但马礼逊还是被公司除名。只是由于他的译员工作对澳门东印度公司和广州英国商行业务的重要性，他们以等待伦敦东印度公司总部的进一步说明为由，勉强留任马礼逊继续为公司译员，他才使得以暂时合法居留广州和澳门。②

对马礼逊、米怜来说，在中国居留尚且十分艰难，更遑论传教。这就促使马礼逊和米怜考虑另寻活动地点。马礼逊当初到广州之时，面临着各方面的困难，就考虑过转移到南洋某一个华人聚居的地方去。在依附于东印度公司而站稳脚跟后，他仍怀有寻找一个“僻静之地”作为能联络各方的永久性传教中心的希望。③他曾写道：“既然我们不能在此地居留，那就应当在别的地方建立一个恒河外方传道团的耶路撒冷，我们需要一个总部，作为集会商讨之所，从那里派出人员前往各地，并可以为患病或年老的传教士提供一个休养或退隐之地。……我们还要设立一所学校让当地人和欧洲人接受教育。……在那里，我们将有一所中文书院和一个恒河外方传道团的印刷所。”④现在米怜所遇到的问题再一次把到南洋寻觅传教据点之事提上议事日程。1813 年 11 月，马礼逊和米怜商量决定，米怜前往马来半岛各埠散发马礼逊刻印的《新约》和其他传教小册子，同时考察各地情况，寻找一个适合来华传教士居留和活动的“宁静和平的隐修之地”，并向华人学习中文。为了米怜此行，马礼逊专门印制了中文《新约》和一些传道书。这项大规模的印刷活动是在清政府禁令之下，在十分紧张的气氛之下完成的。⑤正是这些出版物，后来引起东印度公司将马礼逊解雇。

二、恒河外方传教会成立的过程

1814 年春，米怜动身前往南洋，先后到班加（Banca）、巴达维亚（即今雅加达）、爪哇、马六甲等地，散发上述宗教宣传品，进行布道，学习中文，活动了近 7 个月。9 月 5 日，米怜回到广州。这时他仍然面临随时被发觉而遭押解出境的可能，到澳门则又要面对葡萄牙人禁止居住的问题。他从南洋回来时曾希望葡萄牙人会解除对他的禁令，但事实证明这只是一厢情愿。因此“米怜先生不能再在澳门逗留”的前景迫使马礼逊和米怜必须作出最后的决定。⑥他们考虑过华人众多、交通方便、当地政府又支持传教事务的爪哇。但最后他们认为，马六甲是理想的地点。

马六甲的中国居民不是很多，但这里距离中国路途较近，与中国人居住的马来群岛各地

① 海恩波、梅益盛、周云路译：《马礼逊传》，上海：广学会 1932 年版，第 27 页。

② 参见谭树林：《近代中西文化交流中的一个海外传教组织——关于恒河外方传教会的创建及其对华影响的考察》，《齐鲁学刊》2005 年第 5 期，第 51 页。

③ William Milne, *A Retrospect of the First Ten Years of the Protestant Mission to China*, Malacca: The Anglo-Chinese Press, 1820, pp. 136 – 137.

④ 海恩波、简又文译：《传教伟人马礼逊》，香港：基督教文艺出版社 1987 年版，第 65 ~ 66 页。

⑤ William Milne, *A Retrospect of the First Ten Years of the Protestant Mission to China*, Malacca: The Anglo-Chinese Press, 1820, pp. 112 – 113.

⑥ William Milne, *A Retrospect of the First Ten Years of the Protestant Mission to China*, Malacca: The Anglo-Chinese Press, 1820, pp. 119, 135.

之间的来往更为方便——位于交趾支那、暹罗和槟榔屿间来往的直接通道上——并拥有与印度和广州频繁来往的有利条件。尽管马六甲的中国人比爪哇的少得多，但在具有地理位置优势的马六甲建立传教站，会比爪哇拥有更广泛与外界交往的机会。而且，比起巴达维亚，马六甲被认为更有利于人们的身心健康，因而更适合建立一个将来可能发展壮大成为包含若干国家的传教团的核心传教站；最终它会成为学习汉语、马来语和其他恒河以东各种语言的一所学校的据点。传教团发展壮大后，健康因素有时会迫使传教士不得不离开——如年老、死亡和其他原因，都有必要对寡妇、孤儿和幸存者提供安宁的处所。传教团成员的孩子也需要接受教育——马六甲似乎很能满足这些需要。当地安全宁静；现任政府极力支持传教团的工作；如果出现政权的交替，荷兰人应当不会对传教团设置任何障碍。[①]这样，交通便利、由支持新教传教事业的白人政府治理的马六甲就为他们所选定。后来，马礼逊自己甚至也不想继续在华南作孤独的努力，而有移师至马六甲之意。1817 年，他在写给伦敦会秘书的信中说："我想去马六甲帮助那里的传道团，同时编写词典和翻译《圣经》。……在度过十年的焦虑岁月后，我希望退隐到一个宁静之地，在那里我可以公开地追求自己的目标。此地（指广州——引者）是一个令人厌倦之地，是一个与宗教社会真正隔绝的地方。"[②]

鉴于这些理由，马礼逊和他的同工选择马六甲而不是巴达维亚或槟榔屿作为传教站的地点。这一选择不可能满足他们所有的目的，但这似乎是他们目前的最佳选择。很久以来，马礼逊一直非常渴望在某个安静的、毗邻中国的地方建立传教站，并成为大家集会与交流的一个中心，同时具备相当条件足以长期而有效地满足其他传教站的需求。尽管马礼逊和其同工不一定能在有生之年亲眼看到这个传教站趋于完善，但这似乎并不能成为不开展这项工作的充足理由，或他们的计划不应从一开始就包含所有的终极目标的理由。他们意识到人类社会公共机构的进展总是缓慢的，尤其是在既没有权力又缺乏财力时更是如此。他们决定从小处切实着手，但同时保持开阔的视野，使所有的努力都通向最后的伟大目标。他们期盼达到目标，犹如一个旅行者渴望到达远方极为重要的高地；但在他和这高地之间的是一条崎岖、蜿蜒、艰辛的路，一路上他步履维艰，必须小心翼翼，有时甚至怀疑自己是否终能到达目的地。很明显的是，他们该做的就是努力尝试；即使此次尝试失败了，失败的经验将会对后来那些有幸成功的人颇有帮助。[③]

马礼逊和米怜的主要观点包含在以下的决议中：[④]

（1）中国的现状使得印刷出版和在华传教其他几项工作困难重重，甚至连传教士的居留都无法确保。因此，我们渴望找到一个邻近中国并处于欧洲新教国家统治下的地点建立中华传教团的总部，以期更为合理地长期开展卓有成效的工作，并准备一旦上帝为我们打开一扇大门时，能够进入中国发挥更大的作用。我们认为马六甲适合于此目的——于是决议由米怜先生启程去马六甲建立传教站。

---

① William Milne, *A Retrospect of the First Ten Years of the Protestant Mission to China*, Malacca: The Anglo-Chinese Press, 1820, pp. 135 – 136. E. A. Morrison ed., *Memoirs of the Life and Labours of Robert Morrison*, Vol. Ⅰ, P. 384.

② Brian Harrison, *Waiting for China*, *The Anglo-Chinese College at Malacca*, 1818—1843, Hong Kong: The Chinese University of Hong Kong Press, 1979, pp. 32 – 33.

③ William Milne, *A Retrospect of the First Ten Years of the Protestant Mission to China*, Malacca: The Anglo-Chinese Press, 1820, pp. 136 – 137.

④ William Milne, *A Retrospect of the First Ten Years of the Protestant Mission to China*, Malacca: The Anglo-Chinese Press, 1820, pp. 137 – 139.

（2）在抵达马六甲之后，米怜先生应试图通过获赠或购买，获得一块地皮作为传教站的财产，并在此处建造开展工作所需的建筑物。

（3）尽早建立一所免费的中文义学，并希望它能为后期建立神学院铺路；这所神学院以教育虔敬的中国人在中国和邻近国家担任基督教牧师为目标。

（4）在马六甲出版一种旨在传播普通知识和基督宗教知识的中文杂志，以月刊或其他适当的期刊形式出版。

（5）这一传教站的工作主要面向中国人，但并不仅仅如此。一旦获取充足的设备和工具，即可建立马来和其他国家的传教站。这一点更为重要，因为伦敦传教会很可能在不远的将来派传教士前往马来等地。

（6）这一传教站的创立既然要包含中国、马来或印度以东地区相关的多重目的，其名称应体现广泛的包容性，以便容纳后续建立的所有传教站，因而选定采用“恒河外方传教会”这一名称。这并非暗示在印度以东地区不存在其他差会的传教团，而是指伦敦传教会向这些地区派出的传教士都将在这一名称的传教团之下工作。使用这一名称，与其说是宣示我们是这地区唯一的占有者，不如说是指称我们的工作场所的范围。

（7）一旦具备合适的人选和工具，应尽快尝试出版印刷中文、马来文和英文书籍——中国版《圣经》的余留部分，中文和马来文其他基督教出版物，以及讲解东方国家语言、风俗、观点或有助于传教工作的英文书籍都应印刷出版。

（8）非常期望出版一种英文期刊，旨在加强伦敦传教会在印度不同地区传教团之间的联系与合作，并增进普遍友爱和基督徒美德的善行。希望能在马六甲迅速着手开展此项工作，并恳请福音的同工们协助我们。

（9）为了教导异教徒，应举行固定的与随时性的中文宗教仪式；一旦传教站的条件许可，就应设法建立一处供基督徒做礼拜的场所。

（10）由于马礼逊先生致力于编著《英华字典》和其他工作，无法分心继续翻译，中华传教会的第二名成员（米怜先生）将翻译《旧约》的部分章节——他们齐心协力完成整部《圣经》的翻译工作。

这 10 条包括当时所做决议的要点；可能由于上帝的恩典，其中部分目标已经完成，大多数则在马六甲传教站成立三年内开始着手实施。必须要说明的是，这些决议在形成后已充分告知伦敦传教会理事会，他们有权批准或取消任何一条或全部决议。这些决议旨在指引中华传教会的成员，使他们能充分利用理事会赋予他们自由行事的权利，将相关事务办得尽善尽美。上述 10 条目标将会时刻受到关注，马六甲传教站的所有活动都要以达成这些目标为出发点。毫无疑问，具有固定和明确的目标非常重要；如果不这样，意志就会犹豫不决，原本可用于全心全意工作的时间，常常就会消磨于一些看似同样重要的不同目标之间摇摆不定。①

马礼逊和米怜向伦敦会理事会报告建立“恒河外方传教会”的计划。所谓“恒河外方”，是指恒河以东的广大地区，按马礼逊和米怜等人的说法，这些地区包括中国、印支半岛、南洋、日本、琉球和朝鲜等国家和地区。报告中说道：“中国的现状使我们难以进行印刷以及其他几种与传教有关的事项，甚至个人的居留也不能确定。因此我们需要在某个由欧

① William Milne, *A Retrospect of the First Ten Years of the Protestant Mission to China*, Malacca: The Anglo-Chinese Press, 1820, pp. 139 – 140.

洲新教国家政府治理的地方，寻求一个靠近中国的、能够提供更合理的长久前景和方便条件的地点作为我们中国传教团（Chinese mission）的基地；在那里我们可以更有效地为进入中国做准备，直至神为我们打开中国之门。我们认为马六甲是适合于上述目的的地方，因此我们决定由米怜先生前往该地，创立传道团。”报告提出，该传教基地将主要以推进在中国的传教事务为目标，同时兼及其他国家的传教事务。马礼逊和米怜还提出了在马六甲设立一所培养传教士的免费中文学校，发行一份中文月刊和一种英文杂志的设想。①

1815 年 4 月 17 日，米怜和他的家属，连同他的私人老师兼助手和刻字工梁发一起离开中国，于 6 月初抵达马六甲，很快就开始了创建恒河外方传教会的活动。

三、恒河外方传教会的传教活动

从 1815 年直至 1822 年去世，米怜几乎都在马六甲活动，其间只有两次再到中国本土。在这 7 年中，米怜花费了一定的时间在马六甲的华人中从事传教工作，同时比较刻苦地学习中文。在对中文基本掌握之后，米怜协助马礼逊翻译了《圣约旧约》的一些部分，并编写、刻印、散发了多种传教小册子。他还主持开办了中、英、马来文印刷所，印刷《圣经》和其他传教资料。1815 年底，经米怜的努力，“恒河外方传教会图书馆”在马六甲建成并开放。②

除了以上这些日常活动外，米怜按照给伦敦会理事会的上述报告，积极进行与所谓“恒河外方传教会”有关的事务。

马礼逊和米怜计划的第 4 条，是在马六甲创办一份中文月刊。米怜很快就将这一设想付诸实施。1815 年 8 月 5 日，《察世俗每月统记传》（*Chinese Monthly Magazine*）在马六甲创刊。从 1815 年创刊到 1822 年米怜去世，《察世俗每月统记传》前后共发行 7 年，一直由米怜负责编辑，他同时还是主要撰稿人。伦敦会的其他传教士如麦都思（Walter Henry Medhurst）等，在有了一定的中文基础之后，也为《察世俗每月统记传》撰稿。该刊以普通下层群众为对象，主要内容为阐释教义，也刊登一些科学知识。

马礼逊和米怜关于“恒河外方传教会”计划的第 8 条，是在马六甲“编印一种小型的英文期刊，用以促进印度（原文如此——引者）各处本会传教团体之联合与合作，并促进基督教道路德及其实践”。③ 1817 年 5 月，*The Indo - Chinese Gleaner*（《印中搜闻》，或译“《印中搜讯》”、“《印中搜闻》”）在马六甲创刊。这份英文季刊也由米怜编辑，米怜同时也是主要撰稿人。米怜为它确定的宗旨是：报道和刊登“来自中国及其周边国家的各种消息；各种有关印支国家的历史、哲学和文学的介绍；中文和马来文作品的译作；关于宗教的文章；关于在印度的各传教团所取得的进展的记述；以及基督宗教的一般状况”。④从该刊的内容来看，它是以报道和研究中国的现状、历史、文化和基督宗教在华传教的情况为主的期刊。

① E. A. Morrison ed., *Memoirs of the Life and Labours of Robert Morrison*, Vol. Ⅰ, London: 1839, pp. 385 - 387; William Milne, *A Retrospect of the First Ten Years of the Protestant Mission to China*, Malacca: The Anglo-Chinese Press, 1820, pp. 137 - 139.

② Robert Philip ed., *The Life and Opinion of the Rev. William Milne*, London: 1839, P. 215.

③ E. A. Morrison ed., *Memoirs of the Life and Labours of Robert Morrison*, Vol. Ⅰ, London: 1839, P. 386.

④ Robert Philip ed., *The Life and Opinion of the Rev. William Milne*, London: 1839, P. 267.

米怜等之所以十分重视这两份期刊，是因为他们认识到在中国这样一个有着悠久的、与西方截然不同的文化传统的国家传播基督宗教，必须从最基本的事情做起。为此，他们投入巨大的精力、金钱，以罕见的耐心，不疾不徐，构筑基础，等待“进入中国”。

在这方面又一个典型的事例，是米怜和其他伦敦会的传教士在马六甲举办教育活动，设立英华书院。1815 年 8 月 15 日，《察世俗每月统记传》创刊的同一天，米怜在马六甲开办了一所免费的中文男童学校。这可以看作传教士举办中文教育事业的开端。由于当时在马六甲的华人主要是福建移民，这个学校聘请了一位以前的塾师用福建话教学。次年，米怜又开办了一所广东话学校。到 1816 年，这两所学校的学生总数就达到 80 人。①

但这两所学校都只是属于初等教育的范畴，并非马礼逊和米怜报告书上所说的中文学校。长期以来，马礼逊的想法是开办一所中文书院（Chinese College），其近期目标是“推进英国与使用中文作为书面语言的国家之间友好的文化交往”，在宗教方面发挥作用则是下一步的目标。② 1818 年，马礼逊捐出 1 000 英镑，成为书院得到的第一笔捐款。马礼逊还承诺今后 5 年每年捐出 100 英镑。1818 年 1 月 2 日，在马礼逊和米怜拟订的“恒河外方传教会临时委员会决议补充条款”中，他们提出，以伦敦会的名义拨出马六甲恒河外方传教会地产的一部分，兴建“英华书院”（Anglo-Chinese College）。③ 1817 年底和 1818 年初，马礼逊分别致函伦敦会秘书和理事会，一再提出建立“英华书院”的设想。他说明建立书院的目的是“向中国青年教授英语和基督教原理，特别为传教士和其他人士提供中国语言和文化方面的教育”④。经过马礼逊和米怜的共同努力，英华书院在 1818 年 11 月 1 日正式开办。

1819 年，米怜还在马六甲的华人中组织成立了一个慈善救济团体“呷地中华济困疾会”。他在阐述该会宗旨的“济困疾会题引”中说：

> 盖闻众擎可以易举，集腋可以成裘。有济人之心，而后有济人之事者。固不可不有同心为善之人，协力而成其事也。愚观呷地（即马六甲——引者）之唐人，富厚殷实者少，贫穷困苦者多，心实怜之。而贫穷困苦之中，又更有身耽残疾，竟不取升斗以度日者，观之愈觉情伤。斯辈曷无仁人躬会以周济之，则其转徙于沟壑者必矣。……无奈绵力微薄，难以支持，因于今立一周济困疾之会，随人力量，任人乐助。每月或出三钫二钫，或十镭五镭。责成忠实无私之人，每月出力，照名敛收，存系一处所。每月之初，则尽所有银镭，量人疾苦，斟酌周济。……中国各省寄寓麻六甲好善乐施诸仁人君子同鉴。⑤

从这段文字可以看出，所谓“济困疾会”乃一慈善基金会性质的团体，它的资金来源

① Robert Philip ed., *The Life and Opinion of the Rev. William Milne*, London: 1839, P. 186; Brian Harrison, *Waiting for China*, *The Anglo-Chinese College at Malacca*, 1818—1843, Hong Kong: The Chinese University of Hong Kong Press, 1979, P. 24; William Milne, *A Retrospect of the First Ten Years of the Protestant Mission to China*, Malacca: The Anglo-Chinese Press, 1820, P. 160.

② Brian Harrison, *Waiting for China*, *The Anglo-Chinese College at Malacca*, 1818—1843, Hong Kong: The Chinese University of Hong Kong Press, 1979, P. 34.

③ E. A. Morrison ed., *Memoirs of the Life and Labours of Robert Morrison*, Vol. Ⅰ, London: 1839, pp. 506 – 509.

④ Brian Harrison, *Waiting for China*, *The Anglo-Chinese College at Malacca*, 1818—1843, Hong Kong: The Chinese University of Hong Kong Press, 1979, P. 35.

⑤ 《察世俗每月统记传》己卯年七月，第 47 ~ 48 帙。

应是包括华人在内的各界人士的捐赠。米怜所拟的该会《章程》规定，该会救助的对象是老年人、无父母之人、寡妇、被难之人、衰死之人等。而凡不孝、好斗、好嫖、好赌、懒惰之人，则不在救济之列。《章程》还就捐款和周济的具体办法作了规定，并就管理各项事务的办法作了详细的说明，如："每年立首事（即董事）八人，英国二人，福省三人，广省三人"；八人中要选一人为总理，一人为掌贮银镭（即"财库"），一人为"书记簿数"；会中事务由诸首事定期开会表决；所余资金可用于投资生息；每年定期核算，等等。总理为米怜，麦都思列名于米怜之后，财库为西心镜，华人首事有许希贤、陈光鼎、陈素面等。①

这个"呷地中华济困疾会"至少在后来的几年中开展了活动。1821年的《察世俗每月统记传》曾刊出了一份比较详细的捐款者名单，显示米怜等为首成立的这个慈善团体在一定程度上实现了对当地华人社会的动员。从名单上看，捐资的既有一些商号，也有个人；数量多者三元，少者数仔（元、"钫"以下的数量单位）。另外，该刊还刊登了一些单位外国人捐款的消息。②通过这个团体的组织和活动，米怜等传教士的声望与影响无疑得到了扩大。而马六甲的华人响应米怜等的号召，也意味着他们在心理上已经接受了这几个洋人教士。这个慈善团体的活动对救助当地困苦的华人而言，无疑是一件有意义的公益事业。同时，它对扩大伦敦会的传教活动基础，也可以起到帮助作用。③

《察世俗每月统记传》、《印中搜闻》的发行和英华书院的开办，都是马礼逊和米怜在构想组建恒河外方传教会时提出的，都是恒河外方传教会之事业的组成部分。米怜在马六甲的头两年，通过布道、散发《圣经》和传教小册子、开办学校、发行刊物，建立中英文印刷所，争取得到地产并兴建房舍等活动，已为在马六甲建立伦敦会的传教基地准备了充分的条件。

在马礼逊和米怜的一再要求之下，伦敦会派遣麦都思到马六甲，协助米怜监管印刷事务。麦都思于1796年生于伦敦，受过系统的普通教育和神学教育，加入伦敦会后又接受了印刷业务方面的专门训练。他于1816年9月离开英国，1817年6月抵达马六甲。米怜于是得以从繁重的事务中暂时脱身。8月9日，他与妻子离开马六甲前往中国，9月3日到达广州，直到次年2月17日才返回马六甲。④

米怜在广州与马礼逊相处期间，从事了一些翻译《圣经》和编写传教材料的工作。其间对以后有重要影响的事情是马礼逊和米怜拟订了关于恒河外方传教会的文件。1817年9月，即米怜刚到广州不久，马礼逊就和米怜草拟了恒河外方传教会的章程。11月2日，马礼逊和米怜正式起草了一份"恒河外方传教会临时委员会决议"。这份决议由15条单程组成，表明了马礼逊和米怜关于恒河外方传教会的基本设想。⑤该决议把在中国和南洋地区的中国人之中进行传教活动作为恒河外方传教会活动的主要内容，其第四条规定："由于在中

① 《察世俗每月统记传》己卯年七月，第48～53帙。该《章程》英译件1819年10月发表于《印中搜闻》第10号。

② 《察世俗每月统记传》壬午年，第48～50帙；第57帙、64帙。

③ 参见吴义雄：《在宗教与世俗之间：基督教新教传教士在华南沿海的早期活动研究》，广州：广东教育出版社2000年版，第52～53页。

④ William Milne, *A Retrospect of the First Ten Years of the Protestant Mission to China*, Malacca: The Anglo-Chinese Press, 1820, P. 31.

⑤ E. A. Morrison ed., *Memoirs of the Life and Labours of Robert Morrison*, Vol. Ⅰ, London: 1839, pp. 503－506; William Milne, *A Retrospect of the First Ten Years of the Protestant Mission to China*, Malacca: The Anglo-Chinese Press, 1820, pp. 199－203.

国的传教活动是（马六甲）传教总部的主要目的所在，而在马来的传教活动在相当长的时期内难以拓宽，我们因此认为，除个人膳宿所需外，（马六甲传教总部）建筑物的主要部分应当用于在中国人中开展的传教事务。"[①]马礼逊和米怜还报告了近期工作计划，如在马六甲兴建新的房屋作为总部，翻译和印刷《圣经》的具体设想，对日本开展传教活动的建议等。除此之外，这份文件主要是说明恒河外方传教会组成的基础和组织原则。[②]

马礼逊和米怜成立了一个由他们自己组成的"临时委员会"（Provisional Committee），作为恒河外方传教会的最初架构。之所以称为"临时委员会"，是要表示仅仅他们这两个成员还不足以构成他们设想中的传教团，尚期待其他传教士的加入，像米怜所说的那样，他们要求由伦敦会派到中国和南洋的所有传教士组成"一个整体"，而不是处于"分散孤立"的状态。[③]该决议的第一条规定，加入他们的团体以"不违背个人的意愿和造成不便"为原则，又强调"资深的传教士"有对"新来的传教士"进行引导、教育的权威和义务。他们要求来到马六甲的传教士遵守"现有的传教士大家庭的规章"，而不要另搞一套，即要其他传教士在这个大家庭里服从马礼逊和米怜的权威。[④]

总之，马礼逊和米怜组成"临时委员会"并公布这一决议的目的，是宣布以向中国和南洋地区的中国人传教为主要目标的恒河外方传教会从此形式成立，并希望将印度以东地区所有的伦敦会传教士纳入这个传教团体。马礼逊和米怜在1818年1月2日又制订了一个《恒河外方传教会临时委员会补充条款》，第一条开头就声明有人（即马礼逊）向英华书院捐赠了4 000西班牙元（1 000英镑）。第三条又决定以后恒河外方传教会的刊物《印中搜闻》的费用"由马礼逊和米怜先生共同承担，而且不管该刊已经花费了多少，这笔费用也由他们向伦敦会支付"。[⑤]其意在不给伦敦会增加额外的经济负担，因为伦敦会对他们铺得越来越大的摊子感到担忧。

陆续东来的伦敦会传教士的活动，渐渐纳入恒河外方传教会的范围。季理斐（Donald MacGillivrary）所编的*A Century of Protestant Missions in China*（1807—1907）（《新教在华传教百年史》）说，自1817年该决议拟订之时起，"直到五口通商时代，伦敦会在中国人中的传教活动都被置于这个名称之下"[⑥]。马礼逊和米怜在上述《补充条款》的第四条决定设立一个"恒河外方传教会孤寡基金"，以便在该传教团的传教士死亡后，资助他们的家属。由马礼逊率先捐出400元（约100英镑）作启动资金，马礼逊和米怜还许诺以后每人每月至

① E. A. Morrison ed., *Memoirs of the Life and Labours of Robert Morrison*, Vol. Ⅰ, London: 1839, P. 504. 米怜对此解释说，决议中的条文是要表明"马六甲的传教机构起先是专为对华传教而设的，（以马六甲为基地）是因无法实际在中国居住而选择的最佳替代地点。因此恒河外方传教会的"所有事务都应服从这一首要目标，对中国作优先考虑，其他事情均附属于此"。（William Milne, *A Retrospect of the First Ten Years of the Protestant Mission to China*, Malacca: The Anglo-Chinese Press, 1820, P. 205.）

② 参见吴义雄：《在宗教与世俗之间：基督教新教传教士在华南沿海的早期活动研究》，广州：广东教育出版社2000年版，第54页。

③ William Milne, *A Retrospect of the First Ten Years of the Protestant Mission to China*, Malacca: The Anglo-Chinese Press, 1820, pp. 205－206.

④ 参见吴义雄：《在宗教与世俗之间：基督教新教传教士在华南沿海的早期活动研究》，广州：广东教育出版社2000年版，第54～55页。

⑤ E. A. Morrison ed., *Memoirs of the Life and Labours of Robert Morrison*, Vol. Ⅰ, London: 1839, pp. 506－507.

⑥ Donald MacGillivrary ed., *A Century of Protestant Missions in China* (1807—1907), Shanghai: 1907, P. 3. 据吴义雄考证，本书中有关此决议在马六甲拟订的说法有误（参见吴义雄：《在宗教与世俗之间：基督教新教传教士在华南沿海的早期活动研究》，广州：广东教育出版社2000年版，第55页注①）。

少捐一元，①他们以此吸引因生活方式和生活条件的变化而面临颇高死亡率的传教士加入。1819年，马礼逊、米怜等制定了正式的《恒河外方传教会孤寡基金会章程》，规定基金的来源是传教会成员的捐款，每人每年不少于12西班牙元，入会费不少于6元，由新成立的“恒河外方传教士联合会”管理。章程还规定了向寡妇、无父孤儿和父母双亡的孤儿的资助方法。在这个章程上签名的除马礼逊和米怜外，还有谭信（C. H. Thomsen）、麦都思、斯雷特（J. Slater）、贝顿（T. Beighton）、英士（J. Ince）、斯金纳（J. Skinner）和费维（W. Fyvie）。这意味着恒河外方传教会已有9名成员。②但马礼逊、米怜和麦都思这几个从事对华传教的传教士仍在其中担任主角。

恒河外方传教会一直存在到1841年。③其时，英国人赢得鸦片战争已成定局，香港已处于英国的军事占领之下，各国传教士摩拳擦掌，踊跃而来，利用殖民侵略者的军事胜利来推进他们的“事业”。作为新教在华传教开拓者的伦敦会传教士当然不会落后，没有必要继续将对华传教的中心设在马六甲。④

四、余　论

恒河外方传教会的奠基者和领袖是马礼逊。在最初的阶段，米怜是一系列计划的执行者，他使马礼逊的理想得到了实现。1822年6月2日，米怜在长期积劳和患病之后去世。次年1月，马礼逊到马六甲料理英华书院和传教方面的事务，直至7月才应广州商馆的大班之召返回广州。他在1823年回英国休假，1826年回到中国。在休假期间，他仍然从事与恒河外方传教会有关的事务，特别是为英华书院作宣传，并进行募捐。其间他于1824年11月与伊丽莎白·阿姆斯特朗（Elizebeth Armstrong）结婚（他的元配夫人已于1821年6月在澳门去世）。马礼逊回到中国后，虽然仍以广州为居住地，但他时时关注着马六甲的传教基地和英华书院。1833年，东印度公司的特许状到期，其对华贸易特许权被取消。1834年1月31日，东印度公司的最后一支船队驶离广州，马礼逊在商馆的译员工作自然失去。但新到任的英国驻华商务监督律劳卑（William John Napier）很快就任命马礼逊为中文秘书兼翻译。8月1日，马礼逊在广州去世。⑤

马礼逊去世后，伦敦会在中国本土就没有了传教士。在此情况下，麦都思于1835年7月21日来到广州。最初伦敦会是将麦都思作为印刷工派到马六甲，协助米怜管理那里的印刷事务的，但麦都思不久在各方面表现出他的能力。除主管印刷业务之外，麦都思还协助米怜从事传教活动，管理马六甲的学校，并勤奋地学习中文，很快就达到了用中文布道的水平。1818年，他就“经常顺道访问中国的船只，访问乡村和这个国家的移民”⑥。1819年春，麦都思到槟榔屿散发书籍，建立学校。他在这些活动中显示出来的才能，为米怜所赏

① E. A. Morrison ed., *Memoirs of the Life and Labours of Robert Morrison*, Vol. Ⅰ, London: 1839, P. 508.

② E. A. Morrison ed., *Memoirs of the Life and Labours of Robert Morrison*, Vol. Ⅱ, London: 1839, appendix, pp. 5-6.

③ Donald MacGillivrary ed., *A Century of Protestant Missions in China* (1807—1907), Shanghai: 1907, P. 4.

④ 参见吴义雄：《在宗教与世俗之间：基督教新教传教士在华南沿海的早期活动研究》，广州：广东教育出版社2000年版，第57页。

⑤ 参见吴义雄：《在宗教与世俗之间：基督教新教传教士在华南沿海的早期活动研究》，广州：广东教育出版社2000年版，第57页。

⑥ Robert Philip ed., *The Life and Opinion of the Rev. William Milne*, London: 1839, P. 289.

识。1819 年 4 月 27 日，麦都思在马六甲被按立为牧师，取得传教士的资格，之后他在马六甲和巴达维亚、槟榔屿、新加坡、婆罗洲等地从事传教活动，特别是在华人中进行传教。从 1819 年开始到去世，麦都思一共用中文撰写并出版了 59 种作品，包括他翻译的《圣经》和《新约全书注解》等注释《圣经》的作品；他编写了《三字经》、《耶稣教略》等传教小册子，以及《地理便童略传》、《东西史记和合》等知识性书籍。其中他于 1823 年到 1826 年在巴达维亚编辑出版的《特选撮要每月统记传》，与米怜的《察世俗每月统记传》风格相似，编者在主观上也是“想竟其绪余”①。在从事这些活动的同时，麦都思还继续学习各种东方语言，编写出版了多种语言词典。② 此均应视为恒河外方传教会于对华传教方面之重要事工。

① Alexander Wylie, *China, Its State and Prospects Memorials of Protestant Missionaries to the Chinese*, Shanghai: 1867, pp. 27 – 36.

② Walter H. Medhurst, *China, Its State and Prospects*, London: 1838, P. 342.

“古今劝善第一奇书”的产生：吕咸熙与《洞冥宝记》

赵灿鹏

1920年代中国的宗教界，出现了一部著名善书《洞冥宝记》。这是云南省洱源县的鸾堂以扶乩方式写成的鸾书，在海内外宗教界流行至今，印刷发行量极为惊人①。它借鉴传为汉代人郭宪撰《洞冥记》，通过冥幽世界离奇的神仙故事，借地狱审判与轮回制裁，抨击劫运时期礼崩乐坏的流弊，告诫世人改过从善②。

《洞冥宝记》的出现，在中国鸾书史上具有里程碑式的重要意义。自此之后，游记类鸾书（或称“异界游记”、“他界游记”）如雨后春笋般产生③。由于该书的影响，鸾书的创作形式出现了新的突破，对话式的章回体鸾书逐渐取代了传统鸾书的地位。从宗教文学的角度看，这种鸾书采用流利的语言，并吸取散文与小说的文学技巧，书写天人之间的心灵交感，可以进行自由发挥，鸾书的创作领域得以开拓，思想内容得以充实，语言文字由此表现得丰富多彩④。

更为重要的是，《洞冥宝记》中叙述的以关帝为首的神仙谱系，近百年来为海内外华人社会民间宗教普遍继承，影响极大。例如东南亚华人社会中流行的德教，在其经典文书中，《洞冥宝记》即占有一席之尊。德教崇奉的最高神“玄灵高上帝玉皇大天尊”即关帝，所谓“玉皇禅位，关帝于甲子年（1924）元旦继任”之说，源头即在《洞冥宝记》⑤。这种神仙谱系在现当代台湾民间宗教中亦获得广泛接受，关公被尊为第十八代玉皇大帝⑥。以是之故，《洞冥宝记》被称为“古今劝善第一奇书”⑦。

遗憾的是，关于这部现代中国宗教名著本身的历史，迄今尚未见有学者做过专门的研

① 《洞冥宝记》于乙丑年（1925）秋于云南洱源刻成，存世版本以同年上海明善书局印本最早，最近一个本子则见于《三洞拾遗》（王卡等主编，合肥：黄山书社2005年版）第7册，题作《洞冥记》。

② 詹石窗：《道教文化十五讲》，北京：北京大学出版社2003年版，第179页。

③ 龚鹏程：《游的精神文化史论》，石家庄：河北教育出版社2001年版，第169页。

④ 郑志明：《中国善书与宗教》，台北：台湾学生书局1988年版，第425页；郑志明：《中国文学与宗教》，台北：台湾学生书局1992年版，第206页。

⑤ 参见冷东：《东南亚海外潮人研究》，北京：中国华侨出版社1999年版，第369页；张新鹰：《生于中国、长于海外的德教》，中国宗教学会秘书处编：《中国宗教学》第2辑，北京：宗教文化出版社2004年版，第384页；林悟殊：《泰国潮人德教信仰考察》，洪林等主编：《泰国华侨华人研究》，香港：香港社会科学出版社2006年版，第344页。近年据学者研究，“关帝当玉皇”的说法在清末即已出现（王见川：《同善社早期的特点及在云南的发展（1912—1937）：兼谈其与“鸾坛”、“儒教”的关系》，《民俗曲艺》2011年6月第172期，第151～152页），但无可否认的是，此说普遍流行的原因，还是由于《洞冥宝记》一书。

⑥ 参见王见川：《台湾“关帝当玉皇”传说的由来》，高致华编：《探寻民间诸神与信仰文化》，合肥：黄山书社2006年版，第261～279页；郑志明：《台湾全志》卷九《社会志·宗教与社会篇》，南投：国史馆台湾文献馆2006年版，第113、116页。

⑦ 参见赵波等：《关公文化大透视》，北京：中国社会科学出版社2001年版，第135页。

究[①]，关于此书的作者与成书情形，既有学术文献的叙述颇不明朗。笔者经过多年思考探究，并曾赴云南采访调查，今将研究所得，草成札记一则，自以见闻有限，恳请方家教正。

一

《洞冥宝记》一书，或称《洞冥记》，编辑者署名有"惟一子"、"洱源惟一子"、"吕惟一"数种。"惟一子"、"吕惟一"究竟为何许人？以往学者对此都未能讲清楚[②]。

我们经过许多努力，在1933年洱源县鸾坛扶出的另一部鸾书《蟠桃宴记》中找到了答案。该书明确指出："……这广法真人，就是惟一子吕咸熙……奉命编辑《洞冥宝记》的主人"[③]。吕咸熙之子吕幼阶（号应山）撰《先考事略》亦云："先公……著作等身，尤以《洞冥记》一书，风行海内，脍炙人口。"[④] 另外，当地学者撰写的文史资料也证实了这一点。赵振銮撰《洱源县凤羽白族清静寺》一文说："吕咸熙……曾将觇堂上圣贤仙佛做的诗文，汇成一册，名《洞冥记》在昆明出版，风行滇西一带，为道教徒所深信。"[⑤] 马锦撰文《张结巴》亦云："……吕咸熙……他曾作了一本《洞冥宝记》，在民间流传很广。"[⑥] 据此，《洞冥宝记》的编撰者为吕咸熙，道号惟一子，可以肯定无疑。

吕咸熙生于清同治三年（1864）[⑦]，云南省大理府浪穹县应山铺（今大理州洱源县三营镇永乐村）人，字尧阶，别号紫光（或作子光）。相传吕氏原籍皖北，清嘉庆八年（1803）以黄河水患避地来滇[⑧]。始祖吕潮，一世祖应聘公，至咸熙为十一世。父国亨，母杨氏[⑨]。光绪二十一年乙未科（1895）进士，光绪三十三年（1907）任四川试用道，后随驻藏大臣兼川滇边务大臣赵尔丰筹办西康边务，任边北道职，深受器重[⑩]。宣统三年（1911），赵尔丰署四川总督，保路运动爆发，武昌起义之后，四川宣布独立，赵氏在成都被杀。此后进入

① 台湾学者李芝莹《从〈洞冥宝记〉看善书的创作意识》（《台中教育大学学报》（人文艺术类）2009年第1期）一文，就善书功能方面进行讨论，未涉及该书本身的历史。

② 柴庆宗撰《惟一子〈洞冥记〉提要》（载秦和鸣主编：《民国章回小说大观》，北京：中国文联出版公司1997年版，第22页）云："惟一子，吕姓。生平不详。"朱大渭《千古名将独一人——关羽人神辨析》（收入氏著：《六朝史论续编》，北京：学苑出版社2007年版，第131页）亦云《洞冥宝记》、《蟠桃宴记》二书作者不详。

③ 洱源定一子编辑：《蟠桃宴记》卷六，第三一回，出版机构不详，1934年，第2页。

④ 吕应山撰《先考事略》，此文石刻在今洱源县三营镇永乐村，论文附录一录有释文。

⑤ 云南省编辑组：《云南少数民族社会历史调查资料汇编（一）》，昆明：云南人民出版社1986年版，第114页。按文中"觇堂"字误，当作"乩堂"。

⑥ 马锦：《张结巴》，李佩久等整理，中国人民政治协商会议云南省洱源县委员会文史资料委员会编：《洱源文史资料》第1辑，1988年，第80页。

⑦ 吕应山撰《先考事略》云"生于西历一八六四年"。又秦国经主编《清代官员履历档案全编》（上海：华东师范大学出版社1997年版，第7册，第713页）云光绪三十三年（1907），"吕咸熙现年四十三岁"，可为映证。

⑧ 据笔者2008年8月采访记录，吕氏族人撰有对联曰："安徽皖北家声远，闻得云南世泽长。"即纪此事。但吕咸熙生于同治初年，上距嘉庆八年只有60余年，时间不足以衍续十一代世系。疑此或为明嘉靖八年（1529）之误，史载是年黄河决口改道（参见韩昭庆：《明清时期黄河水灾对淮北社会的影响探微》，刘海平编：《文明对话：东亚现代化的涵义和全球化中的文化多样性》，上海：上海外语教育出版社2006年版，第455页；梁祖灵等：《中国土地管理史》，天津：天津人民出版社1996年版，第353页）。

⑨ 此据吕氏后人吕惟善先生家中祖先神龛所书"造周公子孙分支表"，笔者2008年8月采访记录。

⑩ 朱保炯等：《明清进士题名碑录索引》，上海：上海古籍出版社1980年版，第2859页；秦国经主编：《清代官员履历档案全编》，第7册，第713页；四川省民族研究所《清末川滇边务档案史料》编辑组编：《清末川滇边务档案史料》，北京：中华书局1989年版，第650页。按贺觉非《西康纪事诗本事注·赵尔丰经边情形及其永世》（拉萨：西藏人民出版社1988年版，第25页）载赵氏《灵石记》文云："因与吕紫光观察咸熙、傅华封太守嵩炑、崔敬甫州牧志远、察粮台刘少卿大令廷灏，日相研究……"可见赵、吕亲近关系之一斑。

民国时代，吕咸熙退出政治生活，回乡里居经营实业，同时从事宗教活动。他曾任迤西矿业公司总经理，民国七年（1918）开始于兰坪县通甸乡开办下甸铅厂[①]。晚年被滇西匪首张结巴（彪）裹胁，充当张氏与地方政府疏通的中间人，在云南省政府唐继尧和龙云的政权更迭中，成为政治派系斗争的牺牲品，1929年以“通匪”之名被枪决[②]。

吕咸熙的存世著作，除了《洞冥宝记》之外，还有《劝善宝箴》四卷[③]、《训女宝箴》三卷[④]、《儒门救世金丹》四卷[⑤]。其中《训女宝箴》是民国时期女诫类善书名著，迭经重印，影响也相当大[⑥]。这些著作都是鸾书。《洞冥宝记》书中说：

> ……各省善坛虽多，而尤以滇西为最。故五圣抉择于洱源之东、南两乡，命兴坛李生复诚，豫坛杨生抱一，入冥钞案，续成《八宝金针》中下二卷。又命绍坛之赵生笃诚，杨生定一、守一，段生志一侍乩，降演《劝善宝箴》一卷。再命婉坛张生妙慧，集合各坛诸子，降演《儒门救世金丹》全部。再令各坛乩生协力赞襄，降演出上皇敕颁之《五圣经诰》一卷。至校正编辑之责，则令吕生惟一统任之[⑦]。

据此，可知由吕咸熙编撰而成的鸾书，还有《八宝金针》、《五圣经诰》等二部[⑧]，唯未见公私藏书目录著录，疑已亡佚。

二

从南诏、大理国时期开始，大理就是云南道教活动最兴盛的地区[⑨]。至明末清初，在道教组织“洞经会”的基础上，大理地区发展起来一种特别的民间宗教组织“圣谕坛”（有时写作“圣谕堂”）。圣谕坛思想内容兼有儒、释、道三教学说，但仍以道教为主。它谈演道家的大洞经（以《文昌洞经》为主），宣讲皇帝圣谕与民间善书，并举行扶乩活动。进入民

---

① 李汝春主编：《唐至清代有关维西史料辑录》，维西傈僳族自治县志编委会办公室编辑出版，1992年，第153页；王仁安等：《兰坪冶金厂矿史料》，《怒江文史资料选辑》编委会编：《怒江文史资料选辑》第20辑，1992年，第7页；怒江傈僳族自治州地方志办公室编：《怒江傈僳族自治州志》（下册），北京：民族出版社2005年版，第546页。

② 马锦：《张结巴》，中国人民政治协商会议云南省洱源县委员会文史资料委员会编：《洱源文史资料》，第一辑，第110～112页。吕氏卒年，见赵振銮撰文《洱源县凤羽白族清静寺》（云南省编辑组：《云南少数民族社会历史调查资料汇编（一）》，第114页）。关于清末民初以来吕咸熙的人生经历，吕幼阶撰《先考事略》云：“……嗣以被谮还成都。继遭国变，大功未竟，归卧南山。闭户著书，躬耕课子。民初，徐世昌组阁，以公负天下之望，欲以礼为聘，罗而致之不可。洪宪一役，蔡松坡、唐蓂赓、李协和三公，卑辞敦促，亦拂袖不顾。常有句云：‘此日甘居陶令宅，当年曾谒岳王祠。’其清风亮节，有足多者。民十七，萑苻遍三迤，父老流离，梓乘涂炭，公痌瘝在抱，倡议安抚，仇家乘隙倾陷，以‘莫须有’三字，死公于狱，一郡哀之，享年六十有四寿。”按蔡锷字松坡，唐继尧字蓂赓，李烈钧字协和。

③ 《劝善宝箴》有1920年洱源绍善坛刻本，收入王见川等编：《明清民间宗教经卷文献续编》第9册（台北市：台湾新文丰出版公司2006年版）。

④ 《训女宝箴》存世最早的版本是上海人文印书馆1921年印本，近有台湾嘉义市玉珍书局1983年印本，又收入王见川等编：《中国近代民间宗教经卷文献》，近期将由台湾新文丰出版公司印行。

⑤ 《儒门救世金丹》有1922年刻本及上海宏大善书局1930年石印本。

⑥ 参见徐梓：《家范志》，上海：上海人民出版社1998年版，第274页。

⑦ 洱源惟一子编辑：《洞冥宝记》卷一，第二回，香港：香港天德圣教有名堂重印本1986年版，页码每卷自为起讫，第5页。

⑧ 《蟠桃宴记》卷一第五回（第21页）云：“而定一子更于惟一之后，著录《治世金箴》，续成《五圣经诰》。”知《五圣经诰》一书为吕咸熙、杨定一先后续成。

⑨ 郭武：《道教与云南文化》第二章，昆明：云南大学出版社2000年版；萧霁虹等：《云南道教史》第二章，昆明：云南大学出版社2007年版。

国以后，帝制既已取消，圣谕坛宣讲内容亦发生变化，所谓"圣谕"，转而指玉皇大帝的"谕旨"①。有学者曾指出，洱源县是大理地区"圣谕坛"的发源地②。

关于清代至民国初年洱源圣谕坛的组织情况，史料较为罕见。我们从《洞冥宝记》书中，可以发现一些信息。卷七第二五回（第6页）说：

> 转眼又望见海中有一座崇山，高插云表，又问真君。真君曰："此蓬莱第一峰也，吕祖师宫殿在焉，尔绍、豫、婉、风、和五坛之总机关亦在焉……"③

本回下文又有"我绍、豫、婉、风、和五坛"（第16页）、同卷第二六回亦有"敕建绍、豫、婉、风、和五坛会馆"（第32页）云云。卷二第二回提到"兴坛李生复诚"（第5页），卷七第二五回有"兴坛龙华会"（第2页）。书中又提到"德坛信女"（卷二，第九回，第5页；卷一〇，第三六回，第37页；等等），"庆善女坛"（卷八，第二八回，第1页），"豫、庆善信"（卷八，第二八回，第18页）。

据此可知，在1920年代，洱源圣谕坛有绍善坛、豫善坛、婉善坛、风善坛、和善坛、兴善坛、德善坛、庆善坛等组织，以绍、豫、婉、风、和善坛等五坛为主，后二者为女坛。每坛下分一、二、三、四、五、六等坛不等，一坛又称大坛。

在绍善坛扶出的另一部鸾书《劝善宝箴》中，记有清代中后期绍善坛历史的简要情况：

> 兹洱源城南绍善一坛，有绍述十六字心传之至意，接承五千道德之深思。遭兵燹后，宫殿圮毁，人心陷溺，斯坛不振久矣。迨至光绪戊戌年秋季，斯坛各村弟子，一乃心志，重整斯坛。其中复有孝行可风者一二人，百折不回者二三子，而后生继承者，又属品学详明，躬行实践，斯坛又为之一大振矣④。

所谓兵燹，当指清咸丰六年至同治十一年间（1856—1872）杜文秀回民起义一事。可知绍善坛的复兴，在光绪二十四年戊戌（1898）以后，而大振斯坛，"品学详明，躬行实践"的"后生继承者"，应该指的就是吕咸熙一辈人了。

民国初年洱源圣谕坛之主要人物，在《洞冥宝记》书中亦可找到，为简明起见，兹列表如次：

① 参见剑横：《大理民间同善社、圣谕堂和尹教的活动情况》，中国人民政治协商会议云南省大理市委员会文史资料研究委员会编：《大理市文史资料》第2辑，1988年，第119页；李慰苍：《大理的"圣谕坛"》，中国人民政治协商会议云南省大理市委员会文史委员会编：《大理市文史资料》第3辑，1990年，第83～84页。

② 李慰苍：《大理的"圣谕坛"》，中国人民政治协商会议云南省大理市委员会文史委员会编：《大理市文史资料》第3辑，第83页。

③ 洱源惟一子编辑：《洞冥宝记》卷七，第二五回，第6页。

④ 《先师降劝善宝箴序》，《劝善宝箴》，影印本，王见川等编：《明清民间宗教经卷文献续编》第9册，第189页。

表1　1920年代洱源圣谕坛组织表①

序号	坛名	主要人物	备注
1	绍善坛	吕惟一（咸熙）、赵精一（笃诚）、尹通一、杨定一、杨守一、杨允一、杨厥一（汉忠）、段志一、段参一	
2	豫善坛	杨抱一	
3	婉善坛	张妙慧	
4	风善坛		
5	和善坛		
6	兴善坛	李复诚	
7	德善坛		女坛
8	庆善坛	吕元吉	女坛

由上表可以看出，绍善坛活动人物最多，影响最大②。《洞冥宝记》一书，乃合绍、豫、婉三坛乩生之力扶出。卷一第三回（第7页）说：

> 圣帝曰："如今下界善坛虽多，灵根不昧，诚信笃实者，仅有滇省洱源东、南两乡，豫、绍、婉三坛诸子，可任此事……当以此书责成绍坛之赵、尹二子，杨、杨四子，段、段二子，而以豫、婉二坛之杨、张二子补助之。不过一年内外，而书成矣。"

此次扶乩活动以绍善坛为主导，故卷八第二八回（第4页）有"圣帝颁演《洞冥记》于绍坛"之说。绍善大坛集会地点为应山铺关圣宫，地址在今永乐村中心完全小学（前身为灵弥小学，由吕咸熙三子吕幼阶于1937年创办），现今小学附近区域，村民仍称之为"坛上"。小学进门直道，今仍称礼义路，左右各有六棵柏树，相传为吕氏祖先手植。据吕氏族人回忆，小学过厅二楼旧有扇形窗子，上书一"善"字；出过厅东面拱门，为东大殿，殿内隔为三间，中间为关圣阁，为吕氏家族修建③。

吕咸熙道号惟一子，是绍善坛、豫善坛、婉善坛等各善坛的总主坛④。他与各善坛人士，谊在师友之间。《洞冥宝记》书中，杨定一称"惟一师兄"（卷七，第二五回，第16页），而圣帝谓杨抱一曰"尔师惟一子"（卷九，第三一回，第6页），杨抱一称吕咸熙母杨

① 根据《洞冥宝记》编制的这个组织表是不完备的。据《五圣伏魔灵经》（影印1932年洱源县周善坛刊本，收入王见川等编《明清民间宗教经卷文献续编》第三册，第531～599页。）卷首载闻宪章《五圣灵经序文》（甲子年，1924），洱源县玉河村有周善坛。又约略同时洱源县凤羽乡还有溥善坛，笔者于2008年7月在凤羽发现一部《地母鳌鱼真经》抄本，署有"民国丁巳年麦秋凤邑各善信捐赀仝敬刻"、"板存凤邑溥善坛"、"后学杨通一谨书"等字样，可为证明。民国丁巳年是1917年。

② 另一个证据是《洞冥宝记》（卷一〇，第三八回，第58页）记杨抱一游冥，于金阙门口，"见大照壁上，高悬天榜三张，……中一张，乃绍善坛榜文，约有一百余名，前三十名，俱贴赤金，光辉灿烂。后七十余名，有贴金者，有朱书者，等等不一。再看右一张，乃是洱源各坛总榜，约有三百余名，其贴赤金者，有八十名，字颇光亮，余则朱书墨书，等等不一。"此处所述洱源圣谕坛主要成员名录，各坛总榜三百余名，绍善坛即有一百余名，当为实录。

③ 此据笔者2008年8月采访记录。旧时灵弥小学门称礼门，进门直道称义路（参见鲁王弼：《永乐小学的由来》，中国人民政治协商会议云南省洱源县委员会编：《洱源文史资料》第4辑，1996年，第78～79页）。

④ 洱源定一子编辑：《蟠桃宴记》卷六，第三一回，第2页。

氏为"太师母吕元君"（卷八，第二九回，第31页），可证。由此可见吕咸熙在洱源圣谕坛组织内的中心地位。

三

作为一部长篇冥界游记，《洞冥宝记》的创作是一个旷日持久的艰苦工程。据书中所记，从庚申年冬月十六日（1920年12月25日）开始，至辛酉年三月十五日（1921年4月22日），游冥扶乩活动前后持续了四个月之久①。每回游冥演述均于晚间举行。一般戌时（19—21时）开始，亦有在亥时（21—23时）者；大多在次晨黎明结束，偶有夜半结束者。坛中设有冥床、沙案：冥床为游冥乩生之寝具，用于迎候神仙降临；沙案则为扶乩之灵物。游冥乩生皆为绍、豫、婉三坛诸子。我们据《洞冥宝记》书中所记，列表如下：

表2 《洞冥宝记》游冥乩生表

坛名	乩生	演述章回	总计
绍善坛	赵精一	二三、三三	2回
	尹通一	二〇	1回
	杨定一	五、六、七、八、九、一〇、一四、一五、一六、二四、二五、二六、三五、三七	14回
	杨守一	一一、三二	2回
	杨允一	一九	1回
	杨厥一	一二	1回
	段志一	一七、一八、三〇	3回
	段参一	一三	1回
豫善坛	杨抱一	二二、二八、二九、三一、三四	5回
婉善坛	张妙慧	二一、二七、三五、三六	4回

每回演述，吕咸熙"日侍冥床，得句传达"②，负责报字，是神仙训语的中间传递者；同时由抱一子（杨越珊）侍乩③，担任"纪录仙官"，负责誊录④。在漫长的游冥扶乩活动期间，吕咸熙与游冥乩生的交流沟通（关于游历的场所、意图、经历、见闻等内容方面的设计），想必是一个关键的环节。古语有云"言之无文，行而不远"，此书的后期创作，包括章回演义体裁、诗词曲赋等形式方面的润色，或许尤其重要。吕咸熙于1925年所作《跋》中说："……惟一校正编辑，……爰就其文，更讹正谬，不惮烦琐，重录一过，纸穷笔秃，经年而书始成。"无论从哪个方面来说，似乎都可以认为吕氏是《洞冥宝记》一书的创作者。无怪

① 《洞冥宝记》末尾第三八回，为三年之后，于癸亥年十二月初一（1924年1月6日）演述，游冥生为杨抱一。

② 洱源惟一子编辑：《洞冥宝记》书首，《复圣颜帝序》，第7页。

③ 杨越珊，号椒山，应山铺邻村神灵旁（今三营镇乐善村）人，道号抱一子，与吕咸熙并称"东乡二子"。据吕氏族人回忆，传说吕咸熙性格犟执，而才能不及杨氏，于是民间有"长角水牛吕紫光，任随越珊牵四方"之俗语。

④ 关于大理巍山县圣谕坛扶乩时的人员安排，薛琳《巍山地区佛教历史调查》（《大理方志通讯》1987年第1期，第104页）一文有简明扼要的叙述，可以参证。

乎吕氏的工作为道友所普遍承认。还在《洞冥宝记》演述过程中，就有“……编辑此书，惟一子深任其难，昕夕从事，心血费尽”，“……惟一子编辑善书，继晷焚膏，勤劳卓著”之称赞，且多次假仙佛旨意，赐予明珠、蟠桃、眼镜、宝珠、金丹、玉印、雪藕、玄霜、灵丹、仙衣、宝带、小帽、皂靴、宝剑等宝物，“以酬其校书之苦”①。无怪乎在吕氏去世之后扶出的另一部鸾书《蟠桃宴记》中，道友们还不忘表彰他的功劳，称他是箕水星君下凡②，“《洞冥》写尽心头血”③，并以“天皇”之名，封他作“代天开化广法真人”，为“新证金阙右相的统化帝君”④ 呢！

四

《洞冥宝记》创作的成功，简单地说，在于两个方面：一是文学形式上，充分运用韵文（诗词曲）与散文（包括小说）的多重功能，使得鸾书的创作空间大为开拓。二是思想内容上，兼有宗教、哲学、历史、地理知识等丰富内涵。这些与吕咸熙本人的学问修养大有关系。在吕氏故家发现的一个藏书目录，为我们提供了丰富的信息。

据笔者采访，现今洱源县三营镇永乐村，还保存着吕咸熙本人修建的一栋老屋。这是一座二层楼房，土木结构，房子非常陈旧，已不住人。二楼神龛有吕氏祖先世系图，亦因年久而残阙。墙壁上仍有百年前新屋落成，友朋庆贺赠送的许多副对联，上款写“紫光贤友”、“紫光研兄”等。楼上堆积着农家生活使用的许多什物。其中一只作书箱用的大皮箱，箱盖内侧保存着一张书目，内容是：

《通鉴纪事本末》十二套，共七十二本。
《十三经注疏》壹百廿本。
《性命圭旨》壹套计四本。
《唐诗合解》壹套计六本。
《海国图志》十六本。
《苏文奇赏》贰套共计拾本。
《坐花志果》四本。

全部图书共计232册。这些都不是明清以来藏书家自矜的孤本秘笈。简而言之，《十三经注疏》是儒家经典大全；《性命圭旨》是明代出现的一部重要的道教内丹修炼著作；《坐花志果》作者为清人汪道鼎，是咸丰、同治年间流行的善书；《通鉴纪事本末》以事为纲，便于阅读，是前人常用的中国通史（先秦至五代）读物；魏源的《海国图志》，则是近代中国人认识世界各国历史地理的知识来源；《唐诗合解》为清代雍正年间王尧衢编注，是明清以来诸多唐诗选本中流布较广的一部；《苏文奇赏》是明代崇祯年间陈仁锡编注的苏轼文选。

书目上并有“元”、“三之七？”等字样，或许这里记录的只是吕氏藏书中的一小部分。然而已经可以为我们认识吕咸熙其人，提供较多的背景知识，成为解读《洞冥宝记》一书

① 洱源惟一子编辑：《洞冥宝记》卷六，第二四回，第50页；卷七，第二六回，第22页；卷九，第三一回，第20页；卷一〇，第三四回，第12～13页；第三七回，第40页。

② 洱源定一子编辑：《蟠桃宴记》卷二，第一一回，第45～46、48页。

③ 洱源定一子编辑：《蟠桃宴记》卷六，第三二回，第8页。

④ 洱源定一子编辑：《蟠桃宴记》卷六，第三一回，第2页。

的重要线索。根据我们的推测，这七种图书应该是吕咸熙的常用书，从中可以看出吕氏兼摄儒、道的意向，诗文方面的爱好，历史地理知识的来源，以及编撰善书的命意所在。其中《通鉴纪事本末》有十二部，自然不是一人使用，当为某一群体使用，想来应该与吕氏的宗教事业有关①。由于篇幅所限，这里不能详细展开讨论，关于书目所载图书与吕咸熙宗教活动的对应关系，有待学者进一步深入研究。

五

以吕咸熙为代表的洱源圣谕坛，在云南各地产生了较大的影响。云南剑川县乔后井（今属洱源县）浡善坛于1916年刊刻的善书《同善录》②，卷首即有吕咸熙所作序。这里还可以1933年，顺宁县圣谕坛诸子不辞辛劳③，千里迢迢远赴洱源拜师习乩的故事，作为一个典型的例证。

据顺宁地方志书记载，顺宁圣谕坛始于清光绪二十九年（1903）④，先有江外夹江一带，由毕清风组织降乩，成立有若干圣谕坛。同时，顺宁马街董乩生设立的报恩圣谕坛，亦有影响。至1917—1918年间，漭水明华村徐树邦、徐士俊等人，到马街报恩坛向董乩生习乩，之后成立从善第一坛，组织圣谕会，宣讲善书。此后，《洞冥宝记》等善书由洱源传到顺宁，圣谕坛影响不断扩大。1926年，马街人李步云（1869—1939，字癯仙）到洱源习乩，期间写信回乡，提议选人前往学习。于是，漭水江楼的高炳仁、达丙九甲的林萃浦等人，先后到洱源县应山铺，同李步云一起向乩师杨越删（道号抱一子）学习。回顺宁后组织"从善圣谕坛会"，高炳仁成为坛首，在顺宁、云县等地组织坛会，门人有杨正发等三人杨氏在右甸、保山两地降乩。经过近20年的发展，顺宁圣谕坛已遍布保山、昌宁、顺宁、云县等地。坛会有组织28个，入会人数约8 000余人，其中在昌宁县共设有12个从善坛，会员约380人⑤。

顺宁与洱源两地圣谕坛的亲密关系，在1933—1934年间两处联手完成的鸾书《蟠桃宴记》中，得到充分的体现。

关于《蟠桃宴记》一书的来龙去脉，洱源定一子、顺宁全一子的跋语有较为清楚的说明。全一子跋云：

> 记之颁示顺宁有日矣，初指示于八景山，继提议于松鹤山，终实行于有珠山。谕谓：是记非上等乩士不能颁演，而上等乩士，非向洱源延聘不可。乃奉吕帝圣命，谬承各坛首领公推，命全一一行。时癸酉春二月初三，文帝圣诞，经众议决。全一遂束装首途，经十日，抵洱源，访士于东乡石屏庵。适逢会期，爰整冠登坛参圣，拜谒会友。问候之时，杨子抱一，杨子定一，张子妙一，杨子特一，俱在会中，喜出望外，乃敬致聘

① 在古今中外鸾堂的宗教实践中，乩生的培养是一个共同的关键问题。从表二可以看出，《洞冥宝记》演述过程中，游冥乩生以吕咸熙所在的绍善坛为主，人物最为兴盛，应该与吕咸熙的着意培养大有关系。《通鉴纪事本末》十二部，或许即用为乩生中国历史知识的教科书。

② 此书曾为甘肃兰州书友郭亚东先生收藏。

③ 顺宁县即今临沧市凤庆县，部分县境于1933年析置昌宁县，属保山市。

④ 李维智：《会道门传入凤庆县及其覆灭简介》，中国人民政治协商会议凤庆县委员会编辑出版：《凤庆文史资料》第5辑，1995年，第42页。

⑤ 参见昌宁县志编纂委员会编纂：《昌宁县志》，芒市：德宏民族出版社1990年版，第667页。

> 请颁演之忱，叨蒙赞许，众口一词。……自乩沙而游冥，而笔录，而编辑，而批评，已阅周年。又誊真、校雠、正误，复经数月，全记始成。敬呈上圣鉴定赐叙，付印流传①。

定一子跋云：

> 《蟠桃宴记》一书，……书名初颁示于顺宁江外。李子全一，奉命至洱。适逢豫善坛办会，大士临坛，谕饬抱一、妙一，负游演之责，定一兼负编辑校正之任，三阅月而全书演出。……定一奉命，……乃于五月敬焚香案……焚膏继晷，昕夕从事，编辑校阅，纸穷笔秃，阅半年而脱稿。又复奉请济颠禅师批评，复经月余而竣事。定一因是到顺宁两江，与善坛诸君子商议流通办法。李君全一，又再为校雠誊真，细心推勘，久而不倦。而陈元一、李昌一、鲁主一、林荫一、赵励善，所有善坛善社诸君……踊跃输捐，维持印刷，以广流通②。

二篇跋语作于甲戌年（1934）七月。据此，可知《蟠桃宴记》一书，最先创意由顺宁鸾坛提出，因胜任乩生之缺乏，故至洱源延聘乩师；游演活动于1933年（癸酉）春在洱源鸾坛举行，游冥乩生为洱源杨抱一、杨定一、张妙一诸子，杨定一并担任编辑校阅工作；书稿复校与刊印流通，则于1934年（甲戌）由顺宁鸾坛承担。全一子是李步云的道号，他到洱源拜访的时间在1933年，顺宁地方志书记为1926年，是错误的。《蟠桃宴记》书中叙述李氏远赴洱源之情景云："李子闻之，欣然愿往，遂与各善士负笈担簦，自骑款段，直向洱源取道前进。时值仲春天气，柳媚花明，一路登山涉水，行经十余日，始达洱源。"③ 当为实录。

顺宁善坛前往洱源习乩诸子，在《蟠桃宴记》书中提到的，有"李、高、徐各子"、"林、鲁、马三人"④。据书首《顺宁善坛善社首事出力出财各代表善友相》与卷末定一子跋，李当指李全一（步云），高指高凝一，徐指徐融一（或为徐执一），林指林荫一，鲁指鲁主一（或为鲁准一），马不详（疑为毛协一之讹）。其中高凝一、林荫一，应该就是顺宁地方志书所记高炳仁、林萃浦的道号。《蟠桃宴记》一书之游冥演述，于癸酉年二月二十一日（1933年3月16日）开始，至闰五月六日（6月28日）完成，可知顺宁诸子在洱源的停留时间，计有三月之久。

《蟠桃宴记》书中明言全一子前往洱源的目的，在于"寻求游演《洞冥记》之抱、定、妙诸子"⑤。前引全一子跋文中，"而上等乩士，非向洱源延聘不可"一语，揭示了洱源圣谕坛在云南民间宗教中具有举足轻重地位的事实，这是《洞冥宝记》一书影响扩大化的明证。学者已经注意到，洱源圣谕坛与民国年间著名教门同善社有密切的关系⑥。在《洞冥宝记》

---

① 《蟠桃宴记跋二》，洱源定一子编辑：《蟠桃宴记》卷末，第2~3页。

② 《蟠桃宴记跋一》，洱源定一子编辑：《蟠桃宴记》卷末，第1页。

③ 洱源定一子编辑：《蟠桃宴记》卷一，第四回，第16页。

④ 洱源定一子编辑：《蟠桃宴记》卷五，第二八回，第23页；第三〇回，第36页。

⑤ 洱源定一子编辑：《蟠桃宴记》卷一，第四回，第16页。

⑥ 参见王见川：《台湾"关帝当玉皇"传说的由来》，高致华编：《探寻民间诸神与信仰文化》，合肥：黄山书社2006年版，第264页；王见川：《同善社早期的特点及在云南的发展（1912—1937）：兼谈其与"鸾坛"、"儒教"的关系》，《民俗曲艺》第172期，第144~145页。民国时期云南圣谕坛与同善社关系密切，应该是一个普遍的现象。除了洱源，如顺宁、龙陵等地皆是如此（参见李维智：《会道门传入凤庆县及其覆灭简介》，中国人民政治协商会议凤庆县委员会编：《凤庆文史资料》第5辑，第42页；龙陵县志编纂委员会编：《龙陵县志》，北京：中华书局2000年版，第727页）。

的传播过程中，同善社所属上海明善书局等出版机构起了巨大的作用[①]。民国时期《洞冥宝记》的常见版本，有陈荣昌题签者，有述古老人题签者，后者尤为流行，并沿用至今。陈荣昌（1860—1935）是清末民初云南著名学者，有"一代文宗"之称[②]，为同善社云南分社的核心成员[③]；述古老人则是同善社首领彭泰荣（1868—1950）的别号[④]。这个现象深可注意，它是《洞冥宝记》一书地域性影响逐渐扩大，从云南辐射到全国的标志，问流溯源，凡此皆与吕咸熙本人有莫大的关系。

（本研究获"中央高校基本科研业务费专项资金资助"，项目编号：12JNQM017 笔者于云南洱源采访调查过程中，获得吕实才先生、吕惟善先生等吕氏族人的热忱帮助，谨此致以衷心的感谢！）

附录一：吕幼阶（号应山）撰《先考事略》

清赐进士出身钦加二品赏戴花翎诰授中宪大夫兵部主政蜀省观察奏调办理川滇边务事吕紫光先生故里

先考事略

三男吕应山撰文　后学赵汉伟书丹　后学王廷佐镌石

先公氏吕，讳咸熙，字尧阶，紫光其别号也。生于西历一八六四年，家贫幼孤，孝友笃学。清光绪乙未成进士，康南海、清道人其同年友也。当历职郎署时，常以京师去家万里，未奉板舆为憾，遂以蜀省观察自请左迁，为迎养计耳。无何，丁继祖妣忧，厥图弗果，归营丧葬，克尽哀礼。服未阕，边帅赵尔丰知其能，奏调办理川滇边务事。公迫于廷议，墨绖持节，慨然以张骞、班定远自期许，嗣以被谮还成都。继遭国变，大功未竟，归卧南山，闭户著书，躬耕课子。民初，徐世昌组阁，以公负天下之望，欲以礼为聘，罗而致之不可。洪宪一役，蔡松坡、唐蓂赓、李协和三公，卑辞敦促，亦拂袖不顾。常有句云："此日甘居陶令宅，当年曾谒岳王祠。"其清风亮节，有足多者。民十七，萑苻遍三迤，父老流离，梓乘涂炭。公痌瘝在抱，倡议安抚，仇家乘隙倾陷，以"莫须有"三字，死公于狱，一郡哀之，享年六十有四寿。卒后著作等身，尤以《洞冥记》一书，风行海内，脍炙人口。其为文多以讽世嫉俗之辞，讬诸鬼神怪诞不经之说，奇异跌荡如《庄子》，幽怨愤懑如《离骚》，何莫非公一生颠沛穷愁，有以使之然耶。呜乎！亦可悲矣。

（石刻在今云南省洱源县三营镇永乐村）

① 同善社创办的出版机构，专印善书的有北京天华印书馆及上海明善书局（参见游子安：《善与人同：明清以来的慈善与教化》，北京：中华书局 2005 年版，第 82 ~ 83 页）。

② 陈荣昌，字筱圃，号虚斋，云南昆明人，光绪九年（1883）进士，官至山东提学使，著有《虚斋文集》等（《新纂云南通志》卷二〇二《陈荣昌传》，昆明：云南人民出版社 2007 年点校本，第 8 册，第 357 ~ 358 页；张一鸣：《一代文宗陈荣昌》，《云南日报》2005 年 4 月 28 日）。

③ 陈荣昌道号三然子，著有《洗心室思道记》，与同善社云南分社首领杨觐东著《性道略说》合刊为《心法刍言》一书（参见李世瑜：《现代华北秘密宗教》，影印本，上海：上海文艺出版社 1990 年版，第 113 页；王见川：《同善社早期的特点及在云南的发展（1912—1937）：兼谈其与"鸾坛"、"儒教"的关系》，《民俗曲艺》第 172 期，第 141 页）。

④ 彭泰荣，字汝尊，号述古老人、回龙老人，四川永川县人，于民国初年创立同善社，为统道师尊，20 世纪二三十年代有信徒数百万众（参见永川县志编修委员会编纂：《永川县志·人物·彭汝尊传》，成都：四川人民出版社 1997 年版，第 898 ~ 900 页；赵嘉珠主编：《中国会道门史料集成：近百年来会道门的组织与分布》（下册），北京：中国社会科学出版社 2004 年版，第 939 页；秦宝琦：《中国地下社会》第三卷，北京：学苑出版社 2009 年版，第 380 ~ 385 页）。

附录二：吕咸熙档案资料二篇

一、《督办川滇边务大臣赵尔丰奏丁忧试用道吕咸熙等调边差遣片》

督办川滇边务大臣赵尔丰奏丁忧试用道吕咸熙等调边差遣片

再边务殷繁，需人助理。凡调用四川本省人员，按半年汇奏一次，前经奴才恭折陈明在案。兹查有丁忧四川试用道吕咸熙，四川补用直隶州知州陈廉，补用知县刘晖，试用知县乔联沅，均堪以调边差遣。除咨吏部暨咨四川督臣查照外，理合附片具陈。伏乞圣鉴，谨奏。宣统元年十二月初六日，奉朱批：吏部知道。钦此。

（原载《政治官报》，第八一六号，清宣统元年十二月二十二日，第19页。）

二、《开武将军督理云南军务唐继尧云南巡按使任可澄呈查明上年平定榆乱漏未请奖之出力各员绅王治等补请核奖文并批令》

开武将军督理云南军务唐继尧云南巡按使任可澄呈查明上年平定
榆乱漏未请奖之出力各员绅王治等补请核奖文并批令

为查明上年平定榆乱，漏未请奖之出力各员绅，恭呈补请核奖，仰祈钧鉴事。窃查上年十二月，逆匪杨春魁叛据大理，势颇猖獗。经派兵队，并饬附近各县，地方严防会剿，未逾旬月，以次敉平。业将在事出力文武各员绅，先后呈请奖叙，遵奉批令：照准各在案。现查卸署云南洱源县知事王治，当榆城变起，该县地方距离甚近，警报时闻，当即会同绅士吕咸熙、杨宋勋、李烯声、王宝琛、杨春森等密商，召集团兵，防守县城，保护教堂，日夜维持，坚守弗去。旋有叛兵百余到县，汹汹欲动，复与该绅等密议，带同县团，将叛兵诱击出城，败回大理，收获匪枪多枝，并先后拏获伪总参谋莫春荣，及伪募兵官赵泽溥、张万泰、钟子明、萧清云、超佩铭、杨步云、赵焕然等，均经电饬正法，以是该邑得以保全。因上年请奖漏叙，兹经查明属实，未便没其微劳，拟请将卸洱源县知事王治奖给五等嘉禾章，绅士吕咸熙奖给六等嘉禾章，杨宋勋、李烯声、王宝琛、杨春森等四员奖给一等金色奖章，以昭激劝。除将该员绅等简明履历附呈外，是否有当，理合备文，呈祈大总统钧鉴，训示施行。谨呈。

批令：王治等准如所拟分别给奖，交陆军部查照，并由政事堂饬铨叙局查照。此批。

（大总统印）

中华民国四年二月二十七日

国务卿徐世昌

（原载《政府公报》，第一〇一〇号，民国四年三月二日，第33～34页。）

附录三：民国初年云南宗教家吕咸熙著述辑目

一、著作（六部）

1.《劝善宝箴》四卷　吕咸熙编辑

（1）民国九年（1920）洱源绍善坛刻本。

（2）影印本，收入王见川等编：《明清民间宗教经卷文献续编》，第九册，台湾新文丰出版公司，2006年。

2.《八宝金针》　吕咸熙编辑　按：未见传本，疑佚。

3.《五圣经诰》　吕咸熙、杨定一编辑　按：未见传本，疑佚。

4.《训女宝箴》三卷附录一卷　吕咸熙编撰

（1）杨钟钰增辑，上海人文印书馆铅印本，1921年，202页。

（2）杨钟钰增辑，上海人文印书馆铅印本，1929 年，202 页。

（3）上海明善书局印本，1930 年，182 页。　按：书后附有"训女宝箴游冥钞案附本阴卷全册"。

（4）上海宏大善书局石印本，1930 年。

（5）台湾嘉义市玉珍书局印本，1983 年。

5.《儒门救世金丹》四卷　惟一子辑

（1）民国十一年（1922）刻本。　按：藏上海图书馆。

（2）上海宏大善书局石印本，1930 年，四册。

6.《洞冥宝记》（题名或作《洞冥记》）十卷三十八回。

（1）《洞冥宝记》，惟一子编，上海明善书局，1924 年，482 页。

（2）《洞冥记》，吕惟一辑，又署洱源惟一子辑，铅印本，1924 年。　按：藏上海图书馆。

（3）《洞冥宝记节钞》十卷，慧诚子重辑，上海明善书局，1925 年，408 页。

（4）《洞冥记》，吕惟一辑，又署洱源惟一子辑，合川悔惺斋刻本，1927 年，十册。按：藏上海图书馆。

（5）《洞冥记》，洱源惟一子撰，哈哈道人铅印本，1927 年。

（6）《洞冥宝记》，惟一子编，上海明善书局，1929 年，460 页。

（7）《洞冥记》，吕惟一辑，上海宏大善书局石印本，1929 年，六册。　按：藏上海图书馆。

（8）《洞冥宝记》，福州李元恩刻字铺，1929 年。

（9）《洞冥宝记》，洱源惟一子编辑，上海新民公司石印本，1931 年。

（10）《洞冥记》，上海经书流通处，1931 年，六册。

（11）《洞冥记》，上海经书流通处，1933 年，六册。

（12）《天地玄机洞冥宝记》，《生报》（上海）连载，1939 年 12 月 1 日至 31 日①。

（13）《洞冥宝记》，乐善社刊印，收入《珍本善书·因果类》，上海：大众书局，1940 年。

（14）《洞冥宝记》，民国间上海人文印书馆印本。

（15）《洞冥宝训》，饶弼臣编，民国间重庆中西铅印局印本。

（16）《洞冥宝记》，香港，1958 年。

（17）《洞冥宝记》，香港天元堂，1971 年。

（18）《洞冥宝记》，台湾，1975 年，出版项不详，二册，精装。　按：甲寅年重印本，藏台湾南华大学图书馆。

（19）《洞冥宝记》，台北清正堂，1980 年。

（20）《洞冥宝记》，台北市：无极瑶池慈銮宫，1980 年。　按：与《蟠桃宴记》合记，藏台湾国立政治大学图书馆。

（21）《洞冥宝记》，洱源惟一子编辑，香港天德圣教有名堂重印本，1986 年。

（22）《洞冥宝记全书》，林立仁整编，台北县：正一善书出版社，1993 年。

（23）《洞冥记》（冥地卷），仙谷子译著，郑州：中州古籍出版社，1994 年。

（24）《洞冥记》十卷，收入《关帝文献汇编》，第十册，北京：国际文化出版公司，1995 年。

① 孟兆臣：《中国近代小报史》，北京：社会科学文献出版社 2005 年版，第 452 页。

(25)《洞冥宝记》，香港金兰观，2000年。

(26)《洞冥宝记》，香港圆玄学院，2001年。

(27)《洞冥宝记》，北京八大处寺庙募印，2002年。

(28)《洞冥记》，惟一子编辑，收入王卡、汪桂平主编，中国宗教历史文献集成编纂委员会编纂：《三洞拾遗》，第七册，合肥：黄山书社，2005年。

二、公牍（六件）

1. 试用道吕咸熙为报赴更庆钦差行辕任职日期致赵尔巽电　清宣统元年（1909）十月十七日。　按：藏北京中国第一历史档案馆，馆藏号：543-361-14[①]

2. 吕咸熙办理甘孜及俄洛百姓投诚案文件（共五件）　清宣统二年（1910）五月十一至二十一日。　按：藏四川省档案馆，馆藏号：7-289[②]　检吴丰培编《赵尔丰川边奏牍》(成都：四川民族出版社1984年版，第245、246、390页)，录有“道员吕咸熙报孔撒女土司携印出走派员留印放行并甘孜头人前来投诚禀”、“吕咸熙甘孜喇嘛前来投诚并愿招致俄洛女酋投诚禀”、“道员吕咸熙桑披率众受抚禀”等公牍三件，时间在清宣统二年（1910）五月，疑为四川省档案馆藏件之属。

［备考］赵尔丰为进驻察木多文牍繁赜令饬前来行辕相同经理致吕咸熙札　清宣统元年(1909）十二月初八日，藏四川省档案馆，馆藏号：7-43[③]

［备考］德格属格则阿学坝头人桑迫为色许及昌洒贡马两处逃匿百姓悔过回乡游牧纳税请发赦罪准收文凭致吕咸熙禀（原件藏文，共2件）清宣统二年（1910）五月，藏四川省甘孜州档案馆，馆藏号：1-5-123[④]

三、诗文（三篇）

1.《游宁湖赋并序》　载清周沆纂辑《浪穹县志略》卷一一，清光绪二十九年(1903）刻本。按：《浪穹县志略》又有杨圭臬校点，洱源县政协文史资料委员会、洱源县地方志编纂委员会印本，1989年。

2.《重修浪穹县志序》　载清周沆纂辑《浪穹县志略》卷首，版本同上。

3.《同善录序》　载民国五年（1916）云南剑川县乔后井（今属洱源县）滓善坛刊刻善书《同善录》卷首　按：此书曾为甘肃兰州书友郭亚东先生收藏。

同善录序

岁丙辰秋，有剑阳善士董生灿熙，新刊善书一卷，求序于余。余闻其书为《同善录》，所集训歌格言铭戒，宗旨甚正，不涉诡异隐僻，可以风世励俗，余甚嘉之。吁！时至今日，善岂易言哉。自近代崇尚欧学，言平权，言平等，言自由，吾华之讲文明者，辄奉为圭臬，至旧学家所言纲常伦纪之理，善恶劝惩之道，非指为腐败，即斥为顽固。噫！风会所趋，人心遽。（下阙）

① 中国第一历史档案馆、中国藏学研究中心合编：《中国第一历史档案馆所存西藏和藏事档案目录（汉文部分）》，北京：中国藏学出版社2000年版，第1014页。

② 四川省档案馆、中国藏学研究中心合编：《四川省所存西藏和藏事档案史料目录（1388—1949）》，北京：中国藏学出版社2000年版，第44页。

③ 四川省档案馆、中国藏学研究中心合编：《四川省所存西藏和藏事档案史料目录（1388—1949）》，北京：中国藏学出版社2000年版，第36页。

④ 四川省档案馆、中国藏学研究中心合编：《四川省所存西藏和藏事档案史料目录（1388—1949）》，北京：中国藏学出版社2000年版，第46页。

清代碑刻文献传递的广东妇女生活信息

刘正刚

20年前，业师杨国桢先生在为中国社会经济史学派创始人之一傅衣凌先生论著《傅衣凌治史五十年文稿》一书撰写的“序言”中指出：

> 傅衣凌教授对历史学的贡献，主要在于开创了中国社会经济史学派。这个学派，在研究方法上，以社会史和经济史相结合为特征，从考察社会结构的总前提出发，探求经济结构与阶级结构、经济基础与上层建筑之间的相互联系和相互影响。特别注意发掘传统史料所弃置不顾的史料，以民间文献（诸如契约文书、谱牒、志书、文集、帐籍、碑刻等）证史；强调借助史学之外的人文科学和社会科学知识，进行比较研究，以社会调查所得资料（诸如反映前代遗制的乡例、民俗、地名等）证史。特别注意地域性的细部研究和比较研究，从特殊的社会经济生活现象中寻找经济发展的共同规律。①

近年来，笔者对明清时期妇女与社会经济变迁之关系颇感兴趣，试图找寻妇女在社会经济变迁中所扮演的角色。明清女性参与社会经济活动已引起了学术界的极大关注，学者对此研究的手段与方法也越来越注重走向田野考察，注意在民间考察中访谈收集实物或口碑资料，刘志伟、肖凤霞、叶汉明等即在田野考察的基础上，对明清华南地区妇女进行了深入研究，呈现了广东乡村妇女的鲜明个性。② 本文也利用笔者在广州市周边乡村进行田野考察时获取的碑刻文献来管窥清代乡村社会女性生活之角色。碑刻一般都摆放在庙宇等公共场所，具有原生态反映女性社会生活的功效，也正因为如此，碑刻又具有广而告之的效果。

一、洪圣庙碑刻中的女性及其身份

今广州海珠区黄埔村的开村史，传说可上溯到北宋，村中有冯、梁、胡、罗等大姓以及关、黄、卫、陈等小姓。据说，罗氏祖先于北宋嘉祐时迁此开村，胡、冯两姓在南宋淳祐年间迁入，梁家在明代迁入。传说古时有凤鸟来此，因而当地常五谷丰登，因又位于河滩之边，故取村名曰“凤浦”或“凰洲”。该村祭祀海神天后的庙宇即有同治年间士人撰写的楹联：“迹著莆田恩流凤浦，德敷海国泽被凰洲”③。黄埔得名大约是明清时因外国商船汇集，船员讹读“凤浦”而来。

---

① 傅衣凌：《傅衣凌治史五十年文稿》，厦门：厦门大学出版社1989年版。

② 刘志伟：《女性形象的重塑：姑嫂坟的传说》，《二十世纪中国民俗学经典》，北京：社会科学文献出版社2002年版；萧凤霞：《妇女何在？——抗婚和华南地域文化的再思考》，《中国社会科学导刊》（香港）1996年春季卷；叶汉明：《主体的追寻——中国妇女史研究析论》，香港：香港教育图书公司1999年版；马建钊、乔健、杜瑞乐主编：《华南婚姻制度与妇女地位》，桂林：广西民族出版社1994年版。

③ 广州华侨研究会等主编：《凤浦古今：古黄埔港寻踪》，广州：广州出版社2000年版，第16页。

2008年11月，笔者带领研究生三次考察黄埔古村。该村最引人注意的地方，自然是遗存至今的古建筑，据村中70多岁的胡大爷介绍，黄埔村有北帝庙、华佗庙、天后宫、玉虚宫、三圣庙、洪圣宫等众多庙宇，现除北帝庙幸存外，其余均已被毁。北帝庙位于村北凤凰古树后，据说建于宋代，墙上有不少碑刻。黄埔村现今还保留了大小祠堂约15座，以冯氏、梁氏、胡氏等祠堂较完好。黄埔村西南的古港原名酱园码头，在广州一口通商时是中外贸易的重要基地。鸦片战争后，酱园码头渐渐淤塞，现成为村民的渡口。渡口对岸是仑头村。在黄埔村历史陈列馆和村文化中心的展览中陈列着多通碑刻，有两通碑刻全为女性芳名。从碑文判断应放置在当时的番禺县茭塘司黄埔村的洪圣宫内。两通碑文原竖写，为了阅读方便，笔者选取其中一通碑文并将其改为横排，全文如下：

重修洪圣宫殿碑记

梁族各信士妇女签题捐银芳名开列于后福有攸归

命妇梁□□□□□□□□□	梁伦焕室简氏壹大员	梁佐恩母陈氏一钱八分
命妇梁□□□□氏八大员	梁显□母关氏壹中员	梁瑞阶室曾氏一钱八分
命妇梁□□□黄氏四大员	梁国正母陈氏壹中员	梁瑞合室潘氏一钱八分
梁□曾祖母余氏贰员	梁瑞泰室区氏壹中员	梁佐悦室陈氏一钱八分
梁□□□黄氏贰大员	梁国友室曾氏壹中员	梁国禄室陈氏一钱八分
命妇梁□□□高氏贰大员	梁其松嫡母徐氏中员	梁国佩室简氏一钱八分
梁□□妾霍氏□大员	梁国炳室潘氏壹中员	梁佐耿室陈氏一钱八分
梁怀熊庶祖母余氏贰大员	梁□文室凌氏壹中员	梁显贵室李氏一钱八分
梁□凤妾邓氏贰大员	梁其□室麦氏壹中员	梁显光室郑氏一钱八分
梁□□祖母罗氏壹员	梁其□屈室壹中员	梁显堂室伍氏一钱八分
梁□松生母邓氏壹员	梁允文室刘氏壹中员	梁显旺室冯氏一钱八分
梁锦文庶母周氏壹员	梁其松庶母区氏中员	梁显相室崔氏一钱八分
梁经国□□氏壹大员	梁门京□□□□壹中员	梁经通室黎氏一钱八分
梁纶□□□氏壹大员	梁□□室吴氏□钱正	梁经叶室潘氏一钱八分
梁伦□室郑氏壹大员	梁□□□祖母□氏一钱八分	梁国辉室邵氏一钱八分
梁其镒室李氏一钱八分	梁汝辨室李氏一钱正	冯门钟氏助工金一钱
梁汝湖室何氏一钱八分	梁士能室徐氏一钱正	花女梁玉藏助金一员
梁门黄氏助金一钱八分	梁汝贤室凌氏一钱正	花女梁观平助金一员
梁门李氏助金一钱八分	梁达权室林氏一钱正	花女梁配莲助金一员
梁门凌氏助金一钱八分	梁懋恩室陈氏一钱正	花女梁观容助金一员
梁经达室黄氏一钱八分	梁门林氏助金一钱正	花女梁观晃助金一员
梁瑞合妾沈氏一钱八分	梁门陈氏助金一钱正	花女梁蓝姑一中员正
梁伦骥室霍氏一钱八分	梁门凌氏助金一钱正	花女梁英姑一中员正
梁经达妾王氏一钱八分	梁士能妾唐氏一钱正	花女梁洁贞一钱八分
梁佐思妾凌氏一钱八分	梁左耿氏李氏一钱正	花女梁杏仙一钱八分
梁佐思妾刘氏一钱五分	梁经通妾樊氏一钱正	花女梁亚渐一钱八分
梁汝雄母凌氏二钱二分	何门杜氏助金一中员	花女梁自娇一钱八分
梁士传室陈氏一钱正	苏门苏氏助金二钱正	花女梁悦宽一钱八分

梁瑞英室陈氏一钱正
梁佐勋室黎氏一钱正
花女梁琼娇一钱五分
花女梁清霞一钱二分
花女梁亚二一钱一分
花女梁亚胜二金一钱
花女梁燕平二金一钱
花女梁焕改二钱一钱
花女梁合意二金一钱
花女梁碧金二金一钱
花女梁闰清二金一钱
花女梁亚金二金一钱
徐门梁氏助工金一员
陆门梁氏助工金一员
霍门梁氏助工金一员
刘门梁氏助工金一员
屈门梁氏助工金一员

花女潘观平一钱八分
罗门冯氏助金一钱正
钟门梁氏助
吴门梁氏
潘门梁氏
凌门梁氏
蒋门梁氏
简门梁氏
凌门梁氏
林门梁氏
梁门许氏

花女梁秀英一钱八分
花女梁琼金一钱八分

胡族各信士妇女签题捐银芳名开列于后福有攸归

胡应龙室陈氏二大员
胡□□母曾氏一大员
冯门凌氏助金一大员
胡绍相室□氏一大中员
冯礼铸母□氏一中员
胡宏华室卫氏一中员
胡宏伍关氏一中员
关凤叶母吴氏二钱正
胡宏笋室郑氏二钱正
关凤升妾简氏二钱正
关凤章室冯氏二钱正
胡绍伦媳梁氏二钱正
陈绍觐室胡氏二钱正
胡宏根室林氏二钱正
冯颖雄室陆氏一钱八分
胡文彬庶母陈氏一钱八分
胡绍禹室梁氏一钱一分
胡宏辉室莫氏一钱一分
胡京士室刘氏一钱正
胡殿超庶母刘氏一钱
胡绍裕庶母关氏一钱

胡延辉室梁氏一钱八分
胡应龙妾黄氏一钱八分
卫门胡氏助金一钱八分
李门胡氏助金一钱八分
胡绍伦室凌氏一钱八分
胡绍南室谭氏一钱八分
胡绍坤母陈氏一钱八分
胡绍廷室李氏一钱八分
胡文彬室李氏一钱八分
胡降玉花女银一钱八分
胡宏续室藩氏一钱八分
胡宏住妾何氏一钱八分
胡宏坤室郑氏一钱八分
胡宏栋室陈氏一钱八分
胡宏□室霍氏一钱八分
陈门胡氏助金一钱八分
胡绍西室林氏一钱正
胡绍忠室凌氏一钱正
胡宏耀母凌氏一钱正
胡绍瑞室莫氏一钱正
胡绍利室徐氏一钱正

胡观沛花女一钱八分
胡美珍花女一钱八分
胡绪龙室□氏一钱八分
胡秀娇花女一钱八分
胡秀平花女一钱八分
胡文彬妾帅氏一钱六分
胡宏珍室曾氏一钱六分
胡藻佐母□氏一钱五分
胡绍门室陈氏一钱五分
胡绪春室关氏一钱五分
胡延辉妾杜氏一钱二分
胡绍广室陈氏一钱二分
胡绍亨室邓氏一钱二分
胡观雪花女一钱二分
胡□□花女一钱二分
胡宏昂室曾氏一钱一分
胡宏秀室简氏一钱正
胡宏玉室林氏一钱正
胡绍儒媳陈氏一钱正
胡宏远室梁氏一钱正
胡宏端室张氏一钱正

胡藻禄室郑氏一钱正
陈朝珍室梁氏一钱正
胡藻祥室黄氏一钱正
胡履亨母简氏一钱正
胡藻英室林氏一钱正
胡绍敬室张氏一钱正
胡绍礼室叶氏一钱正
胡绍贵室郑氏一钱正
胡宏吉母黎氏一钱正
胡绍德室关氏一钱正
胡绍德妾关氏一钱正
胡绍熀庶母张氏一钱
黄门胡氏助工金一钱
曾门胡氏助工金一钱
崔礼裕室胡助工金一钱
胡凤娥助工金一钱
胡阿融助工金一钱
卫阿细助工金一钱
胡卓平助工金一钱
胡秋芬助工金一钱
胡瑞英花女助工金一钱
胡就英花女助工金一钱
胡阿娇花女助工金一钱
胡阿遵花女助工金一钱
郑绍流室胡氏助工金一钱
崔积黄室胡氏助工金一钱
徐符棠室胡氏银一钱
胡凤清花女助工金一钱
胡阿娣花女助工金一钱

胡绍嘉室崔氏一钱正
崔□裕室冯氏一钱正
胡肇恭室郑氏一钱正
胡乐显室胡氏一钱正
胡文瀚室凌氏一钱正
胡殿超室崔氏一钱正
胡肇瓒室徐氏一钱正
胡阿娣花女银一钱正
胡秀英花女银一钱正
胡美清花女一钱正
胡宏肇妾樊氏一钱正
胡绪潼母崔氏一钱正
李门胡氏
胡阿日花女
胡成□花女
胡爱娇花女
胡洁清花女
胡凤金花女
胡月清花女
胡爱好花女
胡阿□花女
胡容珍花女
胡阿美花女
胡爱姬花女
胡宏德室陈
胡亚水花女
胡石花女
胡二花女
胡成花女

胡宏子室李氏一钱正
胡宏广室梁氏一钱正
胡宏笋妾关氏一钱正
胡大志室苏氏一钱正
关凤华室陈氏一钱正
胡宏燕室黄氏一钱正
卫广达室陈氏一钱正
胡宏浩室□氏一钱正
冯门钟氏助金一钱正
胡殿丙室郑氏一钱正
卫广祥室苏氏一钱正
卫广厚室谭氏一钱正

嘉庆岁次癸酉仲冬重修吉旦立

这通落款为嘉庆癸酉十八年（1813）仲冬重修吉旦立的“重修洪圣宫殿碑记”应该竖立在洪圣宫内。碑文通篇名字都是女性，但却以男性眷属名目出现，她们的身份既有男性的配偶包括妾，也有男性的母亲，还有男性的姐姐与妹妹、女儿等角色。此时距乾隆二十二年朝廷一口通商政策规定已过50年，黄埔村处于中外贸易的必经地，社会经济已相当繁荣。碑文中的梁家和胡家都是当地大族，梁家后来创办了十三行之一的天宝行，胡家则出了胡泽璇这样一位在新加坡一身兼三国领事的人物。由于这通碑记没有一般碑刻惯用的“缘起”或“序”作为开头，因此，对于这些女性为何捐助，为何立碑等问题都已经无法知晓。

碑文中的洪圣宫是广东乡村分布最多的庙宇之一，民间流传洪圣本名洪熙，是唐朝人，曾出任广利刺史。在任期间，廉洁爱民，精通天文地理，能准确预测天气变化，对以海为生的渔民以及外出经商的人助益良多。传说洪圣死后仍庇佑广东沿海民众，在人们的心目中成为一个能使水不扬波而又能镇鬼治邪的海神。朝廷对此也颇为重视，唐朝天宝年间封其为广利王，宋代加封其为洪圣威显，元朝尊为广利灵孚王，明代封为南海神，清代封为南海昭明龙王之神。民间则称为广利洪圣大王。明清时期，珠三角各地乡村建立了大小、名称不一的洪圣庙、广利庙、南海神庙，最大的是位于今广州市东郊黄埔区庙头村的菠萝庙，每年农历二月十三日都会举办隆重的南海神诞庙会。

二、玉虚宫碑刻中的妇女

清代黄埔村女性为庙宇捐助香火钱，并在庙宇中刻石留名的现象，并不限于洪圣宫。一些碑刻的名录全为女性捐助者，也有一些碑刻是男女混杂但基本上还是分开表示。如黄埔村的玉虚宫内有一通镶嵌在墙体内，时间和碑头均不清楚的碑文中开列的名单也全为女性，现抄录整理如下：

各信女助金开列

冯门简氏二两□□六分	□□□□	□□□氏	信女冯□云	冯门何氏
冯门黎氏	□□□□	冯门林氏	信女冯凤□	冯门郝氏
冯门莫氏	□门邵氏	冯门简氏	信女冯□□	□门崔氏
冯门莫氏	冯门麦氏	冯门□氏	信女冯□□	冯门梁氏
冯门□氏□□□分	冯门关氏	冯门黄氏	信女冯凤□	冯门李氏
□门□氏二钱	冯门□氏	冯门郑氏	信女冯凤□	冯门陆氏
□□□□□□□分	□门□氏	□门□氏	□□六分	冯门□氏
□□□氏	冯门黎氏	崔门冯氏	黄门冯氏	□门林氏
□□□氏	冯门梁氏	崔门冯氏	□□□氏	冯门□氏
□□陆氏	冯门黄氏	信女冯亚爱	冯门黎氏	冯门黄氏
冯门李氏	冯门麦氏	潘门冯氏	冯门□氏	□门李氏
冯门黄氏	冯门刘氏	信女冯亚戴	冯门□氏	冯门梁氏
冯门黎氏	冯门伍氏	信女冯□	冯门□氏	冯门梁氏
冯门李氏	冯门关氏	信女□□	冯门关氏	冯门□氏
冯门霍氏	冯门□□	□□□□	以上各□	冯门凌氏
冯门陆氏	冯门□氏	信女冯□	冯门简氏	冯门□氏
冯门简氏	冯门□氏	信女冯□	冯门李氏	冯门简氏
冯门袁氏	冯门姚氏	信女冯遂平	梁门冯氏	冯门张氏
冯门何氏	冯门□氏	信女冯□申	冯门冼氏	冯门□氏
冯门曾氏	冯门□氏	信女□□	冯门许氏	冯门□氏
冯门曾氏	冯门黎氏	信女□□	冯门□氏	冯门□氏
冯门郭氏	冯门□氏	□□□□	冯门梁氏	冯门林氏
屈门黄氏	信女冯罗□	信女冯贵济	各九分	
冯门朱氏	信女冯亚聴	信女汉连娇	陈氏	
冯门关氏	信女冯亚戴	信女冯连仙	黄氏	

冯门□氏	信女冯亚□	冯门关氏	以上各三分
冯门麦氏	信女冯□□	冯门□氏	姚氏
冯门□氏	信女冯亚红	冯门孟氏	何氏
冯门李氏	信女冯亚欧	冯门洪氏	□□
冯门□氏	信女冯亚□	冯门钱氏	黄氏
冯门黄氏	信女冯亚娟	□□□□	仆妇
□□□氏	信女冯亚□	以上各□分	各六分
□□□□	信女冯亚□祝	信女□门苏氏	信女冯亚魂
信女□□	信女□□□	信女冯□□	冯门房氏
信女□□	信女冯亚金	信女冯贵平	
信女□□	信女冯亚闰	信女冯亚眷	
信女冯□	信女冯见娇	信女冯结英	分流□充
信女□□	□□□□	以上各九分	
信女冯□	信女冯□琼	冯门苏氏八分	
信女梁给时	信女冯会□	以上各七分	
信女□□□	信女□□□	信女□□分	
信女□□□	信女冯慧□	信女冯会娇	
信女冯□	信女冯□定	信女冯凤娇	
信女□□	信女冯燕娇	信女冯贵娇	
信女□□	信女冯云客	冯门郑氏[1]	

仔细地阅读这通碑文，我们发现这是居住在黄埔村内的冯氏家族女性在祭拜北帝时所为。从镶嵌在该碑前另外两通碑记名称和落款时间来看，一为乾隆十年岁次丙寅季冬吉旦立的“重建北帝庙碑记”；一为乾隆三十年岁次乙酉季冬吉旦立的“重修北帝神庙碑记”。据此推测，上述冯氏家族女性竖立的碑刻大约也在乾隆年间，且是女性为重修北帝庙时捐助名单。碑文中的“信女”，若结合上面洪圣宫的“花女”来看，估计也是“花女”，因为她们几乎均有自己的姓名署名权。

玉虚宫其实就是北帝庙，是广东民间供奉玄天上帝的场所。北帝崇拜在广东珠江三角洲地区极为常见，是明清此地的主要民间信仰之一，北帝庙不仅遍及各乡，村民家中也普遍供奉北帝神位。我们在广州市区及其郊区的杨箕、石牌、冼村、天河、珠村、练溪、黄埔等村考察时，这些村庄均有一个甚至多个北帝庙。北帝，名玄武，又称真武、玄天上帝、黑帝等。有人认为，南方的水皆由北方流来，广东人依水谋生，靠水揾食，所以既拜南海洪圣大王（赤帝），又拜北方真武玄天上帝（黑帝），北帝位于水源之上，祭祀他的目的是希望他控制水源顺利地流到南方，使南方水源充足、鱼虾大顺。

除了这些单一的女性捐助碑刻外，男女捐施混合碑文也颇常见，有的将女性名字混夹在男性中间，也有的在一通碑文中将男女分开。道光二十三年岁次癸丑卯十月吉旦立石的《重修南海神碑记》记载了黄埔村胡氏家族喜认重修南海神像工金并神前供器的芳名，据统计碑刻姓名为225人，其中男性163人，女性62人。这是一通男女混合的碑文，上半部为

---

① 文中“□”表示的是碑刻中字迹模糊，无法辨认。

男性，下半部为女性。女性身份多为胡家的媳妇，即“胡门某氏”；7人为胡家出嫁女性，即“某门胡氏”，还有10人为完整姓名的胡家女儿胡悦好、胡阿环、胡贵令、胡玉琼、胡金利、胡燕琼、胡阿苏、胡阿清、胡结清、胡玉芝。笔者以为，从最后10名“信女”具有完整的姓名书写来看，她们应该是当地流行的“花女”。

三、碑刻中的女性身份及婚姻形式

上述为洪圣宫捐助的女性主要为黄埔村的梁家和胡家，也有其他家族的女性。从碑文的内容来看，捐助的女性既有年老者也有年轻者，既有已婚者也有未婚者。从“梁族各信士妇女签题捐银芳名开列于后福有攸归”的芳名来看，多数女性为梁家男性配偶，这些女性是否亲自到庙宇内捐施已难知晓。碑文中的女性多以男性家庭成员身份登录，说明尽管受到中西贸易交流影响，但当地士大夫的书写仍以传统方式为主导。碑文中的“命妇”，说明梁家此时已出现男性进入仕宦行列，其母或妻因此受到官府封号，据《清史稿》卷114《志第八九》记载：“命妇之号九：一品曰夫人，二品亦曰夫人，三品曰淑人，四品曰恭人，五品曰宜人，六品曰安人，七品曰孺人，八品曰八品孺人，九品曰九品孺人，不分正从。因其子孙封者加太字，夫在则否。一品封赠三代，二、三品二代，四品至七品一代，以下止封本身。……凡嫡母在，生母不得并封。又两子当封，从其品大者。”由于碑文中关键的字迹无法辨认，我们无法根据这些“命妇”受封赠号与男性成员的代际关系来判断男性出任官员的官爵高低，但梁家在嘉庆年间有男性出任官职则是事实。

从洪圣宫的碑文中还可以了解到清代黄埔村的婚姻家庭状况，碑文中出现最多的是男性配偶“室”，同时也出现了“祖母”、“庶祖母”、“嫡母”、“生母”、“庶母”以及“妾”等。嫡母，即妾的子女称父之正妻为嫡母；庶母，即子女称父亲的妾为庶母，显示在黄埔村梁家存在着纳妾现象，这一现象与清代广东流行“粤人好蓄妾”的习俗相吻合。[①] 从碑文还可以看出，清代梁家男性的婚姻对象涉及当地超过20个姓氏家族；而梁家女性的婚配对象也涉及地方10个以上的姓氏家族。碑文中简单以“梁门某氏”记录，与整个碑文有所不同，我们理解应该为守节的寡妇。而以“某门梁氏”表示的则不一定是寡妇，应该理解是指梁家已经出嫁到另一家族的女儿。

洪圣宫的碑文中出现的“花女”等名称，据笔者向广东省社会科学院陈忠烈研究员请教，他说他在纂修广州市海珠区《小洲志》时曾在当地进行田野考察访谈，“花女”是未婚女性。其未婚原因大致有三：一是未到结婚年龄；二是不愿意结婚；三是想结婚而找不到婚配对象。因此，碑文中的“花女”应该大多数是不愿意结婚的自梳女。有意思的是，所有的“花女”都有较为明确的姓名，而进入婚姻状态中的女性则反而失去了名字。从碑文捐金的芳名来看，梁家的“花女”达26人，胡家的“花女”29人。自梳作为一种旧习一度盛行于番禺、顺德等珠江三角洲地区，演化成一种畸形的婚姻习俗。按传统礼俗，未婚少女蓄辫，婚后始束髻，以辫和髻作为女性婚否的标志。在番禺等区，一些女子却通过特定的仪式自行束髻，以示不嫁，独身终老，俗称为“自梳”或“梳起”。按惯例，女子要成为自梳女，必须进行“梳起”仪式，一经“梳起”，则终身不得反悔。[②] 同治《番禺县志》卷6《舆地志·风

① 刘正刚、刘强：《清代“粤人好蓄妾”现象初探》，《中国社会经济史研究》2007年第1期。

② 陈遹曾、黎思复、邬庆时：《“自梳女”与“不落家”》，《广东文史资料》1964年第12期。

俗》记载："女子在室相订为契姐妹者，不得他约，有他约则共起逐之，谓之打相知。"

嘉庆时期，黄芝在《粤小记》中对此种现象亦有记录："广州村落女子多以拜盟为姊妹，名曰相知，父兄不能禁。出嫁后即归，恒不返夫家，至有未成夫妇礼，必俟同盟姊妹嫁毕，然后各返夫家。若促之过甚，则众姊妹相约自尽。此等弊习，南、顺两邑乡村居多。昔贤县令曾禁之，众女闻知，以为闺阁私事扬之公庭，殊觉可耻，一时相约自尽无算，弛其禁乃已。"① 晚清人张心泰在《粤游小志》云："广州女子多以拜盟结姊妹名金兰会……近十余年，风气又复一变，则竟以姊妹花为连理枝。且二女同居，必有一女俨若藁砧者。然此风起自顺德村落，后传染至番禺沙（湾）、茭（塘）一带，效之更甚，则省会中亦不能免。又谓之拜相知，凡妇女订交后，情好绸缪，逾于琴瑟"。所谓"金兰会"带有明显的同性恋倾向。据陈遹曾、黎思复、邬庆时等人在《"自梳女"与"不落家"》一文中回忆，他们的族戚均有女性自梳或不落家。据说，在当地一般女子长大不嫁，长居母家，乡俗便认为不祥，但自梳女则另作别论。自梳女一经梳起后，即有权视母家为己家，以母家之事为自己的事，且可为母家操持家务，虽兄嫂、弟妇辈亦不敢非议，俗称为"把家姑婆"。一些家庭甚至为发誓终身不嫁的女儿公开举行宴会庆祝，其排场如同儿子结婚一样。

清代女性参拜庙宇并向庙宇捐舍而刻石留名现象，在番禺颇为常见。我们在距离黄埔村不远处的小洲村的各类庙宇的碑刻中也发现有善男信女捐舍的碑文，如乾隆二十七年季冬吉旦的《重修天后庙碑记》就记载了当地主要以简氏家族为主的捐献情况，其中不乏女性捐助者，而以"花女"之全名出现的女性最多。同治三年仲夏五月吉日立的《重修天后庙碑记》记载共有四通碑文，其中第四通全为女性，计 116 人，这些女性除邵麦氏、邵晋合、冯闰清、黄简氏、梁简氏、王念宜、卫秀宏、黎影如、黎杏如、黎简氏、梁简氏、凌简氏、冯简氏等 13 人外，其余均为简家媳妇。而在小洲的光绪五年仲春吉旦立《三帝庙重修碑记》中也夹杂着趣能姑、莲笔姑、配云姑、翠金姑、翠颜姑、翠联姑、瑞如姑、翠冠姑、彩华姑、焕仪姑、暎仙姑等女性。据广东社会科学院陈忠烈研究员考证，"姑"即是珠三角地区流行的自梳女。

美国学者萧凤霞教授曾考察过明清珠江三角洲地区妇女的婚姻问题，她认为，无论在精英家庭还是普通家庭，自梳女和不落家的妇女都得到了他们家庭成员的支持。女性对婚姻形式的这一选择说明在传统中国社会的大传统中，仍有地方小传统文化生存的空间，至少在珠三角地区呈现出的妇女并不是完全受男人操纵的棋子。② 本文的研究表明，清代番禺妇女的行为支持了萧凤霞的论点。仅就婚姻形态来看，上述碑刻中的妇女既遵守传统婚姻"男大当婚，女大当嫁"的训诫，成为另一个男性家庭的妻妾，但也有执意于地方婚姻习俗的自梳与不落家，乾隆《番禺县志》卷 17《风俗》记载："今粤中女子多知书，能文词，虽小家儿女亦识字，能读歌曲本。然其俗尚气矜，往往厉奇节至于过中。国朝百年来，番禺一邑，其所称贞女者志不绝书，而其甚者，相约不嫁，联袂而死，城峭则崩，岸峭则陁，其俗厉之使然也"，体现了女性在婚姻上拥有自己的选择方式。碑文中的"花女"、"姑"等就反映了当地梁、胡、冯等大族女性的婚姻选择，而把这些终身不嫁的女性芳名刻石放在庙宇这样的公共场所，说明这一现象是得到社会普遍认同的。而且这些终身不嫁的女性与已婚妇女的差别还在于她们都有自己的姓名，这一点也显示了女性在传统社会是可以享受独立姓名权的。

① 黄芝：《粤小记》，广州史志丛书：《清代广东笔记五种》，广州：广东人民出版社 2006 年版，第 442 页。

② 萧凤霞：《妇女何在？——抗婚和华南地域文化的再思考》，《中国社会科学导刊》（香港）1996 年春季卷。

四、三圣宫的女性捐助碑

有关女性对庙宇的捐助，我们在番禺区练溪村三圣宫①内的天井墙体镶嵌的碑刻中也可窥之一二。据乾隆四十八年七月《重修公正堂助金题名碑记》记载，练溪三圣宫建于宋，“迄今七百有余岁矣，沧桑几历，兵燹几经，而神之威灵赫濯。”但现存碑刻最早为顺治十三年丙申夏《重修三圣堂助金题名碑记》记载，此次重修是因“自来矣迄今，年所多历，栋宇宜新，圣像应饬，父老集议，捐金聚材，幸如心禅师喜为主持”，有乡民霍业廷、霍敬宾、关沧洲、关伟芳、洪廷芳、关叶谷、潘渐磐、陆有恒作为首事，“以董其事”，于顺治十三年五月廿一日鸠工，未几而功告厥成。此次助金名单中没有出现女性。到了乾隆二十四年十月十九日立《助金开列》分为两栏，碑的前半部分全是女性，后半部分才是男性，男性“缘首”只有关应聪一人，助金者45人。而女性“缘首”三位，分别是霍门关氏、关门朱氏、容门霍氏，助金者多达181人，现整理如下：

霍门曾氏、霍门曾氏、霍门陈氏、霍门宋氏、霍门冯氏、霍门关氏、霍门曾氏、萧门黎氏、萧门薛氏、萧门卢氏、关门蒋氏、关门黄氏、凌门关氏、洪门霍氏、陆门冯氏、霍结娇、霍凤仙、霍凤清、霍观迁、霍悦仙、霍门容氏、霍门郭氏、萧门简氏、萧门刘氏、陈门萧氏、关门凌氏、冯门关氏、关门黄氏、洪门卫氏、陆门曾氏、霍观乙、霍门关氏、霍门李氏、霍连英、霍观景、霍二妹、霍门陆氏、萧门林氏、萧观润、萧观清、关门冯氏、关门凌氏、洪门朱氏。

霍门林氏、凌门霍氏、霍社润、霍门黎氏、屈门霍氏、霍门黎氏、霍观二、萧观仙、萧门曾氏、萧门陈氏、关门曾氏、关门冯氏、关门林氏、洪门黄氏、陆门关氏、霍门关氏、黄门霍氏、谭门霍氏、霍门曾氏、霍月珍、霍门黎氏、霍门李氏、萧明娇、萧门黄氏、萧门黎氏、关观廉、关观氏、关门李氏、洪门颜氏、陆观齐、霍门林氏、霍门崔氏、霍门张氏、霍门黎氏、霍观英、霍门冯氏、霍门许氏、霍观足、霍观桂、萧观尘、关门陆氏、关门凌氏、冯观。

霍门林氏、霍门陆氏、霍门冯氏、霍门张氏、霍门梁氏、霍门李氏、霍门宋氏、萧门麦氏、宋门萧氏、曾门萧氏、关门李氏、关门陆氏、关门黎氏、洪门凌氏、陆门黎氏、霍门冯氏、霍癸清、霍丙清、霍门李氏、霍门梁氏、霍门关氏、霍门严氏、霍门林氏、萧门黎氏、郭门萧氏、萧门郑氏、关观乙、关门容氏、关门黄氏、姚门观柳、胡门霍氏、霍门李氏、霍门黄氏、霍门关氏、霍门黄氏、霍观湲、霍观杏、萧门黄氏、黄观貌、萧门黄氏、关门凌氏、关观兴。

霍门林氏、霍门宋氏、霍门崔氏、霍观芝、宋门崔氏、霍门陈氏、霍观清、黎门萧氏、萧门潘氏、萧门苏氏、关门黎氏、关门曾氏、关门冯氏、洪门黎氏、陆门郑氏、霍观元、霍观四、霍观颜、霍门朱氏、霍门郭氏、霍门林氏、霍门关氏、霍门陈氏、萧门

① 三圣宫位于今广州大学城内，由于附近民居已被拆迁，我们找不到老人访谈。据2007年12月30日《广州日报》以“颖垂万顷沙之美”报道，南沙区龙穴岛三圣宫内供奉着三位身穿锦袍的书生模样的神像。据说明代有三位书生赴京赶考，乘船遇狂风巨浪而溺死海中，尸体漂浮到海滩，被渔民殓葬在岛上。从此以后，渔民出海捕鱼都先在坟前祭奠，并因此顺风顺水，满载而归。岛民有感于此，遂在岛上建三圣宫。可见，番禺的三圣宫应该与水上居民有密切的关系。

林氏、邓门萧氏、关门曾氏、关门曾氏、关门罗氏、洪门刘氏、霍门黎氏、霍观元、霍观俏、霍观锡、霍门黄氏、霍观勉、霍门黄氏、霍门郭氏、霍门冯氏、霍门陆氏、郭门霍氏、霍门崔氏、霍观锦、霍玉桂、霍观仙、关门林氏、关门黎氏、关观彩、关门凌氏、关观善、关观英、关门霍氏、关门陈氏、吴门朱氏。

很明显，这次对三圣宫的重修，主体是地方村落中的妇女，她们由练溪村不同家族中的妇女组成“缘首”，这些“缘首”应出自于当地大族人家，或者在女性社会中有某种声望的人。碑刻中涉及的家族妇女相当凌乱，并没有统一按照某家族单一排列，既说明当地各家族妇女都对神灵祭拜有浓厚兴趣，也显示女性对自己的社会身份认同并不刻意追求。从碑刻中妇女名字的书写可知，女性已婚者即某门某氏占绝大多数，未婚者即碑中全名者及“花女”也占有相当的比例。乾隆四十八年七月练溪村又对三圣宫进行重修，女性仍是其中重要的参与者，重修竣工后，村民们又立了《重修公正堂助金题名碑记》，其中又专门立了《重修公正堂信女碑记》，以彰显女性的贡献。笔者将其整理如下：

霍可将女■■，六分；霍月长母冯氏、霍茂吉母陈氏、霍进朝母陆氏、霍南长妻刘氏、霍裕威妻陆氏、霍玉新妻凌氏、霍荣裔妻何氏、霍维恂妻朱氏、霍彩华妻梁氏、霍门花女观清、霍标汉妻陈氏、霍茂吉妻钟氏、霍朝德女凤真，已上五十文；霍近木女结先、关习恒妻陈氏、关大英妻黄氏、关宪英母屈氏、关述宜妻梁氏、关述元妻凌氏、关述升妻容氏、关宪英妻黄氏、关爵高妻林氏、萧明湛妻潘氏、萧门信女观清、萧元习女近娇、关恒万女观焕、关高就妻陈氏、洪门花女平仙，已上七十文。

霍门花女观金、霍门花女观月、霍天福妻关氏、霍灿京妾刘氏、霍瑞爵妻陈氏、霍显仪妻文氏、霍门花女亚秀、霍显高妻罗氏、霍承桃妻邵氏、霍灿君女观透、霍瑞宽妻关氏、霍瑞贤妻黄氏、霍灿国女瑞娥、关述华妻梁氏、关端佩妻凌氏、黄远兴妻曾氏、关亚乔母谢氏、关述英妻黎氏、陈汝天妻卢氏、关门花女引娣、关习展妻凌氏、萧魁士妻李氏、萧先士妻梁氏、萧英士妻姚氏、关秀万女客清、关法伟女亚焕、洪门花女妹仔，已上六十文。

陆门花女观英、霍显胜妻黎氏、霍华长妻谭氏、李门霍氏、陆门霍氏、霍玉书妻凌氏、霍文法妻宋氏、霍瑞结妻朱氏、霍可盆妻冯氏、霍维嵩妻罗氏、霍如法妻何氏、黎门屈氏，已上六十文；关述图女观润、关习有女观六、关门信女观根、关门信女观■、关炳士妾廖氏、关杰妻曾氏、陆云清妻林氏、关江士女观仙、萧门信女观六、萧元略妻苏氏、萧门花女观琦艮，已上七分；关志万妻区氏、关法章女偶清、陆门关氏、陆门信女观苏，已上八分。

乾隆四十八年这通记载有83位女性的碑刻与前次最明显的不同在于，乾隆二十四年的碑刻只是表述了妇女为某门的媳妇，但其在家庭中的身份并不明确，而且女性与男性家庭成员的关系很不清楚。但乾隆四十八年的碑刻不仅标出了妇女的家庭身份，而且还表达了她们与家庭男性的关系，即某某某母、妻、女等，从中可见，妇女以妻子、女儿身份参与祭拜庙宇者最为积极。其中的“花女”、“信女”已不仅仅属于家庭身份，更带有社会意义。稍后再作讨论。

练溪村三圣宫经历40年风雨之后，道光三年又一次重修，据此次《重修三圣公古庙碑记》统计，捐助者多达680人以上，以关、霍、萧三姓男性为主要参与者，但妇女并没有退出捐助行列，此次碑刻中专门立《信女助金总录》，女性人数161人，分六行排列，除练溪村外，还出现石楼、省城、官洲、员岗、新造、南亭等外村妇女参与。现整理如下：

第一行（32人）霍茂吉妻钟氏，霍瑞辉妻胡氏，关瀚升母黄氏，关松万妻叶氏，关时泰母易氏，关湛文女运清，萧守仁妻区氏，萧桃贵妻黎氏，（石楼）陈沛霖母萧氏，霍瑞辉妾李氏，霍奉爵母李氏，霍振麒妻凌氏，霍门邬氏，霍门龙氏，萧守进妻曾氏，萧桃裕妻黎氏，萧杨士妻李氏，萧程湛母刘氏，萧凌高妾麦氏，萧门黎氏，关法宗母凌氏，关瀚胜妹月清，关瀚珍妻崔氏，萧荣福妻黎氏，陆则法妻关氏，黄士桢妻谭氏，（省城）朱门冯氏，（官洲）陈门霍氏，（员岗）崔门凌氏，（新造）黎门罗氏，霍彰兴妻李氏，霍门关氏

第二行（32人）霍淑英，关湛文妻崔氏，霍瑞辉女紫云、次女紫霞、三女雪弟、四女间开，霍刚炳妻简氏、妾李氏、女焕弟、女翠薇，霍润木妻梁氏、妾刘氏，霍正光妻崔氏，霍奉高妻崔氏，霍刚成妻崔氏，霍彰法妻崔氏，霍胜恒妻曾氏、女悦月、女彩霞，霍刚沛妻刘氏、霍炽蕃妻苏氏，霍评华妻郭氏，霍才贵妻陆氏，霍英魁妻冯氏，霍彰拔妾廖氏，霍盈华妻邵氏，霍正泽妻郭氏、女奉箕，霍奉泰妻黎氏，霍瑞积妻陈氏、女亚何，霍炳璁妻曾氏

第三行（31人）霍彰秀黎氏，霍奉爵妻林氏，霍端木妻关氏，霍瑞缵妻黎氏、女亚二，霍凌辉妻李氏，霍瑞清妻梁氏，霍刚锐母关氏、妾朱氏、女遂意，霍瑞尧妾李氏、女阿细、二女阿丽、三女阿格，霍泰华妻邵氏，霍显悦妻梁氏，霍景魁妻关氏，霍盛骥妻凌氏、妾陈氏，霍显标女二明，霍门冯氏，霍门黎氏，李门霍氏，萧守进女五贵，萧桃裕妾吕氏、二妾陈氏，萧应堂妻凌氏，萧作候妻李氏，萧荣寿妻林氏，萧吕仁妻李氏、女瑞娥

第四行（32人）萧昌礼妻林氏，萧开湛妻崔氏，萧鹏湛妻梁氏，萧近候妻李氏，萧金士妻黎氏，关法规妻凌氏，关法宗妻黎氏、妾邬氏，关尧昆妻凌氏、女金清，关锦章妻梁氏，关定章妻曾氏，关炳云妻蒋氏，关鸣燕妻卫氏，关春燕妻曾氏，关雅燕妻凌氏，关光宗妻林氏，关松万女美仙，关瀚珍妾刘氏，关瀚胜妻黎氏，关英泰妻简氏、姐三妹，关时泰姐亚有、妹亚妹，陆则法女美暇，陆润文妻曾氏，陆宏彰妻邵氏，陆宏开妻谭氏，陆润雄妻曾氏，霍士桢女月娥、月观、自爱

第五行（32人）霍燕屏，（新造）黎门霍氏，霍彰维妻黎氏，霍天好妻简氏，霍瑞波妻黎氏、女凤爱，霍显球妻梁氏，霍胜骥女燕观、二女燕足、三女燕弟，霍渐魁母凌氏，霍显佳妻郭氏，霍刚成女定观、二女琼英，霍显坤母凌氏、妻周氏，霍彰秀女阿四、阿五，霍显吉女曾氏，霍彰再妻李氏、女润娇，霍彰恒妹阿平，霍智福母黎氏，霍仁魁母黄氏，霍振麒女玉颜、二女玉平、三女玉凤，霍清魁妻黎氏，霍桃枝妻关氏、女阿平，关法有妻陈氏，关门陆氏

第六行（2人）许绍基妻陆氏，（南亭）关门萧氏

此次捐助女性的家庭身份，与乾隆四十八年一样，似乎仍以男性作为主角，这些女性只是作为男性的母亲、妻妾、女儿等家庭身份出现的，尤以妻子的身份最多。笔者推测，碑刻中某某某妻某氏和某门某氏的表述，前者可能表述丈夫尚在世，后者则为守节妇女。但碑记把这

些女性单独列出，也显示出篆刻人对女性身份的重视。而且碑刻中出现了非练溪村女性的参与，除了说明三圣庙神灵的灵验和名声大外，恰反映了女性的生活空间的扩大。

练溪村妇女参与地方庙宇建设，在清代至少从康熙、雍正年间即已开始，上述顺治年间三圣宫捐助碑中没有出现女性，可能与当时广东仍处于战乱有关。笔者于 2009 年 12 月在练溪村考察时，发现华光古庙内一通雍正十一年仲秋立的《华光古庙助金题名碑记》，共收录助金者 477 人。从人名姓氏来看，霍家人数多达 171 人，关家居次，有 114 人，其余为萧、陆、陈、吴等多个姓氏。从碑刻统计来看，此次仅有 11 位女性助金，分别是萧门邓氏、萧门黎氏、萧门黄氏、萧门梁氏、萧门陈氏、萧门潘氏、霍门刘氏、霍门林氏、霍门黄氏、萧门梁氏、吴门霍氏。与众多男性相比，几乎可忽略不计，但毕竟出现了女性助金，而且这一书写模式被乾隆二十四年的三圣宫碑刻所继承。

五、广东文献记载的妇女拜神传统

明清广东庙宇中将铭文篆刻在类似于太平钟等器物上的现象较为少见，更多出现的是以石材为主的碑刻。石材与用铜、铁等铸造的大钟相比，不仅经济实惠而且也不需要更高的铸造技术含量。明末，广东因科举人数不断增多，竖立坊碑的需求增加，南海西樵山石材被大量开采，以致有人发出要禁止开采的声音，“及隆万时，凡登会榜必采石以竖坊，石塘一开，入公用者十一，私橐者十九，遂视樵石为利薮。”① 尽管这里描述的不是针对庙宇竖立碑刻的，但相信在明末以后，因庙宇的大量增多，用石块竖碑的现象也与此情景差不多。嘉靖中后期，海瑞在江南淳安任县令期间，对该县的寺观有如下描述：“淳安寺观院庵计有二十二处，其余小神屋杂置于民间山麓者，不可计数。僧每寺院约有十余人，私居道士以数百计”。② 广东的情况似乎更为严重，嘉靖《广东通志》卷 20《风俗》记载，广东“习俗尚鬼，三家之里，必有淫祠庵观，每有所事，辄求珓祈签，以卜休咎，信之惟谨。有疾病不肯服药，而问香设鬼，听命于师巫僧道，如恐不及”。咸丰《顺德县志》卷 32《杂志》记载，仅在大良就有七八所天后庙，“惟东门外青云路第一桥外最灵显，妇女皆以金线绣鞋献，制极精巧，每年三月二十三诞日，各村赛神演剧”。在如此密集的寺观建设中，若再用金属铸造器物铭文，已经不太现实。再说，一些乡村的“小神屋”也无法放置庞大的金属钟。这些石刻的碑记记录为后人了解明清时期女性参与庙宇活动提供了重要的证据。

明清广东地方志均设“风俗”栏，多会描述各地游神祭祀活动，如乾隆《镇平县志》卷 2《风俗》记载，当地每年正月二十日会流行“妇女礼佛”，名曰“结大人缘”，当地竹枝词中有“女伴相呼作队行，齐向梵王低语祝，大人缘愿结来生”的语句。这一活动几乎一直在乡村社会持续，只不过祭拜日期略有变化而已。咸丰《兴宁县志》卷 10《风俗志》记载：元宵夜“结彩张灯，有鱼龙、走马、牡丹、莲花诸灯，各寺庙街坊鼓乐群饮，烧吐珠花爆紫烟火，喧阗之声，达旦不绝，村落男女走二三十里入城聚观，自十一夜至十七夜，郭门弛禁……”这里尽管描述的场所主要在城内，但观看者却大多来自二三十里外的乡村男女。同治《石窟一征》卷 4《礼俗》记载，“旧志：妇女以正月初八日，赴观音庵，结大人缘”。编修者添加的按语说，根据《白衣经》的说法，“是日，南无华严众意甘露苦王观

① （清）刘子秀：《西樵游览记》卷 6《台石（采石）》，道光十二年（1832）刊本，第 11 页。
② 陈义钟编校：《海瑞集》（上册），北京：中华书局 1962 年版，第 96 页。

世音菩萨示现，故妇女皆相约赴会也。然佞佛之事，究非所宜。是日俗称谷生日，乡村妇女常于早晚两季插种后，至五谷神庙作禾福，若以佞佛之心，易而为重农之意，则以正月初八日为谷神作生日，较之奉大士犹为当也”。可见，在结大人缘和谷神生日中，妇女是主要参与者。有些妇女甚至行走百里入城观看表演，光绪《嘉应州志》卷17《祠祀》记载：每当城隍诞，“当出会时，或陈古玩以炫富，或饰冶容以导淫，不惜百家之产供一日之观，其于居民生计实为大蠹，……乡村妇女尤甚，往往离家百里之遥，敛钱聚会兼引少年妇女，百十成群聚集州城，弊端百种由此而起”。从之前的二三十里到现在的百里，妇女距离家庭所在地越来越遥远。

在各类神灵信仰的活动中，女性不仅是重要的参与者，而且有时还是神灵仪式中的代言人，同治《石窟一征》卷3《教养二》记载，“俗妇女多信仙姑，平民妇忽有神附其体，其神名曰仙姑，殆女流也”。而仙姑所托之人也被民众称之为仙姑，“仙姑平时饮食言语一如常人，有延之请仙者，用线一绺、米一升于室中焚香纸设酒脯，仙姑伏于桌间，少顷喉中咯咯有声，仙姑来矣”。这些仙姑通过歌唱的形式，“叙家常闲话，或病人请仙姑，则仙姑所歌，皆论其病之所从来，及须祈禳与否?”若因病治疗或消灾之类，仙姑“破一卵，视其中黄白若何，以审其病之轻重，或令其剪纸，叠于床席之间压之，或令其施衣纸，按方向送之；或曰宜召师巫；或曰当祷社庙；或曰疾不可为也”。据说仙姑的这些行为相当灵验，受到妇女吹捧，“往往有验，妇人以为灵”。也可能正是因神灵的灵验，所以才会吸引她们不断地捐金。

明清广东妇女时常出现在各种神灵祭祀场所，南雄位于连接广东与中原的重要通道上，据康熙《保昌县志》卷2《风俗》记载，每年八月十五日，城乡民众“以纸面造长和尚，沿街戏耍，唱木鱼歌，妇女列坐而观，或邀茶会，粉黛成行，由城内外出入，虽远亦步行”。九月九日重阳节，“请茅山教师建王母会，妇女求嗣者聚，数巫师皮冠绯衣，唱舞吹牛角，谓之海角”。所谓“木鱼歌”又名“摸鱼歌”，是广东乡村社会流行的歌谣，道光《开平县志》卷10《外纪志》云：“俗喜唱摸鱼歌，如唐人连昌宫词琵琶行等，至数千百言，以三弦檀板合唱，或以筝，有男瞽女瞽。妇女岁时聚会则使唱之，其事或有或无，大抵孝义贞烈之事为多，竟日始毕一记。可劝可戒，令人感泣。”而聚会往往与好巫连在一起，乾隆初，张渠在《粤东闻见录》卷上“好巫”记载：“粤俗最喜迎神赛会，凡神诞，举国若狂，台阁故事，争奇斗巧。……历数昼夜而后已，计一会之费，可抵中人数家之产。”戴璟《广东通志初稿》卷18《风俗》记载：“惠州为商者少，务农者多，市井交易，早聚晚散，其细民妇媪则有担负蔬薪出于市者，乡落之民，每当月夜，男女聚于野外浩歌，率用俚语。”元宵节期间，妇女成群结队外出，引起官府颁布《禁扮春色》禁止，“查往年迎春之日，各街坊游闲好事、不务生理之人，往往聚集。多装扮台阁，填街塞巷，举国如狂。其间争斗滋兴，盗贼窃发，为祸不小。况当民穷财尽、米珠薪桂之日，以有用之财供无用之费，岂不可惜？合行禁止”①。但官府的禁令难以抵挡民间习俗的传播，番禺神诞赛会期间，到处活跃妇女身影，尤以南海神庙为“极盛”，每年二月“四远云集，珠娘花艇，尽归其间，锦绣铺江，麝兰熏水，香风所过销魂荡心，冶游子弟弥月忘归，其縻金钱不知几许矣。他则华光、先锋、白云、蒲涧及端午竞渡，所称会者，无月无之。他小神祠之会不可备书”②。

① （明）颜俊彦著，中国政法大学法律古籍整理研究所整理标点：《盟水斋存牍》，北京：中国政法大学出版社2002年版，第339页。

② 光绪《广州府志》卷15《舆地略七·风俗》。

当然，在南海庙中活动的不仅仅是“珠娘花艇”的妓女，应有各色妇女的参与。而那些分布乡村的“小神祠”，或许为名不经传的神灵，或是祠庙规模较小，但它们都应是妇女参拜的重要场所。

至少从明代开始，官府不断禁止妇女入庙烧香。道光《直隶南雄州志》卷6《名宦》记载，同安人黄伟于嘉靖二年出任南雄知州，“禁妇女嬉游，毁淫祠”。清代各地官府以各种形式禁止妇女入庙烧香，如江南地区“禁妇女入寺烧香示，为吴中陋习，妇女入寺烧香，而虞邑尤甚，每乘佳晨佛日，则空城而出，陆舆水舫，新妆丽服，殊犯冶容诲淫之戒，违者必究”[①]。实际上广东妇女每逢神诞也纷纷外出，雍正《丹霞山志》卷2《建置志》记载，“山门三禁”中就有“妇女不得入山”之禁。[②] 光绪《香山县志》卷12《人物》记载，乾隆十三年暴煜出任香山知县针对“俗尚祈禳，妇人入庙礼神，积习成风。煜示禁谕，旧俗为之一变”。当然，所谓“旧俗”有所变化似是赞誉之词。光绪七年，官府在广州光孝寺、海幢寺内立《禁妇女入寺烧香示碑》，由广东布政使、按察使共同颁布，内容显示晚清广州观音山庙宇中出现“男女混杂”、“男女成群”、“无知妇女相率艳服冶容”之景象，且“省城内外，凡有寺院丛林无不如是”。为此告示：“嗣后妇女各宜静守深闺，恪遵女诫。如敢于各寺丛林仍前游冶，托为礼忏还愿烧香者，妇坐其夫，无夫即坐本妇，女坐其父，无父坐其伯叔弟兄。僧道尼姑不行拒绝，敢于招引者，该地方官一并锁拿到案，按律惩处，决不宽待”[③]。

广东女性祭拜神明的传统至今仍保持不衰，2009 年 8 月 26 日即农历七月初七，我们参加了广州天河区珠村举行的广州乞巧文化节。该村有陈、潘、钟等大姓，在“元德陈公祠”，60 多岁的欧婆婆说，每逢七月初七日，村里妇女都举行拜七娘活动，祭拜仪式由女人主持，结婚与没结婚的都可参与，也有些男人帮忙干重活。在“以良潘公祠”，一位 70 多岁的陈婆婆说，珠村原来有很多神庙，其中观音庙内有七娘，金花庙里有十二奶娘。这两个庙都是女人在生育子女时所拜的。观音、金花二庙在文革“破四旧”中被毁。据她说，新中国成立前珠村还有“七娘会”。现在村里的七娘会是四年前恢复的，由女性参与，会员要交 50 元会费，但若帮忙照看和打理祭拜活动的则不用交。乞巧仪式结束后，会员可分到一份花生。此时坐在陈婆婆周围的几位阿婆，有的说不了解七娘会，也有说七娘会是上年纪的老太婆发起的，新中国成立前就有人组织，“破四旧”时被中断了。会员一定要交钱，否则没份。在“梅隐潘公祠”一位 60 多岁的潘婆说，村里之前有姑婆，她们有的家里有钱，有的则没钱，有的因家里需要她支撑生计，有的因看不上别人。她说，村里很多庙在文革时拆掉了，现在只有北帝庙、洪圣庙。她说，七娘会只是一个自发组织，由上了年纪且聊得来的女性在农历 5 月底、6 月初商议乞巧相关事宜。不过，凡加入七娘会都要交钱，以 50 元为一份。仪式结束后，“有份”的人可聚餐吃饭，最后还可分到花生，55 岁以上不交钱的女性可吃饭，但分不到花生。

总之，笔者在田野考察中获取的碑刻资料与历史文献记载的广东女性拜神传统较吻合。这些传统随着广东社会经济的发展，至今仍在乡村社会中蔓延，并有发展完善的趋势。这也说明，在注重传统纸质文献的同时，对传统的金石文献也同样需要关注。

① 康熙《常熟县志》卷9《风俗》。

② 白化文主编：《中国佛寺志丛刊》，扬州：广陵书社2006年版，第213页。

③ 李仲伟、林子雄、崔志民编著：《广州寺庵碑铭集》，广州：广东人民出版社 2008 年版，第 65～66、207～208 页；冼剑民、陈鸿钧编：《广州碑刻集》，广州：广东高等教育出版社 2006 年版，第 189 页。